第十六册

唐代宗大曆十四年己未八月起
唐憲宗元和十四年己亥正月止

資治通鑑

卷二百二十六
至二百四十

中華書局

資治通鑑卷第二百二十六

端明殿學士兼翰林侍讀學士太中大夫提舉西京嵩山崇福宮上柱國河內郡開國公食邑二千二百戶食實封九百戶賜紫金魚袋臣　司馬光　奉敕編集

後學天台　胡三省　音註

唐紀四十二 起屠維協洽（己未）八月，盡重光作噩（辛酉）五月，凡一年有奇。

代宗睿文孝武皇帝下

大曆十四年（己未、七七九）

1 八月，甲辰，以道州司馬楊炎爲門下侍郎，大曆十二年，楊炎以黨元載貶。懷州刺史喬琳爲御史大夫，並同平章事。考異曰：崔祐甫與炎皆自門下遷中書，是時中書在上也。憲宗以後，門下在上，中書在下，不知何時升改。上方勵精求治，治，直吏翻。不次用人，卜相於崔祐甫，相，息亮翻。祐甫薦炎器業，上亦素聞其名，故自遷謫中用之。琳，太原人，性粗率，喜詼諧，粗，讀曰麤。喜，許記翻。無他長，與張涉善，涉稱其才可大用，上信涉言而用之；聞者無不駭愕。

2 代宗之世，吐蕃數遣使求和，吐，從暾入聲。數，所角翻。使，疏吏翻；下同。而寇盜不息，代宗悉留其使者，前後八輩，有至老死不得歸者；俘獲其人，皆配江、嶺。使，疏吏翻。俘，方無翻。江，謂大江之南。嶺，謂五嶺之外。上欲以德懷之，乙巳，以隨州司馬韋倫爲太常少卿，使于吐蕃，悉集其俘五百人，各賜襲衣而遣之。少，始照翻。襲衣，衣一襲也。衣一稱爲一襲。

3 協律郎沈既濟上選舉議，唐志：協律郎，掌和律呂，辨四時之氣，八風五音之節，屬太常寺，正八品上。以爲：「選用之法，三科而已：曰德也，才也，勞也。今選曹皆不及焉；選，須絹翻；下同。考校之法，皆在書判、簿歷、言詞、俯仰而已。唐擇人之法有四，曰：身、言、書、判。身，取其體貌豐偉；言，取其言詞辯正；書，取其楷法遒美；判，取其文理優長。簿歷，所以著其資考殿最。俯仰，則觀諸身言之間。夫安行徐言，非德也；麗藻芳翰，非才也；累資積考，非勞也。執此以求天下之士，固未盡矣。今人未土著，夫，音扶。著，直略翻。不可本於鄉閭；鑒不獨明，不可專於吏部。臣謹詳酌古今，謂五品以上及羣司長官，宜令宰臣進敍，吏部、兵部得參議焉。長，知兩翻。或選用其六品以下或僚佐之屬，許州、府辟用，其牧守、將帥守，手又翻。將，卽亮翻。帥，所類翻。或選用非公，則吏部、兵部得察而舉之，罪其私冒。不慎舉者，小加譴黜，大正刑典。責成授任，誰敢不勉！夫如是，則賢者不奬而自進，不肖者不抑而自退，衆才咸得而官無不治矣。今選法皆擇才於吏部，試職於州郡。若才職不稱，稱，尺證翻。紊亂無任，紊，文運翻。任，音壬。責於刺史，則曰命官出於吏曹，不敢廢也；責於侍郎，則曰量書判、資考而授之，不保其往也；

量，音良。責於令史，則曰按由歷、出入而行之，不知其他也。黎庶徒弊，誰任其咎！若牧守自用，則罪將焉逃！必州郡之濫，獨換一刺史則革矣。如吏部之濫，雖更其侍郎無益也。焉，於虔翻。更，工衡翻。蓋人物浩浩，不可得而知，法使之然，非主司之過。今諸道節度、都團練、觀察、租庸等使，自判官、副將以下，皆使自擇，縱其間或有情故，大舉其例，十猶七全。則辟吏之法，已試於今，但未及於州縣耳。利害之理，較然可觀。歸令諸使僚佐盡受於選曹，則安能鎮方隅之重，理財賦之殷乎！」既濟，吳人也。等使，疏吏翻；下諸使同。將，即亮翻。令，力丁翻。選，須絹翻。

4 初，衡州刺史曹王皋有治行，治，直吏翻。行，下孟翻。衡州治衡陽縣，屬湖南觀察。湖南觀察使辛京杲疾之，大曆五年，辛京杲為湖南觀察使。陷以法，貶潮州刺史。時楊炎在道州，知其直，及入相，復擢為衡州刺史。相，息亮翻。復，扶又翻。始，皋之遭誣在治，在治者，謂獄吏治其事。皋以囚服在列。念太妃老，將驚而戚，出則囚服就辯，入則擁笏垂魚，唐高宗給五品以上隨身魚銀袋，以防召命之詐，三品以上金飾袋。天授二年，改佩魚為龜。中宗罷龜，復給以魚。郡王、嗣王亦佩金魚袋。即貶于潮，即，就也。以遷入賀；及是，然後跪謝告實。皋，明之玄孫也。曹王明，太宗之子。

5 朔方、邠寧節度使李懷光既代郭子儀，邠府宿將史抗、溫儒雅、龐仙鶴、張獻明、李光逸功名素出懷光右，皆怏怏不服。邠，卑旻翻。龐，部江翻。怏，於兩翻。懷光發兵防秋，屯長武城，軍期進退，不時應令。監軍翟文秀勸懷光奏令宿衞，【章：十二行本「衞」下有「懷光遣之」四字；乙十一行本同；退齋校同。】既離營，監，工銜翻。翟，萇伯翻。奏令，力丁翻。離，力智翻。使人追捕，誣以他罪，且曰：「黃萯之敗，黃萯敗事見二百二十四卷九年。萯，音倍。職爾之由！」盡殺之。

6 九月，甲戌，改淮西曰淮寧。

7 西川節度使、同平章事崔寧，在蜀十餘年，永泰元年，崔旰入成都，至是，十四年矣。恃地險兵強，恣爲淫侈，朝廷患之而不能易；至是，入朝，加司空，兼山陵使。

南詔王閤羅鳳卒，子鳳迦異前死，孫異牟尋立。朝，直遙翻。使，疏吏翻。卒，子恤翻。迦，音加。

冬，十月，丁酉朔，吐蕃與南詔合兵十萬，三道入寇，一出茂州，一出扶、文，吐，從暾入聲。文州，漢陰平之地，隋爲曲水縣，義寧三年，分武都之曲水、正西、長松置文州。扶州，古鄧至地，後周天和中，置扶州。舊本置龍涸防，與陰平接界。蓋吐蕃出扶、文，南詔出黎、雅也。一出黎、雅，黎州之地，漢屬越巂郡界，隋置漢源縣，武后大足元年置黎州。黎州，漢沈黎縣；雅州，漢嚴道縣；境相接也。考異曰：建中實錄、裴垍德宗實錄，此月吐蕃三道入寇，皆在梁、益之境。而來年四月，乃云：「去冬吐蕃三道來侵：一自靈武，一自山南，一自蜀。」又云：「贊普謂韋倫曰：『今靈武之師，聞命輟矣，而山南已入扶、文，蜀師已趣灌口，追且不及。』」與此自相違。今不取。曰：「吾欲取蜀以爲東府。」崔寧在京師，所留諸將不能禦，將，卽亮翻。虜連陷州、縣，刺史棄城走，士民竄匿山谷。上憂之，趣寧歸鎭。趣，讀曰促。寧已辭，楊炎言於上曰：「蜀地富饒，寧據有之，朝廷失其外府，十四年矣。寧雖入朝，全師尚守其後，貢賦不入，與無蜀同。且寧本與諸將等夷，因亂得位，威令不行。今雖遣之，必恐無功；若其有功，則義不可奪。是蜀地敗固失之，勝亦不得也。願陛下熟察。」上曰：「然則奈何？」對曰：「請留寧，發朱泚所領范陽兵數千人，雜禁兵往擊之，何憂不克！泚，且禮翻，又音此。因而得內親兵於其腹中，蜀將必不敢動，然後更授他帥，將，即亮翻。更，工衡翻。帥，所類翻。使千里沃壤復爲國有，復，扶又翻，又如字。是因小害而收大利也。」上曰：「善。」遂留寧。

初，馬璘忌涇原都知兵馬使李晟功名，遣入宿衞，爲右神策都將。璘，離珍翻。使，疏吏翻。晟，成正翻。將，即亮翻。上發禁兵四千人，使晟將之，發邠、隴、范陽兵五千，邠、隴，邠寧、隴右二鎮之兵也。將，即亮翻，又音如字；下同。使金吾大將軍安邑曲環將之，以救蜀。史炤曰：曲，姓也。漢有代郡太守曲謙。東川出兵，自江油趣白垻，江油，漢、魏爲無人之地，晉始置平武縣，隋改爲江油縣，帶龍州。利州管下景谷縣西北有白垻鎮城。垻，必駕翻。蜀人謂平川爲垻。與山南兵合擊吐蕃、南詔，破之。范陽兵追及於七盤，吐，從暾入聲。七盤縣，屬巴州，武后久視元年置。又破之，遂克維、茂二州。李晟追擊於大渡河外，大渡河，在雅州盧山縣。寰宇記：大渡河，自吐蕃界經雅州諸部落，至黎州東界，流入通望界，於黎州，爲南邊要害之地。又破之。吐蕃、南詔飢寒隕於崖谷死者八九萬人。吐蕃悔怒，殺誘導使之來者。異牟尋懼，築苴咩城，自瀘州南渡瀘水六百五十里，至羊苴咩城。舊史：陽苴咩城，南去大和城十餘里，東北至成都二千四百里，去雲南城三百里。誘，羊久翻。咩，莫者翻，又徐婢翻。史炤曰：苴，音酢，又徐嗟切。咩，音養，又彌嗟切。薛能聞官軍破吉浪詩：「越巂通遊客，苴咩鬬聚蚊。」又西縣塗中：「野色生肥羊，鄉儀擣散茶。梯航經杜宇，烽火徹苴咩。」延袤十五里，徙居之。吐蕃封之爲日東王。

8 上用法嚴，百官震悚。以山陵近，禁人屠宰；郭子儀之隸人潛殺羊，載以入城，隸人，僕隸之屬。右金吾將軍裴諝奏之。或謂諝曰：「郭公有社稷大功，君獨不爲之地乎？」諝曰：「此乃吾所以爲之地也。郭公勳高望重，上新卽位，以爲羣臣附之者衆，德宗之猜忌，裴諝於其初政已窺見之。諝，私呂翻。吾故發其小過，以明郭公威權不足畏也。如此，上尊天子，下安大臣，不亦可乎！」

9 己酉，葬睿文孝武皇帝于元陵；元陵，在京兆富平縣西北二十五里檀山。廟號代宗。將發引，上送之，見轀輬車不當馳道，稍指丁未之間，引，羊晉翻。轀，音溫。輬，音涼。考異曰：按車指丁未之間，則行出道外矣。蓋出門，欲斜就道西，不當道中間行耳。問其故，有司對曰：「陛下本命在午，不敢衝也。」上哭曰：「安有枉靈駕而謀身利乎！」命改轅直午而行。肅宗、代宗皆喜陰陽鬼神，喜，許記翻。事無大小，必謀之卜祝，故王璵、黎幹皆以左道得進。上雅不之信，璵，音余。雅，素也。山陵但取七月之期，禮：天子七月而葬。事集而發，不復擇日。復，扶又翻；下謀復同。

10 十一月，丁丑，以晉州刺史韓滉爲蘇州刺史、浙江東・西觀察使。滉，呼廣翻。使，疏吏翻。

11 喬琳衰老耳聵，聵，五怪翻。上或時訪問，應對失次，所謀議復疏闊。壬午，以琳爲工部尚書，罷政事。上由是疏張涉。喬琳，涉所薦也。尚，辰羊翻。

12 楊炎既留崔寧，二人由是交惡。炎託以北邊須大臣鎮撫，癸巳，以京畿觀察使崔寧爲單于·鎮北大都護、朔方節度使，鎮坊州。單，音蟬。以荆南節度使張延賞爲西川節度使。又以靈鹽節度都虞候醴泉杜希全知靈、鹽州留後；代州刺史張光晟知單于·振武等城、綏·銀·麟·勝州留後；考異曰：舊傳云，王雄爲振武。今從實錄。延州刺史李建徽知鄜、坊、丹州留後。時寧既出鎮，不當更置留後，炎欲奪寧權，且窺其所爲，令三人皆得特奏事，仍諷之使伺寧過失。令，力丁翻。伺，相吏翻。考異曰：舊傳：「初，寧代喬琳爲御史大夫、平章事，寧以爲選擇御史當出大夫，不謀及宰相，乃奏請以李衡、于結等數人爲御史。楊炎大怒，其狀遂寢。炎又數讒毁劉晏，寧又救解之，因此大怒。其年十月，南蠻大至，上遣寧還鎮。炎懼怨己，入蜀難制，奏止之。」按寧爲御史大夫，在吐蕃、南蠻寇蜀後。舊傳恐誤。

13 十二月，乙卯，立宣王誦爲皇太子。

14 舊制，天下金帛皆貯於左藏，太府四時上其數，比部覆其出入。唐制：太府掌廩藏、財貨出納。比部掌句會。蜀註曰：唐制：天下財賦皆納於左藏，太府四時以數聞，尚書比部覆校其出入。貯，丁呂翻。藏，徂浪翻。上，時掌翻。比，音毗。及第五琦爲度支、鹽鐵使，琦，音奇。度，徒洛翻。使，疏吏翻。時京師多豪將，求取無節，琦不能制，將，即亮翻。乃奏盡貯於大盈內庫，百寶大盈庫，始於玄宗朝，詳見二百二十八卷德宗建中四年十月註。使宦官掌之，天子亦以取給爲便，故久不出。由是以天下公賦爲人君私藏，有司不復得窺其多少，校其贏縮。藏，徂浪翻。復，扶又翻。贏，有餘也。縮，不足也。殆二十年。宦官領其事者三百餘員，皆蠶食其中，蟠結根據，牢不可動。楊炎頓首於上前曰：「財賦者，國之大本，生民之命，重輕安危，靡不由之，是以前世皆使重臣掌其事，猶或耗亂不集。耗，當讀曰眊，或讀如字。今獨使中人出入盈虛，大臣皆不得知，政之蠹敝，莫甚於此。請出之以歸有司。度宮中歲用幾何，度，徒洛翻。量數奉入，量，音良。不敢有乏。如此，然後可以爲政。」上卽日下詔：「凡財賦皆歸左藏，一用舊式，歲於數中擇精好者三、五千匹，進入大盈。」下，遐稼翻。考異曰：德宗實錄作「三、五十萬匹」，今從建中實錄。炎以片言移人主意，議者稱之。

15 丙寅晦，日有食之。

16 湖南賊帥王國良阻山爲盜，帥，所類翻。上遣都官員外郎關播招撫之。唐都官郎，掌俘隸簿錄，給衣糧、醫藥而理其訴冤。辭行，上問以爲政之要，對曰：「爲政之本，必求有道賢人與之爲理。」上曰：「朕比以下詔求賢，比，毗至翻，近也。「以」，當作「已」。又遣使臣廣加搜訪，庶幾可以爲理乎！」使，疏吏翻。幾，居希翻。對曰：「下詔所求及使者所薦，惟得文詞干進之士耳，安有有道賢人肯隨牒舉選乎！」上悅。

17 崔祐甫有疾，上令肩輿入中書，或休假在第，令，力丁翻。假，古訝翻。大事令中使咨決。

德宗神武孝文皇帝一

諱适，代宗長子也。諡法：諫爭不威曰德，言不以威拒諫也；執義揚善曰德，言稱人之善也。

建中元年（庚申、七八〇）

1 春，正月，丁卯朔，改元。羣臣上尊號曰聖神文武皇帝；上，時掌翻。赦天下。始用楊炎議，命黜陟使與觀察、刺史「約百姓丁產，定等級，改作兩稅法。楊炎作兩稅法，夏輸無過六月，秋輸無過十一月，視大曆十四年墾田數爲定。比來新舊徵科色目，一切罷之；比，毗至翻。比來，猶云近來也。二稅外輒率一錢者，以枉法論。」

唐初，賦斂之法曰租、庸、調，有田則有租，有身則有庸，有戶則有調。玄宗之末，版籍浸壞，多非其實。及至德兵起，所在賦斂，迫趣取辦，斂，力贍翻。調，徒弔翻。趣，讀曰促。無復常準。復，扶又翻，又音如字。賦斂之司增數而莫相統攝，統，他綜翻，俗從上聲。各隨意增科，自立色目，新故相仍，不知紀極。民富者丁多，率爲官、爲僧以免課役，而貧者丁多，無所伏匿，故上戶優而下戶勞。吏因緣蠶食，旬【章：十二行本「旬」上有「民」字；乙十一行本同；張校同，云無註本亦無。】輸月送，不勝困弊，勝，音升。率皆逃徙爲浮戶，其土著百無四五。著，直略翻。至是，炎建議作兩稅法：先計州縣每歲所應費用及上供之數而賦於人，量出以制入。戶無主、客，以見居爲簿；人無丁、中，以貧富爲差；州、縣有主戶、客戶。天寶三載，令民十八以上爲中男，二十三以上成丁。量，音良。見，賢遍翻。爲行商者，在所州縣稅三十之一，使與居者均，無僥利。言居行皆無僥幸之利也。僥，堅堯翻。居人之稅，秋、夏兩徵之。其租、庸、調雜傜悉省，皆總統於度支。上用其言，因赦令行之。

2初，左僕射劉晏爲吏部尚書，楊炎爲侍郎，不相悅。射，寅謝翻。尚，辰羊翻。元載之死，晏有力焉。事見上卷代宗大曆十二年。載，祖亥翻，又如字。及上卽位，晏久典利權，衆頗疾之，多上言轉運使可罷；多上，時掌翻。使，疏吏翻。又有風言晏嘗密表勸代宗立獨孤妃爲皇后者。風言，謂得於風聞而言之者也。楊炎爲宰相，欲爲元載報仇，因爲上流涕言：「晏與黎幹、劉忠翼同謀，幹、忠翼死於大曆十四年，事見上卷。爲，于僞翻。相，息亮翻。臣爲宰相不能討，罪當萬死。」崔祐甫言：「茲事曖昧，陛下已曠然大赦，不當復究尋虛語。」曖，音愛。復，扶又翻。炎乃建言：「尚書省，國政之本，比置諸使，分奪其權，尚，辰羊翻。比，毗至翻。今宜復舊。」上從之。甲子，【張：「子」作「午」。】按是月無甲子，恐是丙子，否則戊子。詔天下錢穀皆歸金部、倉部，唐志：金部掌天下庫藏出納之數，京市、互市、和市、宮市、交易之事。倉部掌天下庫儲，出納、租稅、祿糧、倉廩之事。罷晏轉運、租庸、青苗、鹽鐵等使。考異曰：建中實錄曰：「初，大曆中，上居東宮，貞懿皇后方爲妃，有寵，生韓王迥。帝又鍾愛，故閹官劉清潭、京兆尹黎幹與左右嬖幸欲立貞懿爲皇后，且言韓王所居獲黃蛇，以爲符，動搖儲宮，而晏附其謀，冀立殊效，圖爲宰輔。時宰臣元載獨保護上，以爲最長而賢，且嘗有功，義不當移。王縉亦謂人曰：『晏，黠者也。今所圖無乃過黠乎！』後其議漸定。貞懿卒不立。上憾之。至是，以晏大臣而附邪爲姦，不去將爲亂。託陳奏不實，謫爲忠州刺史。」沈既濟，楊炎所薦，蓋附炎爲說。今從舊傳。

3 二月，丙申朔，命黜陟使十一人分巡天下。黜陟使，始置於太宗貞觀八年。先是，魏博節度使田悅事朝廷猶恭順，先，悉薦翻。使，疏吏翻。朝，直遙翻。河北黜陟使洪經綸，考異曰：建中實錄，黜陟使十一人，而無名。德宗實錄有十人名，而無河北道及經綸名。蓋脫誤也。不曉時務，聞悅軍七萬人，符下，罷其四萬，令還農。下，遐稼翻。令，力丁翻。悅陽順命，如符罷之。既而集應罷者，激怒之曰：「汝曹久在軍中，有父母妻子，今一旦爲黜陟使所罷，將何資以自衣食乎！」衆大哭。悅乃出家財以賜之，使各還部伍。於是軍士皆德悅而怨朝廷。爲田悅連諸鎮之兵以拒命張本。

4 崔祐甫以疾，多不視事；楊炎獨任大政，專以復恩讎爲事，奏用元載遺策城原州，任，音壬。載，祖亥翻，又音如字。元載策見二百二十四卷代宗大曆八年。又欲發兩京、關內丁夫浚豐州陵陽渠，以興屯田。陵陽渠，在豐州九原縣。上遣中使詣涇原節度使段秀實，訪以利害，秀實以爲：「今邊備尙虛，未宜興事以召寇。」炎怒，以爲沮己，徵秀實爲司農卿。使，疏吏翻。沮，在呂翻。

丁未，邠寧節度使李懷光兼四鎮、北庭行營、涇原節度使，使移軍原州，以四鎮、北庭留後劉文喜爲別駕。爲劉文喜以涇州拒命張本。京兆尹嚴郢奏：「按朔方五城，舊屯沃饒之地，自喪亂以來，郢，以井翻。喪，息浪翻。人功不及，因致荒廢，十不耕一。若力可墾闢，不俟浚渠。今發兩京、關輔人於豐州浚渠營田，計所得不補所費，而關輔之人不免流散，是虛畿甸而無益軍儲也。」疏奏，不報。疏，所據翻。既而陵陽渠竟不成，棄之。

5 上用楊炎之言，託以奏事不實，己酉，貶劉晏爲忠州刺史。舊志：忠州，京師南二千一百二十二里。

6 癸丑，以澤潞留後李抱眞爲節度使。爲李抱眞以澤潞爲國藩翰張本。

7 楊炎欲城原州以復秦、原，秦、原，謂秦州、原州。命李懷光居前督作，朱泚、崔寧各將萬人翼其後。泚，且禮翻，又音此。將，卽亮翻，又音如字。詔下涇州爲城具，下，遐稼翻。爲築城之具也。涇之將士怒曰：「吾屬爲國家西門之屏，十餘年矣。將，卽亮翻。屏，必郢翻，蔽也。始居邠州，甫營耕桑，有地著之安。徙屯涇州，邠，卑旻翻。著，直略翻。徙涇州見二百二十四卷大曆三年。披荊榛，立軍府；坐席未暖，又投之塞外。先棄原州不守，故云投之塞外。吾屬何罪而至此乎！」李懷光始爲邠寧帥，卽誅溫儒雅等，事見上大曆十四年。帥，所類翻；下同。軍令嚴峻；及兼涇原，諸將皆懼，曰：「彼五將何罪而爲戮？五將，卽史抗、溫儒雅、龐仙鶴、張獻明、李光逸。將，卽亮翻。今又來此，吾屬能無憂乎！」劉文喜因衆心不安，據涇州，不受詔，上疏復求段秀實爲帥，不則朱泚。上，時掌翻。疏，所據翻。復，扶又翻，或如字。不，讀曰否，又讀如字。泚，且禮翻，又音此。癸亥，以朱泚兼四鎮、北庭行營、涇原節度使，代懷光。使，疏吏翻。

8 三月，翰林學士、左散騎常侍張涉受前湖南觀察使辛京杲金，事覺；上怒，欲置于法。李忠臣以檢校司空、同平章事、奉朝請，散，悉亶翻。騎，奇寄翻。校，古效翻。朝，直遥翻。言於上曰：「陛下貴爲天子，而先生以乏財犯法，以臣愚觀之，非先生之過也。」張涉先侍讀東宮，故李忠臣言以爲先生。上意解，辛未，放涉歸田里。辛京杲以私忿杖殺部曲，有司奏京杲罪當死，上將從之。李忠臣曰：「京杲當死久矣！」上問其故。忠臣曰：「京杲諸父兄弟皆戰死，獨京杲至今尚存，臣故以爲當死久矣。」上憫然，左遷京杲諸王傅。忠臣乘機救人，多此類。

9 楊炎罷度支、轉運使，度，徒洛翻。命金部、倉部代之。既而省職久廢，謂尚書省諸司失其職已久。耳目不相接，莫能振舉，天下錢穀無所總領。癸巳，復以諫議大夫韓洄爲戶部侍郎、判度支，以金部郎中萬年杜佑權江、淮水陸轉運使，皆如舊制。復，扶又翻，或如字。諸杜居城南，時號「城南韋、杜，去天尺五。」戶貫則萬年。

10 劉文喜又不受詔，欲自邀旌節；夏，四月，乙未朔，據涇州叛，遣其子質於吐蕃以求援。質，音致。上命朱泚、李懷光討之，泚，且禮翻，又音此。又命神策軍使張巨濟將禁兵二千助之。

使，疏吏翻。將，卽亮翻，又音如字。

11 吐蕃始聞韋倫歸其俘，吐，從暾入聲。帝初卽位，欲以德懷吐蕃，遣倫歸代宗朝所獲之俘。不之信，及俘入境，各還部落，稱：「新天子出宮人，放禽獸，英威聖德，洽於中國。」吐蕃大悅，除道迎倫。贊普卽發使隨倫入貢，且致賻贈。致代宗之賻贈也。賻，音附。癸卯，至京師，上禮接之。既而蜀將上言：「吐蕃豺狼，所獲俘不可歸。」將上，上卽亮翻，下時掌翻。上曰：「戎狄犯塞則擊之，服則歸之。擊以示威，歸以示信。威信不立，何以懷遠！」悉命歸之。又悉歸劍南所獲之俘也。考異曰：建中實錄曰：「及境，境上守陴者焚樓櫓、棄城壁而去。初，吐蕃既得河、湟之地，土宇日廣，守兵勞弊，以國家始因用胡爲邊將而致禍，故得河、隴之士約五十萬人，以爲非族類也，無賢愚，莫敢任者，悉以爲婢僕，故其人苦之。及見倫歸國，皆毛裘蓬首，窺覰牆隙，或搥心隕泣，或東向拜舞，及密通章疏，言蕃之虛實，望王師之至若歲焉。君子曰，惜乎，人心之可乘也。若逾代之後，斯人既沒，後生安於所習，難乎哉！」此恐沈既濟之溢美，且欲附楊炎復河、隴之說耳。今不取。

12 代宗之世，每元日、冬至、端午、生日，州府於常賦之外競爲貢獻，貢獻多者則悅之。武將、姦吏，緣此侵漁下民。自代宗迄于五代，正、至、端午、降誕，州府皆有貢獻，謂之四節進奉。將，卽亮翻。癸丑，上生日，上生於天寶元年四月十九日，不置節名。四方貢獻皆不受。李正己、田悅各獻縑三萬匹，縑，幷絲繒也。上悉歸之度支以代租賦。度，徒洛翻。

13 五月，戊辰，以韋倫爲太常卿；乙酉，復遣倫使吐蕃。復，扶又翻。倫請上自爲載書，載書，盟誓之書。與吐蕃盟；楊炎以爲非敵，請與郭子儀輩爲載書以聞，令上畫可而已，從之。令，力丁翻。

14 朱泚等圍劉文喜於涇州，泚，且禮翻，又音此。杜其出入，而閉壁不與戰，久之不拔。天方旱，徵發餽運，內外騷然，朝臣上書請赦文喜以蘇疲人者，不可勝紀。朝，直遥翻。上，時掌翻。勝，音升。上皆不聽，曰：「微孽不除，何以令天下！」文喜使其將劉海賓入奏，孽，魚列翻。將，即亮翻。海賓言於上曰：「臣乃陛下藩邸部曲，帝初以雍王爲天下兵馬元帥，討史朝義，凡在行營，皆部曲也。豈肯附叛臣，必爲陛下梟其首以獻。爲，于僞翻。梟，堅堯翻。但文喜今所求者節而已，願陛下姑與之，文喜必怠，則臣計得施矣。」上曰：「名器不可假人，孔子之言。爾能立效固善，我節不可得也。」使海賓歸以告文喜，而攻之如初。減御膳以給軍士，城中將士當受春服者，賜予如故。予，讀曰與。於是衆知上意不可移。時吐蕃方睦於唐，不爲發兵，爲，于僞翻。城中勢窮。庚寅，海賓與諸將共殺文喜，傳首，考異曰：邠志曰：「詔李懷光、朱泚幷軍誅之，師圍涇城，數月不拔。文喜使其子求救于吐蕃。蕃衆將至，二將議退軍以避之。都遊弈使韓遊瓌爭之曰：『西戎若來，涇衆必變，義不爲文喜沒身於戎虜。』秋七月，西蕃遊騎登高，麾涇人。涇人果曰：『始吾爲文喜求節度耳，王師致討，困則歸之，安能赤土塗面爲異方之人乎！』劉海賓因之殺文喜，以衆降泚。泚無所戮，涇人德之，萌泚之亂亦自此始。」按是時吐蕃通好，無入援文喜事。又實錄此月涇州平，而邠志云七月西蕃至，皆相違。今從建中實錄。而原州竟不果城。

自上卽位，李正己內不自安，遣參佐入奏事；會涇州捷奏至，上使觀文喜之首而歸。正己益懼。

15 六月，甲午朔，門下侍郎、同平章事崔祐甫薨。薨，呼肱翻。

16 術士桑道茂上言：「陛下不出數年，暫有離宮之厄。上，時掌翻。離，力智翻。臣望奉天有天子氣，宜高大其城以備非常。」辛丑，命京兆發丁夫數千，雜六軍之士，築奉天城。考異曰：舊傳云：「道茂待詔翰林，建中初，神策脩奉天城，道茂請高其垣牆，大爲制度。德宗不之省。及朱泚之亂，帝蒼猝出幸，至奉天，方思道茂之言。時道茂已卒，命祭之。」今從實錄及崔庭光幸奉天錄。

17 初，回紇風俗朴厚，君臣之等不甚異，故衆志專一，勁健無敵。紇，下沒翻。及有功於唐，謂平安、史也。唐賜遺甚厚，遺，于季翻。登里可汗始自尊大，築宮殿以居，婦人有粉黛文繡之飾；中國爲之虛耗，可，從刊入聲。汗，音寒。爲，于僞翻。而虜俗亦壞。及代宗崩，上遣中使梁文秀往告哀，登里驕不爲禮。九姓胡附回紇者，說登里以中國富饒，今乘喪伐之，可有大利。使，疏吏翻。說，式芮翻。考異曰：既云乘喪入寇，當在去年。今因源休冊命，追敍之耳。登里從之，欲舉國入寇。其相頓莫賀達干，登里之從父兄也，相，息亮翻。從，才用翻。諫曰：「唐，大國也，無負於我，吾前年侵太原，獲羊馬數萬，可謂大捷，事見上卷代宗大曆十三年。而道遠糧乏，比歸，士卒多徒行者。比，必利翻，及也。道遠糧乏，士卒殺馬食之，故多徒行。今舉國深入，萬一不捷，將安歸乎！」登里不聽。頓莫賀乘人心之不欲南寇也，舉兵擊殺之，幷九姓胡二千人，自立爲合骨咄祿毗伽可汗，遣其臣聿達干與梁文秀俱入見，咄，當沒翻。伽，求迦翻。可，從刊入聲。汗，音寒。見，賢遍翻。願爲藩臣，垂髮不翦，以待詔命。乙卯，命京兆少尹臨漳源休册頓莫賀爲武義成功可汗。少，始照翻。臨漳縣，屬相州，本鄴縣地，東魏孝靜帝分鄴縣，於鄴城中置臨漳縣。考異曰：舊傳曰：「休妻，即吏部侍郎王翊女也，因小忿而離，妻族上訴，下御史臺驗理。休遲留不答款狀，除名，配流溱州。久之，移岳州。建中初，楊炎執政，以京兆尹嚴郢威名稍著，心欲傾之。郢，即王翊甥壻也。休與王氏離絕之時，炎風聞休、郢有隙，遂擢休自流人爲京兆少尹，俾令伺郢過失。休既在職久，與郢親善，炎怒之，奏令以本官兼御史中丞，奉使回紇。」按休奉使時，回紇方恭順，張光晟未殺董突，炎安知回紇欲殺休而遣之！今不取。

18 秋，七月，丙寅，邵州賊帥王國良降。帥，所類翻。降，戶江翻。國良本湖南牙將，觀察使辛京杲使戍武岡，將，即亮翻。使，疏吏翻。武岡縣，漢零陵郡都梁縣之地，晉分都梁置武岡縣，今岡東五十里，有漢都梁故城，是也。後漢武陵蠻爲漢所伐，來保此岡，故謂之武岡。郡國志云：武岡，接武陵，因以得名，隋廢，武德四年，分邵陽復置武岡縣，屬邵州。新志曰：本武攸縣，武德四年更名。梁夫夷縣，在今武岡界。以扞西原蠻。京杲貪暴，國良家富，京杲以死罪加之；國良懼，據縣叛，與西原蠻合，聚衆千人，侵掠州縣，瀕湖千里，咸被其害。被，皮義翻。詔荆、黔、洪、桂諸道合兵討之，荆南節度使，治荆州。黔中觀察使，治黔州。江南西道觀察使，治洪州。桂管經略觀察使，治桂州。黔，音禽。連年不能克。及曹王皋爲湖南觀察使，曰：「驅疲甿，誅反仄，非策之得者也。」乃遺國良書，遺，于季翻。言：「將軍非敢爲逆，欲救死耳。我與將軍俱爲辛京杲所構，曹王皋事見上大曆十四年。我已蒙聖朝湔洗，何心復加兵刃於將軍乎！朝，直遙翻。復，扶又翻，又音如字。將軍遇我，不速降，後悔無及。」國良且喜且懼，遣使乞降，猶疑未決。皋乃假爲使者，從一騎，越五百里，抵國良壁，鞭其門，大呼曰：「我曹王也，使，疏吏翻。騎，奇寄翻。呼，火故翻。來受降！」舉軍大驚。國良趨出，迎拜請罪。皋執其手，約爲兄弟，盡焚攻守之具，散其衆，使還農。詔赦國良罪，賜名惟新。按新書南蠻傳：西原蠻居廣、容之南，邕、桂之西，地數千里，種落甚衆。乾元以來，累爲叛亂，與夷獠梁崇牽、覃問、西原酋長吳功曹合兵內寇，陷道州，進攻永州，陷邵州。辛京杲遣王國良戍武岡，國良亦叛。建中初，城溆州以斷西原，國良乃降。降，戶江翻。

19 辛巳，遙尊上母沈氏爲皇太后。沈氏以開元末選入代宗宮，安祿山之亂，玄宗避賊，諸王妃妾不及從者，皆爲賊所得，拘之東都之掖庭。代宗克東都，入宮，得沈氏，留之東都宮中。史思明再陷東都，遂失所在。

20 荆南節度使庾準希楊炎指，奏忠州刺史劉晏與朱泚書求營救，辭多怨望，又奏召補州兵，欲拒朝命，忠州，荆南巡屬也，故庾準得以誣奏劉晏。使，疏吏翻。泚，且禮翻，又音此。朝，直遙翻；下同。炎證成之；上密遣中使就忠州縊殺之，縊，於賜翻，又於計翻。己丑，乃下詔賜死。天下冤之。

初，安、史之亂，數年間，天下戶口什亡八九，州縣多爲藩鎮所據，貢賦不入，朝廷府庫耗竭，中國多故，戎狄每歲犯邊，所在宿重兵，仰給縣官，朝，直遙翻。仰，牛向翻。所費不貲，皆倚辦於晏。晏初爲轉運使，獨領陝東諸道，寶應元年，劉晏充度支、轉運等使。代宗廣德二年，始以晏爲河南、江・淮以來轉運使，乃疏浚汴水以開漕運之利。陝，失冉翻。陝西皆度支領之，末年兼領，未幾而罷。度，徒洛翻。大曆十四年，晏兼判度支，建中元年罷。幾，居豈翻。

晏有精力，多機智，變通有無，曲盡其妙。常以厚直募善走者，置遞相望，覘報四方物價，覘，丑廉翻。雖遠方，不數日皆達使司，使司，謂轉運使司。食貨輕重之權，悉制在掌握，國家獲利而天下無甚貴甚賤之憂。常以爲：「辦集衆務，在於得人，故必擇通敏、精悍、廉勤之士而用之；至於句檢簿書，悍，侯旰翻，又下罕翻。句，古侯翻。出納錢穀，【章：十二行本「穀」下有「事雖至細」四字；乙十一行本同；退齋校同，無「事」字。】必委之士類；吏惟書符牒，不得輕出一言。」常言：「士陷贓賄，則淪棄於時，名重於利，故士多清脩；吏雖潔廉，終無顯榮，利重於名，故吏多貪污。」然惟晏能行之，他人效者終莫能逮。其屬官雖居數千里外，奉教令如在目前，起居語言，無敢欺紿。紿，待亥翻。當時權貴，或以親故屬之者，屬，之欲翻。晏亦應之，使俸給多少，遷次緩速，皆如其志，然無得親職事。其場院要劇之官，俸，扶用翻。少，始紹翻。場，謂交場、船場。院，謂巡院。必盡一時之選。故晏沒之後，掌財賦有聲者，多晏之故吏也。

晏又以爲戶口滋多，則賦稅自廣，故其理財【章：十二行本「財」下有「常」字；乙十一行本同。】以愛【章：十二行本「愛」作「養」；乙十一行本同。】民爲先。諸道各置知院官，知院官，掌諸道巡院者也。每旬月，具州縣雨雪豐歉之狀白使司，豐則貴糴，歉則賤糶，或以穀易雜貨供官用，及於豐處賣之。知院官始見不稔之端，先申，至某月須如干蠲免，某月須如干救助，使，疏吏翻。如干，猶言若干也。程大昌曰：若干者，設數之言也。干，猶箇也。若箇，猶言幾何枚也。又說：干者，十干，自甲至癸也，亦以數言也。及期，晏不俟州縣申請，卽奏行之，應民之急，未嘗失時，不待其困弊、流亡、餓殍，然後賑之也。由是民得安其居業，戶口蕃息。殍，居表翻。賑，津忍翻。蕃，音煩。晏始爲轉運使，時天下見戶不過二百萬，見，賢遍翻。其季年乃三百餘萬；在晏所統則增，非晏所統則不增也。其初財賦歲入不過四百萬緡，季年乃千餘萬緡。

晏專用榷鹽法充軍國之用。時自許、汝、鄭、鄧之西，皆食河東池鹽，度支主之；汴、滑、唐、蔡之東，統，他綜翻，俗音如字。緡，眉巾翻。榷，古岳翻。代宗寶應元年，更豫州爲蔡州，避上名也。皆食海鹽，晏主之。晏以爲官多則民擾，故但於出鹽之鄉置鹽官，收鹽戶所煑之鹽轉鬻於商人，任其所之，自餘州縣不復置官。復，扶又翻，下價復同。其江嶺間去鹽鄉遠者，轉官鹽於彼貯之。或商絕鹽貴，則減價鬻之，謂之常平鹽，後又榷茶，遂置常平茶鹽官。貯，丁呂翻。官獲其利而民不乏鹽。其始江、淮鹽利不過四十萬緡，季年乃六百餘萬緡，由是國用充足而民不困弊。其河東鹽利，不過八十萬緡，而價復貴於海鹽。

先是，運關東穀入長安者，先，悉薦翻。以河流湍悍，率一斛得八斗至者，則爲成勞，受優賞。晏以爲江、汴、河、渭，水力不同，各隨便宜，造運船，教漕卒，江船達揚州，汴船達河陰，悍，下罕翻，又侯旰翻。汴，皮變翻。江船達揚州，入淮；汴船自清口達河陰。開元二十二年，分汜水、武涉、滎澤，置河陰縣，屬河南府，有河陰倉。河船達渭口，渭船達太倉，渭口，謂渭水入河之口。其間緣水置倉，轉相受給。自是每歲運穀或至百餘萬斛，無斗升沈覆者。沈，持林翻。船十艘爲一綱，使軍將領之，艘，蘇遭翻。將，卽亮翻。十運無失，授優勞，官其人。數運之後，無不斑白者。晏於揚子置十場造船，每艘給錢千緡。艘，蘇遭翻。緡，眉巾翻。或言「所用實不及半，虛費太多。」晏曰：「不然，論大計者固不可惜小費，凡事必爲永久之慮。今始置船場，執事者至多，當先使之私用無窘，則官物堅牢矣。若遽與之屑屑校計錙銖，窘，巨隕翻。八銖爲錙，十絫爲銖。安能久行乎！異日必有患吾所給多而減之者；減半以下猶可也，過此則不能運矣。」其後五十年，有司果減其半。及咸通中，有司計費以給之，無復羨餘，復，扶又翻，又音如字。羨，于線翻，羨贏也。船益脆薄易壞，易，以豉翻。漕運遂廢矣。宋白曰：武德、永徽之後，姜行本、薛大鼎、褚朗皆言漕運未能通濟。後監察御史王師順請運晉、絳之粟于河、渭之間，始置渭橋倉。開元初，李傑爲水運使，始大興漕事。十八年，裴耀卿以言漕運拜江淮轉運使，以崔希逸、蕭炅爲副。轉運、鹽鐵有副使自此始。肅宗初，第五琦以錢穀見，始置江淮租庸使，乾元初，加鹽鐵使，始大鹽鐵法，就山海井竈收榷其鹽，立監院官吏。至劉晏，始以鹽鐵兼漕運。

晏爲人勤力，事無閒劇，必於一日中決之，不使留宿，後來言財利者皆莫能及之。

21 八月，甲午，振武留後張光晟殺回紇使者董突【張：作「突董」；下同。】等九百餘人。董突者，武義可汗之叔父也。晟，成正翻。紇，下沒翻。使，疏吏翻。可，從刊入聲。汗，音寒。代宗之世，九姓胡常冒回紇之名，雜居京師，殖貨縱暴，與回紇共爲公私之患；上卽位，命董突盡帥其徒歸國，輜重甚盛。帥，讀曰率。輜，莊持翻。重，直用翻。至振武，留數月，厚求資給，日食肉千斤，他物稱是，稱，尺證翻。縱樵牧者暴踐果稼，振武人苦之。光晟欲殺回紇，取其輜重，而畏其衆強，未敢發。九姓胡聞其種族爲新可汗所誅，多道亡，踐，息淺翻。種，章勇翻。董突防之甚急；九姓胡不得亡，又不敢歸，乃密獻策於光晟，請殺回紇。光晟喜其黨自離，許之。上以陝州之辱，事見二百二十二卷寶應元年。陝，失冉翻。心恨回紇；光晟知上旨，乃奏稱：「回紇本種非多，紇，下沒翻。晟，成正翻。種，章勇翻。所輔以強者，羣胡耳。今聞其自相魚肉，頓莫賀新立，移地健有孽子，登里可汗名移地健。及國相、梅錄各擁兵數千人相攻，國相，息亮翻。宋白曰：梅錄，回鶻將軍號。柳公綽帥河東時，有梅錄將軍李暢入貢。國未定。彼無財則不能使其衆，陛下不乘此際除之，乃歸其人，與之財，正所謂借寇兵齎盜糧者也。引李斯諫秦王逐客之言。請殺之。」三奏，上不許。光晟乃使副將過其館門，故不爲禮；董突怒，執而鞭之數十。光晟勒兵掩擊，幷羣胡盡殺之，聚爲京觀。獨留一胡，使歸國爲證，曰：「回紇鞭辱大將，且謀襲據振武，故先事誅之。」將，卽亮翻。觀，古玩翻。先，悉薦翻。上徵光晟爲右金吾將軍，遣中使王嘉祥往致信幣。回紇請得專殺者以復讎，上爲之貶光晟爲睦王傅以慰其意。睦王述，上弟也。爲，于僞翻。

22 加【章：十二行本「加」上有「丁未」二字；乙十一行本同。】盧龍、隴右、涇原節度使朱泚兼中書令，盧龍、隴右節度如故。使，疏吏翻。以舒王謨爲四鎭、北庭行軍、涇原節度大使，行軍，當作行營。以涇州牙前兵馬使河中姚令言爲留後。爲後姚令言以涇原兵作亂張本。考異曰：舊傳：「孟皡尋歸朝，遂拜令言爲四鎭、北庭行營、涇原節度使。」按實錄，建中三年八月，以涇原節度留後姚令言爲節度使，此年必始爲留後也。按姚令言傳：建中元年，孟皡爲涇原節度留後，自以文吏進身，不樂軍旅，頻表薦令言謹肅，堪任將帥。皡尋歸朝。謨，邈之子也，邈，代宗子，大曆八年薨。早孤，上子之。

23 癸丑，詔贈太后父、祖、兄、弟官，及自餘宗族男女拜官封邑者告第告身，「第」，恐當作「策」。凡百二十有七通；中使以馬負而賜之。

24 九月，壬午，將作奏宣政殿廊壞，十月魁岡，未可脩。陰陽家拘忌，有天岡、河魁。凡魁岡之月及所繫之地，忌脩造。史炤曰：魁岡者，北斗魁星之氣，十月在戌，爲魁岡。宋白曰：陰陽氏書，謂是歲孟冬爲魁岡，不利脩作。上曰：「但不妨公害人，則吉矣。安問時日！」卽命脩之。

25 大曆以前，賦斂出納俸給皆無法，長吏得專之；重以元、王秉政，貨賂公行，斂，力贍翻。長，知兩翻。俸，扶用翻。元、王，謂元載、王縉也。天下不按贓吏者殆二十年。考異曰：建中實錄云「三十年」，蓋字之誤也。惟江西觀察使路嗣恭按虔州刺史源敷翰，流之。上以宣歙觀察使薛邕，文雅舊臣，徵爲左丞；邕去宣州，盜隱官物以巨萬計，殿中侍御史員寓發之。時以宣、歙二州依山而扼江、湖之要，分置觀察使。使，疏吏翻。嗣，祥吏翻。歙，音攝。員，音運，姓也。冬，十月，己亥，貶連山尉。連山縣，屬連州，晉武帝分桂陽立廣惠縣，隋改爲廣澤，仁壽元年，改爲連山縣，避太子廣諱也。於是州縣始畏朝典，不敢放縱。

上初卽位，疏斥宦官，親任朝士，而張涉以儒學入侍，薛邕以文雅登朝，朝，直遥翻。繼以贓敗。宦官武將得以藉口，曰：「南牙文臣贓動至巨萬，而謂我曹濁亂天下，豈非欺罔邪！」將，卽亮翻。邪，音耶。於是上心始疑，不知所倚仗矣。

26 中書舍人高參請分遣諸沈訪求太后，庚寅，以睦王述爲奉迎使，工部尚書喬琳副之，又命諸沈四人爲判官，與中使分行諸道求之。尚，辰羊翻。行，下孟翻，又音如字。

27 十一月，初令待制官外，更引朝集使二人，訪以時政得失，遠人疾苦。令，力丁翻。朝，直遥翻。使，疏吏翻。

28 先是，公主下嫁者，舅姑拜之，婦不答。先，悉薦翻。上命禮官定公主拜見舅、姑及壻之諸父、兄、姊之儀，舅、姑坐受於中堂，兄、【章：十二行本「兄」上有「諸父」二字；乙十一行本同；退齋校同。】姊立受於東序，如家人禮。有縣主將嫁，擇用丁丑，是日，上之從父妹卒，姊，蔣兕翻。從，才用翻。命罷之。有司奏：「供張已備，供，居用翻。張，知亮翻。且殤服不足廢事。」殤，音傷。說文：未成人而死者爲殤。禮：十九至十六死者爲長殤，十五至十二死者爲中殤，十一至八歲死者爲下殤。上曰：「爾愛其費，我愛其禮。」卒罷之。卒，子恤翻。至德以來，國家多事，公主、郡、縣主多不以時嫁，有華髮者，雖居禁中，或十年不見天子；髮中白者曰華。見，賢遍翻。上始引見諸宗女，尊者致敬，卑者存慰，悉命嫁之。所齎小大之物，必經心目。己卯、庚辰二日，嫁岳陽等九【章：十二行本「九」作「凡」；乙十一行本同。】十一縣主。齎，則兮翻。

29 吐蕃見韋倫再至，益喜。是年五月，韋倫再使吐蕃。吐，從暾入聲。十二月，辛卯朔，倫還，吐蕃遣其相論欽明思等入貢。還，從宣翻，又音如字。相，息亮翻。

30 是歲，册太子母王氏爲淑妃。

31 天下稅戶三百八萬五千七十六，籍兵七十六萬八千餘人，籍兵，兵之著籍者也。稅錢一千八十九萬八千餘緡，穀二百一十五萬七千餘斛。緡，眉巾翻。

二年（辛酉、七八一）

1 春，正月，戊辰，成德節度使李寶臣薨。恆、冀，成德軍。考異曰：建中實錄云：「二月丁巳，寶臣卒。」疑奏到之日也。今從德宗實錄。谷況燕南記曰：「忠志末年，惟納妖妄之人、兼陰陽、術數、諂媚苟且之輩，爭獻圖讖，稱有尊位，詐作朱草、靈芝，鑿石上作名字。又於後堂院結壇場，清齋菜食，置金杯、玉斝、銀盤，云甘露神酒自至其內。又言天符下降。忠志自謂命符上天，將吏罔有諫者。使行文牒，布告州縣云：『靈芝朱草，王者之瑞，輒生壇上，香滿院中，靈石呈祥，天符飛應，甘露如蜜，神酒盈杯，匪我所求，不期自至，各牒管內郡縣，宜令知委，同爲喜慶也。』既而日爲妖妄者更相矯云：『不日當有天神下降，持金箱玉印而至，然後即大位，爲天所授也。四方皆自歸伏，不待征討，海內坐而定矣。』忠志大悅。多以金、銀、羅、錦、異物賞之。陰陽、妖妄者自知虛僞，恐事泄見誅，共言：『相公宜服甘露、靈芝草湯，即天神降速。』忠志一任妖者，遂於湯中密著毒藥，既飲畢，便失音，三日而卒。」舊傳亦以爲然。按方士妖妄，必爲一府所疾，所憑恃者寶臣一人耳。若酖殺寶臣，身在府中，逃無所之，安能免死乎！計方士雖愚，必不爲此。蓋時人見寶臣曾飲其湯，遇疾而死，以爲方士所酖，谷況承而書之耳。寶臣欲以軍府傳其子行軍司馬惟岳，以其年少闇弱，少，詩照翻。豫誅諸將之難制者將，即亮翻。深州刺史張獻誠等，至有十餘人同日死者。寶臣召易州刺史張孝忠，孝忠不往，使其弟孝節召之。孝忠使孝節謂寶臣曰：「諸將何罪，連頸受戮！孝忠懼死，不敢往，亦不敢叛，正如公不入朝之意耳。」朝，直遙翻。孝節泣曰：「如此，孝節必死。」孝忠曰：「往則併命，我在此，必不敢殺汝。」遂歸，寶臣亦不之罪也。兵馬使王武俊，位卑而有勇，故寶臣特親愛之，以女妻其子士眞，使，疏吏翻。妻，七細翻。士眞復厚結其左右；故孝忠、武俊獨全。史言人不可妄殺，且爲孝忠、武俊歸國張本。復，扶又翻。

及薨，孔目官胡震，家僮王他奴勸惟岳匿喪二十餘日，詐爲寶臣表，求令惟岳繼襲，上不許；令，力丁翻。遣給事中汲人班宏往問寶臣疾，且諭之。惟岳厚賂宏，宏不受，還報。惟岳乃發喪，自爲留後，使將佐共奏求旌節，上又不許。汲縣，屬衞州。還，從宣翻，又音如字。將，卽亮翻。

初，寶臣與李正己、田承嗣、梁崇義相結，事見上卷代宗大曆十二年。嗣，祥吏翻。期以土地傳之子孫。故承嗣之死，見上卷大曆十四年。寶臣力爲之請于朝，爲，于僞翻；下屢爲同。朝，直遙翻。使以節授田悅；代宗從之。悅初襲位，事朝廷禮甚恭，河東節度使馬燧表其必反，請先爲備。至是悅屢爲惟岳請繼襲，上欲革前弊，不許；或諫曰：「惟岳已據父業，不因而命之，必爲亂。」上曰：「賊本無資以爲亂，皆藉我土地，假我位號，以聚其衆耳。曏日因其所欲而命之多矣，而亂日益滋。是爵命不足以已亂而適足以長亂也。德宗銳於削平藩鎭而發是言，誠中肅、代之病，而終不能已亂，亦以召亂，所行者未能副其言也。長，知丈翻。然則惟岳必爲亂，命與不命等耳。」竟不許。悅乃與李正己各遣使詣惟岳，潛謀勒兵拒命。

魏博節度副使田庭玠謂悅曰：「爾藉伯父遺業，田承嗣者，悅之伯父也。但謹事朝廷，坐享富貴，不亦善乎！柰何無故與恆、鄆共爲叛臣！成德節度使治恆州，淄青節度使治鄆州，故以恆、鄆稱之。恆，戶登翻。鄆，音運。爾觀兵興以來，逆亂者誰能保其家乎？必欲行爾之志，可先殺我，無使我見田氏之族滅也。」因稱病臥家。悅自往謝之，庭玠閉門不內，竟以憂卒。卒，子恤翻。

成德判官邵眞聞李惟岳之謀，泣諫曰：「先相公受國厚恩，大夫衰絰之中，相，息亮翻。衰，倉回翻。遽欲負國，此甚不可。」勸惟岳執李正己使者送京師，且請討之，曰：「如此，朝廷嘉大夫之忠，則旄節庶幾可得。」使，疏吏翻。朝，直遙翻。幾，居希翻。惟岳然之，使眞草奏。長史畢華曰：「先公與二道結好二十餘年，長，知兩翻。好，呼到翻。柰何一旦棄之！且雖執其使，朝廷未必見信。正己忽來襲我，孤軍無援，何以待之！」惟岳又從之。

前定州刺史谷從政，惟岳之舅也，有膽略，頗讀書，王武俊等皆敬憚之，爲寶臣所忌，從政乃稱病杜門。惟岳亦忌之，不與圖事，日夜獨與胡震、王他奴等計議，多散金帛以悅將士。將，卽亮翻。從政往見惟岳曰：「今海內無事，自上國來者，時藩鎭竊據，自比古諸侯，謂京師爲上國。皆言天子聰明英武，志欲致太平，深不欲諸侯子孫專地。爾今首違詔命，天子必遣諸道致討。將士受賞，【章：十二行本「賞」下有「之際」二字；乙十一行本同；退齋校同；張校同，云無註本亦無。】皆言爲大夫盡死；爲，于僞翻；下且爲同。苟一戰不勝，各惜其生，誰不離心！大將有權者，乘危伺便，咸思取爾以自爲功矣。伺，相吏翻。且先相公所殺高班大將，殆以百數，撓敗之際，撓，奴教翻。其子弟欲復仇者，庸可數乎！又，相公與幽州有隙，謂李寶臣襲朱滔也。事見上卷代宗大曆之十年。朱滔兄弟常切齒於我，今天子必以爲將；滔與吾擊柝相聞，左傳曰：魯擊柝聞於邾。謂接境也。計其聞命疾驅，若虎狼之得獸也，何以當之！是後李惟岳禍敗，皆如谷從政所言。昔田承嗣從安、史父子同反，身經百戰，凶悍聞於天下，嗣，祥吏翻。悍，下罕翻，又戶旰翻。違詔舉兵，自謂無敵；及盧子期就擒，吳希光歸國，承嗣指天垂泣，身無所措。賴先相公按兵不進，且爲之祈請，先帝寬仁，赦而不誅，事亦見上卷大曆十年。相，息亮翻。爲，于僞翻。不然，田氏豈有種乎！況爾生長富貴，齒髮尚少，不更艱危，種，章勇翻。長，知丈翻。少，詩照翻。更，工衡翻。乃信左右之言，欲效承嗣所爲乎！爲爾之計，不若辭謝將佐，使惟誠攝領軍府，身自入朝，乞留宿衛，因言惟誠且留攝事。恩命決於聖志，上必悅爾忠義，縱無大位，不失榮祿，永無憂矣。不然，大禍將【章：十二行本「將」下有「至悔之何」四字；乙十一行本同；退齋校同；張校同，云無註本亦無。】及。吾亦知爾素疏忌我，顧以舅甥之情，事急，不得不言耳！」惟岳【章：十二行本「岳」下有「及左右」三字；乙十一行本同；張校同，云無註本亦無。】見其言切，益惡之。從政乃復歸，杜門稱病。將，即亮翻。朝，直遙翻。惡，烏路翻。復，扶又翻，又音如字。惟誠者，惟岳之庶兄也，謙厚好書，得衆心，好，呼到翻。其母妹爲李正己子婦。母妹者，惟誠同母之妹也。是日，惟岳送惟誠於正己，正己使復姓張，遂仕淄青。惟岳遣王他奴詣從政家，察其起居，將殺之，示之以意，使自引分。從政飲藥而卒；卒，子恤翻。且死，曰：「吾不憚死，哀張氏今族滅矣！」李寶臣本張忠志，故云然。

劉文喜之死也，李正己、田悅等皆不自安；劉晏死，正己等益懼，劉文喜、劉晏死皆見上年。相謂曰：「我輩罪惡，豈得與劉晏比乎！」李正己、田悅非面相告語也，使人傳言有此語。會汴州城隘，廣之，東方人訛言「上欲東封，汴，皮變翻。隘，烏介翻。東封，非東封泰山之謂，蓋用左傳燭之武說「秦伯既東封鄭，又欲肆其西封」之語。故城汴州。」正己懼，發兵萬人屯曹州；曹州，李正己巡屬，與汴州接壤。田悅亦完聚爲備，杜預曰：完聚者，完城郭，聚人民。與梁崇義、李惟岳遥相應助，河南士民騷然驚駭。

永平舊領汴、宋、滑、亳、陳、潁、泗七州，此平李靈耀後，永平軍所領巡屬也。按代宗大曆七年，賜滑亳軍號永平；十一年，平李靈耀，增領宋、泗二州，十四年，增領汴、潁二州，滑亳未賜軍號之前，已領陳州，共七州。丙子，分宋、亳、潁別爲節度使，以宋州刺史劉洽爲之；以泗州隸淮南；又以東都留守路嗣恭爲懷·鄭·汝·陝四州、河陽三城節度使。使，疏吏翻。守，式又翻。嗣，祥吏翻。陝，失冉翻。旬日，又以永平節度使李勉都統洽、嗣恭二道，仍割鄭州隸之，選嘗爲將者爲諸州刺史，以備正己等。統，他綜翻，俗又讀如字。將，卽亮翻。

2 初，高力士有養女嫠居東京，嫠，里之翻。無夫爲嫠。頗能言宮中事，女官李眞一意其爲沈太后，詣使者具言其狀。去年遣使訪求太后。上聞之，驚喜。時沈氏故老已盡，無識太后者。上遣宦官、宮人往驗視之，年狀頗同，宦官、宮人不審識太后，皆言是。高氏辭稱實非太后，驗視者益疑之，強迎入上陽宮。強，其兩翻；下所強同。上發宮女百餘人，齎乘輿服御物就上陽宮供奉。乘，繩證翻。輿，音于。左右誘諭百方，誘，音酉。高氏心動，乃自言是。驗視者走馬入奏，上大喜。二月，辛卯，上以偶日御殿，羣臣皆入賀。唐制：天子以隻日受朝賀，今喜於得太后，故以耦日御殿而受賀。詔有司草儀奉迎。高氏弟承悅在長安，恐不言，久獲罪，遽自言本末。

上命力士養孫樊景超往覆視，景超見高氏居內殿，以太后自處，處，昌呂翻。左右侍衞甚嚴。景超謂高氏曰：「姑何自置身於俎上！」謂將以詐僞伏罪，如置身俎上，以俟刀也。左右叱景超使下，景超抗聲曰：「有詔，太后詐僞，左右可下。」左右皆下殿。高氏乃曰：「吾爲人所強，非己出也。」強，其兩翻。以牛車載還其家。還，從宣翻，又音如字。上恐後人不復敢言太后，皆不之罪，曰：「吾寧受百欺，庶幾得之。」復，扶又翻。幾，居依翻。自是四方稱得太后者數四，皆非是，而眞太后竟不知所之。之，往也。

3 御史中丞盧杞，奕之子也，天寶十四載，安祿山陷洛陽，李憕、盧奕死之。貌醜，色如藍，有口辯；上悅之，丁未，擢爲大夫，擢爲御史大夫。領京畿觀察使。句。郭子儀每見賓客，姬妾不離側。杞嘗往問疾，子儀悉屏侍妾，獨隱几待之。離，力智翻。屏，必郢翻。隱，於靳翻。或問其故，子儀曰：「杞貌陋而心險，婦人輩見之必笑，他日杞得志，吾族無類矣！」

楊炎既殺劉晏，朝野側目，李正己累表請晏罪，譏斥朝廷。炎懼，遣腹心分詣諸道，以宣慰爲名，實使之密諭節度使云：「晏昔朋附姦邪，請立獨孤后，上自惡而殺之。」上聞而惡之，朝，直遙翻。度使，疏吏翻。惡，烏路翻。由是有誅炎之志，隱而未發。乙巳，遷炎爲中書侍郎，擢盧杞爲門下侍郎，並同平章事，不專任炎矣。杞蕞陋，無文學，蕞，徂外翻。炎輕之，多託疾不與會食；唐制：諸宰相，日會食於政事堂。杞亦恨之。杞陰狡，欲起勢立威，小不附者必欲置之死地，引太常博士裴延齡爲集賢殿直學士，親任之。爲盧杞以姦邪致亂張本。然杞爲建中厲階，人皆知之，其引裴延齡以樹黨，其禍蔓延，迄於貞元之末年，人未知其罪也。故通鑑著言之。

4 丙午，更汴宋軍曰宣武。按是時李勉以永平軍節度使鎮汴州，蓋以宋、亳、潁爲宣武軍。當從新書方鎮表。更，工衡翻。

5 振武節度使彭令芳苛虐，監軍劉惠光貪婪；婪，盧含翻。乙卯，軍士共殺之。

6 發京西防秋兵萬二千人戍關東。時吐蕃通和，西邊無警，而河南、北諸鎮連兵拒命，關東騷然，故抽京西防秋之兵以戍關東。上御望春樓望春樓，在灞水之西，臨廣運潭。宴勞將士，勞，力到翻。將，卽亮翻。神策軍士獨不飲，上使詰之，其將楊惠元對曰：「臣等發奉天，軍帥張巨濟戒之曰：『此行大建功名，凱還之日，相與爲歡。』【章：十二行本「歡」下有「苟未捷勿飲酒」六字；乙十一行本同；退齋校同。】故不敢奉詔。」按建中元年，遣神策軍使張巨濟將禁兵助朱泚等討劉文喜。蓋涇州既平，巨濟還屯奉天也。詰，去吉翻。帥，所類翻。還，音旋，又如字。及行，有司緣道設酒食，獨惠元所部鉼罍不發。罍，烏莖翻。上深歎美，賜書勞之。勞，力到翻。惠元，平州人也。平州，北平郡。

7 三月，置溵州於郾城。魏收地形志：潁川郡曲陽縣有郾城。後齊置臨潁郡，隋廢郡，爲郾城縣，唐屬蔡州。時分郾城、臨潁、陳州之溵水置溵州。溵，於巾翻。郾，於建翻。

8 辛巳，以汾州刺史王翃爲振武軍使、鎮北・綏・銀等州留後。翃，戶萌翻。

9 遣殿中少監崔漢衡使于吐蕃。少，始照翻。使，疏吏翻。吐，從暾入聲。

10 梁崇義雖與李正己等連結，兵勢寡弱，禮數最恭。或勸其入朝，朝，直遙翻。崇義曰：「來公有大功於國，上元中爲閹宦所讒，遷延稽命；稽，緩也。及代宗嗣位，不俟駕入朝，猶不免族誅。來公，謂來瑱，死於廣德元年，事見二百二十二卷。吾歲久釁積，何可往也！」淮寧節度使李希烈屢請討之，方鎭表：大曆十四年，淮西節度使復治蔡州，賜號淮寧軍，事見上。崇義懼，益脩武備。流人郭昔告崇義爲變，郭昔以告崇義得流罪，史因稱流人以敍其事。崇義聞之，請罪，上爲之杖昔，遠流之；爲，于僞翻；下爲陳同。使金部員外郎李舟詣襄州諭旨以安之。舟嘗奉使詣劉文喜，爲陳禍福，文喜囚之，會帳下殺文喜以降，諸道跋扈者聞之，謂舟能覆城殺將。將，即亮翻。至襄州，崇義惡之；舟又勸崇義入朝，言頗切直，崇義益不悅。及遣使宣慰諸道，舟復詣襄州，崇義拒境不內，惡，烏路翻。復，扶又翻。拒境者，拒之於境上。上言「軍中疑懼，請易以他使。」上，時掌翻。時兩河諸鎭方猜阻，上欲示恩信以安之，夏，四月，庚寅，加崇義同平章事，妻子悉加封賞，賜以鐵券；遣御史張著齎手詔徵之，仍以其裨將藺杲爲鄧州刺史。裨，賓彌翻。鄧州，治穰縣。

11 五月，丙寅，以軍興，增商稅爲什一。楊炎定稅法，商賈三十稅一。今增之。

12 田悅卒與李正己、李惟岳定計，卒，子恤翻，終也，竟也。連兵拒命，遣兵馬使孟祐將步騎五千北助惟岳。將，卽亮翻，又音如字。騎，奇寄翻。薛嵩之死也，田承嗣盜據洺、相二州，事見上卷大曆十年。洺，音名。相，息亮翻。朝廷獨得邢、磁二州及臨洺縣。臨洺，漢之易陽縣地，屬趙國，晉屬廣平郡，後魏屬魏郡，後齊廢入襄國縣，置襄國郡，後周改置易陽縣，別置襄國縣，隋開皇之六年，改易陽爲邯鄲，十年，改邯鄲爲臨洺，屬武安郡，唐屬洺州。范成大北使錄：臨洺縣，東至洺州三十五里。朝，直遙翻。磁，牆之翻。悅欲阻山爲境，曰：「邢、磁如兩眼，在吾腹中，不可不取。」乃遣兵馬使康愔將八千人圍邢州，使，疏吏翻。愔，挹淫翻。將，卽亮翻，又音如字。別將楊朝光將五千人柵於邯鄲西北以斷昭義救兵，邯鄲縣，漢屬趙國，晉屬廣平郡，東魏廢，隋復置，屬武安郡，唐屬磁州。余按隋開皇十年，既改邯鄲爲臨洺，隋志不復言別置邯鄲。至唐志則臨洺縣屬洺州，邯鄲縣屬磁州，蓋邯鄲縣必復置於唐世，與臨洺各爲一縣，史逸其置縣之歲月也。宋白曰：臨洺縣，漢易陽縣地，屬趙國，魏屬魏郡，晉屬廣平郡，後魏省入邯鄲，孝文於北中府城復置易陽縣，屬廣平郡，今理是也。隋開皇六年，改易陽爲邯鄲縣，十年，移邯鄲理陟鄉，在今邯鄲縣界，仍於北中府城置臨洺縣，北濱洺水爲名。九域志：邯鄲縣在磁州東北七十里。柵，測革翻。邯，音寒。鄲，音單。斷，音短。悅自將兵數萬圍臨洺；考異曰：馬燧傳：「悅自將兵三萬圍邢州，次臨洺。」燕南記：「悅自統馬步五千人應接。」今從悅傳。邢州刺史李共、【嚴：「共」改「洪」。】臨洺將張伾堅壁拒守。伾，音丕。

貝州刺史邢曹俊，田承嗣舊將也，老而有謀，悅寵信牙官扈崿而疏之，嗣，祥吏翻。將，卽亮翻。崿，五各翻。及攻臨洺，召曹俊問計，曹俊曰：「兵法十圍五攻；此孫子兵法之言。尚書以逆犯順，勢更不侔。尚，辰羊翻。言以寡敵衆，勢已不侔，而以逆犯順，更不侔也。今頓兵堅城之下，糧竭卒盡，自亡之道也。不若置萬兵於嵉口以遏西師，西師，謂澤潞、河東之師，自西山而下。嵉，音郭。嵉口，當西山之下，直相州之西。則河北二十四州皆爲尙書有矣。」河北二十四州，卽玄宗所謂河朔二十四郡也。自至德改郡爲州，安、史既平之後，河北又有分置之州。若以開元、天寶河北道采訪使所統大界言之，此時河北不止二十四州。邢曹俊之說，蓋因時俗傳習古語耳。諸將惡其異己，共毀之，悅不用其策。爲田悅摧敗張本。惡，烏路翻。

容肇祖標點聶崇岐覆校

資治通鑑卷第二百二十七

端明殿學士兼翰林侍讀學士太中大夫提舉西京嵩山崇福宮上柱國河内郡開國公食邑二千二百户食實封九百户賜紫金魚袋臣　司馬光　奉敕編集

後　學　天　台　胡三省　音　註

唐紀四十三 起重光作噩（辛酉）六月，盡玄黓閹茂（壬戌），凡一年有奇。

德宗神武聖文皇帝二

建中二年（辛酉、七八一）

1 六月庚寅，以浙江東·西觀察使、蘇州刺史韓滉爲潤州刺史、浙江東·西節度使，蘇州，治吴縣。滉，呼廣翻。潤州，治京口。使，疏吏翻。名其軍曰鎮海。

2 張著至襄陽，是年四月遣著，今至襄陽。蓋張著亦疑梁崇義，遲遲不進也。梁崇義益懼，陳兵而見之。藺杲得詔不敢發，得除鄧州之詔也。馳見崇義請命。請免其死。崇義對著號泣，竟不受詔。號，户刀翻。著復命。

癸巳，進李希烈爵南平郡王，渝州南平郡。加漢南、漢北兵馬招討使，督諸道兵討之。考異曰：德宗實錄：「五月己巳，加淮寧節度李希烈南平郡王、漢南·漢北通知諸道兵馬使·招撫處置使。」希烈傳曰：「山南東道節度使梁崇義拒捍朝命，迫脅使臣。二年六月，詔諸道節度率兵討之，加希烈南平郡王兼漢南、北都知諸道兵馬·招撫處置使。」今從建中實錄。楊炎諫曰：「希烈爲董秦養子，親任無比，卒逐秦而奪其位。事見二百二十五卷代宗大曆十四年。董秦，賜姓名李忠臣。卒，子恤翻。爲人狼戾無親，「狼」，當作「很」。無功猶倔強不法，倔，渠勿翻。強，其兩翻。使平崇義，何以制之！」上不聽。炎固爭之，上益不平。

荆南牙門將吳少誠以取梁崇義之策干李希烈，希烈以少誠爲前鋒。少誠，幽州潞人也。將，卽亮翻。少，始照翻。潞縣，漢屬漁陽郡，晉屬燕國，隋屬涿郡，唐屬幽州，以潞水自塞北來經縣界名縣。

時內自關中，西暨蜀、漢，南盡江、淮、閩、越，北至太原，所在出兵，而李正己遣兵扼徐州甬橋、渦口，閩，眉巾翻。甬橋，在徐州南界汴水上，後置宿州於此。渦口，渦水入淮之口。渦，音戈。梁崇義阻兵襄陽，運路皆絕，人心震恐。江、淮進奉船千餘艘，泊渦口不敢進。艘，蘇遭翻。上以和【嚴：「和」改「利」。】州刺史張萬福爲濠州刺史。使之通渦口水路。萬福馳至渦口，立馬岸上，發進奉船，淄青將士停岸睥睨不敢動。淄，莊持翻。睥，匹詣翻。睨，研計翻。

3 辛丑，汾陽忠武王郭子儀薨。薨，呼肱翻。子儀爲上將，擁強兵，程元振、魚朝恩讒毀百端，詔書一紙徵之，無不卽日就道，由是讒謗不行。事並見代宗紀。朝，直遙翻。嘗遣使至田承嗣所，承嗣西望拜之曰：「此膝不屈於人若干年矣！」李靈曜據汴州作亂，事見二百二十五卷代宗大曆十一年。使，疏吏翻。嗣，祥吏翻。汴，皮變翻。公私物過汴者皆留之，惟子儀物不敢近，近，其靳翻。遣兵衛送出境。校中書令考凡二十四，月入俸錢二萬緡，私產不在焉；校，古效翻。俸，扶用翻。緡，眉巾翻。府庫珍貨山積。家人三千人，八子、七壻皆爲朝廷顯官；郭子儀八子，曜、晞、旰、晤、曖、曙、映。諸孫數十人，每問安，不能盡辯，頷之而已。僕固懷恩、李懷光、渾瑊皆出麾下，渾，戶昆翻，又戶本翻。瑊，古咸翻。雖貴爲王公，常頤指役使，趨走於前，家人亦以僕隸視之。天下以其身爲安危殆三十年，殆，近也，將也。郭子儀奮自朔方，是年肅宗至德元載也，至建中二年而薨。是年歲在重光作噩，自柔兆涒灘至重光作噩，二十六年耳，故云殆三十年。功蓋天下而主不疑，位極人臣而衆不疾，窮奢極欲而人不非之，年八十五而終。其將佐至大官，爲名臣者甚衆。將，卽亮翻。

4 壬子，以懷、鄭、河陽節度副使李艽爲河陽、懷州節度使，割東畿五縣隸焉。艽，居包翻。使，疏吏翻。東畿，東都畿也。五縣，河陽、河淸、濟源、溫、王屋。

5 北庭、安西自吐蕃陷河、隴，隔絕不通，陷河、隴見二百二十三卷代宗廣德元年。吐，從暾入聲。伊西、北庭節度使李元忠、四鎭留後郭昕帥將士閉境拒守，昕，許斤翻。帥，讀曰率。數遣使奉表，皆不達，聲問絕者十餘年；至是，遣使間道歷諸胡自回紇中來，數，所角翻。間，古莧翻。上嘉之。秋，七月，戊午朔，加元忠北庭大都護，賜爵寧塞郡王；鄜州寧塞郡。以昕爲安西大都護、四鎮節度使，賜爵武威郡王；涼州武威郡。將士皆遷七資。元忠姓名，朝廷所賜也，本姓曹，名令忠；昕，子儀弟〔之子〕也。

6 李希烈以久雨未進軍，上怪之，盧杞密言於上曰：「希烈遷延，以楊炎故也。因炎諫用希烈而間之。陛下何愛炎一日之名而墮大功；墮，讀曰隳。不若暫免炎相以悦之，事平復用，無傷也。」相，息亮翻。復，扶又翻，又音如字。上以爲然。庚申，以炎爲左僕射，罷政事。射，寅謝翻。考異曰：舊傳曰：「初，炎之南來，途經襄、漢，固勸梁崇義入朝，崇義不能從，已懷反側；尋又使其黨李舟奉使馳說，崇義因而拒命，遂圖叛逆，皆炎迫而成之。至是，德宗欲假希烈兵勢以討崇義，炎又固言不可；上不能平。會德宗嘗訪宰相羣臣中可以大任者，盧杞薦張鎰、嚴郢，而炎舉崔昭、趙惠伯。上以炎論議疏闊，遂罷炎相。」建中實録曰：「炎與盧杞同執大政，杞形神詭陋，夙爲人所褻，而炎氣岸高峻，罕防細故；方病，飲食無節，或爲糜餐，別食閤中，每登堂會食，辭不能偶。讒者乘之，謂杞曰：『楊公鄙公，不欲同食。』杞銜之。舊制，中書舍人分署尚書六曹以平奏報，中廢其職；杞議復之以疏其煩。炎不可。杞曰：『杞不才，幸措足於斯，亦當有運用以答天造，寧常拳杞之手乎！』因密啓中書主書有過咎者，有詔逐之。炎怒曰：『中書，吾局也，政之不脩，吾自理之；設不理，當共議，何陰訴而越官邪！』因不相平。時淮西節度使李希烈寵任方盛，上欲以之平襄陽，炎以爲不可。上曰：『卿勿復言。』遂以希烈統之。時夏潦方壯，澶漫數百里，故希烈軍久不得發。會炎病，請急累日，杞啓免炎相以悦之。上以爲然，乃使中官朱如玉就第先喻旨，翌日，遷左僕射。謁謝之日，恩旨甚渥，杞大懼。」按沈既濟爲炎所引，故建中實録言炎羅相，與德宗實錄頗異。今取其可信者書之。然舊傳云「梁崇義之反，炎迫而成之」，亦近誣也。以前永平節度使張鎰爲中書侍郎、同平章事。鎰，齊丘之子也。使，疏吏翻。鎰，弋質翻。張齊丘，玄宗時爲朔方節度使。以朔方節度使崔寧爲右僕射。射，寅謝翻。

7 丙子，贈故伊州刺史袁光庭工部尚書。光庭天寶末爲伊州刺史，吐蕃陷河、隴，光庭堅守累年，吐蕃百方誘之，不下。伊州，治伊吾縣，漢伊吾盧地。尚，辰羊翻。吐，從暾入聲。誘，音酉。糧竭兵盡，城且陷，光庭先殺妻子，然後自焚。郭昕使至，朝廷始知之，昕，許斤翻。朝，直遙翻。故贈官。

8 辛巳，以邠寧節度使李懷光兼朔方節度使。邠，卑旻翻。

9 癸未，河東節度使馬燧，昭義節度使李抱眞，神策先鋒都知兵馬使李晟，大破田悅於臨洺。

時悅攻臨洺，累月不拔，城中食且盡，府庫竭，士卒多死傷。張伾飾其愛女，使出拜將士曰：「諸君守戰甚苦，伾家無他物，請鬻此女爲將士一日之費。」衆皆哭，曰：「願盡死力，不敢言賞。」李抱眞告急於朝，朝，直遙翻。詔馬燧將步騎二萬與抱眞討悅，又遣李晟將神策兵與之俱；又詔幽州留後朱滔討惟岳。李惟岳也。

燧等軍未出險，先遣使持書諭悅，爲好語，悅謂燧畏之，不設備。燧與抱眞合兵八萬，東下壺關，考異曰：舊田悅傳曰：「七月三日，師自壺關東下，收賊盧家砦。」燧傳云：「十一月，師次邯鄲。」恐誤。今從悅傳、燕南記。軍于邯鄲，擊悅支軍，破之。悅方急攻臨洺，分李惟岳兵五千助楊朝光。明日，燧等進攻朝光柵，悅將萬餘人救之，燧命大將李自良等禦之於雙岡，雙岡，在邯鄲西北，臨洺之西，亦名盧家疃。令之曰：「悅得過，必斬爾！」自良等力戰，悅軍卻。燧推火車焚朝光柵，推，吐雷翻。車，尺遮翻。斬朝光，獲首虜五千餘級。居五日，燧等進軍至臨洺，悅悉衆力戰，凡百餘合，悅兵大敗，斬首萬餘級。考異曰：舊李晟傳：「戰于臨洺，諸軍皆卻。晟引兵渡洺水，乘氷而濟，橫擊悅軍，王師復振，擊悅，大破之。」據此，則是臨洺戰在冬也，與馬燧傳「十一月師次邯鄲」相應。實錄：「十二月庚寅，馬燧加左僕射。」又云：「先是，悅遣將康愔領兵圍邢州，楊朝光圍臨洺，燧與抱眞及神策將李晟合勢救之，大敗賊於雙岡，斬楊朝光，擒其大將盧子昌。乘勝進軍，又破悅於臨洺，故燧等加官。」按實錄，此戰無月日，但於馬燧加官時言之。今據燧傳，先敗悅於雙岡，斬楊朝光，居五日，乃進至臨洺。即實錄此月癸未衆軍破悅於臨洺也。實錄在此年冬，與此相違。燕南記亦云：「七月，燧與抱眞兵八萬，自潞府東下壺關，先收邯鄲盧家砦，朝光戰死臨洺城；又大破悅。」悅退走在李正己死前，與實錄此月相應。臨洺之戰，疑諸軍已集。燧等若未至，張伾必不能獨破悅軍。新本紀：「十一月丁丑，馬燧及田悅戰于雙岡，敗之。」不知此日何出，亦與諸書相違。今止從七月。悅引兵夜遁，邢州圍亦解。是年五月，悅使其將康愔圍邢州，悅敗走而圍亦解。

時平盧節度使李正己已薨，子納祕之，擅領軍務。悅求救於納及李惟岳，納遣大將衞俊將兵萬人，惟岳遣兵三千人救之。悅收合散卒，得二萬餘人，軍于洹水；淄青軍其東，成德軍其西，首尾相應。馬燧帥諸軍進屯鄴，洹，于原翻。帥，讀曰率。洹水縣，屬魏州，本漢內黃地，後周武帝置洹水縣，因水而名。淄，莊持翻。鄴縣，屬相州。奏求河陽兵自助；詔河陽節度使李艽將兵會之。艽，居包翻。

10 八月，李納始發喪，奏請襲父位，上不許。

11 梁崇義發兵攻江陵，至四望，今隨州隨縣之東有四望山，其山最高，四望皆可見。大敗而歸，乃收兵襄、鄧。李希烈引軍循漢而上，上，時掌翻。與諸道兵會；崇義遣其將翟暉、杜少誠逆戰於蠻水，希烈大破之；追至踈口，又破之。將，卽亮翻。翟，萇伯翻。少，始照翻。水經：漢水自襄陽東流，又屈而西南流，又東南流，逕黎丘故城西，又南與踈水合。踈水出中廬縣西南，東流至邔縣北界，東入漢水，謂之踈口。漢水又南過宜城東，夷水出自房陵縣，東流注之；桓溫以其父名彝，改曰蠻水。二將請降，希烈使將其衆先入襄陽慰諭軍民。將，卽亮翻。降，戶江翻。使將，同上音，又音如字。崇義閉城拒守，守者開門爭出，不可禁。崇義與妻赴井死，傳首京師。

12 范陽節度使朱滔將討李惟岳，軍于莫州；張孝忠將精兵八千守易州，范陽節度使治幽州，莫州在幽州南二百八十里。易州，成德巡屬，在幽州西二百一十四里。滔遣判官蔡雄說孝忠曰：說，式芮翻。「惟岳乳臭兒，敢拒朝命；今昭義、河東軍已破田悅，淮寧李僕射克襄陽，計河南諸軍，朝夕北向，恆、魏之亡，可佇立而須也。使君誠能首舉易州以歸朝廷，則破惟岳之功自使君始，此轉禍爲福之策也。」朝，直遙翻。射，寅謝翻。恆，戶登翻。使，疏吏翻。孝忠然之，遣牙官程華詣滔，遣錄事參軍董稹奉表詣闕，稹，章忍翻。滔又上表薦之；上，時掌翻。上悅。九月，辛酉，以孝忠爲成德節度使。命惟岳護喪歸朝，惟岳不從。孝忠德滔，爲子茂和娶滔女，爲，于僞翻。深相結。

13 壬戌，加李希烈同平章事。

14 初，李希烈請討梁崇義，上對朝士亟稱其忠。亟，去吏翻。黜陟使李承自淮西還，還，從宣翻，又音如字。言於上曰：「希烈必立微功；但恐有功之後，偃蹇不臣，更煩朝廷用兵耳！」上不以爲然。

希烈既得襄陽，遂據之爲己有，上乃思承言。時承爲河中尹，甲子，以承爲山南東道節度使。上欲以禁兵送上，上，時掌翻。承請單騎赴鎮；至襄陽，希烈置之外館，迫脅萬方，承誓死不屈，希烈乃大掠闔境所有而去。承治之期年，軍府稍完。騎，奇寄翻。闔，戶臘翻。治，直之翻。希烈留牙將於襄州，守其所掠財，由是數有使者往來。將，卽亮翻。數，所角翻。承亦遣其腹心臧叔雅往來許、蔡，李希烈既自襄陽還蔡州，尋徙鎮許州，故李承陰遣人至許、蔡，結其諸將以圖之。厚結希烈腹心周曾等，與之陰圖希烈。爲周曾等圖希烈不克而死張本。

15 初，蕭嵩家廟臨曲江，玄宗以娛遊之地，非神靈所宅，命徙之。楊炎爲相，惡京兆尹嚴郢，相，息亮翻。惡，烏路翻。左遷大理卿；盧杞欲陷炎，引郢爲御史大夫。先是，炎將營家廟，先，悉薦翻。有宅在東都，憑河南尹趙惠伯賣之，惠伯買以爲官廨，郢按之，以爲有羨利。羨，于線翻。杞召大理正田晉議法，唐志：大理正，從五品下，掌議獄，正科條，凡丞斷罪不當，則以法正之。晉以爲：「律，監臨官市買有羨利，以乞取論，當奪官。」杞怒，監，古銜翻；下同。貶晉衡州司馬。衡州，京師東南三千四百三里。田晉自朝士貶衡州司馬。更召他吏議法，更，工衡翻。以爲：「監主自盜，罪當絞。」炎廟正直蕭嵩廟地，杞因譖炎，云「茲地有王氣，王，于況翻。故玄宗令嵩徙之；炎有異志，故於其地建廟。」冬，十月，乙未，炎自左僕射貶崖州司馬；令，力丁翻。射，寅謝翻。舊志：崖州，至京師七千四百六十里。未【章：十二行本「未」上有「遣中使護送」五字；乙十一行本同。】至崖州百里，縊殺之。惠伯自河中尹貶費州多田尉；費州，漢牂柯郡，隋黔安郡涪川縣地，貞觀四年，分思州之涪川、扶陽二縣，置費州。多田縣，武德四年，務州刺史奏置，以土地稍平，墾田盈畛，故以多田爲名。貞觀四年，改費州爲思州，乾元元年，復爲費州；京師南四千七百里，至東都四千九百里；因州界費水爲名。「河中尹」，當作「河南尹」。尋亦殺之。

16 辛巳，册太子妃蕭氏。

17 癸卯，祫太廟。先是，太祖既正東向之位，獻、懿二祖皆藏西夾室，不饗；至是，復奉獻祖東嚮而饗之。先，悉薦翻。復，扶又翻。獻祖宣皇帝熙，太祖之祖也。懿祖光皇帝天賜，太祖之父也。太祖景皇帝虎，始封於唐者也。唐初，饗四廟，宣、光二帝、太祖、世祖也。貞觀九年，祔高祖于太廟。朱子奢請準禮，立七廟，三昭三穆，各置神主，太祖依晉、宋已來故事，虛其位，待遞遷，方處之東向位。於是始祔弘農府君重耳及高祖爲六室，虛太祖之位而行禘祫。至二十三年，太宗祔廟，遷弘農府君，乃藏于西夾室。文明元年，高宗祔廟，始還宣皇帝于西夾室。至開元十年，玄宗特立九廟，於是追尊宣皇帝爲獻祖，復列於室，光皇帝爲懿祖，以備九室，禘祫猶虛太祖之位。祝文於三祖不稱臣，明全廟數而已。至德三載尅復後，新作九室神主，遂不作弘農府君神主，明禘祫不及故也。至寶應二年，祔玄宗、肅宗於廟，遷獻、懿二祖於西夾室，始以太祖當東向位。至是年，將祫饗，禮儀使顏眞卿奏：「合出獻、懿二祖行事，其布位次第及東向之位，請準東晉蔡謨議爲定。」遂以獻祖當東向，懿祖於昭位南向，太祖於穆位北向。左昭右穆，陳列行事。

18 徐州刺史李洧，正己之從父兄也。李納寇宋州，彭城令太原白季庚說洧舉州歸國；洧，于軌翻。從，才用翻。說，式芮翻。洧從之，遣攝巡官崔程奉表詣闕，且使口奏，并白宰相，以「徐州不能獨抗納，乞領徐、海、沂三州觀察使，況海、沂二州，今皆爲納有。洧與刺史王涉、馬萬通素有約，使，疏吏翻。考異曰：此據舊傳也。實錄，萬通以密州降，蓋自沂移密。苟得朝廷詔書，必能成功。」程自外來，言自外方來。以爲宰相一也，先白張鎰，鎰以告盧杞。杞怒其不先白己，不從其請。相，息亮翻。鎰，戍質翻。戊申，加洧御史大夫，充招諭使。

19 十一月，戊午，以永樂公主適檢校比部郎中田華，上不欲違先志故也。永樂公主許降田華，見二百二十五卷代宗大曆九年。樂，音洛。

20 蜀王傀【嚴：「傀」改「遂」。】更名遂。【嚴：「遂」改「遡」。】傀，苦猥翻。更，工衡翻。

21 辛酉，宣武節度使劉洽，神策都知兵馬使曲環，滑州刺史襄平李澄，朔方大將唐朝臣，大破淄青、魏博之兵於徐州。按新書李澄傳：澄，遼東襄平人。唐自高宗世，遼東之地已棄而不有，李澄時以本貫在遼東襄平耳。朝，直遙翻。淄，莊持翻。

先是，李納遣其將王溫會魏博將信都崇慶先，悉薦翻。將，卽亮翻。信都，複姓。共攻徐州，李洧遣牙官溫人王智興詣闕告急。溫，古縣，唐初，屬懷州，顯慶二年，度屬洛州。智興善走，不五日而至。舊志：徐州，京師東二千六百四里。上爲之發朔方兵五千人，爲，于僞翻。以朝臣將之，朝，直遙翻。將，直亮翻，又音如字。與洽、環、澄共救之。時朔方軍資裝不至，旗服弊惡，宣武人嗤之曰：「乞子能破賊乎！」朝臣以其言激怒士卒，且曰：「都統有令，嗤，丑之翻。都統，謂李勉也。統，他綜翻，俗音從上聲。先破賊營者，營中物悉與之。」士皆憤怒爭奮。

崇慶、溫攻彭城，二旬不能下，請益兵於納；納遣其將石隱金將萬人助之，考異曰：實錄前作「隱金」，後作「隱全」。今從其前。與劉洽等相拒於七里溝。日向暮，洽引軍稍卻，朔方馬軍使楊朝晟言於唐朝臣曰：「公以步兵負山而陳，以待兩軍，我以騎兵伏於山曲，賊見懸軍勢孤，必搏之；我以伏兵絕其腰，必敗之。」使，疏吏翻。晟，成正翻。陳，讀曰陣。敗，補邁翻。騎，奇寄翻。朝臣從之。崇慶等果將騎二千踰橋而西，追擊官軍，伏兵發，橫擊之；崇慶等兵中斷，狼狽而返，阻橋以拒官軍。其兵有爭橋不得，涉水而渡者。朝晟指之曰：「彼可涉，吾何爲不涉！」遂涉水擊，據橋者皆走，崇慶等兵大潰；洽等乘之，斬首八千級，溺死過半。朔方軍盡得其輜重，溺，奴狄翻。重，直用翻。旗服鮮華，乃謂宣武人曰：「乞子之功，孰與宋多？」宋，指宣武兵也。時以宋、亳爲宣武軍，劉洽自宋州刺史爲宣武節度使，故云然。宣武人皆慚。官軍乘勝逐北，至徐州城下，魏博、淄青軍解圍走，江、淮漕運始通。淄，莊持翻。漕，在到翻。

22 己巳，詔削李惟岳官爵；募所部降者，赦而賞之。降，戶江翻。

23 甲申，淮南節度使陳少遊遣兵擊海州，其刺史王涉以州降。海州，李納巡屬。使，疏吏翻。少，始照翻。降，戶江翻。

24 十二月，李納密州刺史馬萬通乞降；丁酉，以爲密州刺史。宋白曰：密州居海，得禹貢嵎夷之地，春秋時爲莒、魯之地。州理，卽魯之諸城也，漢爲高密國，晉立東莞郡，後魏立膠州；隋改曰密州，取境中密水爲名。

25 崔漢衡至吐蕃，崔漢衡使吐蕃，見上卷是年三月。吐，從暾入聲。贊普以敕書稱貢獻及賜，全以臣禮見處；處，昌呂翻。又，雲州之西，當以賀蘭山爲境，五代志，靈武弘靜縣有賀蘭山。弘靜縣，唐改爲保靜。雲州，當作靈州，史誤也。邀漢衡更請之。丁未，漢衡遣判官與吐蕃使者入奏。上爲之改敕書、爲，于僞翻。境土，皆如其請。關東、河北方用兵，不暇與吐蕃較也。

26 加馬燧魏博招討使。

三年（壬戌、七八二）

1春，正月，河陽節度使李艽〔芃〕引兵逼衞州，田悅守將任履虛詐降，既而復叛。衞州，治汲。艽，居苞翻。〔芃，蒲紅翻。〕將，卽亮翻。任，音壬。降，戶江翻。復，扶又翻，又音如字。

2馬燧等諸軍屯于漳濱。田悅遣其將王光進築月城以守長橋，長橋，在漳水上。月城，兩頭抱河，形如半月。諸軍不得渡。燧以鐵鎖連車數百，實以土囊，塞其下流，乘，繩證翻。塞，悉則翻。按新書，燧於長橋下流以土囊遏之。水淺，諸軍涉渡。時軍中乏糧，悅等深壁不戰。燧命諸軍持十日糧，進屯倉口，與悅夾洹水而軍。洹，于元翻。洹水與漳水分流，又在漳水之東。李抱眞、李艽問曰：「糧少而深入，何也？」燧曰：「糧少則利速戰，今三鎭連兵不戰，三鎭，謂魏博、淄靑、成德。艽，居包翻。少，始紹翻。欲以老我師；我若分軍擊其左右，悅必救之，則我腹背受敵，戰必不利。故進軍逼悅，所謂攻其所必救也。兵法有是言。彼苟出戰，必爲諸君破之。」爲，于僞翻。乃爲三橋逾洹水，日往挑戰，挑，徒了翻。悅不出。燧令諸軍夜半起食，潛師循洹水直趨魏州，令，力正翻。趨，逡喻翻。令曰：「賊至，則止爲陳。」陳，讀曰陣；下結陳同。留百騎擊鼓鳴角於營中，仍抱薪持火，俟諸軍畢發，則止鼓角匿其旁；俟悅軍畢渡，焚其橋。軍行十里所，悅聞之，帥淄靑、成德步騎四萬踰橋掩其後，騎，奇寄翻。帥，讀曰率。乘風縱火，鼓譟而進。譟，則竈翻。燧按兵不動，先除其前草莽百步爲戰場，結陳以待之，募勇士五千餘人爲前列。悅軍至，火止，氣衰，燧縱兵擊之，悅軍大敗。神策、昭義、河陽軍小卻，神策，李晟軍。昭義，李抱眞軍。河陽，李芃軍。見河東軍捷，還鬬，又破之。還，從宣翻，又音如字。追奔至，三橋已焚，三橋，卽在洹水上者。悅軍亂，赴水溺死不可勝紀，斬首二萬餘級，捕虜三千餘人，尸相枕藉三十餘里。勝，音升。枕，職任翻。藉，慈夜翻。考異曰：實錄：「閏月庚戌，馬燧等破田悅於洹水。」按舊馬燧傳：洹水之戰，李惟岳救兵與田悅兵猶連營相拒。又燕南記：「惟岳見悅在圍，故謀歸順。」然則洹水戰必在惟岳死前，實錄誤也。燕南記又曰：「燧與抱眞雖頻破悅，聞李納助軍到，乃駐軍候勢，畫必取之計，去悅軍三十里下營，夜坐帳中，使心手人潛領悅兵及小將等五十餘人立帳外。燧因矯與兵馬衙官已下高語曰：『昨日所以頻破田悅兵馬者，蓋偶然之事，本亦不料有此勝也。看悅兵雖敗，其將健，皆能死戰，亦天下之強敵矣。今更得李納兵助，其勢不小。我雖頻利，利則有鈍。他日田悅更戰，大將必須審看便宜。如悅直進，不可當鋒耳。』悅帳外兵將往往共聞燧語，良久曰：『昨日陣上獲得田悅將健，所由領過！』既至，燧大罵曰：『田悅小賊，菽麥未分，敢肆猖狂，妄動兵馬。你有何所解，與我相敵！汝皆不自由，被驅入陳，又何過也！今矜汝放去。』兵等大歡叫，拜謝而去，具燧前後言見悅。悅召大將喜而謂曰：『馬燧放言懼我，對人罵我，此可知矣，吾再戰必捷也。』又恃李納助軍新到，乃引兵出洹水又陳。燧先伏兵要處，佯不勝，引退。悅使兵盡出逐燧，燧引至伏兵處，伏兵齊發，橫截悅軍兩段，與抱眞縱兵擊之，大破悅軍三萬餘人。」今從馬燧傳。

悅收餘兵千餘人走魏州。走，音奏。馬燧與李抱眞不協，頓兵平邑浮圖。【章：十二行本「圖」下有「遷延不進」四字；乙十一行本同；退齋校同；張校同，云無註本亦無。】據舊書田悅傳：平邑浮圖，在魏州南。浮圖，佛寺也。悅夜至南郭，魏州南郭也。大將李長春閉關不內，以俟官軍，久之，天且明，將，卽亮翻。

長春乃開門內之。悅殺長春，嬰城拒守。城中士卒不滿數千，死者親戚，號哭滿街。號，戶刀翻。悅憂懼，乃持佩刀，乘馬立府門外，悉集軍民，流涕言曰：「悅不肖，蒙淄青、成德二丈人保薦，嗣守伯父業，淄青李正己、成德李寶臣，田悅以丈人行事之。伯父，田承嗣也。淄，莊持翻。嗣，祥吏翻。今二丈人卽世，其子不得承襲，悅不敢忘二丈人大恩，不量其力，量，音良。輒拒朝命，喪敗至此，朝，直遙翻。喪，息浪翻。使士大夫肝腦塗地，皆悅之罪也。悅有老母，不能自殺，願諸公以此刀斷悅首，持出城降馬僕射，斷，音短；下各斷同。降，戶江翻。馬僕射，謂馬燧。射，寅謝翻。自取富貴，無爲與悅俱死也！」因從馬上自投地。將士爭前抱持悅曰：「尚書舉兵徇義，非私己也。一勝一負，兵家之常。某輩累世受恩，何忍聞此！願奉尚書一戰，不勝則以死繼之。」尚，辰羊翻。悅曰：「諸公不以悅喪敗而棄之，悅雖死，敢忘厚意於地下！」乃與諸將各斷髮，約爲兄弟，誓同生死；悉出府庫所有及斂富民之財，得百餘萬，以賞士卒；衆心始定。田悅善敗不亡，所謂盜亦有道。復召貝州刺史邢曹俊，使之整部伍，繕守備，軍勢復振。悅不用邢曹俊，見上卷上年。復，扶又翻，又音如字。

李納軍於濮陽，爲河南軍所逼，奔還濮州，考異曰：時濮州治鄄城，別有濮陽縣。按九域志，濮陽縣東至濮州九十里。濮，博木翻。徵援兵於魏州。田悅遣軍使符璘將三百騎送之，使，疏吏翻。璘，離珍翻。將，卽亮翻。騎，奇寄翻。璘父令奇謂璘曰：「吾老矣，歷觀安、史輩叛亂者，今皆安在！

田氏能久乎！汝因此棄逆從順，是汝揚父名於後世也。」齧臂而別。璘遂與其副李瑤帥衆降於馬燧。齧，魚結翻。帥，讀曰率。降，戶江翻。悅收族其家，令奇慢罵而死。瑤父再春以博州降，悅從兄昂以洺州降，從，才用翻。洺，音名。王光進以長橋降。悅入城旬餘日，馬燧等諸軍始至城下，攻之，不克。

3 丙寅，李惟岳遣兵與孟祐守束鹿，束鹿，本鹿城縣。安祿山反，玄宗改縣爲束鹿以厭之，屬深州。九域志：在州西四十五里。宋白曰：束鹿縣，本漢西梁縣地，今縣南六十里有西梁故城尚存。朱滔、張孝忠攻拔之，進圍深州。惟岳憂懼，掌書記邵眞復說惟岳，密爲表，先遣弟惟簡入朝；復，扶又翻。說，式芮翻。朝，直遙翻。然後誅諸將之不從命者，身自入朝，使妻父冀州刺史鄭詵權知節度事，以待朝命。惟簡既行，孟祐知其謀，密遣告田悅。悅大怒，使衙官扈岌往見惟岳，讓之曰：「尚書舉兵，正爲大夫求旌節耳，事始見上卷二年。岌，魚及翻。尚，辰羊翻。爲，于僞翻；下非爲、相爲同。非爲己也。今大夫乃信邵眞之言，遣弟奉表，悉以反逆之罪歸尚書，自求雪身，尚書何負於大夫而至此邪！尚，辰羊翻。邪，音耶。若相爲斬邵眞，則相待如初；不然，當與大夫絕矣。」判官畢華言於惟岳曰：「田尚書以大夫之故陷身重圍，爲，于季翻。重，直龍翻。大夫一旦負之，不義甚矣。且魏博、淄青兵強食富，足抗天下，事未可知，柰何遽爲二三之計乎！」惟岳素怯，不能守前計，乃引邵眞，對扈岌斬之；淄，莊持翻。岌，魚及翻。發成德兵萬人，與孟祐俱圍束鹿。丙寅，朱滔、張孝忠與戰於束鹿城下，惟岳大敗，燒營而遁。考異曰：實錄及舊惟岳傳止言惟岳一敗。按滔傳曰：「滔與孝忠征之，大破惟岳於束鹿。滔命偏師守束鹿，進圍深州。惟岳乃統萬餘衆及田悅援兵圍束鹿。惟岳將王武俊以騎三千方陳横進。滔繢帛爲狻猊象，使猛士百人蒙之，鼓譟奮馳，賊馬驚亂，隨擊，大破之，惟岳焚營而遁。」據此，則是惟岳再敗也。燕南記，孟祐先敗，惟岳又敗。與滔傳相應，今從之。兵馬使王武俊爲左右所構，惟岳疑之，惜其才，未忍除也。束鹿之戰，使武俊爲前鋒，私自謀曰：「我破朱滔，則惟岳軍勢大振，歸，殺我必矣。」故戰不甚力而敗。

朱滔欲乘勝攻恆州，使，疏吏翻。恆，戶登翻。張孝忠引軍西北，軍于義豐。義豐縣，屬定州。滔大驚，孝忠將佐皆怪之，孝忠曰：「恆州宿將尚多，未易可輕。將，即亮翻。易，以豉翻。迫之則并力死鬬，緩之則自相圖。諸君第觀之，吾軍義豐，坐待惟岳之殄滅耳。且朱司徒言大而識淺，可與共始，難與共終也！」朱滔後卒如張孝忠所料。於是滔亦屯束鹿，不敢進。

惟岳將康日知以趙州歸國，惟岳益疑王武俊，武俊甚懼。或謂惟岳曰：「先相公委腹心於武俊，先相公，謂李寶臣。相，息亮翻。使之輔佐大夫，又有骨肉之親。謂武俊子士眞壻於李氏。武俊勇冠三軍，今危難之際，復加猜阻；若無武俊，欲使誰爲大夫卻敵乎！」冠，古玩翻。難，乃旦翻。復，扶又翻。爲，于僞翻。惟岳以爲然，乃使步軍使衞常寧與武俊共擊趙州，又使王士眞將兵宿府中以自衞。將，卽亮翻，又音如字。

4 癸未，蜀王遂更名遡。更，工衡翻。

5 淮南節度使陳少遊拔海、密二州，李納復攻陷之。使，疏吏翻。少，始照翻。復，扶又翻，又音如字；下不復同。

6 王武俊既出恒州，謂衞常寧曰：「武俊今幸出虎口，不復歸矣！當北歸張尙書。」恒，戶登翻。尙，辰羊翻。張尙書，謂張孝忠也。常寧曰：「大夫暗弱，信任左右，觀其勢終爲朱滔所滅。今天子有詔，得大夫首者，以其官爵與之，中丞素爲衆所服，與其出亡，曷若倒戈以取大夫，轉禍爲福，特反掌耳；事苟不捷，歸張尙書，未晚也。」武俊深以爲然。會惟岳使要藉謝遵至趙州城下，要藉官，亦唐時節度衙前之職。中宗景雲二年，解琬爲朔方大總管，分遣隨軍要藉官河陽丞張冠宗、肥鄉令韋景駿、普安令于處忠校料三城兵募。則唐邊鎮有要藉官尙矣。又據新書忠義傳，朱泚統幽州行營，爲涇原、鳳翔節度使，詔蔡廷玉以大理少卿爲司馬，朱體微爲要藉。則要藉，乃節度使之腹心也。朱滔、王武俊之相王，改要藉官曰承令。武俊引遵同謀取惟岳；遵還，密告王士眞。閏月，甲辰，武俊、常寧自趙州引兵還襲惟岳；還，從宣翻，又音如字。遵與士眞矯惟岳命，啓城門內之。黎明，武俊帥數百騎突入府門；帥，讀曰率。騎，奇寄翻。士眞應之於內，殺十餘人。武俊令曰：「大夫叛逆，將士歸順，敢違拒者族！」衆莫敢動。遂執惟岳，收鄭詵、畢華、王它奴等，皆殺之。令，力定翻。將，卽亮翻。詵，疏臻翻。武俊以惟岳舊使之子，李寶臣已死，故曰舊使。使，疏吏翻。欲生送之長安。

常寧曰：「彼見天子，將復以叛逆之罪歸咎於中丞。」復，扶又翻；下復榷同，又音如字。中丞，謂王武俊。乃縊殺之，縊，於賜翻，又於計翻。傳首京師。卒如谷從政之言。代宗廣德元年，李寶臣帥成德，凡二世、十九年而滅。深州刺史楊榮國，惟岳姊夫也，降於朱滔；滔使復其位。姊，蔣兕翻。降，戶江翻。

7 復榷天下酒，惟西京不榷。罷榷酒見二百二十五卷大曆十四年七月。榷，古岳翻。

8 二月，戊午，李惟岳所署定州刺史楊政義降。時河北略定，惟魏州未下；河南諸軍攻李納於濮州，濮，博木翻。濮州，治鄄城縣。納勢日蹙。朝廷謂天下不日可平；甲子，以張孝忠爲易、定、滄三州節度使，朝，直遙翻。使，疏吏翻。王武俊爲恆冀都團練觀察使，康日知爲深趙都團練觀察使，以德、棣二州隸朱滔，令還鎮。滔固請深州，不許，由是怨望，留屯深州。朱滔討李惟岳，再戰再勝，及瓜分成德巡屬以賞降將，尺寸之地，滔不預焉；又欲使之取德、棣，此左氏所以知桓王之失鄭也！王武俊素輕張孝忠，自以手誅李惟岳，功在康日知上，而孝忠爲節度使，己與康日知俱爲都團練使，又失趙、定二州，亦不悅。又詔以糧三千石給朱滔，馬五百匹給馬燧。武俊以爲朝廷不欲使故人爲節度使，王武俊，恆州舊將，故云然。魏博既下，必取恆冀，故分其糧馬以弱之，疑，未肯奉詔。

田悅聞之，遣判官王侑、許士則間道至深州，說朱滔曰：「司徒奉詔討李惟岳，旬朔之間，拔束鹿，下深州，惟岳勢蹴，間，古莧翻。說，式芮翻；下說王、人說同。蹴，與蹙同。故王大夫因司徒勝勢，得以梟惟岳之首，此皆司徒之功也。又天子明下詔書，梟，堅堯翻。下，遐嫁翻。令司徒得惟岳城邑，皆隸本鎮；今乃割深州以與日知，是自棄其信也。且今上志欲掃清河朔，不使藩鎮承襲，將悉以文臣代武臣，魏亡，則燕、趙爲之次矣；令，力丁翻。燕，因虔翻。若魏存，則燕、趙無患。然則司徒果有意矜魏博之危而救之，非徒得存亡繼絕之義，亦子孫萬世之利也。」同舟遇風，則胡、越可使相救。是以善用兵者，必先離其交。又許以貝州賂滔。貝州，魏博巡屬。滔素有異志，聞之，大喜，卽遣王侑歸報魏州，使將士知有外援，各自堅。又遣判官王郅將，卽亮翻。考異曰：舊傳「王郅」作「王郢」，今從燕南記。與許士則俱詣恆州，說王武俊曰：「大夫出萬死之計，誅逆首，拔亂根，謂誅李惟岳也。康日知不出趙州，豈得與大夫同日論功！而朝廷褒賞略同，誰不爲大夫憤邑者！朝，直遙翻。爲，于僞翻。今又聞有詔支糧馬與鄰道，朝廷之意，蓋以大夫善戰，【章：十二行本「戰」下有「無敵」二字；乙十一行本同；退齋校同；張校同，云無註本亦無。】恐爲後患，先欲貧弱軍府，俟平魏之日，使馬僕射北首，射，寅謝翻。馬僕射，謂馬燧，時攻魏州。首，式又翻。朱司徒南向，共相滅耳。朱司徒亦不敢自保，使郅等效愚計，欲與大夫共救田尚書而存之。尚，辰羊翻。田悅拒命，宜削官，而當時猶稱其朝銜，可以見朝命之重。大夫自留糧馬以供軍；朱司徒不欲以深州與康日知，願以與大夫，請早定刺史以守之。三鎮連兵，此三鎮，謂范陽、恆冀、魏博。若耳目手足之相救，則他日永無患矣！」武俊亦喜，許諾，利害同，故說之易入。卽遣判官王巨源使於滔，使，疏吏翻。且令知深州事，令，力丁翻。相與刻日舉兵南向。滔又遣人說張孝忠，孝忠不從。說，式芮翻。

9 宣武節度使劉洽攻李納於濮州，克其外城。納於城上涕泣求自新，李勉又遣人說之，癸卯，納遣其判官房說以其母弟經及子成務入見。說，式芮翻。見，賢遍翻。房說，讀曰悅。通鑑本文作「癸卯」，然自上文二月戊午推至下文三月乙未，其間不容有癸卯，當作「己卯」。會中使宋鳳朝稱納勢窮蹙，不可捨，上乃囚說等於禁中，納遂歸鄆州，復與田悅等合。使，疏吏翻。朝，直遙翻。鄆，音運。復，扶又翻，又音如字。朝廷以納勢未衰，三月，乙未，始以徐州刺史李洧兼徐、海、沂都團練觀察使，海、沂已爲納所據，洧竟無所得。洧，于軌翻。史言帝鋭意削平藩鎮，而不能應機撫接，以自遺患。

李納之初反也，其所署德州刺史李西華備守甚嚴，都虞候李士眞密毀西華於納，納召西華還府，以士眞代之。士眞又以詐召棣州刺史李長卿，長卿過德州，士眞劫之，與同歸國。夏，四月，戊午，以士眞、長卿爲二州刺史。德州治安德縣，棣州治厭次縣，本皆淄青巡屬，今皆歸國。棣，大計翻。長，知丈翻。考異曰：燕南記云：「授士眞德、棣兩州觀察團練使。」今從實錄。士眞求援於朱滔，滔已有異志，遣大將李濟時將三千人聲言助士眞守德州，且召士眞詣深州議軍事，至則留之，使濟時領州事。將，卽亮翻；時將音同上，又音如字。德宗以德、棣與朱滔，滔卒以詐力得之，不知又以爲王武俊之資也。

10 庚申，吐蕃歸曏日所俘掠兵民八百人。自吐蕃陷河、隴，入京師，俘掠唐人，可以數計邪！德宗先歸所俘者以懷之，其歸向日所俘者，八百人而已。狼子野心，姑以此報塞中國，其志果如何哉！觀異日平涼劫盟之事可見也。吐，從暾入聲。

11 上遣中使發盧龍、恆冀、易定兵萬人盧龍，朱滔；恆冀，王武俊；易定，張孝忠。使，疏吏翻。恆，戶登翻。詣魏州討田悅。王武俊不受詔，執使者送朱滔，滔言於衆曰：「將士有功者，吾奏求官勳，皆不遂；將，卽亮翻。唐制，官有品，勳有級。今欲與諸君敕裝敕，與飭同。飭，治也。共趨魏州，趨，逡諭翻。擊破馬燧以取溫飽，何如？」皆不應。三問，乃曰：「幽州之人，自安、史之反，從而南者無一人得還，還，從宣翻，又音如字。今其遺人痛入骨髓。髓，息委翻。況太尉、司徒皆受國寵榮，太尉，謂滔兄泚。將士亦各蒙官勳，誠且願保目前，不敢復有僥冀。」復，扶又翻；下俊復同。滔默然而罷。乃誅大將數十人，厚撫循其士卒。

康日知聞其謀，以告馬燧，燧以聞。上以魏州未下，王武俊復叛，力未能制滔，壬戌，賜滔爵通義郡王，冀以安之。眉州通義郡。滔反謀益甚，分兵營於趙州以逼康日知，將，卽亮翻，又音如字。趙州，治平棘縣。以深州授王巨源，朱滔如前約，以結王武俊。武俊以其子士眞爲恆、冀、深三州留後，將兵圍趙州。恆，戶登翻。將，卽亮翻，又音如字。

涿州刺史劉怦【章：十二行本「怦」下有「與滔同縣人，其母，滔之姑也，滔使知幽州留後」十八字；乙十一行本同；退齋校同；張校同，云無註本亦無。】代宗大曆四年，朱希彩表分幽州之范陽、歸義、固安置涿州，治范陽縣，距幽州一百二十里。涿，竹角翻。怦，普耕翻。聞滔欲救田悅，以書諫之曰：「今昌平故里，朝廷改爲太尉鄉、司徒里，此亦丈夫不朽之名也。朝，直遙翻。朱泚、朱滔本昌平人，朝廷以其官名其鄉里，以寵其兄弟之功。但以忠順自持，則事無不濟。竊思近日務大樂戰，樂，音洛。不顧成敗而家滅身屠者，安、史是也。怦忝密親，默而無告，是負重知。惟司徒圖之，無貽後悔。」滔雖不用其言，亦嘉其盡忠，卒無疑貳。

滔將起兵，恐張孝忠爲後患，復遣牙官蔡雄往說之。孝忠曰：「昔者司徒發幽州，遣人語孝忠曰：卒，子恤翻。復，扶又翻。說，式芮翻；下解說同。語，牛倨翻。『李惟岳負恩爲逆』，謂孝忠歸國卽爲忠臣。孝忠性直，用司徒之教。今既爲忠臣矣，不復助逆也。復，扶又翻，又音如字。且孝忠與武俊皆出夷落，張孝忠，本奚乞失活種。王武俊，出契丹怒皆部。深知其心最喜翻覆。喜，許記翻。司徒勿忘鄙言，他日必相念矣！」其後滔、武俊交惡，果如孝忠之言。雄復欲以巧辭說之，復，扶又翻；下復以同。孝忠怒，欲執送京師；雄懼，逃歸。滔乃使劉怦將兵屯要害以備之。怦，普耕翻。將，卽亮翻，又音如字；下文滔將同。孝忠完城礪兵，獨居強寇之間，莫之能屈。

滔將步騎二萬五千發深州，至束鹿；詰旦將行，騎，奇寄翻。詰，起吉翻。吹角未畢，士卒忽大亂，喧譟曰：「天子令司徒歸幽州，柰何違敕南救田悅！」譟，則竈翻。令，力丁翻；下旨令同。滔大懼，走入驛後堂避匿。蔡雄與兵馬使宗頊等矯謂士卒曰：「汝輩勿喧，聽司徒傳令。」衆稍止。使，疏吏翻。頊，吁玉翻。令，力定翻。雄又曰：「司徒將發范陽，恩旨令得李惟岳州縣卽有之，司徒以幽州少絲纊，故與汝曹竭力血戰以取深州，冀得其絲纊以寬汝曹賦率，少，詩沼翻。纊，苦謗翻，細綿也。賦率，猶言賦斂也。不意國家無信，復以深州與康日知。又，朝廷以汝曹有功，賜絹人十匹，至魏州西境，盡爲馬僕射所奪。復，扶又翻，又音如字。朝，直遥翻；下各還同。射，寅謝翻。司徒但處范陽，富貴足矣；今茲南行，乃爲汝曹，非自爲也。處，昌呂翻。爲，于僞翻；下行爲、不爲同。汝曹不欲南行，任自歸北，何用喧悖，悖，蒲昧翻，又蒲沒翻。乖失軍禮！」衆聞言，不知所爲，乃曰：「敕使何得不爲軍士守護賞物！」遂入敕使院，擘裂殺之。軍中別置館舍以居敕使，謂之敕使院。使，疏吏翻。又呼曰：「雖知司徒此行爲士卒，終不如且奉詔歸鎮。」呼，火故翻。雄曰：「然則汝曹各還部伍，詰朝復往深州，休息數日，相與歸鎮耳。」衆然後定。滔卽引軍還深州，密令諸將訪察唱率爲亂者，得二百餘人，悉斬之，詰，去吉翻，復音如字。令，力丁翻。將，卽亮翻。餘衆股慄；乃復引軍而南，衆莫敢前卻。呼，火故翻。復，扶又翻，又音如字。觀田庭玠之諫田悅，谷從政、邵眞之諫李惟岳，范陽之兵不肯從朱滔南救魏州，河朔三鎮之人豈皆好亂哉！上之人御失其道耳。進，取寧晉，寧晉縣，屬趙州，本癭陶縣，天寶元年更名。九域志：在趙州南四十一里。留屯以待王武俊。武俊將步騎萬五千取元氏，元氏縣，漢爲常山郡治，後魏屬趙郡，唐屬趙州。將，卽亮翻，又音如字。

東趣寧晉。趣，七喻翻。宋白曰：寧晉，漢楊氏縣也，後漢爲癭陶侯國，後魏爲癭陶縣，唐天寶元年，改寧晉縣。九域志：寧晉縣，在趙州東南四十一里。

武俊之始誅李惟岳也，遣判官孟華入見。【章：十二行本「見」下有「上問以河朔利害」七字；乙十一行本同；退齋校同；張校同，云無註本亦無。】見，賢遍翻。華性忠直，有才略，應對慷慨；上悅，以爲恆冀團練副使。慷，苦廣翻。恆，戶登翻。會武俊與朱滔有異謀，上遽遣華歸諭旨。華至，武俊已出師，華諫曰：「聖意於大夫甚厚，苟盡忠義，何患官爵之不崇，土地之不廣！不日天子必移康中丞於他鎭，康中丞，謂康日知。深、趙終爲大夫之有，何苦遽自同於逆亂乎！異日無成，悔之何及！」華鼎在李寶臣幕府，以直道已爲同列所忌，至是爲副使，同列尤疾之，言於武俊曰：「華以軍中陰事奏天子，請爲內應，故得超遷；是將覆大夫之軍，大夫宜備之。」武俊以其舊人，不忍殺，奪職，使歸私第。

田悅恃援兵將至，遣其將康愔將萬餘人出城西，與馬燧等戰於御河上，將，卽亮翻。愔，於今翻；愔將，音同上，又音如字。燧，音遂。御河，卽隋煬帝所開永濟渠也。開元二十八年，魏州刺史盧暉徙永濟渠，自石灰窰引流至城西，注魏橋，以通江、淮之貨。杜佑曰：御河，在魏州魏縣，煬帝引白溝水爲永濟渠，卽此。大敗而還。還，從宣翻，又音如字。考異曰：悅傳曰：「五月，悅以救軍將至，盡率其衆出戰於御河之上，大敗而還。」燧傳曰：「悅恃燕、趙之援，又出兵二萬，背城而陳。燧復與諸軍擊破之。」今從實錄。

12 時兩河用兵，月費百餘萬緡，緡，眉巾翻。府庫不支數月。太常博士韋都賓、陳京建議，以爲：「貨利所聚，皆在富商，請括富商錢，出萬緡者，借其餘以供軍。計天下不過借一二千商，則數年之用足矣。」上從之。甲子，詔借商人錢，令度支條上。度，徒洛翻。上，時掌翻。判度支杜佑大索長安中商賈所有貨，意其不實，輒加搒捶，人不勝苦，有縊死者，索，山客翻。賈，音古。搒，音彭。捶，止橤翻。勝，音升。縊，於賜翻，又於計翻。長安囂然如被寇盜。囂，五羔翻，又許驕翻。被，皮義翻。計所得纔八十餘萬緡。又括僦櫃質錢，民間以物質錢，異時贖出，於母錢之外復還子錢，謂之僦櫃。僦，即就翻。凡蓄積錢帛粟麥者，皆借四分之一，封其櫃窖；蓄錢帛者以櫃，積粟麥者以窖。窖，古教翻。百姓爲之罷市，爲，于僞翻。相帥遮宰相馬自訴，以千萬數。帥，讀曰率。盧杞始慰諭之，勢不可遏，乃疾驅自他道歸。計并借商所得，纔二百萬緡。考異曰：實錄：「借商，統計田宅、奴婢等估，纔餘八萬貫。」今從舊盧杞傳。杞傳又曰：「杜佑計京師帑廩，不支數月，且得五百萬貫，可支半歲用，則兵濟矣。於是戶部侍郎判度支趙贊與韋都賓等謀行括借，約罷兵後以公錢還。敕既下，京兆少尹韋貞督責頗峻，長安尉薛萃荷校乘車，搜人財貨，計富戶田宅奴婢等，估纔及八十八萬貫。又借僦匱質錢，共纔及二百萬貫。」今從實錄。人已竭矣。京，叔明之五世孫也。陳叔明，陳宣帝子，封宜都王。

13 甲戌，以昭義節度副使、磁州刺史盧玄卿爲洺州刺史兼魏博招討副使。使，疏吏翻。磁，牆之翻。洺，音名。

初，李抱眞爲澤潞節度使，馬燧領河陽三城；抱眞欲殺懷州刺史楊鉥，鉥奔燧，鉥，時迄翻。燧納之，且奏其無罪，抱眞怒。及同討田悅，數以事相恨望，二人怨隙遂深，不復相見。由是諸軍逗撓，久無成功，數，所角翻；下上數同。復，扶又翻。逗者，逗留不進。勢屈爲撓。撓，奴教翻。上數遣中使和解之。數，所角翻。使，疏吏翻。及王武俊逼趙州，抱眞分麾下二千人戍邢州，燧大怒曰：「餘賊未除，宜相與戮力，乃分兵自守其地！」【章：十二行本「地」下有「我甯得獨戰邪」六字；乙十一行本同；退齋校同；張校同，云無註本亦無。】欲引兵歸。李晟說燧曰：「李尚書以邢、趙連壤，九域志：趙州南至邢州界七十四里，自界首至邢州七十里。晟，成正翻。說，式芮翻。尚，辰羊翻。分兵守之，誠未有害。今公遽自引去，衆謂公何！」燧悅，乃單騎造抱眞壘，騎，奇寄翻。造，七到翻。相與釋憾結歡。會洺州刺史田昂請入朝，燧奏以洺州隸抱眞，洺州自此遂屬昭義。洺，音名。朝，直遙翻。請玄卿爲刺史，兼充招討之副。李晟軍先隸抱眞，又請兼隸燧，以示協和。上皆從之。晟，成正翻。燧，音遂。

14 盧龍節度行軍司馬蔡廷玉惡判官鄭雲逵，【章：十二行本「逵」下有「言於朱泚」四字；乙十一行本同；退齋校同；張校同，云無註本亦無。】奏貶莫州參軍。雲逵妻，朱滔之女也，滔復奏爲掌書記。惡，烏路翻。復，扶又翻，又音如字。雲逵深構廷玉於滔，廷玉又與檢校大理少卿朱體微言於泚曰：蔡廷玉、朱體微，皆事朱泚者也。校，古孝翻。少，始照翻。「滔在幽鎭，事多專擅，其性非長者，不可以兵權付之。」滔知之，大怒，數與泚書，請殺二人者，長，知丈翻。數，所角翻。泚不從；由是兄弟頗有隙。及滔拒命，上欲歸罪於廷玉等以悅滔，甲子，貶廷玉柳州司戶，體微萬州南浦尉。柳州，漢潭州縣地。唐置柳州，以分野當柳星之下而名，去京師水陸相乘五千四百七十里。萬州，治南浦縣，春秋夔國之地，秦、漢爲朐䏰縣地，後周置萬州郡。唐置萬州，以郡爲稱，京師西南一千六百二十四里。

15 宣武節度使劉洽攻李納之濮陽，降其守將高彥昭。使，疏吏翻。濮，博木翻。降，戶江翻。將，即亮翻。

16 朱滔遣人以蠟書置髻中遺朱泚，遺，唯季翻。欲與同反；馬燧獲之，并使者送長安，泚不之知。上驛召泚於鳳翔，至，以蠟書并使者示之，泚惶恐頓首請罪。上曰：「相去千里，初不同謀，非卿之罪也。」因留之長安私第，大曆九年，朱泚請入朝，代宗爲之築大第於京師，事見二百二十五卷。考異曰：幸奉天錄曰：「上命還私第，但絕朝謁，日給酒肉而已。以內侍一人監之。」今從實錄及舊傳。賜名園、腴田、錦綵、金銀甚厚，以安其意；其幽州·盧龍節度、太尉、中書令並如故。爲朱泚失兵權、乘時逆上張本。

上以幽州兵在鳳翔，幽州兵，朱泚所將以入朝防秋者。思得重臣代之。盧杞忌張鎰忠直，爲上所重，欲出之於外，己得專總朝政，鎰，弋質翻。朝，直遙翻。乃對曰：「朱泚名位素崇，鳳翔將校班秩已高，非宰相信臣，無以鎮撫，臣請自行。」上俛首未言，泚，且禮翻，又音此。將，即亮翻。

校，戶教翻。相，息亮翻。俛，音免。杞又曰：「陛下必以臣貌寢，不爲三軍所伏，貌不揚曰寢。固惟陛下神算。」上乃顧鎰曰：「才兼文武，望重內外，無以易卿。」鎰知爲杞所排而無辭以免，因再拜受命。戊寅，以鎰兼鳳翔尹、隴右節度等使。爲張鎰爲李楚琳所殺張本。

初，盧杞與御史大夫嚴郢共搆楊炎、趙惠伯之獄，事見上二年。炎死，杞復忌郢。復，扶又翻。會蔡廷玉等貶官，殿中侍御史鄭詹誤遞文符至昭應送之，廷玉等行已至藍田，召還而東，還，從宣翻，又音如字。廷玉等以爲執己送朱滔，至靈寶西，赴河死。靈寶縣，屬陝州，古桃林地，漢爲弘農縣，開元末，改爲靈寶縣。弘農縣故城，在今縣西南二十里。上聞之，駭異，盧杞因奏：「朱泚必疑以爲詔旨，請遣三司使案詹。」此謂遣兩省官及御史臺官爲三司使，使案詹等獄。使，疏吏翻。又言：「御史所爲，必稟大夫，請并郢案之。」獄未具，壬午，杞奏杖殺詹於京兆府；貶郢費州刺史，費州，治涪州江岸，因州界費水爲名。舊志：費州，京師南四千七百里。費，扶未翻。考異曰：舊盧杞傳云「貶郢驩州刺史」。今從新傳。卒於貶所。卒，子恤翻。

上初即位，崔祐甫爲相，務崇寬大，故當時政聲藹然，以爲有貞觀之風；相，息亮翻。觀，古玩翻。及盧杞爲相，知上性多忌，因以疑似離間羣臣，間，古莧翻。始勸上以嚴刻御下，中外失望。

17 淮南節度使陳少遊奏，本道稅錢每千請增二百。使，疏吏翻。少，始照翻。舊志：淮南道督揚、滁、常、潤、和、宣、歙七州。此貞觀中之制也。以今觀之，唐中世以後，當統揚、楚、滁、和、濠、廬、壽、光、蘄、黃、申、安、舒等州。稅錢，謂田稅及商稅錢也。五月，丙戌，詔增他道稅錢皆如淮南；又鹽每斗價皆增百錢。鹽每斗價幾何，而頓增百錢，人誰堪之。

18 朱滔、王武俊自寧晉南救魏州，是年四月，王武俊進屯寧晉。辛卯，詔朔方節度使李懷光將朔方及神策步騎萬五千人東討田悅，且拒滔等。將，即亮翻，又音如字。騎，奇寄翻。滔行至宗城，掌書記鄭雲逵、參謀田景仙棄滔來降。宗城縣，屬魏州，漢廣宗縣地。降，戶江翻。

19 丁酉，加河東節度使馬燧同平章事。

20 辛亥，置義武軍節度於定州，以易、定、滄三州隸之。以命張孝忠。

21 張光晟之殺突董也，事見上卷元年。晟，成正翻。上欲遂絕回紇，召册可汗使源休還太原。久之，乃復遣休送突董及翳密施、大·小梅錄等四喪還其國，紇，下沒翻。可，從刊入聲。汗，音寒。還，從宣翻，又音如字；下同。復，扶又翻。可汗遣其宰相頡子斯迦等迎之。頡子斯迦坐大帳，新書回鶻傳作「頡干伽」。相，息亮翻。頡，奚結翻。迦，求加翻。立休等於帳前雪中，詰以殺突董之狀，欲殺者數四，供待甚薄；留五十餘日，乃得歸。可汗使人謂之曰：「國人皆欲殺汝以償怨，我意則不然。汝國已殺突董等，我又殺汝，如以血洗血，汚益甚耳！詰，去吉翻。汚，烏故翻。今吾以水洗血，不亦善乎！唐負我馬直【章：十二行本「直」下有「絹」字；乙十一行本同；退齋校同；張校同，云無註本亦無。】百八十萬匹，當速歸之。」遣其散支將軍康赤心隨休入見，見，賢遍翻。休竟不得見可汗而還。還，從宣翻，又音如字。己【張：「己」上脫「六月」。】卯，至長安，詔以帛十萬匹、金銀十萬兩償其馬直。休有口辯，盧杞恐其見上得幸，乘其未至，先除光祿卿。為源休以賞薄怨望從朱泚反張本。

22 朱滔、王武俊軍至魏州，田悅具牛酒出迎，魏人懽呼動地。呼，火故翻。滔營於愜山，【嚴：「愜山」改「連篋山」。】是日，李懷光軍亦至，馬燧等盛軍容迎之。滔以為襲己，遽出陳；懷光勇而無謀，欲乘其營壘未就擊之。燧請且休將士，觀釁而動，懷光曰：「彼營壘既立，將為後患，此時不可失也。」遂擊滔於愜山之西，魏氏土地記曰：渤海高城縣東北五十里有篋山。余按此愜山，當在魏州界，近永濟渠。陳，讀曰陣。燧，音遂。將，卽亮翻。釁，許覲翻。愜，詰叶翻。殺步卒千餘人，滔軍崩沮；沮，在呂翻。懷光按轡觀之，有喜色。士卒爭入滔營取寶貨，王武俊引二千騎橫衝懷光軍，軍分為二；滔引兵繼之，官軍大敗，蹙入永濟渠溺死者不可勝數，人相蹈藉，其積如山，水為之不流。騎，奇寄翻。溺，奴狄翻。勝，音升。為，于偽翻。馬燧等各收軍保壘。是夕，滔等堰永濟渠入王莽故河，酈道元曰：漢溝洫志云：河為中國害尤甚，故禹導河自積石，歷龍門，釃二渠以引河，一則漯川，今河所流也；一則北瀆，王莽時絕，故世俗名是瀆為王莽河。絕官軍糧道及歸路，明日，水深三尺餘。深，式禁翻。馬燧懼，遣使卑辭謝滔，求與諸節度歸本道，奏天子，請以河北事委五郎處之。使，疏吏翻。朱滔第五，故稱之為五郎，若尊之然。處，昌呂翻。滔欲許之，王武俊以為不可；

滔不從。秋七月，燧與諸軍涉水而西，退保魏縣以拒滔，九域志：魏縣，在魏州城西三十五里。滔乃謝武俊，武俊由是恨滔。後數日，滔等亦引兵營魏縣東南，與官軍隔水相拒。考異曰：實錄：「六月辛巳，朱滔、王武俊兵至魏州。是日，李懷光之師亦至。七月庚子，馬燧等四節度兵退保魏縣。」又曰：「田悅等築堰，欲決御河水，灌王莽故河以絶我糧道。燧令白懷光，欲退軍，懷光不可。抱眞、晟亦欲決死守之。賊築堰愈急，勢迫，會夜，乃俱引退。」燕南記曰：「六月，朱滔、武俊、懷光俱至。懷光卽欲戰，馬燧、抱眞不得已，從之。七月六日，懷光等擊滔，勝之，尋爲王武俊所敗。其夜，決河水，絶懷光等西歸之路。明日，水深三尺餘。馬燧與朱滔有外族之親，呼滔爲表姪，使人說滔曰：『老夫不度氣力，與李相公等昨日先陳。王大夫善戰，海內所知也。司徒五郎與商議，放老夫等卻歸太原，諸節度亦各還本道，當爲聞奏，河北地任五郎收取。』滔見武俊戰勝，私心忌其勝己，乃謂武俊曰：『大夫二兄破懷光等，氣已沮喪，馬司徒既屈服如此，且放去，漸圖未晚。』武俊曰：『豈有四五節度，兵逾十萬，使打賊，始經一陣，被殺卻五萬人，將何面目歸見天子！今窮蹙詐求退去，料不過到洺州界，必築壘相待，悔難及也。』滔心明知其事，竟絶水，放燧等。既離魏府城下，退行三十里，遂連魏縣河，列營相拒。滔雖慙謝，武俊終有恨意。又同進軍魏橋河東南，去懷光營五里。」移營在七月中旬也。邠志曰：「三年夏，詔懷光率邠甲五千兼統諸軍東征。六月，師及魏郛，戰焉，陷燕人之衆，師入賊營，收其寶貨。馬公燧曰：『我二年困此賊，彼旦至而夕破之，人其謂我何！』乃稍抽戰卒以孤其勢。田悅曰：『馬太原妬功也，朔方軍可襲矣。』乃使步卒七百人負刀而趨，乘我失度，擠之于河，死者數百人，皆精騎也。馬公遽命平射三百人爭橋，以出我軍，故步軍不敗，軍勢大衄。詔唐朝臣自河南引軍會之。」舊田悅傳曰：「王武俊以二千騎橫擊懷光陳，滔軍繼踵而進，禁軍大敗，人相蹈藉，投尸于河二十里，河水爲之不流。馬燧收軍保壘。是夜，王武俊決河水入王莽故河，欲隔官軍，水已深三尺，糧餉路絶，王師計無從出，乃遣人告朱滔云云。時武俊戰勝，滔心忌之，卽曰：『大夫二兄已敗官軍，馬司徒卑屈若此，不宜迫人於險也。』武俊曰：『燧等連兵十萬，皆是國之名臣，一戰而北，貽國之恥，不知此等何面目見天子邪！然吾不惜放還，但不行五十里，必反相拒。』」按長曆：六月壬子朔，七月壬午朔。然則辛巳，六月三十日；庚子，七月十九日也。滔與懷光至魏之日，滔營壘猶未立，懷光卽與之戰，豈得至七月六日邪！戰于愜山之夜，武俊決水，明日，燧等卽退保魏縣，豈得至十九日邪！實錄、燕南記所載日，皆不可據也。然實錄多據奏到之日，不知戰與移營的在何日，要之必在六七月之際，故但記七月退保魏縣耳。朱滔與王武俊同舉兵，志在破馬燧軍，豈有一戰纔勝，遽忌武俊，縱燧令去，自貽後患邪！直是滔無遠識，謂燧等不足畏，得其卑辭而縱去耳。又舊悅傳云：「決河水。」若決黃河，不須築堰，決水經日，不止三尺。既決之後，不可復壅。今從實錄，決御河水，灌王莽河耳。

23 李納求救於滔等，滔遣魏博兵馬使信都承慶將兵助之。納攻宋州，不克，遣兵馬使李克信、李欽遙戍濮陽、南華以拒劉洽。使，疏吏翻。將，卽亮翻，又音如字。濮，博木翻。濮陽縣，時屬濮州。南華縣，屬曹州，漢離狐縣也。

24 甲辰，以淮寧節度使李希烈兼平盧淄青兗鄆登萊齊州節度使，討李納；又以河東節度使馬燧兼魏博澶相節度使；加朔方、邠寧節度使李懷光同平章事。前此改淮西節度爲淮寧軍。鄆，音運。燧，音遂。澶，時連翻。相，息亮翻。邠，卑旻翻。

25 神策行營招討使李晟請以所將兵北解趙州之圍，與張孝忠分勢圖范陽，上許之。晟自魏州引兵北趨趙州，晟，成正翻。將，卽亮翻，又音如字。趨，逡諭翻。王士眞解圍去。晟留趙州三日，與孝忠合兵北略恆州。恆，戶登翻。

26 演州司馬李孟秋舉兵反，演州，漢咸驩縣之地，唐武德初，置驩州，貞觀九年，改曰演州，十六年省，改咸驩爲懷驩，屬驩州，廣德二年，分驩州後置。自稱安南節度使；安南都護輔良交討斬之。新書方鎮表：乾元元年，升安南管內經略使爲安南節度使。

27 八月，丁未，置河【章：十二行本「河」作「汴」；乙十一行本同；孔本同；退齋校同；熊校同。】東、西水陸運、兩稅、鹽鐵使二人，度支總其大要而已。汴，皮變翻。度，徒洛翻。

28 辛酉，以涇原留後姚令言爲節度使。

29 盧杞惡太子太師顏眞卿，欲出之於外。惡，烏路翻。眞卿謂杞曰：「先中丞傳首至平原，中丞，謂杞父奕也。事見二百一十七卷天寶十四載。眞卿以舌舐面血。舐，直氏翻。今相公忍不相容乎！」杞矍然起拜，然恨之益甚。

30 九月癸卯，殿中少監崔漢衡自吐蕃歸，去年崔漢衡使吐蕃。贊普遣其臣區頰贊隨漢衡入見。見，賢遍翻。

31 冬，十月，辛亥，以湖南觀察使曹王皋爲江南西道節度使。皋至洪州，悉集將佐，簡閱其才，得牙將伊愼、王鍔等，擢爲大將，引荆襄判官許孟容置幕府。愼，兗州人；孟容，長安人也。愼常從李希烈討梁崇義，希烈愛其才，欲留之，愼逃歸。希烈聞皋用愼，恐爲己患，遺愼七屬甲，遣，唯季翻。周禮：函人爲甲，犀甲七屬。鄭註云：屬，讀如灌注之注，謂上旅、下旅札屬之數凡七也。詐爲復書，墜之境上。上聞之，遣中使卽軍中斬愼，皋爲之論雪；皋爲，于僞翻。未報。會江賊三千餘衆入寇，江賊，江中羣盜也。自湖口入寇江南西道。皋遣愼擊賊自贖；愼擊破之，斬首數百級而還，由是得免。

32 盧杞秉政，知上必更立相，相，息亮翻。恐其分己權，乘間薦吏部侍郎關播儒厚，可以鎭風俗；間，古莧翻。丙辰，以播爲中書侍郎、同平章事。考異曰：舊播傳曰：「播爲吏部侍郎，轉刑部尚書。十月，拜銀青光祿大夫、中書侍郎、同中書門下平章事。」今實錄自吏部侍郎爲相，與傳不同。疑傳誤。明年罷相，乃改刑部尚書。政事皆決於杞，播但斂衽無所可否。上嘗從容與宰相論事，播意有所不可，起立欲言，杞目之而止。還至中書，杞謂播曰：「以足下端慤少言，故相引至此，曏者柰何發口欲言邪！」播自是不復敢言。從，千容翻。少，詩沼翻。復，扶又翻。

33 戊辰，遣都官員外郎樊澤【章：十二行本「樊」上有「河中」二字；乙十一行本同。】使于吐蕃，告以結盟之期。

34 丙子，肅王詳薨。詳，皇子也。

35 十一月，己卯朔，加淮南節度使陳少遊同平章事。

36 田悅德朱滔之救，與王武俊議奉滔爲主，稱臣事之，滔不可，曰：「愜山之捷，皆大夫二兄之力，二兄，謂王武俊也。武俊，第二。滔何敢獨居尊位！」於是幽州判官李子千、恆冀判官鄭濡等考異曰：舊傳作「李子牟、鄭儒」，今從燕南記。共議：「請與鄆州李大夫爲四國，鄆州李大夫，謂李納也。俱稱王而不改年號，如昔諸侯奉周家正朔。築壇同盟，有不如約者，衆共伐之。不然，豈得常爲叛臣，茫然無主，用兵既無名，有功無官爵爲賞，使將吏何所依歸乎！」滔等皆以爲然。滔乃自稱冀王，田悅稱魏王，王武俊稱趙王，仍請李納稱齊王。是日，滔等築壇於軍中，告天而受之。考異曰：實錄於十一月末云：「是月朱滔僭稱大冀王。」燕南記云：「十月十一日，於下營處各築壇場，設儀注，告天，稽首稱名，同日僞立爲王。」舊本紀、朱滔、王武俊傳皆云十一月，而無日。惟田悅傳云，「十一月一日」。今從之。滔爲盟主，稱孤；武俊、悅、納稱寡人。所居堂曰殿，處分曰令，處，昌呂翻。分，扶問翻。令，力定翻。羣下上書曰牋。妻曰妃，長子曰世子。各以其所治州爲府，置留守兼元帥，以軍政委之；又置東西曹，視中書、門下省；左右內史，視侍中、中書令；餘官皆倣天朝而易其名。上，時掌翻。長，知丈翻。守，式又翻。帥，所類翻。朝，直遙翻。

武俊以孟華爲司禮尙書，華竟不受，嘔血死；司禮尙書，視天朝禮部尙書。以兵馬使衞常寧爲內史監，彼所謂內史監，當位於左、右內史之上。使，疏吏翻。委以軍事。常寧謀殺武俊，武俊腰斬之。

武俊遣其將張終葵寇趙州，康日知擊斬之。將，卽亮翻。

李希烈帥所部三萬徙鎭許州，遣所親詣李納，與謀共襲汴州；帥，讀曰率。汴，皮變翻。九域志：許州，東至汴州二百一十五里。遣使告李勉，云已兼領淄青，欲假道之官。勉爲之治橋、具饌以待之，爲，于僞翻。淄，莊持翻。治，直之翻。饌，雛戀翻，又雛晥翻。而嚴爲之備。希烈竟不至，又密與朱滔等交通，納亦數遣遊兵渡汴以迎希烈。數，所角翻。由是東南轉輸者皆不敢由汴渠，自蔡水而上。蔡河，古之琵琶溝，在浚儀縣。杜佑曰：漢運路，出浚儀十里，路入琵琶溝，至陳州而合。宋白曰：建中初，杜佑改漕路，自浚儀西十里路，其南涯引流入琵琶溝，經蔡河，至陳州合潁，是秦、漢故道。自隋開汴河，利涉揚、楚，故官漕不復由此道，佑始開之。上，時掌翻。

37 十二月，丁丑，李希烈自稱天下都元帥、太尉、建興王。時朱滔等與官軍相拒累月，官軍有度支饋糧，諸道益兵，而滔與王武俊孤軍深入，專仰給於田悅，度，徒洛翻。仰，牛向翻。客主日益困弊。客，謂滔、武俊之軍；主，謂田悅。聞李希烈軍勢甚盛，頗怨望，乃相與謀遣使詣許州，勸希烈稱帝，希烈由是自稱天下都元帥。使，疏吏翻。帥，所類翻。

38 司天少監徐承嗣請更造建中正元曆；從之。乾元元年，改太史局爲司天臺，以令爲監，正三品，少監，正四品上，掌察天文、稽曆數，凡日月星辰風雲氣色之異，率其屬占之。肅宗時，韓潁損益大衍曆爲至德曆。寶應元年，代宗以至德曆不與天合，詔司天臺官屬郭獻之等復用麟德元紀，更立歲差，增損遲疾交會及五星差數，以寫大衍術，曰五紀曆。至是，五紀曆氣朔加時稍後天，推測星度與大衍差率頗異，乃詔承嗣等雜麟德、大衍之旨治新曆，名建中正元曆。少，始照翻。嗣，祥吏翻。更，工衡翻。

資治通鑑卷第二百二十八

端明殿學士兼翰林侍讀學士太中大夫提舉西京嵩山崇福宮上柱國河內郡開國公食邑二千二百戶食實封九百戶賜紫金魚袋臣司馬光奉敕編集
後學天台胡三省音註

唐紀四十四 起昭陽大淵獻（癸亥）正月，盡十月，不滿一年。

德宗神武聖文皇帝三

建中四年（癸亥、七八三）

1 春，正月，丁亥，隴右節度使張鎰與吐蕃尚結贊盟于清水。使，疏吏翻。鎰，弋質翻。吐，從暾入聲。清水，漢古縣，唐屬秦州。九域志：在州東九十里。

2 庚寅，李希烈遣其將李克誠襲陷汝州，執別駕李元平。將，卽亮翻。汝州，治梁縣，漢承休侯封邑也。元平，本湖南判官，薄有才藝，性疏傲，敢大言，好論兵；好，呼到翻。關【張：「關」上脫「中書侍郎」。】播奇之，薦於上，以爲將相之器，以汝州距許州最近，九域志：汝州，東南至許州二百七十里。史言關播所用非才。相，息亮翻。擢元平爲汝州別駕，知州事。元平至汝州，卽募工徒治城；治，直之翻。希烈陰使壯士應募執役，入數百人，元平不之覺。希烈遣克誠將數百騎突至城下，將，卽亮翻，又音如字。騎，奇寄翻。應募者應之於內，縛元平馳去。元平爲人眇小，無須，須，古字取象，以彡類耏毛也。後人從而加「髟」爲「鬚」字，此俗書耳。見希烈恐懼，便液汚地。便，毗連翻。便液，謂屎溺也。液，音亦。汚，烏故翻。希烈罵之曰：「盲宰相以汝當我，何相輕也！」以判官周晃爲汝州刺史，又遣別將董待名等四出抄掠，取尉氏，尉氏縣，屬汴州。九域志：在州南九十里。抄，楚交翻。圍鄭州，官軍數爲所敗。數，所角翻。敗，補邁翻。邏騎西至彭婆，邏，郎佐翻。騎，奇寄翻。邏騎，巡邏遊弈之騎。九域志：河南府河南縣有彭婆鎭。金人疆域圖：洛陽縣有彭婆鎭。東都士民震駭，竄匿山谷；留守鄭叔則入保西苑。東都西苑，在東都城西。鄭叔則蓋備有急易於西奔也。守，式又翻。

上問計於盧杞，對曰：「希烈年少驍將，恃功驕慢，將佐莫敢諫止；誠得儒雅重臣，奉宣聖澤，爲陳逆順禍福，少，始照翻。驍，堅堯翻。將，卽亮翻。爲，于僞翻。希烈必革心悔過，可不勞軍旅而服。顏眞卿三朝舊臣，眞卿歷事玄、肅、代三朝。朝，直遙翻。忠直剛決，名重海內，人所信服，眞其人也！」上以爲然。甲午，命眞卿詣許州宣慰希烈。詔下，舉朝失色。下，遐嫁翻。

眞卿乘驛至東都，鄭叔則曰：「往必不免，宜少留，須後命。」少，詩沼翻。須，待也。眞卿曰：「君命也，將焉避之！」焉，於虔翻。遂行。李勉表言：「失一元老，爲國家羞，請留之。」又使人邀眞卿，【章：十二行本「卿」下有「於道」二字；乙十一行本同；張校同，云無註本亦無。】不及。眞卿與其子書，但敕以「奉家廟、撫諸孤」而已。至許州，欲宣詔旨，希烈使其養子千餘人環繞慢罵，李希烈養壯士爲子，謂之養子。環，音胡慣翻。拔刃擬之，爲將剸啗之勢；剸，旨兗翻，細割也。眞卿足不移，色不變。希烈遽以身蔽之，麾衆令退，館眞卿而禮之。令，力丁翻。館，古玩翻。希烈欲遣眞卿還，還，從宣翻，又音如字。會李元平在座，眞卿責之，元平慚而起，以密啓白希烈；希烈意遂變，留眞卿不遣。

朱滔、王武俊、田悅、李納各遣使詣希烈，上表稱臣，勸進，使者拜舞於希烈前，說希烈曰：使，疏吏翻。上，時掌翻。說，式芮翻。「朝廷誅滅功臣，失信天下；都統英武自天，功烈蓋世，已爲朝廷所猜忌，將有韓、白之禍，朝，直遙翻。統，他綜翻，俗從上聲。韓、白之禍，謂韓信斬於鍾室，白起死於杜郵也。願亟稱尊號，使四海臣民知有所歸。」希烈召顔眞卿示之曰：「今四王遣使見推，不謀而同，以朱滔稱冀王，王武俊稱趙王，田悅稱魏王，李納稱齊王，故希烈謂之四王。使，疏吏翻。太師觀此事勢，豈吾獨爲朝廷所忌無所自容邪！」邪，音耶。眞卿曰：「此乃四凶，何謂四王！相公不自保功業，爲唐忠臣，乃與亂臣賊子相從，求與之同覆滅邪！」希烈不悅，扶眞卿出。他日，又與四使同宴，四使曰：「久聞太師重望，今都統將稱大號而太師適至，是天以宰相賜都統也。」顔眞卿爲太子太師，故皆以其官稱之。相，息亮翻。眞卿叱之曰：「何謂宰相！汝知有罵安祿山而死者顔杲卿乎？顔杲卿事見二百一十七卷肅宗至德元載。叱，尺栗翻。乃吾兄也。吾年八十，知守節而死耳，豈受汝輩誘脅乎！」史炤曰：以利動之曰誘，以威迫之曰脅。誘，音酉。四使不敢復言。復，扶又翻。希烈乃使甲士十人守眞卿於館舍，掘坎於庭，云欲阬之，眞卿怡然，見希烈曰：怡然，安和之貌。「死生已定，何必多端！亟以一劍相與，豈不快公心事邪！」希烈乃謝之。考異曰：顏氏行狀以爲：「公至許州，希烈前後詐爲公表，奏請汴州者數十，上知而寢之。」舊眞卿傳以爲：「希烈逼爲章表，令雪己，願罷兵馬，累遣眞卿兄子峴與從吏凡數輩繼來京師。上皆不報。希烈大宴逆黨，倡優斥黷朝政，眞卿拂衣起。後張伯儀敗績，令以首級夸示，眞卿號慟。周曾謀奉眞卿，遂送眞卿於龍興寺。」按滔等推尊希烈在去年，眞卿使許在今年正月，蓋滔等始勸希烈稱帝，希烈但稱都元帥、建興王，故今年滔等再遣樊播等勸進稱爲都統也。眞卿剛烈，守之以死，希烈豈能逼之使爲章表雪己！行狀云「詐爲表奏」，是也。

3 戊戌，以左龍武大將軍哥舒曜爲東都、汝州節度使，將鳳翔、邠寧、涇原、奉天、好時行營兵萬餘人討希烈，鳳翔、邠寧、涇原，三節鎭之兵。奉天、好時，神策，屯兵也。又詔諸道共討之。曜行至郟城，郟，音夾。郟城縣，屬汝州，東魏之龍山縣也，隋開皇初，改曰汝南，十八年，改曰輔城，大業初，改曰郟城。九域志：郟城縣，在汝州東南九十里。宋白曰：春秋楚令尹子瑕城郟，卽此。遇希烈前鋒將陳利貞，擊破之；希烈勢小沮。沮，在呂翻。曜，翰之子也。天寶末，安祿山反，哥舒翰敗沒於潼關。希烈使其將封有麟據鄧州，南路遂絕，貢獻、商旅皆不通。壬寅，詔治上津山路，置郵驛。上津縣，屬商州，治，直之翻。

4 二月，戊申朔，命鴻臚卿崔漢衡送區頰贊還吐蕃。區頰贊入見事始見上卷上年。臚，陵如翻。

5 丙寅，以河陽三城、懷、衛州爲河陽軍。

6 丁卯，哥舒曜克汝州，擒周晃。

7 三月，戊寅，江西節度使曹王皋敗李希烈將韓霜露於黃梅，斬之；辛卯，拔黃州。時希烈兵柵蔡山，敗，補邁翻。九域志：黃梅縣，屬蘄州，距州一百二十里。蔡山，在黃梅界，卽江左新蔡郡治所，魯悉達保聚之地。宋白曰：宋分江夏郡置南新蔡郡；隋開皇十八年，改爲黃梅縣，以界內黃梅山名之。祝穆曰：蔡山出大龜，春秋左氏傳所謂大蔡，蓋以山得名也。險不可攻。皋聲言西取蘄州，蘄，音祈。蘄州，後漢爲蘄春侯國，吳置蘄春郡，北齊置齊昌郡及羅州，後周改蘄州。州北有蘄水，南入于江。地名解云：蘄春，以水限多蘄菜，因名。引舟師泝江而上，希烈之將引兵循江隨戰。去蔡山三百餘里，皋乃復放舟順流而下，上，時掌翻。復，扶又翻。下，遐嫁翻。急攻蔡山，拔之。希烈兵還救之，不及而敗。皋遂進拔蘄州，表伊愼爲蘄州刺史，王鍔爲江州刺史。

8 淮寧都虞候周曾、鎭遏兵馬使王玢、押牙姚憺、韋淸密輸款於李勉。玢，府巾翻。憺，徒濫翻，又徒敢翻。李希烈遣曾與十將康秀琳將兵三萬攻哥舒曜，至襄城，襄城縣，漢屬潁川郡，晉屬襄城郡；後周置汝州，唐貞觀元年，廢州，以襄城縣屬許州；貞觀八年，以伊州爲汝州，襄城仍屬許州，天寶七載，復屬汝州。九域志：襄城縣，在汝州東南一百有五十里。曾等密謀還軍襲希烈，奉顏眞卿爲節度使，使玢、儋、清爲内應。希烈知之，遣別將李克誠將騾軍三千人淮西地少馬，乘騾以戰，號騾子軍，尤爲驍鋭。將，卽亮翻；誠將音同，又音如字。騾，落戈翻。襲曾等，殺之，并殺玢、儋及其黨。甲午，詔贈曾等官。始，韋清與曾等約，事泄不相引，故獨得免。清恐終及禍，說希烈請詣朱滔乞師，說，式芮翻。希烈遣之，行至襄邑，逃奔劉洽。襄邑縣，屬宋州。劉洽時以宣武節度鎮宋州。希烈聞周曾等有變，閉壁數日；其黨寇尉氏、鄭州者聞之，亦遁歸。希烈乃上表歸咎於周曾等，引兵還蔡州，上，時掌翻。還，從宣翻。蔡州，治汝陽縣，淮寧本鎮也。希烈時自許州退還。外示悔過從順，實待朱滔等之援也。置顏眞卿於龍興寺。寺蓋在蔡州。

丁酉，荆南節度使張伯儀與淮寧兵戰於安州，安州，漢安陸地。官軍大敗，伯儀僅以身免，亡其所持節。希烈使人以其節及俘馘示顏眞卿；眞卿號慟投地，絶而復蘇，自是不復與人言。俘，方無翻。馘，古獲翻。號，戶高翻。復，扶又翻，又音如字。

9 夏，四月，上以神策軍使白志貞爲京城召募使，募禁兵以討李希烈。志貞請諸嘗爲節度、觀察、都團練使者，不問存沒，並勒其子弟帥奴馬自備資裝從軍，帥，讀曰率。授以五品官；貧者甚苦之，人心始搖。史言德宗窮兵，亂將作矣。

10 上命宰相、尚書與吐蕃區頰贊盟於豐邑里，區頰贊以清水之盟，疆場未定，不果盟。是年春，張鎰與吐蕃盟於清水。宋白曰：張鎰與吐蕃盟文曰：「今國家所守界，涇州，西至彈箏峽西口；隴州，西至清水縣；鳳州，西至同谷縣；暨劍南西山大渡河東，爲漢界。蕃國，守備在蘭、渭、原、會，西至臨洮，又東至成州，抵劍南西界磨些諸蠻、大渡水西南，爲蕃界。」相，息亮翻。尙，辰羊翻。吐，從暾入聲。埸，音亦。己未，命崔漢衡入吐蕃，決於贊普。是年二月，命崔漢衡送區頰贊，蓋欲與之盟而遣之，久而盟未定。又命漢衡入吐蕃，決於贊普。此時中國疲於兵，彼固有以窺唐矣，盟無益也。

11 庚申，加永平、宣武、河陽都統李勉淮西招討使，東都、汝州節度使哥舒曜爲之副，以荆南節度使張伯儀爲淮西應援招討使，山南東道節度使賈耽、江西節度使曹王皋爲之副。上督哥舒曜進兵，曜至潁橋，九域志：襄城縣有潁橋鎭。遇大雨，還保襄城。李希烈遣其將李光輝攻襄城；曜擊卻之。

12 五月，乙酉，潁王璬薨。璬，玄宗子，音古了翻。

13 乙未，以宣武節度使劉洽兼淄青招討使。

14 李晟謀取涿、莫二州，以絕幽、魏往來之路，與張孝忠之子升雲圍朱滔所署易州刺史鄭景濟於清苑，水經註：徐水出北平，東逕清苑城，東至高陽，入于河。劉昫曰：淸苑縣，漢之樂鄉縣，屬信都國。隋爲清苑縣，屬瀛州；唐景雲元年，屬冀州；至宋，以清苑縣爲保州治所。宋白曰：漢高宗訪樂毅之後，得樂叔，封於樂鄉。高齊省，仍自今易州滿城縣界移永寧縣，理北城。隋改爲清苑縣，因滿城縣界清苑河爲名。累月不下。滔以其司武尙書馬寔爲留守，司武尙書，猶天朝兵部尙書。將步騎萬餘守魏營，自將步騎萬五千救清苑。李晟軍大敗，退保易州。滔還軍瀛州，張升雲奔滿城。劉昫曰：滿城縣，漢北平縣地，後魏置永樂縣，天寶元年，改爲滿城，屬易州。會晟病甚，引軍還保定州。考異曰：燕南記曰：「晟與張昇雲等圍鄭景濟於清苑，自二月至四月。滔自統馬步萬五千人救清苑，四月二日，發館陶砦，五月內到。晟出戰不利，城中又出攻晟，晟敗去。滔乘勝逐晟等，大破之。晟奔易州，染病，不復更出。」實錄曰：「庚子，李晟自清苑退保易州。」舊晟傳曰：「自正月至于五月，會晟病甚，不知人者數焉。軍吏合謀，乃以馬輿還定州。」今從之。實錄所云庚子，蓋奏到之日也。

王武俊以滔既破李晟，留屯瀛州，未還魏橋，遣其給事中宋端趣之。趣，讀曰促。端見滔，言頗不遜，滔怒，使謂武俊曰：「滔以熱疾，暫未南還，大王二兄遽有云云。滔以救魏博之故，叛君棄兄，如脫屣耳。屣不躡跟曰屣，脫之易耳。二兄必相疑，惟二兄所爲！」端還報，武俊自辨於馬寔，寔以狀白滔，言：「趙王知宋端無禮於大王，深加責讓，實無他志。」武俊亦遣承令官鄭和隨寔使者見滔，謝之。時武俊等改要藉官爲承令官。滔乃悅，相待如初。然武俊以是益恨滔矣。

六月，李抱眞使參謀賈林詣武俊壁詐降。節度參謀，關預軍中機密。武俊見之。林曰：「林來奉詔，非降也。」武俊色動，問其故，林曰：「天子知大夫宿著誠效，謂誅李惟岳也。及登壇之日，謂稱王時也。撫膺顧左右曰：『我本徇忠義，天子不察。』諸將亦嘗共表大夫之志。天子語使者曰，『朕前事誠誤，悔之無及。朋友失意，尚可謝，況朕爲四海之主乎！』」賈林先言武俊心事，後述天子詔旨，鋪陳悔過之意，可謂善說矣。語，牛倨翻。武俊曰：「僕胡人也，爲將尚知愛百姓；況天子，豈專以殺人爲事乎！今山東連兵，暴骨如莽，杜預曰：草之生於廣野莽莽然，故曰草莽。莽，莫朗翻。暴，步卜翻，又薄報翻。就使克捷，與誰守之！僕不憚歸國，但已與諸鎮結盟。胡人性直，不欲使曲在己，天子誠能下詔赦諸鎮之罪，僕當首唱從化；諸鎮有不從者，請奉辭伐之。如此，則上不負天子，下不負同列，不過五旬，河朔定矣。」使林還報抱眞，陰相約結。爲武俊與抱眞破走朱滔張本。

庚戌，初行稅間架、除陌錢法。時河東、澤潞、河陽、朔方四軍屯魏縣，神策、永平、宣武、淮南、浙西、荊南、江泗、沔鄂、湖南、黔中、劍南、嶺南諸軍環淮寧之境。江，謂江南西道，「泗」當作「西」。黔，音琴。環，音宦。舊制，諸道軍出境，皆仰給度支；仰，牛向翻。上優恤士卒，每出境，加給酒肉，本道糧仍給其家，一人兼三人之給，故將士利之。各出軍纔逾境而止，書有之：「威克厥愛，允濟；愛克厥威，允罔功。」德宗蓋未知此者。月費錢百三十餘萬緡，常賦不能供。判度支趙贊乃奏行二法：二法，卽所謂稅間架及除陌錢也。所謂稅間架者，每屋兩架爲間，上屋稅錢二千，中稅千，下稅五百，吏執筆握算，入人室廬計其數。史炤曰：算，所以籌算也。其法用竹，徑一分，長六寸，二百七十一枚而成。六觚爲一握。或有宅屋多而無他資者，出錢動數百緡。敢匿一間，杖六十，賞告者錢五十緡。所謂除陌錢者，公私給與及賣買，每緡官留五十錢，給他物及相貿易者，約錢爲率。貿，音茂。敢隱錢百，杖六十，罰錢二千，賞告者錢十緡，其賞錢皆出坐事之家。於是愁怨之聲，盈於遠近。

16 丁卯，徙郴王逾爲丹王，鄜王遘爲簡王。二王，皆上弟也。

17 庚午，答蕃判官監察御史于頔答蕃判官，因當時出使署置，以爲官名。頔，徒歷翻。與吐蕃使者論剌沒藏至自青海，剌，盧達翻。言疆場已定，請遣區頰贊歸國。秋，七月，甲申，以禮部尚書李揆爲入蕃會盟使。入蕃命官，猶答蕃也。壬辰，詔諸將相與區頰贊盟於城西。李揆有才望，盧杞惡之，惡，烏路翻。故使之入吐蕃。揆言於上曰：「臣不憚遠行，恐死於道路，不能達詔命！」上爲之惻然，爲，于僞翻。謂杞曰：「揆無乃太老！」杞曰：「使遠夷，非諳練朝廷故事者不可。使，疏吏翻。諳，烏含翻。且揆行，則自今年少於揆者少，詩照翻。不敢辭遠使矣。」使，疏吏翻。

18 八月，丁未，李希烈將兵三萬圍哥舒曜於襄城，詔李勉及神策將劉德信將兵救之。乙卯，希烈將曹季昌以隨州降，尋復爲其將康叔夜所殺。復，扶又翻。

19 初，上在東宮，聞監察御史嘉興陸贄名，嘉興，漢由拳縣地，吳大帝黃龍三年，以其地嘉禾生，改爲禾興縣，後避太子和名，改爲嘉興縣。隋廢縣，唐初復置，屬蘇州。即位，召爲翰林學士，韋執誼翰林志曰：自太宗時，名儒學士，時召草制，然猶未有名號。乾封以後，始號「北門學士」。玄宗初，置翰林待詔，掌四方表疏批答，應和文章。繼以詔敕文告悉由中書，多壅滯，始選朝官有詞藝學識者入居翰林，供奉別旨，然亦未定名；制詔書敕猶或分在集賢。開元二十六年，翰林供奉始改稱學士，別建學士院於翰林院之南，俾專內命。其後又置東翰林院於金鑾殿之西，隨上所在。數問以得失。時兩河用兵久不決，兩河，謂河南、河北。賦役日滋，贄以兵窮民困，恐別生內變，乃上奏，其略曰：「克敵之要，在乎將得其人；馭將之方，在乎操得其柄。將，卽亮翻；下同。操，千高翻。將非其人者，兵雖衆不足恃；操失其柄者，將雖材不爲用。」又曰：「將不能使兵，國不能馭將，非止費財翫寇之弊，亦有不戢自焚之災。」左氏傳曰：兵猶火也，不戢，將自焚。又曰：「今兩河、淮西爲叛亂之帥者，獨四五凶人而已。四五凶人，謂河北則朱滔、王武俊、田悅，河南則李納，淮西則李希烈也。帥，所類翻。尚恐其中或遭詿誤，詿，古賣翻，又胡卦翻。內蓄危疑；蒼黃失圖，勢不得止。況其餘衆，蓋並脅從，史炤曰：書云脅從罔治，孔穎達疏云：謂被脅從而距王命者。余謂脅從者，爲威力所迫脅，不得已而從於逆，非同心爲逆者也。苟知全生，豈願爲惡！」又曰：「無紓目前之虞，或興意外之變。人者，邦之本也。財者，人之心也。其心傷則其本傷，其本傷則枝幹顛瘁矣。」瘁，秦醉翻。又曰：「人搖不寧，事變難測，是以兵貴拙速，不貴巧遲。若不靖於本而務救於末，則救之所爲，乃禍之所起也。」又論關中形勢，以爲：「王者蓄威以昭德，偏廢則危；居重以馭輕，倒持則悖。王畿者，四方之本也。太宗列置府兵，分隸禁衛，大凡諸府八百餘所，而在關中者殆五百焉。舉天下不敵關中，【章：乙十一行本「中」下有

「之半」二字。】則居重馭輕之意明矣。承平漸久，武備浸微，雖府衛具存而卒乘罕習。卒，臧沒翻。乘，繩證翻。故祿山竊倒持之柄，乘外重之資，一舉滔天，兩京不守。事見玄宗天寶十四載、肅宗至德元載。尚賴西邊有兵，諸牧有馬，每州有糧，故肅宗得以中興。中，竹仲翻。乾元之後，繼有外虞，悉師東討，邊備既弛，禁戎亦空，吐蕃乘虛，深入爲寇，故先皇帝莫與爲禦，避之東遊。事見二百二十三卷代宗廣德元年。是皆失居重馭輕之權，忘深根固柢之慮。柢，都禮翻，又都計翻。內寇則殽、函失險，外侵則汧、渭爲戎。汧，口肩翻。于斯之時，雖有四方之師，寧救一朝之患？陛下追想及此，豈不爲之寒心哉！爲，于僞翻。今朔方、太原之衆，遠在山東；謂李懷光以朔方軍馬，燧以太原軍討田悅，兵不解也。神策六軍之兵，繼出關外。左右羽林、左右龍武、左右神策爲六軍。又曰：左右羽林、龍武、神武爲六軍。神策軍最盛，在六軍之右。時李晟、哥舒曜、劉德信等皆以禁兵出關討賊。儻有賊臣啗寇，黠虜覬邊，啗，徒濫翻，又徒覽翻。覬，七慮翻，伺視也。伺隙乘虛，微犯亭障，此愚臣所竊憂也。伺，相吏翻。未審陛下其何以禦之！側聞伐叛之初，議者多易其事，以其事爲易也。易，弋豉翻。僉謂有征無戰，役不踰時，計兵未甚多，度費未甚廣，度，徒洛翻。於事爲無擾，於人爲不勞；曾不料兵連禍拏，變故難測，日引月長，漸乖始圖。曾，戶增翻。拏，女加翻，相牽引也。圖，謀也。往歲爲天下所患，咸謂除之則可致升平者，李正己、李寶臣、梁崇義、田悅是也。往歲爲國家所信，咸謂任之則可除禍亂者，朱滔、李希烈是也。既而正己死，李納繼之；寶臣死，惟岳繼之；崇義平，希烈叛；惟岳戮，朱滔攜。攜，離也，貳也。然則往歲之所患者，四去其三矣，去，羌呂翻。而患竟不衰；往歲之所信，今則自叛矣，而餘又難保。是知立國之安危在勢，任事之濟否在人。勢苟安，則異類同心也；勢苟危，則舟中敵國也。陛下豈可不追鑒往事，惟新令圖，脩偏廢之柄以靖人，復倒持之權以固國！漢人曰，秦倒持太阿，授楚其柄。而乃孜孜汲汲，極思勞神，思，相吏翻。徇無已之求，望難必之效乎！今關輔之間，徵發已甚，宮苑之內，備衞不全。北軍皆屯苑中，時悉在行營。萬一將帥之中，又如朱滔、希烈，或負固邊壘，誘致豺狼，將，卽亮翻。帥，所類翻。誘，羊久翻。或竊發郊畿，驚犯城闕，此亦愚臣所竊爲憂者也，未審陛下復何以備之！姚令言、朱泚之變，卒如陸贄所料。復，扶又翻，又音如字。陛下儻過聽愚計，所遣神策六軍李晟等及節將子弟，悉可追還；晟，成正翻。節將子弟，白志貞所奏遣東征者。還，從宣翻，又音如字。明敕涇、隴、邠、寧，但令嚴備封守，邠，卑旻翻。令，力丁翻。仍云更不徵發，使知各保安居。又降德音，罷京城及畿縣間架等雜稅，則冀已輸者弭怨，見處者獲寧，見，賢遍翻。處，昌呂翻。人心不搖，邦本自固。」上不能用。

20 壬戌，以汴西運使崔縱兼魏州四節度都糧料使。汴東、西運使事始見上卷上年。河東節度使馬燧、澤潞節度使李抱眞、河陽節度使李芃、朔方節度使李懷光四軍，時並在魏州行營。宋白曰：建中用兵，諸道行營出境者，皆仰給度支，謂之食出界糧。又於諸軍各以臺省官一人司其供億，謂之糧料使。余按代宗廣德初，郭子儀自商州進收京師，請第五琦爲糧料使。縱，渙之子也。崔渙者，玄暐之孫，玄宗幸蜀，以爲相。

21 九月，丙戌，神策將劉德信、宣武將唐漢臣與淮寧將李克誠戰，敗於滬澗。將，即亮翻。滬，侯古翻。考異曰：徐岱奉天記曰：「大將唐漢臣、劉德信、高秉哲自大梁合統兵一萬，屯于汝州。三帥各領本軍，城小卒衆，教令不一。軍進至薛店，更無他路，又不設支軍。賊諜知之，乘霧而進；三帥望敵大潰。戈楯資實山積，馬萬餘蹄，皆沒焉。汝州遂陷。攝刺史李元平爲寇所獲，賊邏兵北至彭婆。」今從實錄。時李勉遣漢臣將兵萬人救襄城，上遣德信帥諸將家應募者三千人助之。將，即亮翻，又音如字。帥，讀曰率；下同。勉奏：「李希烈精兵皆在襄城，許州空虛，若襲許州，則襄城圍自解。」去年希烈徙鎮許州，蓋欲乘虛擣其巢穴，則希烈必釋襄城之圍以自救。遣二將趣許州，趣，七喻翻。未至數十里，上遣中使責其違詔，二將狼狽而返，無復斥候。克誠伏兵邀之，殺傷太半。漢臣奔大梁，德信奔汝州；希烈遊兵剽掠至伊闕。剽，匹妙翻。伊闕，禹所鑿，春秋爲戎蠻子之國，漢爲新城縣，隋爲伊闕縣，唐屬河南府。勉復遣其將李堅帥四千人助守東都，復，扶又翻，又音如字。考異曰：新傳作「李堅華」，今從實錄。希烈以兵絕其後，堅軍不得還。還，從宣翻，又音如字。汴軍由是不振，襄城益危。汴，皮變翻。汴軍，宣武兵也。此時則李勉帥永平軍。方鎮表：大曆十四年，永平軍增領汴、潁二州，徙治汴州，故使史有汴軍之稱。

22 上以諸軍討淮寧者不相統壹，庚子，以舒王謨爲荊襄等道行營都元帥，更名誼；更，工衡翻。以戶部尚書蕭復爲長史，右庶子孔巢父爲左司馬，諫議大夫樊澤爲右司馬，自餘將佐皆選中外之望。將，即亮翻；下同。未行，會涇師作亂而止。復，嵩之孫也；蕭嵩，開元中爲相。巢父，孔子三十七世孫也。

23 上發涇原諸道兵救襄城。冬，十月，丙午，涇原節度使姚令言將兵五千至京師。考異曰：舊傳云：「令言率本鎮兵五萬赴援。」按奉天記曰：「哥舒曜表請加師，上使涇州節度使姚令言赴援。令言本領三千，請加至五千。」今從之。軍士冒雨，寒甚，多攜子弟而來，冀得厚賜遺其家，遺，唯季翻。既至，一無所賜。丁未，發至滻水，詔京兆尹王翃犒師，惟糲食菜餤；衆怒，蹴而覆之，糲，盧達翻。餤，弋廉翻，又徒甘翻。蹴，子六翻。因揚言曰：「吾輩將死於敵，而食且不飽，安能以微命拒白刃邪！聞瓊林、大盈二庫，玄宗時，王鉷爲戶口色役使，徵剝財貨，每歲進錢百億，寶貨稱是，入百寶大盈庫，以供人主宴私賞賜之用。則玄宗時已有大盈庫。陸贄諫帝曰：「瓊林、大盈，自古悉無其制，傳諸耆舊之說，皆云創自開元，聚斂之臣，貪權飾巧求媚，乃言『郡國貢獻，所合區分。賦稅當委於有司，以給經用；貢獻宜歸於天子，以奉私求。』玄宗悅之，新置是二庫，蕩心侈欲，萌禍於茲。迨乎失邦，終以餌寇。」則庫始於玄宗明矣。宋白曰：大盈庫，內庫也，以中人主之。至德中，第五琦始悉以租賦進入大盈庫，天子以出納爲便，故不復出。金帛盈溢，不如相與取之。」乃擐甲張旗鼓譟，還趣京城。趣，七喻翻。令言入辭，尚在禁中，聞之，馳至長樂阪，遇之。長樂阪，在滻水西，本滻坂也。隋文帝惡其名，取其北對長樂，改曰長樂坂，亦曰長樂坡。樂，音洛。軍士射令言，令言抱馬鬣突入亂兵，呼曰：射，而亦翻。呼，火故翻；下大呼同。「諸君失計！東征立功，何患不富貴，乃爲族滅之計乎！」軍士不聽，以兵擁令言而西。自長樂坂西入京城。上遽命賜帛，人二匹；衆益怒，射中使。射，而亦翻。又命中使宣慰，賊已至通化門外，通化門，京城東面北來第一門。程大昌曰：通化門，北去丹鳳門，止兩坊。中使出門，賊殺之。又命出金帛二十車賜之；賊已入城，喧聲浩浩，不復可遏。復，扶又翻。百姓狼狽駭走，賊大呼告之曰：「汝曹勿恐，不奪汝商貨僦質矣！不稅汝間架陌錢矣！」呼，火故翻。僦，即就翻。上遣普王誼、翰林學士姜公輔出慰諭之；賊已陳於丹鳳門外，陳，讀曰陣。小民聚觀者以萬計。

初，神策軍使白志貞掌召募禁兵，東征死亡者志貞皆隱不以聞，但受市井富兒賂而補之，名在軍籍受給賜，而身居市廛爲販鬻。司農卿段秀實上言：「禁兵不精，其數全少，卒有患難，將何待之！」不聽。少，詩沼翻。卒，讀曰猝。難，乃旦翻。至是，上召禁兵以禦賊，竟無一人至者。賊已斬關而入，上乃與王貴妃、韋淑妃、太子、諸王、唐安公主自苑北門出，王貴妃以傳國寶繫衣中以從；從，才用翻；下同。後宮諸王、公主不及從者什七八。

初，魚朝恩既誅，宦官不復典兵，事見二百二十四卷代宗大曆五年。有竇文場、霍仙鳴者，嘗事上於東宮，至是，帥宦官左右僅百人以從，帥，讀曰率。使普王誼前驅，太子執兵以殿。殿，丁練翻。司農卿郭曙以部曲數十人獵苑中，禁苑，在京城之北，東至灞水，西連故長安城，南連京城，北枕渭水。聞蹕，謁道左，遂以其衆從。曙，曖之弟也。曖、曙，皆郭子儀之子。右龍武軍使令狐建方教射於軍中，聞之，帥麾下四百人從，帥，讀曰率；下相帥同。乃使建居後爲殿。

姜公輔叩馬言曰：「朱泚嘗爲涇帥，見二百二十六卷元年。帥，所類翻。坐弟滔之故，廢處京師，事見上卷上年。處，昌呂翻。心嘗怏怏。臣謂陛下既不能推心待之，則不如殺之，毋貽後患。今亂兵若奉以爲主，則難制矣。請召使從行。」上倉猝不暇用其言，曰：「無及矣！」遂行。夜至咸陽，飯數匕而過。飯，扶晚翻。時事出非意，羣臣皆不知乘輿所之。之，往也。乘，繩證翻。盧杞、關播踰中書垣而出。白志貞、王翃及御史大夫于頎、中丞劉從一、戶部侍郎趙贊、翰林學士陸贄、吳通微等追及上於咸陽。頎，渠希翻。之從，才用翻。從一，齊賢之從孫也。劉齊賢，祥道之子，以方正爲高宗所重。

賊入宮，登含元殿，大呼曰：「天子已出，宜人自求富！」遂讙譟，爭入府庫，運金帛，極力而止。讙，許元翻。小民因之，亦入宮盜庫物，通【章：十二行本「通」上有「出而復入」四字；乙十一行本同。】夕不已。其不能入者，剽奪於路。諸坊居民各相帥自守。姚令言與亂兵謀曰：「今衆無主，不能持久，朱太尉閒居私第，請相與奉之。」衆許諾。乃遣數百騎迎泚於晉昌里第。按長安圖，自京城啓夏門北入東街第二坊曰進昌坊。考異曰：舊泚傳作「招國里」，今從實錄。夜半，泚按轡列炬，傳呼入宮，居含元殿，設警嚴，設鼓角以警嚴。一曰，設卒以警備嚴衞。自稱權知六軍。

戊申旦，泚徙居白華殿，考李晟收復京城次第，白華殿蓋近光泰門內，大明宮東北隅。程大昌曰：晟收長安，亦自白華門入，諸家不載何地。以晟兵所屆言之，當在大明東苑之東。出榜於外，稱：「涇原將士久處邊陲，處，昌呂翻。不閑朝禮，閑，習也。朝，直遙翻；下同。輒入宮闕，致驚乘輿，西出巡幸。乘，繩證翻。太尉已權臨六軍，應神策軍士及文武百官凡有祿食者，悉詣行在；不能往者，即詣本司。若出三日，檢勘彼此無名者，皆斬！」於是百官出見泚，或勸迎乘輿；泚不悅，百官稍稍遁去。

源休以使回紇還，賞薄，怨朝廷，賞薄事見上卷上年。使，疏吏翻。入見泚，屏人密語移時，屏，必郢翻，又卑正翻。爲泚陳成敗，引符命，勸之僭逆。爲，于僞翻。泚喜，然猶未決。宿衞諸軍舉白幡降者，列於闕前甚衆。降，戶江翻。泚夜於苑門出兵，旦自通化門入，駱驛不絕，張弓露刃，欲以威衆。

上思桑道茂之言，道茂言見二百二十六卷元年。自咸陽幸奉天。縣僚聞車駕猝至，欲逃匿山谷；主簿蘇弁止之。弁，良嗣之兄孫也。蘇良嗣，武后初爲相。文武之臣稍稍繼至；己酉，左金吾大將軍渾瑊至奉天。瑊素有威望，衆心恃之稍安。瑊，古咸翻。

庚戌，源休勸朱泚禁十城門，唐都長安，京城東面通化、春明、延興三門，南面啓夏、明德、安化三門，西延秋、金光、開遠三門，北光化一門，凡十門。毋得出朝士，朝士往往易服爲傭僕潛出。休又爲泚說誘文武之士，使之附泚。又爲，于僞翻。說，輸芮翻。檢校司空、同平章事李忠臣久失兵柄，太僕卿張光晟自負其才，皆鬱鬱不得志，李忠臣失兵柄見二百二十五卷代宗大曆十四年。張光晟事見二百二十六卷元年。校，古效翻。晟，成正翻。泚悉起而用之。工部侍郎蔣鎮出亡，墜馬傷足，爲泚所得。泚，且禮翻，又音此。先是休以才能，光晟以節義，鎮以清素，都官員外郎彭偃以文學，太常卿敬釭以勇略，先，悉薦翻。釭，古紅翻，又古雙翻。皆爲時人所重，至是皆爲泚用。

鳳翔、涇原將張廷芝、段誠諫將數千人救襄城，原將，即亮翻；諫將音同，又音如字。未出潼關，聞朱泚據長安，殺其大將隴右兵馬使戴蘭，潰歸於泚。泚先帥鳳翔、涇原，故二鎮之兵聞亂皆歸之。潼，音同。使，疏吏翻。泚於是自謂衆心所歸，謀反遂定。以源休爲京兆尹、判度支，度，徒洛翻。李忠臣爲皇城使。唐六典：皇城在京城之中，東西五里，一百一十五步，南北三里，一百四十步。南面三門，中曰朱雀，左曰安上，右曰含光。東面二門，北曰延喜，南曰景風。西面二門，北曰安福，南曰順義。其中，右社稷，左宗廟，百僚廨署列乎其間。唐自開元以前，以城門郎掌皇城諸門開闔之節，中世以後，置皇城使。百司供億，六軍宿衛，咸擬乘輿。乘，繩證翻。

辛亥，以渾瑊爲京畿、渭北節度使，行在都虞候白志貞爲都知兵馬使，令狐建爲中軍鼓角使，以神策都虞候侯仲莊爲左衛將軍兼奉天防城使。渾，戶昆翻，又戶本翻。瑊，古咸翻。使，疏吏翻。令，力丁翻。

朱泚以司農卿段秀實久失兵柄，段秀實失兵柄見二百二十六卷元年。意其必怏怏，怏，於兩翻。

遣數十騎召之。秀實閉門拒之，騎士踰垣入，劫之以兵。秀實自度不免，騎，奇寄翻。垣，于元翻。度，徒洛翻。乃謂子弟曰：「國家有患，吾於何避之，當以死徇社稷；汝曹宜人自求生。」乃往見泚。泚喜曰：「段公來，吾事濟矣。」延坐問計。秀實說之曰：「公本以忠義著聞天下，謂泚能釋鎮入朝及與弟滔絕也。說，式芮翻。今涇軍以犒賜不豐，遽有披猖，使乘輿播越。夫犒賜不豐，有司之過也，犒，口到翻。乘，繩證翻。夫，音扶。天子安得知之！公宜以此開諭將士，示以禍福，奉迎乘輿，復歸宮闕，此莫大之功也！」將，即亮翻。復，扶又翻，又音如字。泚默然不悅，泚，且禮翻，又音此。然以秀實與己皆爲朝廷所廢，遂推心委之。左驍衛將軍劉海賓、涇原都虞候何明禮、孔目官岐靈岳，皆秀實素所厚也，朝，直遙翻。驍，堅堯翻。段秀實鎮涇原時，厚遇此三人。唐藩鎮吏職，使院有孔目官，軍府事無細大皆經其手，言一孔一目，無不綜理也。史炤曰：岐，姓也。黃帝時有岐伯。考異曰：舊傳曰「判官岐靈岳」。今從段公別傳。秀實密與之謀誅泚，迎乘輿。

上初至奉天，詔徵近道兵入援。有上言：「朱泚爲亂兵所立，且來攻城，宜早脩守備。」上，時掌翻。盧杞切齒言曰：「朱泚忠貞，羣臣莫及，柰何言其從亂，傷大臣心！臣請以百口保其不反。」上亦以爲然。又聞羣臣勸泚奉迎，乃詔諸道援兵至者皆營於三十里外。姜公輔諫曰：「今宿衛單寡，防慮不可不深，若泚竭忠奉迎，何憚於兵多；如其不然，有備無患。」上乃悉召援兵入城。盧杞及白志貞言於上曰：「臣觀朱泚心迹，必不至爲逆，願擇大臣入京城宣慰以察之。」上以諸【章：十二行本「諸」作「問」；乙十一行本同；孔本同；退齋校同；熊校同。】從臣皆畏憚，莫敢行；從，才用翻。金吾將軍吳溆獨請行，上悅。溆退而告人曰：「食其祿而違其難，何以爲臣！吾幸託肺附，溆，章敬皇后弟也。溆，音徐呂翻。難，乃旦翻；下同。非不知往必死，但舉朝無蹈難之臣，使聖情慊慊耳！」慊慊，嫌恨不足之意。朝，直遙翻。慊，苦簟翻。遂奉詔詣泚。泚反謀已決，雖陽爲受命，館溆於客省，館，古玩翻。尋殺之。溆，湊之兄也。

泚遣涇原兵馬使韓旻將銳兵三千，聲言迎大駕，實襲奉天。使，疏吏翻。將，卽亮翻，又音如字。時奉天守備單弱，段秀實謂岐靈岳曰：「事急矣！」使靈岳詐爲姚令言符，令旻且還，當與大軍俱發。竊令言印未至，秀實倒用司農印印符，募善走者追之。旻至駱驛，駱驛，地名，史炤曰，駱谷關之驛也。余按韓旻若至駱谷關之驛，則已過奉天而西南矣，炤說非也。但未知駱驛在何地。得符而還。還，從宣翻，又音如字。秀實謂同謀曰：「旻來，吾屬無類矣！我當直搏泚殺之，不克則死，終不能爲之臣也！」乃令劉海賓、何明禮陰結軍中之士，欲使應之於外。令，力丁翻。旻兵至，泚、令言大驚；岐靈岳獨承其罪而死，不以及秀實等。

是日，泚召李忠臣、源休、姚令言及秀實等議稱帝事。秀實勃然起，奪休象笏，武德初，因隋舊制，五品已上執象笏，三品已下前挫後直，五品已上後屈。自時厥後，一例上圓下方，曾不分別。前唾泚面，大罵曰：「狂賊！吾恨不斬汝萬段，豈從汝反邪！」唾，吐臥翻。邪，音耶。因以笏擊泚，泚舉手扞之，纔中其額，濺血灑地。泚與秀實相搏忷忷，中，竹仲翻。忷，許拱翻。忷忷，喧擾之狀。左右猝愕，不知所爲。海賓不敢進，乘亂而逸。忠臣前助泚，泚得匍匐脫走。秀實知事不成，謂泚黨曰：「我不同汝反，何不殺我！」衆爭前殺之。泚一手承血，一手止其衆曰：「義士也！勿殺。」秀實既死，泚哭之甚哀，以三品禮葬之。唐制：司農卿，從三品。海賓縗服而逃，劉海賓不能助段秀實，與之同死，逃將焉往！縗，倉回翻。後二日，捕得，殺之；考異曰：段公別傳曰：「五日夜，泚使涇原將李忠臣、高昂等統銳兵五千以襲奉天，六日，賊泚又令兵馬使韓旻領馬步二千以繼之。」奉天記曰：「秀實與海賓密謀誅泚，佯入，請問計事，而海賓置匕首於靴，欲以相應，爲閽者見覺。秀實遽奪源休笏，挺而擊之。」舊泚傳曰：「秀實與劉海賓謀誅泚，且虞叛卒之震驚法駕，乃潛爲賊符，追所發兵。至六日，兵及駱驛而回。因與海賓同入見泚，爲陳逆順之理，而海賓於靴中取匕首，爲其所覺，遂不得前。秀實知不可以義動，遽奪源休象笏，挺而擊泚。」秀實傳曰：「與海賓約，事急爲繼，而令明禮應於外。及秀實擊泚，而海賓等不至。」按李忠臣等若已將五千人襲奉天，則秀實雖追還旻兵，無益矣。又海賓若於靴中取匕首爲賊所覺，則登時死矣，焉能復逃！若爲閽者所覺，亦應時被擒，事跡諠著，賊爲之備，秀實亦不得發矣！此數者，皆恐難信。今但取段公行狀、幸奉天錄及舊傳可信者存之。亦不引何明禮。明禮從泚攻奉天，復謀殺泚，亦死。史終言之。復，扶又翻。上聞秀實死，恨委用不至，涕泗久之。

24 壬子，以少府監李昌巎爲京畿、渭南節度使。巎，奴刀翻。

25 鳳翔節度使、同平章事張鎰，性儒緩，好修飾邊幅，好，呼到翻。不習軍事，聞上在奉天，欲迎大駕，具服用貨財，獻于行在。後營將李楚琳，爲人剽悍，將，即亮翻。剽，匹妙翻。軍中畏之，嘗事朱泚，爲泚所厚。行軍司馬齊映與同幕齊抗言於鎰曰：「不去楚琳，必爲亂首。」去，羌呂翻。鎰命楚琳出戍隴州。九域志：鳳翔府西至隴州一百五十里。楚琳託事不時發。鎰方以迎駕爲憂，謂楚琳已去矣。楚琳夜與其黨作亂，鎰縋城而走，縋，馳僞翻。賊追及，殺之，判官王沼等皆死。映自水竇出，抗爲傭保負荷而逃，皆免。荷，下可翻，又讀如字。考異曰：舊映傳曰：「鎰不從映言，乃示寬大，召楚琳語之曰：『欲令公使於外。』楚琳恐，是夜作亂，殺鎰以應泚。」今從鎰傳。

始，上以奉天迫隘，欲幸鳳翔，戶部尚書蕭復聞之，遽請見見，賢遍翻。曰：「陛下大誤，鳳翔將卒皆朱泚故部曲，其中必有與之同惡者。臣尚憂張鎰不能久，豈得以鑾輿蹈不測之淵乎！」上曰：「吾行計已決，試爲卿留一日。」爲，于僞翻。明日，聞鳳翔亂，乃止。

齊映、齊抗皆詣奉天，以映爲御史中丞，抗爲侍御史。楚琳自爲節度使，降于朱泚；隴州刺史郝通奔于楚琳。郝，呼各翻。

26 商州團練兵殺其刺史謝良輔。

27 朱泚自白華殿入宣政殿，東內含元殿之北爲宣政殿。自稱大秦皇帝，改元應天。癸丑，泚以姚令言爲侍中、關內元帥，李忠臣爲司空兼侍中，源休爲中書侍郎、同平章事、判度支，蔣鎮爲吏部侍郎，樊系爲禮部侍郎，彭偃爲中書舍人，自餘張光晟等各拜官有差。立弟滔爲皇太弟。姚令言與源休共掌朝政，朝，直遥翻；下同。凡泚之謀畫、遷除、軍旅、資糧，皆稟於休。休勸泚誅翦宗室在京城者以絕人望，殺郡王、王子、王孫凡七十七人。尋又以蔣鎭爲門下侍郎，李子平爲諫議大夫，並同平章事。鎭憂懼，每懷刀欲自殺，又欲亡竄，然性怯，竟不果。源休勸泚誅朝士之竄匿者以脅其餘，鎭力救之，賴以全者甚衆。樊系爲泚譔册文，既成，仰藥而死。樊系距朱泚之命，不爲譔册，不過死耳。譔册而死，於義何居！大理卿膠水蔣沇詣行在，爲賊所得，【章：十二行本「得」下有「逼以官」三字；乙十一行本同；孔本同；退齋校同。】沇絕食稱病，潛竄得免。沇，以轉翻。

28 哥舒曜食盡，棄襄城奔洛陽；李希烈陷襄城。

29 右龍武將軍李觀將衞兵千餘人從上於奉天，上委之召募，數日，得五千餘人，列之通衢，旗鼓嚴整，城人爲之增氣。爲，于僞翻。

姚令言之東出也，涇州在西，故以救襄城爲東出。以兵馬使京兆馮河清爲涇原留後，判官河中姚況知涇州事。河清、況聞上幸奉天，集將士大哭，激以忠義，發甲兵、器械百餘車，通夕輸行在。通夕而行，自晚至旦也。城中方苦無甲兵，得之，士氣大振。詔以河清爲四鎭、北庭行營、涇原節度使，況爲行軍司馬。

30 上至奉天數日，右僕射、同平章事崔寧始至，上喜甚，撫勞有加。崔寧鎭西川，有威名，危難之中見其至，可以鎮安人心，故喜甚而撫勞加於他人。勞，力到翻。寧退，謂所親曰：「主上聰明英武，從善如流，但爲盧杞所惑，以至於此！」因潸然出涕。潸，音刪，又數板翻。杞聞之，與王翃謀陷之。翃言於上曰：「臣與寧俱出京城，寧數下馬便液，數，所角翻。便液，溺也。便，毘連翻。液，羊益翻。久之不至，有顧望意。」會朱泚下詔，以左丞柳渾同平章事，寧爲中書令。渾，襄陽人也，時亡在山谷。翃使盩厔尉康湛詐爲寧遺朱泚書，獻之。遺，唯季翻。杞因譖寧與朱泚結盟，約爲內應，故獨後至。乙卯，上遣中使引寧就幕下，云宣密旨，二力士自後縊殺之，中外皆稱其冤；上聞之，乃赦其家。

31 朱泚遣使遺朱滔書，遺，唯季翻。稱：「三秦之地，指日克平；大河之北，委卿除殄，當與卿會于洛陽。」滔得書，【章：十二行本「書」下有「西向舞蹈」四字；乙十一行本同；退齋校同；張校同，云無註本亦無。】宣示軍府，移牒諸道，以自誇大。

32 上遣中使告難於魏縣行營，魏縣行營，馬燧諸軍之討田悅者。難，乃旦翻。諸將相與慟哭。李懷光帥衆赴長安，爲李懷光救奉天、破朱泚張本。帥，讀曰率。馬燧、李芃各引兵歸鎮，馬燧歸太原，李芃歸河陽。李抱眞退屯臨洺。

33 丁巳，以戶部尚書蕭復爲吏部尚書，吏部郎中劉從一爲刑部侍郎，翰林學士姜公輔爲諫議大夫，並同平章事。

34朱泚自將逼奉天，軍勢甚盛。以姚令言爲元帥，泚，且禮翻，又音此。將，即亮翻。帥，所類翻。考異曰：奉天記：「十月十日，賊泚自統衆攻奉天，以姚令言爲都統。」今從實錄、舊泚傳。張光晟副之，以李忠臣爲京兆尹、皇城留守，仇敬忠爲同、華等州節度、拓東王，以扞關東之師，李日月爲西道先鋒經略使。晟，成正翻。守，式又翻。拓，達各翻。扞，戶旰翻。使，疏吏翻。華，戶化翻。

邠寧留後韓遊瓌、慶州刺史論惟明、監軍翟文秀，受詔將兵三千拒泚於便橋，與泚遇於醴泉。遊瓌欲還趣奉天，邠，卑旻翻。瓌，古回翻。監，古銜翻。翟，萇伯翻。將，音同上，又音如字。還，從宣翻，又音如字。趣，七喻翻；下同。文秀曰：「我向奉天，賊亦隨至，是引賊以迫天子也。不若留壁於此，賊必不敢越我向奉天；若不顧而過，則與奉天夾攻之。」遊瓌曰：「賊強我弱，若賊分軍以綴我，直趣奉天，奉天兵亦弱，何夾攻之有！我今急趣奉天，所以衞天子也。且吾士卒飢寒而賊多財，彼以利誘吾卒，吾不能禁也。」翟文秀欲留拒賊，詔旨也。夾攻之說，兵家常論也。挾詔旨而依兵家常論以制將帥，未有不折而從之者也。微韓遊瓌持之，奉天殆矣。誘，羊久翻。遂引兵入奉天；泚亦隨至。官軍出戰，不利，泚兵爭門，欲入；渾瑊與遊瓌血戰竟日。門內有草車數乘，渾，戶昆翻，又戶本翻。瑊，古咸翻。乘，繩證翻。瑊使虞候高固帥甲士以長刀斫賊，皆一當百，帥，讀曰率。曳車塞門，縱火焚之，塞，悉則翻。衆軍乘火擊賊，賊乃退。會夜，泚營於城東三里，擊柝張火，布滿原野，使西明寺僧法堅造攻具，毀佛寺以爲梯衝。西明寺，在長安城中延康坊，本隋楊素宅也。梯，雲梯。衝，衝車。代宗飯僧以護國，今朱泚乃用僧造攻具以攻奉天。柝，達各翻。韓遊瓌曰：「寺材皆乾薪，乾，音干。但具火以待之。」固，侃之玄孫也。高侃事太宗、高宗，爲將有功。泚自是日來攻城，瑊、遊瓌等晝夜力戰。幽州兵救襄城者聞泚反，突入潼關，歸泚於奉天，幽州兵，即代宗時朱泚入朝詣京西防秋兵也。普潤戍卒亦歸之，普潤戍卒，神策兵也。有衆數萬。

上與陸贄語及亂故，深自克責。贄曰：「致今日之患，皆羣臣之罪也。」上曰：「此亦天命，非由人事。」贄退，上疏，以爲：「陛下志壹區宇，四征不庭，杜預曰不庭，謂不朝也。下之事上，皆成禮於庭中。一說：庭，直也；不庭，不直也。兇渠稽誅，逆將繼亂，兇渠，謂田悅、李納也。逆將，謂朱滔、李希烈等也。渠，大也。將，即亮翻。兵連禍結，行及三年。建中二年，兵端始啓，至是及三年。徵師日滋，賦斂日重，斂，力贍翻。內自京邑，外洎邊陲，洎，其既翻。行者有鋒刃之憂，居者有誅求之困。是以叛亂繼起，怨讟並興，非常之虞，億兆同慮。唯陛下穆然凝邃，獨不得聞，至使兇卒鼓行，白晝犯闕，豈不以乘我間隙，因人攜離哉！間，古莧翻。陛下有股肱之臣，有耳目之任，有諫諍之列，有備衞之司，見危不能竭其誠，臨難不能效其死；難，乃旦翻。臣所謂致今日之患，羣臣之罪者，豈徒言歟！聖旨又以國家興衰，皆有天命。臣聞天所視聽，皆因於人。書曰：天視自我民視，天聽自我民聽。故祖伊責紂之辭曰：『我生不有命在天！』武王數紂之罪曰：『乃曰吾有命，罔懲其侮。』並見尚書。數，所具翻。此又捨人事而推天命必不可之理也！易曰：『視履考祥。』履卦上九爻辭。王弼曰：禍福之祥，生於所履。處履之極，履道成矣，故可以視履而考祥。又曰：『吉凶者，失得之象。』易大傳之辭。此乃天命由人，其義明矣。然則聖哲之意，六經會通，皆謂禍福由人，不言盛衰有命。蓋人事理而天命降亂者，未之有也；人事亂而天命降康者，亦未之有也。鄭玄曰：降康者，下平安之福。自頃征討頗頻，刑網稍密，物力耗竭，人心驚疑，如居風濤，洶洶靡定。上自朝列，朝，直遙翻。下達蒸黎，日夕族黨聚謀，咸憂必有變故，旋屬涇原叛卒，果如衆庶所虞。屬，之欲翻。虞，度也。京師之人，動逾億計，固非悉知算術，皆曉占書，則明致寇之由，未必盡關天命。臣聞理或生亂，亂或資理，理，治也。唐人避高宗諱，皆以治爲理。有以無難而失守，有以多難而興邦。難，乃旦翻。今生亂失守之事，則既往而不可復追矣；復，扶又翻。其資理興邦之業，在陛下克勵而謹脩之。何憂乎亂人，何畏於厄運！勤勵不息，足致升平，豈止盪滌妖氛，旋復宮闕而已！」

35 田悅說王武俊，使與馬寔共擊李抱眞於臨洺。魏縣行營既散，李抱眞退屯臨洺。說，式芮翻；下林說、因說、復說同。抱眞復遣賈林說武俊曰：「臨洺兵精而有備，未易輕也。復，扶又翻。易，以豉翻。今戰勝得地，則利歸魏博；不勝，則恆冀大傷。易、定、滄、趙，皆大夫之故地也，時張孝忠據易、定、滄，康日知據趙州。不如先取之。」武俊乃辭悅，與馬寔北歸。壬戌，悅送武俊於館陶，九域志：館陶在元城北四十五里。執手泣別，下至將士，贈遺甚厚。

先是，武俊召回紇兵，使絕李懷光等糧道，遺，于季翻。先，悉薦翻。懷光等已西去，而回紇達干將回紇千人、雜虜二千人適至幽州北境。朱滔因說之，將，即亮翻。說，式芮翻；下同。欲與俱詣河南取東都，應接朱泚，許以河南子女【章：十二行本「女」下有「金帛」二字；乙十一行本同；張校同，云無註本亦無。】賂之。滔娶回紇女爲側室，回紇謂之朱郎，且利其俘掠，許之。

賈林復說武俊曰：復，扶又翻。「自古國家有患，未必不因之更興；況主上九葉天子，自高祖、太宗、高宗、中宗、睿宗、玄宗、肅宗、代宗至帝，凡九世。聰明英武，天下誰肯捨之共事朱泚乎！滔自爲盟主以來，輕蔑同列。河朔古無冀國，冀乃大夫之封域也。滔稱冀王，蓋奄禹跡冀州之域以自大。而王武俊巡屬有冀州，故林以是間之。今滔稱冀王，又西倚其兄，泚者，滔兄。北引回紇，其志欲盡吞河朔而王之，大夫雖欲爲之臣，不可得矣。田悅之間王武俊、朱滔，與賈林之說王武俊者同一利害耳。人惟趨利而避害，故說行，非有他巧也。且大夫雄勇善戰，非滔之比；又本以忠義手誅叛臣，謂殺李惟岳也。當時宰相處置失宜，處，昌呂翻。爲滔所誑誘，故蹉跌至此。蹉，倉何翻。跌，徒結翻。不若與昭義併力取滔，其勢必獲。滔既亡，則泚自破矣。此不世之功，轉禍爲福之道也。今諸道輻湊攻泚，不日當平。天下已定，大夫乃悔過而歸國，則已晚矣！」時武俊已與滔有隙，因攘袂作色曰：「二百年天子吾不能臣，豈能臣此田舍兒乎！」遂與抱眞及馬燧相結，約爲兄弟；然猶外事滔，禮甚謹，與田悅各遣使見滔於河間，瀛州，治河間縣。賀朱泚稱尊號，且請馬寔之兵共攻康日知於趙州。

36 汝、鄭應援使劉德信將子弟軍在汝州，是年四月，募諸嘗爲節度、觀察、都團練使子弟，帥奴馬從軍，使劉德信將之以救襄城。聞難，引兵入援，難，乃旦翻。與泚衆戰于見子陵，破之；新書本紀作「思子陵」。水經註：閿鄉縣西皇天原上，有漢武帝思子臺。又漢薄太后陵在霸陵之南，近文帝陵，故薄太后曰：「南望吾子，北望吾夫。」故俗呼爲見子陵也。以東渭橋有轉輸積粟，癸亥，進屯東渭橋。程大昌曰：東渭橋，在萬年縣北五十里，灞水合渭之地。

37 朱泚夜攻奉天東、西、南三面。甲子，渾瑊力戰卻之；左龍武大將軍呂希倩戰死。乙丑，泚復攻城，復，扶又翻。將軍高重捷與泚將李日月戰於梁山之隅，破之；梁山，在奉天城北五里，乾陵在焉。重，直龍翻。乘勝逐北，身先士卒，先，悉薦翻。賊伏兵擒之。其麾下十餘人奮不顧死，追奪之；賊不能拒，乃斬其首，棄其身而去。麾下收之入城，上親撫而哭之盡哀，結蒲爲首而葬之，贈司空。朱泚見其首，亦哭之曰：「忠臣也！」束蒲爲身而葬之。李日月，泚之驍將也，戰死於奉天城下；泚歸其尸於長安，厚葬之。其母竟不哭，罵曰：「奚奴！國家何負於汝而反？死已晚矣！」及泚敗，賊黨皆族誅，獨日月之母不坐。

己巳，加渾瑊京畿、渭南·北、金商節度使。

38 壬申，王武俊與馬寔至趙州城下。

39 初，朱泚鎮鳳翔，遣其將牛雲光將幽州兵五百人戍隴州，宋白曰：後魏分涇、岐之地，置東秦州，大統十七年改爲隴州，因隴山爲名。以隴右營田判官韋皋領隴右留後。考異曰：奉天記作「鳳翔節度判官」。今從實錄。及郝通奔鳳翔，李楚琳作亂，郝通自隴州奔歸之。牛雲光詐疾，欲俟皋至，伏兵執之以應泚，事泄，帥其衆奔泚。至汧陽，汧陽縣，屬隴州。九域志：在州東六十里。帥，讀曰率。汧，口肩翻。遇泚遣中使蘇玉齎詔書加皋中丞，玉說雲光曰：說，式芮翻。「韋皋，書生也。君不如與我俱之隴州，皋幸而受命，乃吾人也；不受命，君以兵誅之，如取孤豘耳！」豘，與豚同，豕子也。雲光從之。皋從城上問雲光曰：「曏者不告而行，今而復來，何也？」復，扶又翻；下同。雲光曰：「曏者未知公心，今公有新命，謂朱泚加皋中丞之命也。故復來，願託腹心。」皋乃先納蘇玉，受其詔書；謂雲光曰：「大使苟無異心，請悉納甲兵，使城中無疑，衆乃可入。」雲光以皋書生，易之，易，以豉翻，輕易。乃悉以甲兵輸之而入。明日，皋宴玉、雲光及其卒於郡舍，伏甲誅之。築壇，盟將士曰：「李楚琳賊虐本使，本使，謂張鎰也。李楚琳，鎰之部曲將，而殺鎰從逆，故云然。既不事上，安能恤下，隴州，鳳翔巡屬也。言李楚琳既虐殺其帥，安能恤隴州將士乎！宜相與討之！」遣兄平、弇詣奉天，請命於行在所。復遣使求援於吐蕃。恐朱泚遣兵攻之，引吐蕃以爲援。

容肇祖標點聶崇岐覆校

資治通鑑卷第二百二十九

端明殿學士兼翰林侍讀學士太中大夫提舉西京嵩山崇福宮上柱國河内郡開國公食邑二千二百戶食實封九百戶賜紫金魚袋臣司馬光　奉敕編集
後學天台胡三省　音註

唐紀四十五起昭陽大淵獻(癸亥)十一月,盡閼逢困敦(甲子)正月,不滿一年。

德宗神武聖文皇帝四

建中四年(癸亥、七八三)

1 十一月,乙亥,以隴州爲奉義軍,擢皋爲節度使。史言韋皋以此發身。使,疏吏翻。泚,且禮翻。泚又使中使劉海廣許皋鳳翔節度使;皋斬之。

2 靈武留後杜希全、鹽州刺史戴休顏、夏州刺史時常春會渭北節度使李建徽合兵萬人入援,靈武節度使治靈州,夏州治朔方縣,鹽州治五原縣,皆鄰境相接。渭北節度使本治坊州,時徙治鄜州。夏,戶雅翻。將至奉天,上召將相議道所從出。關播、渾瑊曰:「漠谷道險狹,召將,卽亮翻。相,息亮翻。渾,戶昆翻,又戶本翻。瑊,古銜翻。漠谷,在奉天城西北。恐爲賊所邀。不若自乾陵北過,附柏城而行，山陵樹柏成行，以遮迾陵寢，故謂之柏城。宋白曰：唐諸陵皆栽柏環之。貞元六年十一月，敕諸陵柏城四面各三里内，不得安葬。過，古禾翻，又古卧翻。營於城東北雞子堆，與城中掎角相應，掎，居蟻翻。且分賊勢。」盧杞曰：「漠谷道近，若爲賊所邀，則城中出兵應接可也。儻出乾陵，恐驚陵寢。」瑊曰：「自泚攻城，斬乾陵松柏，以夜繼晝，其驚多矣。今城中危急，諸道救兵未至，惟希全等來，所繫非輕，若得營據要地，則泚可破也。」杞曰：「陛下行師，豈比逆賊！若令希全等過之，是自驚陵寢。」泚，且禮翻，又音此。令，力丁翻。上乃命希全等自漠谷進。丙子，希全等軍至漠谷，果爲賊所邀，乘高以大弩、巨石擊之，死傷甚衆；城中出兵應接，爲賊所敗。是夕，四軍潰，退保邠州。泚閱其輜重於城下，從官相視失色。自兩河兵興以至乘輿播遷，盧杞之言無一不誤國，而德宗信之如故，庸昏甚矣！敗，補邁翻。從，才用翻。邠，卑旻翻。泚，且禮翻，又音此。輜，莊持翻。重，直用翻。休顏，夏州人也。夏，戶雅翻。

泚攻城益急，穿塹環之。泚移帳於乾陵，下視城中，動静皆見之，時遣使環城塹，七豔翻。使，疏吏翻。環，音宦。招誘士民，笑其不識天命。誘，音酉。

3神策河北行營節度使李晟疾愈，前年五月，李晟疾甚，自易州還保定州，事見上卷。晟，成正翻。聞上幸奉天，帥衆將奔命。帥，讀曰率。張孝忠迫於朱滔、王武俊，倚晟爲援，不欲晟行，數沮止之。數，所角翻。沮，在呂翻。晟乃留其子憑，使娶孝忠女爲婦，又解玉帶賂孝忠親信，使説之，說，式芮翻。孝忠乃聽晟西歸，遣大將楊榮國將銳兵六百與晟俱。晟引兵出飛狐道，晝夜兼行，至代州。沈存中曰：北岳常岑，謂之大茂山者是也，半屬契丹，以大茂山脊爲界。飛狐路，在茂之西。自銀冶寨北出倒馬關，度虜界，卻自石門子、令水鋪入缾形、梅回兩寨之間，至代州。今此路已不通，惟北寨西出承天關路，可至河東，然路極峭狹。按存中所謂地界，乃石晉與契丹所分地界也。丁丑，加晟神策行營節度使。史言李晟前只節度河北神策出征兵行營，今又加節度神策行營兵出征河南者，此其所以得誅劉德信也。

4 王武俊、馬寔攻趙州不克。辛巳，寔歸瀛州，武俊送之五里，犒贈甚厚；武俊亦歸恆州。恆，戶登翻。

5 上之出幸奉天也，陝虢觀察使姚明敭陝，失冉翻。敭，與揚同。以軍事委都防禦副使張勸，去詣行在。勸募兵得數萬人。甲申，以勸爲陝虢節度使。

6 朱泚攻圍奉天經月，是年十月，上出奉天，纔至奉天數日而朱泚繼至，攻圍至是月爲經月。城中資糧俱盡。上嘗遣健步出城覘賊，健步，今之急腳子是也。覘，丑廉翻。其人懇以苦寒爲辭，跪奏乞一襦袴。襦，汝朱翻，短衣。上爲之尋求不獲，爲，于僞翻。竟憫默而遣之。憫者，矜其寒；默者，無以爲辭也。時供御纔有糲米二斛，每伺賊之休息，夜，縋人於城外，采蕪菁根而進之。本草曰：蕪菁及蘆菔，南北通有之。蕪菁，卽蔓菁；蘆菔，卽蘿蔔也。陶隱居云：蘆菔是今溫菘，其根可食，葉不中噉。蕪菁根乃細於溫菘，而葉似菘，好食。日華子曰：梗長葉瘦高者爲菘；闊厚短肥而庳及梗細者爲蕪菁葉也。陸佃埤雅曰：舊說，菘菜，北種，初年半爲蕪菁，二年菘種都絕。蕪菁南種亦然。菘之不生北土，猶橘柚之變於淮北矣。蕪菁似菘而小，有臺，一名葑，一名須。史炤曰：本草註云，蕪菁，北人又名蔓菁，根葉及子乃是菘類。詩云：采葑采菲。疏云：陸璣云，葑，蕪菁，幽州人或謂之芥。方言云：豐蕘，蕪菁也。陳、楚謂之葑，齊、魯謂之蕘，關西謂之蕪菁，趙、魏之部謂之大芥。糲，盧達翻。伺，相吏翻。縋，馳僞翻。上召公卿將吏謂曰：「朕以不德，自陷危亡，固其宜也。公輩無罪，宜早降以救室家。」降，戶江翻。羣臣皆頓首流涕，期盡死力，故將士雖困急而鋭氣不衰。

上之幸奉天也，糧料使崔縱勸李懷光令入援，崔縱爲魏縣行營糧料使。懷光從之。縱悉斂軍資與懷光皆來。懷光晝夜倍道，至河中，力疲，休兵三日。河中尹李齊運傾力犒宴，犒，口到翻。軍【章：十二行本「軍」下有「士」字；乙十一行本同；孔本同；張校同；退齋校同。】尚欲遷延。崔縱先輦貨財渡河，謂衆曰：「至河西，悉以分賜。」開元八年，析河東縣自蒲津以西爲河西縣。衆利之，西屯蒲城，有衆五萬。齊運，惲之孫也。蔣王惲，太宗子也。惲，於粉翻。

李晟行且收兵，亦自蒲津濟，軍於東渭橋；其始有卒四千，晟善於撫御，與士卒同甘苦，人樂從之，晟，成正翻。樂，音洛。旬月間至萬餘人。

神策兵馬使尚可孤討李希烈，將三千人在襄陽，自武關入援，軍于七盤，使，疏吏翻。將，即亮翻，又音如字。七盤，即古繞雷之險。敗泚將仇敬，仇敬，即仇敬忠。此因舊史書之。敗，補邁翻。遂取藍田。可孤，宇文部之別種也。種，章勇翻。

鎮國軍副使駱元光，肅宗上元元年，置鎮國軍於華州。其先安息人，駱奉先養以爲子，將兵守潼關近十年，爲衆所服。潼，音童。近，其靳翻。朱泚遣其將何望之襲華州，刺史董晉棄州走行在。華，戶化翻；下同。走，音奏。望之據其城，將聚兵以絕東道；元光引關下兵襲望之，走還長安。還，從宣翻，又音如字。元光遂軍華州，召募士卒，數日，得萬餘人。泚數遣兵攻元光，泚，且禮翻，又音此。數，所角翻。元光皆擊卻之，賊由是不能東出。上卽以元光爲鎮國軍節度使，鎮國軍節度，治華州。元光乃將兵二千西屯昭應。

馬燧遣其行軍司馬王權及其子彙將兵五千人入援，屯中渭橋。燧，音遂。彙，于季翻。宋敏求長安志引三輔黃圖曰：渭水貫都以象天漢，橫橋南渡以法牽牛。蓋指此之中橋而爲若言也。橋之廣至及六丈；其柱之多至於七百五十；約其地望，卽唐太極宮之西而太倉之北也。程大昌曰：此橋舊止單名渭橋。水經敍渭曰「水上有梁謂之橋」者是也。後世加中以冠橋上者，爲長安之西別有便門橋渡渭，萬年縣之東更有東渭橋，故不得不以中別之也。

於是泚黨所據惟長安而已，援軍遊騎時至望春樓下。李忠臣等屢出兵皆敗，求援於泚，泚恐民間乘弊抄之，望春樓近長樂城，臨廣運潭，玄宗所立。騎，奇寄翻。抄，楚交翻。所遣兵皆晝伏夜行。

泚內以長安爲憂，乃急攻奉天，使僧法堅造雲梯，【嚴：「梯」改「橋」；下同。】高廣各數丈，高，居傲翻。廣，古曠翻。近世學者多各以音如字讀之。考異曰：劇談錄曰：「高九十餘尺，下瞰城中。」今從實錄。裹以兕革，史炤曰：兕，色如野牛而青，一說雌犀也。余按山海經，兕，角重百斤，身重千斤，黃帝得之，以其皮冒鼓，聲震百里。其說固誕矣。國語：叔向曰：唐叔殪兕，以爲大甲。周官考工記：犀甲壽百年，兕甲壽二百年。兕甲固堅於犀甲矣。左傳：宋華元之言曰：犀兕尚多。則兕者，世之常有也。然兕者今不常見。史言朱泚裹雲梯以兕革，不過用牛皮耳。兕，序姊翻。下施巨輪，上容壯士五百人；城中望之恟懼。上以問羣臣，渾瑊、侯仲莊對曰：「臣觀雲梯勢甚重，重則易陷，恟，許拱翻。渾，戶昆翻，又戶本翻。瑊，古銜翻。易，以豉翻。臣請迎其所來鑿地道，積薪蓄火以待之。」神武軍使韓澄曰：開元二十六年，分左、右羽林，置左、右神武軍。使，疏吏翻。「雲梯小伎，不足上勞聖慮，伎，渠綺翻。臣請禦之。」乃度梯之所傃，度，徒洛翻。傃，桑故翻，向也。鄭玄曰：攻城，攻其所傃。傃，猶嚮也。廣城東北隅三十步，多儲膏油松脂薪葦於其上。丁亥，泚盛兵鼓譟攻南城，韓遊瓌曰：「此欲分吾力也。」乃引兵嚴備東北。戊子，北風甚迅，譟，則竈翻。瓌，古回翻。迅，疾也。泚推雲梯，推，吐雷翻。上施濕氈，懸水囊，載壯士攻城，翼以轒轀，轒，扶云翻。轀，於云翻。轒轀，攻城車也。兵法，脩轒轀距堙者，三月而後成。置人其下，抱薪負土塡塹而前，矢石火炬所不能傷。賊併兵攻城東北隅，矢石如雨，城中死傷者不可勝數。塹，七豔翻。勝，音升。賊已有登城者，上與渾瑊對泣，羣臣惟仰首祝天。上以無名告身自御史大夫、實食五百戶以下千餘通授瑊，無名告身，卽空名告身，有功者則書塡姓名以授之。

實食，食實封也。使募敢死士禦之，仍賜御筆，使視其功之大小書名給之，告身不足則書其身，謂若立功者多，所給告身千餘通酬功而不足，則書陳前所喝轉階勳於其身，以爲照驗，出給告身。且曰：「今使與卿別。」期望渾瑊死戰也。瑊俯伏流涕，上拊其背，歔欷不自勝。瑊，古銜翻。歔，音虛。欷，許既翻，又音希。勝，音升。時士卒凍餒，又乏甲冑，瑊撫諭，激以忠義，皆鼓譟力戰。瑊中流矢，譟，則竈翻。中，竹仲翻。進戰不輟，初不言痛。會雲梯輾地道，一輪偏陷，不能前卻，輾，豬輦翻，又尼展翻。地道者，渾瑊等所鑿，以迎雲梯者也。火從地中出，火亦渾瑊等所蓄以待雲梯者。風勢亦回，城上人投葦炬，散松脂，沃以膏油，讙呼震地。讙，許元翻。須臾，雲梯及梯上人皆爲灰燼，臭聞數里，聞，音問。賊乃引退。於是三門皆出兵，時朱泚攻奉天城東、南、北三面，故三門皆出兵與戰。太子親督戰，賊徒大敗，死者數千人。將士傷者，太子親爲裹瘡。將，即亮翻。爲，于僞翻。入夜，泚復來攻城，泚，且禮翻，又音此。復，扶又翻，又音如字。矢及御前三步而墜；上大驚。

李懷光自蒲城引兵趣涇陽，趣，七喻翻。並北山而西，並，讀曰傍，步浪翻。先遣兵馬使張韶微服間行詣行在，間，古莧翻；下得間同。藏表於蠟丸。韶至奉天，値賊方攻城，見韶，以爲賤人，驅之使與民俱塡塹；韶得間，踰塹抵城下呼曰：「我朔方軍使者也。」塹，七豔翻。呼，火故翻。使，疏吏翻。城上人下繩引之，比登，比，必利翻，及也。身中數十矢，中，竹仲翻。得表於衣中而進之。上大喜，舁韶以徇城，四隅歡聲如雷。舁，音余，又羊茹翻。癸巳，懷光敗泚兵於澧泉。敗，補邁翻。泚聞之懼，引兵遁歸長安。衆以爲懷光復三日不至，則城不守矣。史言李懷光解奉天之圍，不爲無功。泚，且禮翻，又音此。

泚既退，從臣皆賀。從，才用翻。汴滑行營兵馬使賈隱林進言：「陛下性太急，不能容物，若此性未改，雖朱泚敗亡，憂未艾也！」上不以爲忤，甚稱之。使，疏吏翻。汴，皮變翻。使德宗果能以此心而受諫，何至追仇陸贄之盡言乎！忤，五故翻。侍御史萬俟著開金、商運路，「萬」當作「万」，莫北翻。俟，渠之翻。万俟，虜複姓也。開金、商運路，轉江、淮財賦以至奉天。重圍既解，重，直龍翻。諸道貢賦繼至，用度始振。

朱泚至長安，但爲城守之計，時遣人自城外來，周走呼曰：呼，火故翻。「奉天破矣！」欲以惑衆。泚既據府庫之富，不愛金帛以悅將士，公卿家屬在城者皆給月俸。將，卽亮翻。俸，扶用翻。神策及六軍從車駕及哥舒曜、李晟者，泚皆給其家糧；加以繕完器械，日費甚廣。及長安平，府庫尚有餘蓄，見者皆追怨有司之暴斂焉。以此觀之，趙贊輩不足責也；杜佑判度支，安能逃其罪乎！斂，力贍翻。

或謂泚曰：「陛下既受命，唐之陵廟不宜復存。」復，扶又翻。泚曰：「朕嘗北面事唐，豈忍爲此！」又曰：「百官多缺，請以兵脅士人補之。」泚曰：「強授之則人懼。強，其兩翻。但欲仕者則與之，何必叩戶拜官邪！」邪，音耶。泚所用者惟范陽、神策團練兵；團練兵，卽團結兵，事見二百二十五卷代宗大曆十二年。涇原卒驕，皆不爲用，但守其所掠資貨，不肯出戰；又密謀殺泚，不果而止。泚，且禮翻，又音此。

李懷光性粗疏，粗，讀與麤同。自山東來赴難，自魏縣行營來赴奉天之難。魏縣屬魏州，其地在河山之東。難，乃旦翻；下同。數與人言盧杞、趙贊、白志貞之姦佞，數，所角翻。且曰：「天下之亂，皆此曹所爲也！吾見上，當請誅之。」既解奉天之圍，自矜其功，謂上必接以殊禮。禮絕百僚，謂之殊禮。或說王翃、趙贊曰：說，式芮翻。翃，戶萌翻。「懷光緣道憤歎，以爲宰相謀議乖方，乖方，猶言失所也。度支賦斂煩重，京尹犒賜刻薄；致乘輿播遷者，三臣之罪也。宰相，指盧杞。度支，指趙贊。京尹，指王翃。度，徒洛翻。斂，力贍翻。乘，繩證翻。今懷光新立大功，上必披襟布誠，詢【章：十二行本「詢」下有「訪」字；乙十一行本同；孔本同；張校同。】得失，使其言入，豈不殆哉！」殆，危也。翃、贊以告盧杞，杞懼，從容言於上曰：從，千容翻；下同。「懷光勳業，社稷是賴，賊徒破膽，皆無守心，若使之乘勝取長安，則一舉可以滅賊，此破竹之勢也。今聽其入朝，必當賜宴，留連累日，使賊入京城，得從容成備，恐難圖矣！」上以爲然。懷光矜功，厚望其上而求逞其欲。德宗欲速，逼使其下而不閔其勞。盧杞之心，自營免罪而捭闔於其間。是以雖急於平賊，而不知更生一賊也。朝，直遙翻。詔懷光直引軍屯便橋，與李建徽、李晟及神策兵馬使楊惠元刻期共取長安。懷光自以數千里竭誠赴難，破朱泚，解重圍，而咫尺不得見天子，意殊怏怏，晟，成正翻。使，疏吏翻。難，乃旦翻。泚，且禮翻，又音此。重，直龍翻。快，於兩翻。曰：「吾今已爲姦臣所排，事可知矣！」遂引兵去，至魯店，魯店，在奉天東南，咸陽陳濤斜西北。留二日乃行。爲李懷光反與朱泚連兵張本。

7 劍南西山兵馬使張朏以所部兵作亂，入成都，使，疏吏翻。劍南宿重兵於西山，以備吐蕃，崔寧以是兵殺郭英乂，張朏以是兵逐張延賞。朏，敷尾翻。西川節度使張延賞棄城奔漢州；武后垂拱二年，分益州置漢州。九域志：成都北至漢州九十五里。鹿頭戍將叱干遂等討之，鹿頭關，在漢州德陽縣。劉昫曰：成都北一百五十里，有鹿頭山，扼兩川之要。將，即亮翻。叱，尺栗翻。斬朏及其黨，延賞復歸成都。

8 淮南節度使陳少遊將兵討李希烈，屯盱眙，盱眙，漢縣，唐初屬楚州，建中四年，度屬泗州。少，始照翻。盱，音吁。眙，音怡。聞朱泚作亂，歸廣陵，修塹壘，繕甲兵。浙江東、西節度使韓滉閉關梁，禁馬牛出境，築石頭城，穿井近百所，繕館第數十，修塢壁，泚，且禮翻，又音此。塹，七豔翻。滉，呼廣翻。近，其靳翻。通俗文：營居曰塢。壁，壘也。釋名曰：壁，辟也，所以辟禦寇盜也。起建業，抵京峴，京峴山，在潤州州治東五里。峴，戶蹇翻。樓堞相屬，屬，之欲翻，聯屬也。堞，達協翻。以備車駕渡江，且自固也。少遊發兵三千大閱於江北；滉亦發舟師三千曜武於京江以應之。大江逕京口城北，謂之京江。

鹽鐵使包佶佶，巨乙翻。有錢帛八百萬，將輸京師。陳少遊以爲賊據長安，未期收復，言收復未有期也。欲強取之。強，如字。佶不可，少遊欲殺之；佶懼，匿妻子於案牘中，急濟江。

少遊悉收其錢帛；考異曰：奉天記曰：「佶以財幣一百八十萬欲轉輸入城。少遊強收之。」今從舊傳。佶有守財卒三千，少遊亦奪之。佶纔與數十人俱至上元，復爲韓滉所奪。上元縣，時帶昇州。宋白曰：上元縣，晉江寧縣地，貞觀七年移還舊郭，卽今所置縣也，九年改爲江寧縣；玄宗置昇州，因縣宇爲州城；縣元治鳳皇山南，今移治會府。時包佶蓋在揚子巡院也。史言天子播遷，藩鎭阻兵，陵轢王人。復，扶又翻。

時南方藩鎭各閉境自守，惟曹王皋數遣使間道貢獻。曹王皋時節度江南西道。史言曹王皋悉心於帝室。數，所角翻。使，疏吏翻。間，古莧翻。李希烈攻逼汴、鄭，江、淮路絕，朝貢皆自宣、饒、荆、襄趣武關。汴，皮變翻。朝，直遙翻。趣，逡喻翻；下同。皋治郵驛，平道路，由是往來之使，通行無阻。此謂江、浙往來之使。治，直之翻。郵，音尤。

9上問陸贄以當今切務。贄以曏日致亂，由上下之情不通，勸上接下從諫，乃上疏，上，時掌翻。疏，所據翻。其略曰：「臣謂當今急務，在於審察羣情，若羣情之所甚欲者，陛下先行之，所甚惡者，陛下先去之。此卽孟子「所欲與之聚之，所惡勿施」之意。惡，烏路翻；下同。去，羌呂翻。欲惡與天下同而天下不歸者，自古及今，未之有也。夫理亂之本，繫於人心，夫，音扶。況乎當變故動搖之時，在危疑向背之際，背，蒲妹翻。人之所歸則植，植，立也。人之所去則傾，陛下安可不審察羣情，同其欲惡，使億兆歸趣，以靖邦家乎！趣，嚮也。此誠當今之所急也。」又曰：「頃者竊聞輿議，輿，衆也。頗究羣情，四方則患於中外意乖，百辟又患於君臣道隔。郡國之志不達於朝廷，朝廷之誠不升於軒陛。上澤闕於下布，下情壅於上聞，實事不必知，知事不必實，上下否隔於其際，眞僞雜糅於其間，朝，直遥翻。否，皮鄙翻。糅，女救翻。聚怨囂囂，騰謗籍籍，欲無疑阻，其可得乎！」又曰：「總天下之智以助聰明，順天下之心以施教令，則君臣同志，何有不從！遠邇歸心，孰與爲亂！」又曰：「慮有愚而近道，近，其靳翻。事有要而似迂。」

疏奏旬日，上無所施行，亦不詰問。詰，去吉翻。贄又上疏，上疏，音並同前。其略曰：「臣聞立國之本，在乎得衆，得衆之要，在乎見情。言洞見人情也。故仲尼以謂人情者聖王之田，記禮運以爲仲尼之言。言理道所生也。」理道，猶言治道也。唐人避高宗諱，率以治爲理。又曰：「易，乾下坤上曰泰，坤下乾上曰否，損上益下曰益，損下益上曰損。夫天在下而地處上，於位乖矣，而反謂之泰者，上下交故也。君在上而臣處下，否，皮鄙翻；下同。夫，音扶。處，昌呂翻。於義順矣，而反謂之否者，上下不交故也。上約己而裕於人，人必說而奉上矣，說，讀曰悅。豈不謂之益乎！上蔑人而肆諸己，人必怨而叛上矣，豈不謂之損乎！」陸贄此言，深究否、泰、損、益之義，誠足以箴砭德宗之失。又曰：「舟即君道，水即人情。舟順水之道乃浮，違則沒；君得人之情乃固，失則危。是以古先聖王之居人上也，必以其欲從天下之心，而不敢以天下之人從其欲。」祖左傳臧文仲所謂「以欲從人則可，以人從欲鮮濟」之語之意。又曰：「陛下憤習俗以妨理，理，治也。言德宗憤強藩之跋扈,習以成俗,有妨爲治。任削平而在躬,以明威照臨,以嚴法制斷,斷,丁亂翻。流弊自久,浚恒太深。易恒之初六曰:「浚恒貞,凶,無攸利。」象曰:「浚恒之凶,始求深也。」王弼註曰:始求深者,求深窮底,令物無餘蘊,漸以至此,人猶不堪,而況始求深者乎!以此爲恒,無所施而利也。遠者驚疑而阻命逃死之禍作,近者畏懾而偷容避罪之態生。懾,質涉翻。君臣意乖,上下情隔,君務致理,而下防誅夷,臣將納忠,又上慮欺誕,此數語,亦深中當時君臣之病。誕,妄也。故睿誠不布於羣物,物情不達於睿聰。臣於往年曾任御史,德宗初年,陸贄爲監察御史。獲奉朝謁,僅欲半年,朝,直遙翻。陛下嚴邃高居,未嘗降旨臨問,此可以見德宗初年臨朝氣象。羣臣跼蹐趨退,跼,音局。蹐,音脊。亦不列事奏陳。軒陛之間,且未相諭,宇宙之廣,何由自通!雖復例對使臣,別延宰輔,復,扶又翻,又音如字。使,疏吏翻。例對使臣,謂功臣節度及諸軍使待制者,得隨例以次對也。別延宰輔,謂朝謁之外,別延之與議天下事也。復,扶又翻。既殊師錫,書堯典:師錫帝曰。孔安國註云:師,衆也;錫,與也。且異公言。未行者則戒以樞密勿論,已行者又謂之遂事不諫,論語載孔子責宰我之言。漸生拘礙,動涉猜嫌,由是人各隱情,以言爲諱。至於變亂將起,億兆同憂,獨陛下恬然不知,方謂太平可致。德宗致亂之事,誠如贄言。陛下以今日之所覩驗往時之所聞,孰真孰虛,何得何失,則事之通塞備詳之矣!塞,悉則翻。人之情僞盡知之矣!」

上乃遣中使諭之曰:「朕本性甚好推誠,好,呼到翻。亦能納諫。將謂君臣一體,全不隄防，緣推誠不疑，多被姦人賣弄。今所致患害，朕思亦無他，其失反在推誠。此德宗猜防之心，發於言而不能自掩者也。被，皮義翻。又，諫官論事，少能慎密，例自矜衒，少，詩沼翻。衒，音炫。歸過於朕以自取名。朕從即位以來，見奏對論事者甚多，大抵皆是雷同，道聽塗說，孔子有言：道聽而塗說，德之棄也。馬融註曰：謂聞於道路，則傳而說之。試加質問，遽即辭窮。若有奇才異能，在朕豈惜拔擢。朕見從前已來，事祇如此，所以近來不多取次對人，言次對人敷奏，緣此多不取用其言。或曰，取次，唐人語也。亦非倦於接納。卿宜深悉此意。」悉，詳也。贄以人君臨下，當以誠信爲本。諫者雖辭情鄙拙，亦當優容以開言路，若震之以威，折之以辯，則臣下何敢盡言，乃復上疏，折，之舌翻。復，扶又翻。上，時掌翻。疏，所據翻。其略曰：「天子之道，與天同方，天不以地有惡木而廢發生，天子不以時有小人而廢聽納。」又曰：「唯信與誠，有失無補。言人君所爲，有失於誠信，則無補於治道。一不誠則心莫之保，一不信則言莫之行。陛下所謂失於誠信以致患害者，臣竊以斯言爲過矣。」又曰：「馭之以智則人詐，示之以疑則人偷。上行之則下從之，上施之則下報之。施，式豉翻，或讀如字。若誠不盡於己而望盡於人，衆必怠而不從矣。不誠於前而曰誠於後，衆必疑而不信矣。是知誠信之道，不可斯須而去身。願陛下慎守而行之有加，恐非所以爲悔者也！」因德宗之言，以爲失在推誠，故陸贄極言誠信之不可去身，以開廣上意。又曰：「臣聞仲虺贊揚成湯，不稱其無過而稱其改過；書仲虺之誥曰：「惟王改過不吝。」虺，許偉翻。吉甫歌誦周宣，不美其無闕而美其補闕。詩烝民曰：「袞職有闕，惟仲山甫補之。」尹吉甫所以美宣王之任賢使能也。是則聖賢之意較然著明，惟以改過爲能，不以無過爲貴。蓋爲人之行己，必有過差，蓋爲，于僞翻。上智下愚，俱所不免。智者改過而遷善，愚者恥過而遂非；遷善則其德日新，遂非則其惡彌積。」又曰：「諫官不密自矜，信非忠厚，其於聖德固亦無虧。陛下若納諫不違，則傳之適足增美；陛下若違諫不納，又安能禁之勿傳！」陸贄告君之言，可謂深切著明。又曰：「侈言無驗不必用，德宗之信裴延齡，以侈言也。質言當理不必違。德宗之罷柳渾，以質言也。當，丁浪翻。辭拙而效速者不必愚，如蕭復之諫幸鳳翔是也。言甘而利重者不必智。趙贊、竇滂之苛征重斂是也。是皆考之以實，慮之以終，其用無他，唯善所在。」又曰：「陛下所謂『比見奏對論事皆是雷同道聽塗說者。』比，毗至翻。臣竊以衆多之議，足見人情，必有可行，亦有可畏，恐不宜一概輕侮而莫之省納也。省，悉景翻，察也。陛下又謂『試加質問，即便辭窮。』臣但以陛下雖窮其辭而未窮其理，能服其口而未服其心。」「但以」若依上文作「竊以」，又覺文從字順。又曰：「爲下者莫不願忠，爲上者莫不求理。然而下每苦上之不理，上每苦下之不忠。若是者何？兩情不通故也。下之情莫不願達於上，上之情莫不求知於下，然而下恆苦上之難達，上恆苦下之難知。恆，戶登翻。若是者何？九弊不去故也。所謂九弊者，上有其六而下有其三：好勝人，好，呼到翻；下同。恥聞過，騁辯給，眩聰明，厲威嚴，恣強愎，愎，符逼翻，很也。

此六者，君上之弊也；諂諛，顧望，畏愞，愞，奴亂翻。此三者，臣下之弊也。上好勝必甘於佞辭，上恥過必忌於直諫，如是則下之諂諛者順指而忠實之語不聞矣。上騁辯必勦說而折人以言，勦，初交翻，又初敎翻。此所謂勦說者，人言未竟，勦絕其說而伸己之說也。折，之舌翻。上眩明必臆度而虞人以詐，度，徒洛翻。以胸臆之見料度人。如是則下之顧望者自便而切磨之辭不盡矣。上厲威必不能降情以接物，上恣愎必不能引咎以受規，如是則下之畏愞者避辜而情理之說不申矣。夫以區域之廣大，生靈之衆多，宮闕之重深，夫，音扶。重，直龍翻。高卑之限隔，自黎獻而上，獲覲至尊之光景者，踰億兆而無一焉；黎獻，衆賢也。就獲覲之中得接言議者，又千萬不一；幸而得接者，猶有九弊居其間，則上下之情所通鮮矣。鮮，息淺翻。上情不通於下則人惑，下情不通於上則君疑；疑則不納其誠，惑則不從其令；誠而不見納則應之以悖，令而不見從則加之以刑；下悖上刑，不敗何待！悖，蒲內翻，又蒲沒翻。是使亂多理少，從古以然。」少，始紹翻。或謂「從古以然」，當作「從古而然」。今觀文意，陸宣公所謂從古至今亂多治少者，正以下悖上刑故也。以之與而，辭義相去遠矣。又曰：「昔趙武吶吶而爲晉賢臣，晉趙文子名武，其言吶吶然如不出其口，爲晉正卿，晉國以強，諸侯不叛。吶吶，舒小貌，音如悅翻，又奴劣翻。絳侯木訥而爲漢元輔，絳侯事見漢文帝紀。程氏曰：木者，質樸；訥者，遲鈍。然則口給者事或非信，辭屈者理或未窮。人之難知，堯、舜所病，書：皋陶曰：在知人，在安民。禹曰：吁！惟帝其難之。胡可以一詶一詰而謂盡其能哉！詰，去吉翻。以此察天下之情，固多失實，以此輕天下之士，必有遺才。」德宗所以成段平仲之名者正如此。又曰：「諫者多，表我之能好；諫者直，示我之能容；諫者之狂誣，明我之能恕；諫者之漏泄，彰我之能從；極言納諫之美以誘掖其君。好，呼到翻。是【章：十二行本「是」上有「有一于斯，皆爲盛德」八字；乙十一行本同；孔本同；張校同；退齋校同。】則人君與諫者交相益之道也。諫者有爵賞之利，君亦有理安之利；諫者得獻替之名，君亦得采納之名。然猶諫者有失中而君無不美，唯恐讜言之不切，天下之不聞，如此則納諫之德光矣。」讜，音黨。上頗采用其言。

10 李懷光頓兵不進，數上表暴揚盧杞等罪惡；數，所角翻。上，時掌翻。衆論諠騰，亦咎杞等。上不得已，十二月，壬戌，貶杞爲新州司馬，白志貞爲恩州司馬，恩州，屬漢合浦郡地。蕭齊爲齊安郡，隋廢郡爲海安縣；唐貞觀二十三年，以高州之西平、海安、杜陵置恩州，海安改曰恩平；天寶曰恩平郡，乾元復爲恩州。宋平王則，改貝州曰恩州，遂以此州爲南恩州。宋白謂此恩州瀕海，最爲蒸濕，當海南五郡汎海路。此路自廣汎海，行數日方登陸，人憚海波，不由此路，多由新州陸去，唯健步出使，與遞符牒經過耳。新州，治新興縣，秦取陸梁地置象郡，今州卽其地。晉永和分蒼梧郡，於此置新寧郡，梁武帝立新州。所謂新興縣，漢合浦郡臨元縣也。又按舊志云：恩州，京師東南六千六百里，西北六十里接廣州界。新州至京師五千五十二里。趙贊爲播州司馬。播州，隋牂柯縣，京師南四千四百五十里。宦者翟文秀，上所信任也，翟，萇伯翻。懷光又言其罪，上亦爲殺之。亦爲，于僞翻。

11乙丑，以翰林學士、祠部員外郎陸贄爲考功郎中，金部員外郎吳通微爲職方郎中。祠部，屬禮部，掌祠祀。考功，屬吏部，掌文武官功過考法。以官職言之，祠部比考功、職方爲清要。郎中，正五品上。員外郎，從六品上。贄上奏，辭以「初到奉天，扈從將吏上，時掌翻。從，才用翻。例加兩階，今翰林獨遷官。唐自至德以後，勳階輕而職事官重，故云然。夫行罰先貴近而後卑遠，則令不犯；行賞先卑遠而後貴近，則功不遺。夫，音扶。先，悉薦翻。後，戶構翻。望先錄大勞，次徧羣品，則臣亦不敢獨辭。」上不許。

12上在奉天，使人說田悅、王武俊、李納，赦其罪，說，式芮翻。考異曰：燕南記，十二月二十四日前已云赦武俊等罪，而實錄明年正月改元乃赦武俊等。蓋上先已諭旨赦罪，及赦書出，始明言之耳。厚賂以官爵；悅等皆密歸款，而猶未敢絕朱滔，各稱王如故。滔使其虎牙將軍王郅說悅曰：朱滔等倣漢官，置虎牙將軍。按唐書：滔等之相王也，以左將軍曰虎牙，右將軍曰豹略。徵以新書，虎牙將軍，蓋王郅也。「日者八郎有急，滔與趙王不敢愛其死，竭力赴救，幸而解圍。田悅，第八。解圍事見二百一十七卷三年。今太尉三兄受命關中，朱泚，第三。滔欲與回紇共往助之，願八郎治兵，與滔渡河共取大梁。」紇，下沒翻。治，直之翻。大梁，汴州，宣武節度治所。悅心不欲行而未忍絕滔，乃許之。滔復遣其內史舍人李琯見悅，審其可否，內史舍人，猶天朝中書舍人。復，扶又翻。琯，古緩翻。悅猶豫不決，密召扈崿議之。司武侍郎許士則曰：司武侍郎，猶天朝兵部侍郎也。「朱滔昔事李懷仙爲牙將，與兄泚及朱希彩共殺懷仙而立希彩。將，卽亮翻。泚，且禮翻，又音如字。殺李懷仙事見二百二十四卷代宗大曆三年。考異曰：燕南記作「朱寀」，今從舊傳。希彩所以寵信其兄弟至矣，滔又與判官李子瑗謀殺希彩而立泚。事見二百二十四卷大曆七年。瑗，于眷翻。泚既爲帥，帥，所類翻。滔乃勸泚入朝而自爲留後，事見二百二十五卷大曆九年。雖勸以忠義，實奪之權也。平生與之同謀共功如李子瑗之徒，負而殺之者二十餘人。今又與泚東西相應，使滔得志，泚亦不爲所容，況同盟乎！滔爲人如此，大王何從得其肺腑而信之邪！覰時審勢，量度彼己，世不爲無其人，特其言有用不用耳。泚，且禮翻，又音此。邪，音耶。彼引幽陵、回紇十萬之兵屯於郊坰，紇，下沒翻。幽陵，卽幽州。坰，古熒翻。邑外謂之郊，野外謂之林，林外謂之坰。大王出迎，則成擒矣。彼因大王，兼魏國之兵，南向渡河，與關中相應，天下其孰能當之！大王於時悔之無及。爲大王計，不若陽許偕行而陰爲之備，厚加迎勞，勞，力到翻。至則託以他故，遣將分兵而隨之。如此，大王外不失報德之名而內無倉猝之憂矣。」扈崿等皆以爲然。王武俊聞李瑄適魏，遣其司刑員外郎田秀馳見悅曰：崿，五各翻。瑄，古瑗翻。司刑員外郎，猶天朝刑部員外郎。「武俊以宰相處事失宜，相，息亮翻。處，昌呂翻。恐禍及身，又八郎困於重圍，重，直龍翻。故與滔合兵救之。今天子方在隱憂，以德綏我，我曹何得不悔過而歸之邪！捨九葉天子不事而事【章：十二行本「事」下有「泚及」二字；乙十一行本同；孔本同；張校同；退齋校同。】滔乎！自高祖、太宗、高宗、中宗、睿宗、玄宗、肅宗、代宗至帝，凡九葉。且泚未稱帝之時，滔與我曹比肩爲王，固已輕我曹矣。事見上卷本年。況使之南平汴、洛，與泚連衡，汴，皮變翻。汴州，宣武軍。洛州，東都也。衡，讀曰横。吾屬皆爲虜矣！八郎愼勿與之俱南，但閉城拒守；武俊請伺其隙，連昭義之兵，擊而滅之，伺，相吏翻。與八郎再清河朔，復爲節度使，共事天子，不亦善乎！」復，扶又翻，又音如字。使，疏吏翻。悅意遂決，紿滔云：「從行，必如前約。」紿，蕩亥翻。

丁卯，滔將范陽步騎五萬人，私從者復萬餘人，將，即亮翻，又音如字。騎，奇寄翻。私從，才用翻。復，扶又翻。回紇三千人，發河間而南，輜重首尾四十里。紇，下沒翻。瀛州，治河間縣。重，直用翻。

13 李希烈攻李勉於汴州，李勉以宣武節度使，鎭汴州。驅民運土木，築壘道，以攻城；忿其未就，并人塡之，謂之濕薪。勉城守累月，外救不至，將其衆萬餘人奔宋州。將，音同上。勉奔宋州，依劉洽也。庚午，希烈陷大梁。滑州刺史李澄以城降希烈，希烈以澄爲尚書令兼永平節度使。勉上表請罪，滑州，治白馬縣。降，戶江翻。尚，辰羊翻。上，時掌翻。上謂其使者曰：「朕猶失守宗廟，勉宜自安。」待之如初。

劉洽遣其將高翼將精兵五千保襄邑，九域志：襄邑，在汴州東南一百七十里。希烈攻拔之，翼赴水死。希烈乘勝攻寧陵，九域志：寧陵縣，在宋州西四十五里。江、淮大震。陳少遊遣參謀溫述送款於希烈曰：「濠、壽、舒、廬，已令弛備，韜戈卷甲，伏俟指麾。」又遣巡官趙詵結李納於鄆州。少，始照翻。濠、壽、舒、廬四州之地，在淮、蔡東南。送款，遂言使弛備。令，力丁翻，使也。卷，讀與捲同。詵，疏臻翻。鄆，音運。

14 中書侍郎、同平章事關播罷爲刑部尚書。

15 以給事中孔巢父爲淄青宣慰使，國子祭酒董晉爲河北宣慰使。宣慰者，宣上命以慰安反側也。父，音甫。淄，莊持翻。

16 陸贄言於上曰：「今盜遍天下，輿駕播遷，陛下宜痛自引過以感人心。昔成湯以罪己勃興，左傳：臧文仲曰：禹、湯罪己，其興也勃焉。楚昭以善言復國。楚昭王遭闔閭之禍，國滅出亡，父老送之。王曰：「父老反矣，何患無君！」父老曰：「有君如是其賢也。」相與從之。或奔走赴秦，號哭請救，秦人憐之，爲之出兵。二國并力，遂走吳師，昭王復國。陛下誠能不吝改過，以言謝天下，使書詔無所避忌，臣雖愚陋，可以仰副聖情，庶令反側之徒革心向化。」上然之，故奉天所下書詔，雖驕將悍卒聞之，無不感激揮涕。令，力丁翻。下，遐稼翻。將，卽亮翻。

術者上言：「國家厄運，宜有變更以應時數。」上，時掌翻；下贄上音同。更，工衡翻。羣臣請更加尊號一二字。上以問贄，贄上奏，以爲不可，其略曰：「尊號之興，本非古制。上尊號，事始於開元元年。行於安泰之日，已累謙沖，累，力瑞翻。襲乎喪亂之時，喪，息浪翻。尤傷事體。」又曰：「嬴秦德衰，兼皇與帝，始總稱之；見七卷秦始皇二十六年。流及後代，昏僻之君，乃有聖劉、天元之號。聖劉見三十四卷漢哀帝建平二年。天元見一百七十二卷陳宣帝太建十一年。是知人主輕重，不在名稱。稱，尺證翻；下美稱同。損之有謙光稽古之善，崇之獲矜能納諂之譏。」又曰：「必也俯稽術數，須有變更，更，工衡翻。與其增美稱而失人心，不若黜舊號以祗天戒。」上納其言，但改年號而已。謂改明年號爲興元也。

上又以中書所撰赦文示贄，撰，如免翻。贄上言，以爲：「動人以言，所感已淺，言又不切，人誰肯懷！今茲德音，悔過之意不得不深，引咎之辭不得不盡，洗刷疵垢，宣暢鬱堙，疵，才支翻。使人人各得所欲，則何有不從者乎！應須改革事條，謹具別狀同進。捨此之外，尚有所虞。竊以知過非難，改過爲難；言善非難，行善爲難。假使赦文至精，止於知過言善，猶願聖慮更思所難。」上然之。

興元元年（甲子、七八四）

1春，正月，癸酉朔，赦天下，改元，制曰：「致理興化，必在推誠；忘己濟人，不吝改過。朕嗣服丕構，丕，大也。構，立屋也。書大誥曰：「若考作室，既底法，厥子乃弗肯堂，矧肯構。」丕構之語本諸此。君臨萬邦，失守宗祧，宗者，百世不毀之廟。遠廟爲祧。祧，他彫翻。越在草莽。用左傳語。不念率德，誠莫追於既往；永言思咎，期有復於將來。明徵其義，以示天下。徵，證也。明徵其義，言無所掩覆也。

小子懼德弗嗣，懼己德弗能嗣承先業。嗣，祥吏翻。罔敢怠荒，然以長于深宮之中，用禮記魯哀公之言。長，知丈翻。暗於經國之務，積習易溺，易，以豉翻。居安忘危，不知稼穡之艱難，書無逸周公告成王之語。不恤征戍之勞苦，澤靡下究，情未上通，事既擁隔，人懷疑阻。猶昧省己，「擁」，恐當作「壅」。省，悉景翻。遂用興戎，戎，兵也。徵師四方，轉餉千里，賦車籍馬，遠近騷然，行齎居送，衆庶勞止，或一日屢交鋒刃，或連年不解甲冑。祀奠乏主，室家靡依，死生流離，怨氣凝結，力役不息，田萊多荒。鄭玄曰：田萊多荒，茨棘不除也。陸德明曰：田廢生草曰萊。暴令峻於誅求，疲甿空於杼軸，詩：小東大東，杼軸其空。杼，持緯器。布帛已織成者，以機軸卷之。轉死溝壑，離去鄉閭，離，力智翻。邑里丘墟，人煙斷絕。天譴於上而朕不寤，人怨於下而朕不知，馴致亂階，變興都邑，馴，從也，言從此而致亂也。萬品失序，九廟震驚，歐陽修曰：書云：七世之廟，可以觀德，而禮家之說世數不同。然自禮記王制、祭法、禮器，大儒荀卿、劉歆、班固、王肅之徒，以爲七廟者多。蓋自漢、魏以來，創業之君特起，其上世又微，無功德以備祖宗，故其初皆不能立七廟。唐武德元年，始立四廟。高祖崩，朱子奢請立七廟，虛太祖之室以待。尙書八座議禮曰：天子三昭三穆，與太祖之廟而七。晉、宋、齊、梁皆立親廟六，此故事也。於是宣簡公、懿王、景、元二帝四廟，更祔弘農府君及高祖爲六室。太宗崩，弘農以世遠毀而祔太宗。高宗崩，又遷宣簡而祔高宗，皆爲六室。中宗神龍初，以景帝爲始祖，而元帝不遷，而祔孝敬帝，由是爲七室。中宗崩，孝敬別立廟而祔中宗，遂爲七室。至睿宗崩，中宗立別廟而祔睿宗。開元十年，詔宣皇帝復祔正室，謚爲獻祖，并謚光帝爲懿祖，又以中宗還祔太廟，於是太廟爲九室。寶應二年，祧獻、懿而祔玄宗、肅宗。代宗崩，又遷元皇帝而祔代宗。自是常爲九室。上累于祖宗，累，力瑞翻。下負于蒸庶，痛心靦貌，靦，他典翻，慙惡也。罪實在予，永言愧悼，若墜泉谷。唐避高祖諱，改淵爲泉。自今中外所上書奏，不得更言『聖神文武』之號。建中元年，羣臣上尊號曰聖神文武皇帝，見二百二十六卷。李希烈、田悅、王武俊、李納等，咸以勳舊，各守藩維，朕撫御乖方，致其疑懼；皆由上失其道而下罹其災，朕實不君，人則何罪！此等言語，強藩悍將聞之，宜其感服易心。宜幷所管將吏等一切待之如初。朱滔雖緣朱泚連坐，路遠必不同謀，念其舊勳，務在弘貸，弘，大也。如能效順，亦與惟新。朱泚反易天常，君臣上下，天秩有典之常也。盜竊名器，暴犯陵寢，所不忍言，獲罪祖宗，朕不敢赦。此等言語，可與誥誓相表裏。其脅從將吏百姓等，但官軍未到京城以前，去逆效順幷散歸本道、本軍者，並從赦例。所以攜從逆之黨。將，卽亮翻；下同。諸軍、諸道應赴奉天及進收京城將士，並賜名奉天定難功臣。所以作勤王之心。難，乃旦翻。其所加墊陌錢、稅間架、竹、木、茶、漆、榷鐵之類，悉宜停罷。」所以順人情之欲惡。墊陌錢，卽趙贊所行除陌錢也。墊，丁念翻。榷，古岳翻。

赦下，四方人心大悅。及上還長安明年，上還長安之明年，貞元元年也。下，遐稼翻。還，從宣翻，又音如字。李抱眞入朝爲上言：朝，直遙翻。爲，于僞翻。「山東宣布赦書，士卒皆感泣，臣見人情如此，知賊不足平也！」史究言興元赦書感動人心之效。

2命兵部員外郎李充爲恆冀宣慰使。唐兵部員外郎二人，一人掌貢舉、雜請，一人判南曹歲選。出使非本職，命以郎官出使耳。恆，戶登翻。使，疏吏翻。

3朱泚更國號曰漢，泚，且禮翻，又音此。朱泚初僭號，國號秦。更，工衡翻。自號漢元天皇，改元天皇。

4王武俊、田悅、李納見赦令，皆去王號，去，羌呂翻。上表謝罪。上，時掌翻。惟李希烈自恃兵強財富，遂謀稱帝，遣人問儀於顏眞卿，眞卿曰：「老夫嘗爲禮官，所記惟諸侯朝天子禮耳！」顏眞卿所以答李希烈者，辭不迫切而義甚嚴正。朝，直遙翻。希烈遂卽皇帝位，考異曰：希烈稱帝，實錄、舊希烈傳、顏眞卿傳皆無年月。今據奉天記、幸奉天錄，皆云，「赦令既行，諸方莫不向化，惟李希烈長惡不悛，國號大楚。」又實錄，今年閏月庚午，詔曰：「朕苟存拯物，不憚屈身，故於歲首，特布新令，赦其殊死，待以初誠。使臣纔及於郊畿，巨猾已聞於僭竊。」然則希烈稱帝，必在正月初也。國號大楚，改元武成。置百官，以其黨鄭賁爲侍中，孫廣爲中書令，李緩、李元平同平章事。「李緩」，新書作「李綬」。以汴州爲大梁府，分其境內爲四節度。希烈遣其將辛景臻謂顏眞卿曰：「不能屈節，當自焚！」積薪灌油於其庭。眞卿趨赴火，景臻遽止之。

希烈又遣其將楊峯將，卽亮翻。考異曰：舊傳作「楊豐」，今從奉天記。齎赦賜陳少遊及壽州刺史張建封。建封執峯徇於軍，腰斬於市，少遊聞之駭懼。建封具以少遊與希烈交通之狀聞，上悅，以建封爲濠、壽、廬三州都團練使。少，始照翻。使，疏吏翻。希烈乃以其將杜少誠爲淮南節度使，使將步騎萬餘人先取壽州，後之江都，使將，卽亮翻，又音如字。騎，奇寄翻。壽州，治壽春縣。之，往也。淮南節度，治江都。建封遣其將賀蘭元均、邵怡守霍丘秋柵。後周書賀蘭祥傳：其先與後魏俱起，有紇伏者，爲賀蘭莫弗，遂以爲氏。霍丘，漢廬江松滋縣地，梁置安豐郡，東魏廢郡；隋開皇十六年，置霍丘縣；唐屬壽州。九域志：在州東一百二十里。宋白曰：霍丘，本春秋時蓼國，梁置霍丘戍，隋廢戍爲縣。少誠竟不能過，遂南寇蘄、黃，欲斷江路。蘄，渠希翻。斷，音短。時上命包佶自督江、淮財賦，泝江詣行在，至蘄口，水經註：蘄水，源出蘄春縣北大浮山，南過其縣西，又南至蘄口，入于江。佶，其吉翻。泝，蘇故翻。遇少誠入寇。曹王皋遣蘄州刺史伊愼將兵七千拒之，戰於永安戍，永安戍，在黃州黃岡縣界，梁嘗置永安郡，後廢爲戍。大破之，少誠脫身走，斬首萬級，包佶乃得前。後佶入朝，具奏陳少遊奪財賦事；奪財賦事見上年。佶，巨乙翻。朝，直遙翻。少遊懼，厚斂所部以償之。斂，力贍翻。

李希烈以夏口上流要地，鄂州治夏口，當江、漢之會。夏，戶雅翻。使其驍將董侍募死士七千襲鄂州，刺史李兼偃旗臥鼓閉門以待之。侍撤屋材以焚門，兼帥士卒出戰，大破之。驍，堅堯翻。將，卽亮翻。鄂，逆各翻。鄂州，治江夏縣，卽夏口。帥，讀曰率。上以兼爲鄂、岳、沔都團練使。沔，彌兗翻。使，疏吏翻。於是希烈東畏曹王皋，西畏李兼，不敢復有窺江、淮之志矣。史言李希烈兵勢稍挫。復，扶又翻。

5 朱滔引兵入趙境，王武俊大具犒享；犒，口到翻。入魏境，田悅供承倍豐，使者迎候，相望於道。丁丑，滔至永濟，宋白曰：永濟縣，本漢貝丘縣地，隋已後爲臨清縣地，大曆七年，田承嗣奏分臨清置永濟縣，屬貝州，以縣西臨永濟渠爲名。遣王郅見悅，約會館陶，偕行渡河。館陶縣，屬魏州，在州城東稍北。悅見郅曰：「悅固願從五兄南行，昨日將出軍，將士勒兵不聽悅出，曰：『國兵新破，謂先爲馬燧等所破也。戰守踰年，資儲竭矣。謂守魏州，與馬燧等相持也。今將士不免凍餒，何以全軍遠征！大王日自撫循，猶不能安；若捨城邑而去，朝出，暮必有變！』悅之志非敢有貳也，如將士何！已令孟祐備步騎五千，從五兄供芻牧之役。」騎，奇寄翻。因遣其司禮侍郎裴抗等往謝滔。司禮侍郎，猶天朝禮部侍郎。滔聞之，大怒曰：「田悅逆賊，曏在重圍，重，直龍翻。命如絲髮，使我叛君棄兄，發兵晝夜赴之，事見二百二十七卷建中三年。幸而得存。許我貝州，我辭不取；尊我爲天子，我辭不受。事見同上年。今乃負恩，誤我遠來，飾辭不出！」卽日，遣馬寔攻宗城、經城，經城，漢古縣，時屬貝州。宋白曰：後漢分前漢堂陽縣，於今縣西北二十里置經縣，後魏省併南宮縣，太和十年，又於今理置經縣，尋置廣宗郡於此，北齊省郡及縣，移武強縣於此，後周復於此置廣宗郡，隋開皇三年，罷郡，復於此置經城縣，宋省縣爲鎮，入宗城。楊榮國攻冠氏，去年張孝忠遣其將楊榮國與李晟俱赴國難。及晟收京城，諸將中獨楊榮國不見於史。今朱滔遣楊榮國攻冠氏，乃建中三年以深州降于朱滔者。冠氏，春秋邑名，隋分館陶東界置冠氏縣，唐屬魏州。九域志：在州東北六十里。皆拔之；又縱回紇掠館陶頓幄帟、器皿、車、牛以去。紇，下沒翻。帟，音亦。三禮圖：在上曰帟，四旁及上曰帷，上下四旁悉周曰幄。又曰：帟，平帳也。帟，主在幕，若幄中坐上承塵。悅閉城自守。壬午，滔遣裴抗等還，還，從宣翻，又音如字。分兵置吏守平恩、永濟。平恩縣，屬洺州，治平恩川。

6 丙戌，以吏部侍郎盧翰爲兵部侍郎、同平章事。考異曰：實錄、新舊紀、表皆同。蓋翰罷領選，故自吏部遷兵部耳。翰，義僖之七世孫也。盧義僖仕元魏，當靈后臨朝時，不附徐、鄭。

7 朱滔引兵北圍貝州，引水環之，環，音宦。刺史邢曹俊嬰城拒守；縱范陽及回紇兵大掠諸縣，滔縱兵大掠。又拔武城，武城，即漢東武城縣地，唐屬貝州。九域志：在州東五十里。通德、棣二州，使給軍食；建中二年，朱滔據有德、棣。遣馬寔將步騎五千屯冠氏以逼魏州。

8 以給事中杜黃裳爲江淮宣慰副使。考異曰：實錄，去年十二月癸酉，已云黃裳使江淮，此又有之。按舊紀，去年十二月，黃裳爲給事耳。實錄誤也。

9 上於行宮廡下貯諸道貢獻之物，牓曰瓊林大盈庫。貯，直呂翻。陸贄以爲戰守之功，賞賚未行而遽私別庫，則士卒怨望，無復鬬志，上疏諫，復，扶又翻，又音如字。上，時掌翻。疏，所據翻。其略曰：「天子與天同德，以四海爲家，何必橈廢公方，橈，奴教翻，屈曲也。方，法也。崇聚私貨！降至尊而代有司之守，辱萬乘以效匹夫之藏，乘，繩證翻。虧法失人，誘姦聚慝，以斯制事，豈不過哉！」誘，羊久翻。慝，吐得翻。又曰：「頃者六師初降，降，讀如字。天子之行，必有六師以爲營衞。不敢指言自京師出居奉天，故微其辭曰六師初降。百物無儲，外扞兇徒，內防危堞，晝夜不息，殆將五旬，凍餒交侵，死傷相枕，堞，達協翻。枕，職任翻。畢命同力，竟夷大艱。良以陛下不厚其身，不私其欲，絕甘以同卒伍，輟食以啗功勞。啗，徒濫翻，又徒覽翻。無猛制而人不攜，懷所感也；無厚賞而人不怨，悉所無也。悉，詳體也。今者攻圍已解，衣食已豐，而謠讟方興，讟，怨謗也。軍情稍阻，豈不以勇夫恆性，嗜利矜功，恆，戶登翻。其患難既與之同憂而好樂不與之同利，難，乃旦翻。好，呼到翻。樂，音洛。苟異恬默，能無怨咨！」咨，咨嗟也。又曰：「陛下誠能近想重圍之殷憂，重，直龍翻。殷，於謹翻。追戒平居之專欲，凡在二庫貨賄，盡令出賜有功，每獲珍華，令，力丁翻。珍華，猶言珍麗也。先給軍賞，如此，則亂必靖，賊必平，徐駕六龍，旋復都邑，天子之貴，豈當憂貧！是乃散其小儲而成其大儲，損其小寶而固其大寶也。」上即命去其牓。去，羌呂翻。

10 蕭復嘗言於上曰：「宦官自艱難以來，多爲監軍，恃恩縱橫。監，工銜翻。橫，戶孟翻。此屬但應掌宮掖之事，不宜委以兵權國政。」上不悅。又嘗言：「陛下踐阼之初，聖德光被，應，乙陵翻，當也。掖，音亦。被，皮義翻。自楊炎、盧杞黷亂朝政，以致今日。朝，直遙翻。陛下誠能變更睿志，臣敢不竭力。此必盧杞貶逐之後，蕭復方有是言。更，工衡翻。儻使臣依阿苟免，臣實不能！」

蕭復蓋樸而直者。又嘗與盧杞同奏事，杞順上旨，復正色曰：「盧杞言不正！」上愕然，退，謂左右曰：「蕭復輕朕！」此事必在蕭復、盧杞同列之時，史因德宗命復出使而序其事於此耳。戊子，命復充山南東・西、荆湖、淮南、江西、鄂岳、浙江東・西、福建、嶺南等道宣慰、安撫使，實疏之也。鄂，五各翻。使，疏吏翻。既而劉從一及朝士往往奏留復，上謂陸贄曰：「朕思遷幸以來，江、淮遠方，或傳聞過實，欲遣重臣宣慰，謀於宰相及朝士，僉謂宜然。今乃反覆如是，朕爲之悵恨累日。朝，直遙翻。相，息亮翻。爲，于僞翻。意復悔行，使之論奏邪？意者，以意度之也。此亦德宗猜防臣下之一事。卿知蕭復何如人？其不欲行，意趣安在？」贄上奏，以爲：「復痛自脩勵，慕爲淸貞，用雖不周，行則可保。上，時掌翻。行，下孟翻。至於輕詐如此，復必不爲。借使復欲逗留，從一安肯附會！今所言矛楯，韓非子：有鬻矛楯者，自譽其矛曰：「吾矛之利，物無不陷也。」又自譽其楯曰：「吾楯之堅，物莫能陷也。」或謂之曰：「以子之矛陷子之楯，可乎？」其人不能答。故後世謂議論自相反及爲事自相反者，爲自相矛楯。楯，食尹翻。願陛下明加辯詰。詰，去吉翻。若蕭復有所請求，則從一何容爲隱！爲，于僞翻。若從一自有回互，則蕭復不當受疑。陛下何憚而不辯明，乃直爲此悵恨也！夫明則罔惑，辯則罔冤；惑莫甚於逆詐而不與明，夫，音扶。逆者，未至而迎之也。詐，謂人欺己也。未見其詐，而逆以爲詐，謂之逆詐。冤莫痛於見疑而不與辯。是使情僞相糅，糅，女救翻。忠邪靡分。茲實居上御下之要樞，惟陛下留意。」上亦竟不復辯也。復，扶又翻。

11 辛卯，以王武俊爲恆、冀、深、趙節度使。壬辰，加李抱眞、張孝忠並同平章事。丙申，加田悅檢校左僕射。恆，戶登翻。使，疏吏翻。校，古效翻。射，寅謝翻。以山南東道行軍司馬樊澤爲本道節度使，前深、趙觀察使康日知爲同州刺史、奉誠軍節度使，以趙州與王武俊，故徙康日知。乾元初，以同州爲匡國軍節度使，今又爲奉誠軍。曹州刺史李納爲鄆州刺史、平盧節度使。李納本爲曹州刺史，建中二年，其父正己卒，納自領軍務，未有朝命，今方命以旌節，故先敍其本職，而加以新命。鄆，音運。

12 戊戌，加劉洽汴、滑、宋、亳都統副使，知都統事，李勉悉以其衆授之。李勉旣失守汴州，命劉洽知都統事。汴，皮變翻。統，他綜翻，俗多從上聲。

13 辛丑，六軍各置統軍，此北門左・右羽林、龍武、神武六軍也。考異曰：實錄云：「詔六軍各置軍使一員。」又云：「因置統軍。」按舊紀，獨置統軍耳。今從之。秩從三品，以寵勳臣。從，才用翻。

14 吐蕃尚結贊請出兵助唐收京城。庚子，遣祕書監崔漢衡使吐蕃，發其兵。吐，從暾入聲。

資治通鑑卷第二百三十

端明殿學士兼翰林侍讀學士太中大夫提舉西京嵩山崇福宮上柱國河內郡開國公食邑二千二百戶食實封九百戶賜紫金魚袋臣**司馬光**奉敕編集

後學天台**胡三省**音註

唐紀四十六 起閼逢困敦（甲子）二月，盡四月，不滿一年。

德宗神武聖文皇帝五

興元元年（甲子、七八四）

1 二月，戊申，詔贈段秀實太尉，謚曰忠烈，厚恤其家。段秀實死節事見二百二十八卷建中四年。謚，神至翻。時賈隱林已卒，贈左僕射，賞其能直言也。卒，子恤翻。射，寅謝翻。直言事見上卷上年。

2 李希烈將兵五萬圍寧陵，引水灌之；濮州刺史劉昌以三千人守之。將，卽亮翻，又音如字。濮，博木翻。李希烈自建中四年攻寧陵。滑州刺史李澄密遣使請降，李澄降賊見上卷上年。使，疏吏翻。降，戶江翻。上許以澄爲汴滑節度使。澄猶外事希烈；希烈疑之，遣養子六百人戍白馬，汴，皮變翻。白馬，滑州治所。召澄共攻寧陵。澄至石柱，使其衆陽驚，燒營而遁。又諷養子令剽掠，令，力丁翻。剽，匹妙翻；下同。澄悉收斬之，以白希烈，希烈無以罪也。

劉昌守寧陵，凡四十五日不釋甲。韓滉遣其將王棲曜將兵助劉洽拒希烈，棲曜以強弩數千游汴水，夜，入寧陵城。滉，呼廣翻。將，即亮翻；將兵之將，音同上。考異曰：新書柏良器傳曰：「良器爲武衞中郎將，以兵隸浙西。希烈圍寧陵，遏水灌之，親令軍中明日拔城。良器以救兵至，擇弩手善游者沿河渠夜入，及旦，伏弩發，乘城者皆死。」疑韓滉遣棲曜及良器同救寧陵，舊棲曜傳曰：「將強弩數千夜入寧陵。」與此共是一事。今參取之。明日，從城上射希烈，射，而亦翻。及其坐幄，坐，才臥翻。希烈驚曰：「宣、潤弩手至矣！」遂解圍去。

3朱泚【章：十二行本「泚」下有「既」字；乙十一行本同。】自奉天敗歸，事見上卷建中四年。泚，且禮翻，又音此。李晟謀取長安。劉德信與晟俱屯東渭橋，劉德信屯東渭橋，事始見二百二十八卷建中四年。晟，成正翻。不受晟節制；晟因德信至營中，數以滬澗之敗及所過剽掠之罪，斬之；數，所具翻，又所主翻。滬，侯古翻。剽，匹妙翻。滬澗之敗見二百二十八卷建中四年。是年十一月，既加李晟神策行營節度，劉德信可得而不受節制乎！況又有敗軍及剽掠之罪，斬之宜矣。因以數騎馳入德信軍，勞其衆，勞，力到翻。騎，奇寄翻。無敢動者，遂并將之，軍勢益振。將，即亮翻，又音如字。

李懷光既脅朝廷逐盧杞等，事見上卷上年。朝，直遙翻。內不自安，遂有異志。又惡李晟獨當一面，惡，烏路翻；下同。恐其成功，奏請與晟合軍；詔許之。晟與懷光會于咸陽西陳濤斜，築壘未畢，壘，魯水翻。泚衆大至。晟謂懷光曰：「賊若固守宮苑，宮苑，謂宮城及苑城也。或曠日持久，未易攻取；易，以豉翻。今去其巢穴，敢出求戰，此天以賊賜明公，不可失也！」懷光曰：「軍適至，馬未秣，士未飯，飯，扶晚翻。豈可遽戰邪！」邪，音耶。晟不得已乃就壁。晟每與懷光同出軍，懷光軍士多掠人牛馬，晟軍秋豪不犯。懷光軍士惡其異己，分所獲與之，晟軍終不敢受。

懷光屯咸陽累月，逗留不進；逗，音豆。考異曰：實錄云：「懷光堅壁自守，凡八十餘日。」按懷光以十一月癸巳解奉天圍，李晟以二月戊申徙東渭橋，其間纔七十六日。實錄所言，謂懷光奔河中以前耳。今但云累月。上屢遣中使趣之，使，疏吏翻。趣，讀曰促。辭以士卒疲弊，且當休息觀釁。諸將數勸之攻長安，將，卽亮翻。數，所角翻；下同。懷光不從，密與朱泚通謀。【章：十二行本「謀」下有「事跡頗露」四字；乙十一行本同；孔本同；張校同；退齋校同。】泚，且禮翻；又音此。李晟屢奏，恐其有變，爲所併，請移軍東渭橋；晟，成正翻。李懷光既有異謀，李晟與之連營於咸陽，有不能一息安者，其奏請移軍當也。然必歸東渭橋者，晟之本規也。蓋朱泚擁涇卒而據長安，其敗也必當西奔，晟以師自東逼之，所以開其走路耳。兵法，圍城爲之闕，此其近之。上猶冀懷光革心，收其力用，寢晟奏不下。下，戶嫁翻。

懷光欲緩戰期，且激怒諸軍，奏言：「諸軍糧賜薄，神策獨厚。厚薄不均，難以進戰。」

上以財用方窘，窘，巨隕翻。若糧賜皆比神策，則無以給之，不然，又逆懷光意，恐諸軍觖望；觖，古穴翻，怨望也。乃遣陸贄詣懷光營宣慰，因召李晟參議其事。懷光意欲晟自乞減損，使失士心，沮敗其功，沮，在呂翻。敗，補邁翻。乃曰：「將士戰鬬同而糧賜異，何以使之協力！」將，卽亮翻。贄未有言，數顧晟。晟曰：「公爲元帥，得專號令；晟將一軍，受指蹤而已。數，所角翻。帥，所類翻。將，卽亮翻，又音如字。至於增減衣食，公當裁之。」懷光默然，又不欲自減之，遂止。李晟之答懷光，氣和而辭正，故能伐其謀。

時上遣崔漢衡詣吐蕃發兵，見上卷本年正月。吐，從暾入聲。吐蕃相尚結贊相，息亮翻。言：「蕃法發兵，以主兵大臣爲信；今制書無懷光署名，故不敢進。」上命陸贄諭懷光，懷光固執以爲不可，曰：「若克京城，吐蕃必縱兵焚掠，誰能遏之！此一害也。前有敕旨，募士卒克城者人賞百緡，彼發兵五萬，若援敕求賞，五百萬緡何從可得！此二害也。虜騎雖來，必不先進，勒兵自固，觀我兵勢，勝則從而分功，敗則從而圖變，譎詐多端，不可親信，此三害也。」李懷光雖欲養寇以自資，然其陳用吐蕃三害，其言亦各有理。緡，眉巾翻。騎，奇寄翻。譎，古穴翻。竟不肯署敕；尚結贊亦不進軍。

陸贄自咸陽還，上言：「賊泚稽誅，保聚宮苑，上，時掌翻。還，從宣翻，又音如字。泚，且禮翻，又音此。朱泚自據長安，居白華殿，重兵多在苑中，故言保聚宮苑。勢窮援絕，引日偸生。懷光總仗順之師，乘制勝之氣，謂醴泉之勝也。鼓行芟翦，易若摧枯，芟，所銜翻。易，以豉翻。而乃寇奔不追，師老不用，諸帥每欲進取，懷光輒沮其謀。諸帥，謂李晟、楊惠元等。帥，所類翻。沮，在呂翻。據茲事情，殊不可解。解，戶買翻，曉也。陛下意在全護，委曲聽從，觀其所爲，亦未知感。若不別務規略，漸思制持，惟以姑息求安，終恐變故難測。此誠事機危迫之秋也，固不可以尋常容易處之。易，弋豉翻。處，昌呂翻。今李晟奏請移軍，適遇臣銜命宣慰，晟，成正翻。銜，戶緘翻。懷光偶論此事，臣遂汎問所宜。懷光乃云：『李晟既欲別行，某亦都不要藉。』要者，須其用；藉者，借其力。當時諸鎮有要藉官，所以名官之意亦如此。臣猶慮有翻覆，因美其軍盛強。懷光大自矜誇，轉有輕晟之意。臣又從容問云：從，千容翻。『回日，或聖旨顧問事之可否，決定何如？』懷光已肆輕言，不可中變，遂云：『恩命許去，事亦無妨。』言上已許李晟去咸陽，則其移軍於事體無妨也。要約再三，要，一遙翻。非不詳審，雖欲追悔，固難爲辭。伏望卽以李晟表出付中書，敕下依奏，敕下李晟，依其所奏也。下，戶嫁翻。別賜懷光手詔，示以移軍事由。事由，猶言事因也。其手詔大意云：『昨得李晟奏，請移軍城東以分賊勢。東渭橋在京城東，故云然。晟，成正翻。朕本欲委卿商量，適會陸贄回奏云，見卿語及於此，仍言許去事亦無妨，遂敕本軍允其所請。』如此，則詞婉而直，理順而明，雖蓄異端，何由起怨！」上從之。

晟自咸陽結陳而行，結陳而行，以防李懷光追掩。陳，讀曰陣。歸東渭橋。時鄜坊節度使李建徽、神策行營節度使楊惠元猶與懷光聯營，陸贄復上奏曰：「懷光當管師徒，鄜，音膚。使，疏吏翻。復，扶又翻。上，時掌翻。當管，猶言見管也。足以獨制兇寇，逗留未進，抑有他由。所患太強，不資傍助。比者又遣李晟、李建徽、楊惠元三節度之衆附麗其營，比，毗至翻，近也。無益成功，祇足生事。何則？四軍接壘，羣帥異心，李晟、李建徽、楊惠元之軍及李懷光之軍爲四軍。帥，所類翻。論勢力則懸絕高卑，言懷光之軍最強，懷光之官最高，相去懸絕。據職名則不相統屬。言懷光、晟、建徽、惠元四人並爲節度使，各總一軍，不相統屬。懷光輕晟等兵微位下而忿其制不從心，晟等疑懷光養寇蓄姦而怨其事多陵己；端居則互防飛謗，欲戰則遞恐分功，齟齬不和，齟，壯所翻。齬，偶許翻。嫌釁遂構，俾之同處，必不兩全。處，昌呂翻。強者惡積而後亡，弱者勢危而先覆，陸贄言李懷光、李建徽、楊惠元之禍敗，如燭照龜卜。覆亡之禍，翹足可期！人立而翹一足則不能久。翹足可期者，言禍來之速也。舊寇未平，新患方起，憂歎所切，實堪疚心！疚，病也。太上消慝於未萌，太上，猶言極上也。慝，惡也。其次救失於始兆，況乎事情已露，禍難垂成，難，乃旦翻。委而不謀，何以寧亂！李晟見機慮變，先請移軍，【章：十二行本「軍」下有「就東」二字；乙十一行本同；張校同，云無註本亦無。】建徽、惠元勢轉孤弱，爲其吞噬，理在必然，晟，成正翻。噬，時制翻，啗也。他日雖有良圖，亦恐不能自拔；拯其危急，唯在此時。拯，救也。今因李晟願行，便遣合軍同往，託言晟兵素少，少，詩紹翻。慮爲賊泚所邀，藉此兩軍迭爲掎角，泚，且禮翻。掎，居蟻翻。仍先諭旨，密使促裝，詔書至營，即日進路，懷光意雖不欲，然亦計無所施。是謂先人有奪人之心，左傳趙宣子之言。先，悉薦翻。疾雷不及掩耳者也。淮南子之言。解鬬不可以不離，救焚不可以不疾，理盡於此，惟陛下圖之。」上曰：「卿所料極善。」然李晟移軍，懷光不免悵望，悵，丑亮翻，怨也。若更遣建徽、惠元就東，謂自咸陽東就李晟也。恐因此生辭，生辭，猶今人言生言語也。轉難調息，調息，猶今人言調停也。且更俟旬時。」旬時，猶言旬日也。

4 辛酉，加王武俊同平章事兼幽州、盧龍節度使。欲使之討朱滔也。使，疏吏翻。

5 李晟以爲：「懷光反狀已明，緩急宜有備，蜀、漢之路不可壅，此指漢蜀郡、漢中郡二郡大界而言。請以裨將趙光銑等爲洋、利、劍三州刺史，三州，皆當入蜀之道之要。裨，賓彌翻。將，即亮翻。洋，音祥。各將兵五百以防未然。」將，音同上，又音如字。上疑未決，欲親總禁兵幸咸陽，以慰撫爲名，趣諸將進討。趣，讀曰促。或謂懷光曰：「此漢祖遊雲夢之策也！」遊雲夢事見十一卷漢高祖六年。懷光大懼，反謀益甚。

上垂欲行，懷光辭益不遜，上猶疑讒人間之，間，古莧翻。甲子，加懷光太尉，增實食，賜鐵券，實食，食實封也。遣神策右兵馬使李卞等往諭旨。使，疏吏翻；下同。考異曰：邠志曰：「十六日，詔加懷光太尉。」按實錄，甲子二十三日。邠志誤。幸奉天錄、舊傳「李卞」作「李昪」，今從奉天記。懷光對使者投鐵券於地曰：「聖人疑懷光邪？唐之臣子，率稱君父爲聖人。邪，音邪。人臣反，賜鐵券；懷光不反，今賜鐵券，是使之反也！」辭氣甚悖。悖，蒲妹翻，又蒲沒翻。朔方左兵馬使張名振當軍門大呼曰：呼，火故翻。「太尉視賊不許擊，待天使不敬，使，疏吏翻。朝廷所遣，謂之天使。蓋謂君，天也；君之所遣，猶天之所遣也。果欲反邪！功高太山，一旦棄之，自取族滅，富貴他人，何益哉！言懷光反，是自取族滅，他人平其亂以爲功而得富貴，是富貴他人也。我今日必以死爭之。」懷光聞之，謂曰：「我不反，以賊方強，故須蓄銳俟時耳。」懷光又言：「天子所居必有城隍。」有水曰池，無水曰隍。乃發卒城咸陽，未幾，移軍據之。幾，居豈翻。張名振曰：「乃者言不反，乃者，猶言昨者也。今日拔軍此來，何也？何不攻長安，殺朱泚，取富貴，引軍還邠邪！」泚，且禮翻，又音此。還，從宣翻，又音如字。邠，卑旻翻。懷光所統朔方軍本屯邠州。懷光曰：「名振病心矣！」命左右引去，拉殺之。拉，落合翻。

右武鋒兵馬使石演芬，本西域胡人，懷光養以爲子。懷光潛與朱泚通謀，演芬遣其客郜成義詣行在告之，泚，且禮翻，又音此。演，以淺翻。郜，古到翻。史炤曰：郜，姓也，出自周文王子，封郜國，國在濟陰。晉有尚書高昌郜久。請罷其都統之權。成義至奉天，告懷光子璀；【嚴：「璀」改「琟」；下同。】統，他綜翻，俗音從上聲。璀，七罪翻。璀密白其父。懷光召演芬責之曰：「我以爾爲子，柰何欲破我家！今日負我，死甘心乎？」演芬曰：「天子以太尉爲股肱，太尉以演芬爲心腹；太尉既負天子，演芬安得不負太尉乎！演芬胡人，不能異心，惟知事一人。一人，謂天子也。

苟免賊名而死，死甘心矣！」懷光使左右臠食之，皆曰：「義士也！可令快死。」以刀斷其喉而去。臠，力兗翻。令，力丁翻。斷，音短。考異曰：邠志曰：「懷光投鐵券于地，使者懼焉。名振呼於軍門。」又曰：「二月二十一日，懷光拔其軍居咸陽。」又曰：「三月三日，懷光巡咸陽城，名振曰：『昨日言不反，今悉軍此來，何也？』」又曰：「懷光既殺名振，召演芬責之。」按名振云「昨日言不反，今何此來？」則是呼軍門之明日，懷光即移軍咸陽。若至咸陽已十三日，因巡城而名振言之，何得云昨日！又何得云悉軍此來！又名振與演芬同日死。按舊傳云：「郜成義至奉天，乃反以其言告懷光子璀，璀密告其父懷光。」若三月三日，則車駕已幸梁、洋，不在奉天。且是時反狀已彰灼如此，豈能尚欺人云不反邪！今從幸奉天錄，悉因投鐵券言之。

李卞等還，言懷光驕慢之狀，還，從宣翻，又音如字。於是行在始嚴門禁，嚴門關出入之禁以防不虞。從臣皆密裝以待。史炤曰：密具裝束，所以備行。從，才用翻。

乙丑，加李晟河中、同絳節度使；上猶以爲薄，德宗當患難之時，進人若將加諸膝；當事定之後，退人若將隊諸淵。晟，成正翻。使，疏吏翻。丙寅，又加同平章事。

上將幸梁州，梁州，古漢中。山南節度使鹽亭嚴震聞之，鹽亭，漢廣漢縣地，梁置鹽亭縣，唐屬梓州，以產鹽名縣。遣使詣奉天奉迎，又遣大將張用誠將兵五千至盩厔以來迎衛。至盩厔以來者，言若迎衛之兵至盩厔而乘輿未至，則當沿道漸進來前，以迎乘輿，不指定一處也。盩厔，音舟窒。將，即亮翻；誠將音同上，又音如字。用誠爲懷光所誘，陰與之通謀，誘，音酉。上聞而患之。會震繼遣牙將馬勛奉表，上語之故；勛，許云翻。語，牛倨翻。勛請「亟詣梁州取嚴震符召用誠還府；若不受召，臣請殺之。」上喜曰：「卿何時復至此？」還，從宣翻，又音如字。復，扶又翻，又音如字。勛刻日時而去。既得震符，請壯士五人與之俱出駱谷。用誠不知事泄，以數百騎迎之，漢中取鳳翔之路，南谷曰褒，北谷曰駱。騎，奇寄翻。勛與之俱入驛。時天寒，勛多然藁火於驛外，然，與燃同。藁，禾稈也。軍士皆往附火。勛乃從容出懷中符，以示用誠曰：「大夫召君。」用誠錯愕起走，從，千容翻。錯愕，猝然驚也。壯士自後執其手擒之。用誠子在勛後，斫傷勛首。壯士格殺其子，仆用誠於地，跨其腹，以刀擬其喉曰：「出聲則死！」勛入其營，士卒已擐甲執兵矣。仆，方遇翻，頓也。擐，戶慣翻。勛大言曰：「汝曹父母妻子皆在漢中，一朝棄之，與張用誠同反，於汝曹何利乎！大夫令我取用誠，不問汝曹，無自取族滅！」眾皆讋服。令，力丁翻。讋，之涉翻，失氣也。勛送用誠詣梁州，震杖殺之，命副將領其眾。將，卽亮翻。勛裹其首，復命於行在，愆期半日。愆期，過期也。

李懷光夜遣人襲奪李建徽、楊惠元軍，建徽走免，惠元將奔奉天，懷光遣兵追殺之。懷光又宣言曰：「吾今與朱泚連和，車駕且當遠避！」泚，且禮翻，又音此。

懷光以韓遊瓌朔方將也，韓遊瓌初事郭子儀，李懷光東征，遊瓌爲邠寧留後。瓌，古回翻。將，卽亮翻。掌兵在奉天，與遊瓌書，約使爲變，遊瓌密奏之；明日，又以書趣之。懷光又以書趣遊瓌，遊瓌蓋又奏之也。若據考異，則後書爲渾瑊所獲，通鑑疑而不取。趣，讀曰促。上【章：十二行本「上」上有「遊瓌又奏之」

五字；乙十一行本同；張校同，云無註本亦無。】稱其忠義，因問：「策安出？」對曰：「懷光總諸道兵，故敢恃衆爲亂。今邠寧有張昕，靈武有甯景璿，邠，卑旻翻。昕，許斤翻。璿，似宣翻。河中有呂鳴岳，振武有杜從政，潼關有唐朝臣，渭北有竇覦，潼，音同。朝，直遙翻。覦，音俞。皆守將也。言此諸將各守其地也。陛下各以其地及其衆授之，尊懷光之官，罷其權，則行營諸將各受本府指麾矣。罷懷光兵權，則諸路兵雖在行營，將不肯稟命於懷光而各稟本府之命。懷光獨立，安能爲亂！」上曰：「罷懷光兵權，若朱泚何？」言罷懷光，恐無以制朱泚。對曰：「陛下既許將士以克城殊賞，將士奉天子之命以討賊取富貴，誰不願之！邠府兵以萬數，借使臣得而將之，將，卽亮翻，又音如字。足以誅泚；況諸道必有杖義之臣，泚不足憂也！」上然之。

丁卯，懷光遣其將趙昇鸞入奉天，約其夕使別將達奚小俊燒乾陵，考異曰：邠志作「達奚小進」，今從實錄。令昇鸞爲內應以驚脅乘輿。令，力丁翻。乘，繩證翻。昇鸞詣渾瑊自言，瑊遽以聞，且請決幸梁州。渾，戶昆翻，又戶本翻。瑊，古銜翻。考異曰：邠志：「二十六日，懷光又使持書促遊瓌，渾公獲而奏之，且使其卒物色我軍。遊瓌不知，不得以聞，又怒瑊之虞己也，慢罵于途。上疑其變，卽日幸梁州。」今從實錄。奉天記曰：「上初拔奉天，而車駕至宜壽縣渭水之陽，謂侍臣曰：『朕之此行，莫同永嘉之勢！』因潸然流涕。渾瑊對曰：『臨大難無憂懼者，聖人之勇也。』言訖，濟河。」按新傳，李惟簡追及上於盩厔西，然後渾瑊繼至。則上至渭陽時瑊猶未來。今不取。上命瑊戒嚴，瑊出，部勒未畢，上已出城西，命戴休顏守奉天，朝臣將士狼狽扈從。朝，直遙翻。將，即亮翻。從，才用翻。戴休顏徇於軍中曰：「懷光已反！」遂乘城拒守。

朱泚之稱帝也，朱泚稱帝見二百二十八卷建中四年。泚，且禮翻，又音此。兵部侍郎劉迺臥病在家，泚召之，不起；使蔣鎮自往說之，說，式芮翻。凡再往，知不可誘脅，誘，音酉。乃歎曰：「鎮亦忝列曹，不能捨生，以至於此，蔣鎮仕唐爲工部侍郎，故云亦忝列曹。爲泚所得，不能死而受泚官，自愧不能捨生取義。豈可復以己之腥臊汚漫賢者乎！」復，扶又翻。臊，蘇遭翻。汚，烏故翻。漫，謨官翻，塗也。歔欷而返。歔，音虛。欷，音希，又許既翻。迺聞帝幸山南，搏膺大呼，呼，火故翻。自投于牀，不食數日而卒。梁州在長安南山之南。劉迺以乘輿播遷，浸以益遠，故自絕於衾衽之間。

太子少師喬琳從上至盩厔，稱老疾不堪山險，削髮爲僧，匿於仙遊寺；泚聞之，召至長安，以爲吏部尚書。於是朝士之竄匿者多出仕泚矣！劉迺以乘輿不能復還而自絕，義不臣賊也；喬琳等以乘輿不能復還，出仕於泚，苟性命而貪祿利也。唐於此時，亦云殆矣。少，始照翻。盩厔，音舟窒。尙，辰羊翻。

懷光遣其將孟保、考異曰：邠志作「孟廷寶」。今從實錄。惠靜壽、孫福達將精騎趣南山邀車駕，達將，即亮翻，又音如字。騎，奇寄翻。趣，逡喻翻。遇諸軍糧料使張增於盩厔。使，疏吏翻。三將曰：「彼使我爲不臣，我以追不及報之，不過不使我將耳。」過，古禾翻，又古臥翻。將，即亮翻。言不過不使之爲將也。因目增曰：目增，示之以意，欲因其言以紿衆。「軍士未朝食，如何？」增紿其衆曰：「此東數里有佛祠，吾貯糧焉。」三將帥衆而東，縱之剽掠，紿，蕩亥翻。貯，丁呂翻。帥，讀曰率。剽，匹妙翻。由是百官從行者皆得入駱谷，以追不及還報，還，從宣翻，又音如字。考異曰：實錄曰：「纔入駱谷，懷光遣其將孟保等以數百騎來襲，爲後軍將侯仲莊所拒而退，遂焚店驛而去。」舊嚴震傳曰：「賴山南兵擊之而退，輿駕無警急之患。」今從邠志。懷光皆黜之。

6 河東將王權、馬彙引兵歸太原。將，卽亮翻。彙，于貴翻。權、彙入援見上卷上年。以上幸山南，聲問不接，故引兵歸。史言馬燧怠於勤王。

7 李晟得除官制，拜哭受命，謂河中、同、絳及加同平章事之命。晟，成正翻。謂將佐曰：「長安，宗廟所在，天下根本，若諸將皆從行，誰當滅賊者！」乃治城隍，繕甲兵，爲復京城之計。城隍，卽爲東渭橋營壍。治，直之翻。先是東渭橋有積粟十餘萬斛，度支給李懷光軍，幾盡。先，悉薦翻。度，徒洛翻。幾，居希翻。是時懷光、朱泚連兵，聲勢甚盛，車駕南幸，人情擾擾；晟以孤軍處二強寇之間，泚，且禮翻，又音此。處，昌呂翻。內無資糧，外無救援，徒以忠義感激將士，故其衆雖單弱而銳氣不衰。又以書遺懷光，辭禮卑遜，遺，唯季翻。雖示尊崇而諭以禍福，勸之立功補過，故懷光慚恧，未忍擊之。恧，女六翻。晟曰：「畿內雖兵荒之餘，猶可賦斂。斂，力贍翻。宿兵養寇，患莫大焉！」乃以判官張彧假京兆尹，擇四十餘人，假官以督渭北【章：十二行本「北」下有「諸縣」二字；乙十一行本同；孔本同；張校同。】芻粟，不旬日，皆充羨；羨，弋線翻。乃流涕誓衆，決志平賊。李懷光自河北千里赴難，不可謂不勇於勤王，以其兵力，固可以指期收復；君臣猜嫌，反忠爲逆，張名振所謂「自取族滅，富貴他人」，有味乎其言也！後之觀史者，觀懷光之勤王始末與張名振所以諫懷光之言，與夫史家歸功李晟之言，則凡居功名之際者，可不戒哉！

8 田悅用兵數敗，事並見前。數，所角翻。士卒死者什六七，其下皆厭苦之。上以給事中孔巢父爲魏博宣慰使。巢父性辯博，至魏州，對其衆爲陳逆順禍福；爲，于僞翻。悅及將士皆喜。兵馬使田緒，承嗣之子也，凶險，多過失，悅不忍殺，杖而拘之。悅既歸國，内外撤警備。三月，壬申朔，悅與巢父宴飲，緒對弟姪有怨言，其姪止之，緒怒，殺姪，既而悔之，曰：「僕射必殺我！」僕射，謂田悅也。既夕，悅醉，歸寢，緒與左右密穿後垣入，殺悅及其母、妻等十餘人，卽帥左右執刀立於中門之内夾道。帥，讀曰率。將旦，以悅命召行軍司馬扈㟧、判官許士則、都虞候蔣濟議事；府署深邃，外不知有變，士則、濟先至，召入，亂斫殺之。緒恐既明事泄，乃出門，出中門也。遇悅親將劉忠信方排牙，排牙者，牙前將士各執其物以立於庭下，俟節度使升聽事，以次參謁也。緒疾呼謂衆曰：「劉忠信與扈㟧謀反，昨夜刺殺僕射。」呼，火故翻；下同。刺，七亦翻。衆大驚，諠譁。忠信未及自辯，衆分裂殺之。扈㟧來，及戟門遇亂，節鎭外門列戟，故謂之戟門。招諭將士，將士從之者三分之一。緒懼，登城而立，田緒所登者，魏州牙城也。大呼謂衆曰：「緒，先相公之子，諸君受先相公恩，先相公，謂田承嗣也。若能立緒，兵馬使賞緡錢二千，大將半之，下至士卒，人賞百緡，竭公私之貨，五日取辦。」於是將士回首殺扈㟧，皆歸緒，軍府乃安。因請命於孔巢父，巢父命緒權知軍府。後數日，衆乃知緒殺其兄，田悅者，緒之從兄。雖悔怒，怒其殺兄而悔立之。而緒已立，無如之何。緒又殺悅親將薛有倫等二十餘人。

李抱眞、王武俊引兵將救貝州，聞亂，不敢進。朱滔聞悅死，喜曰：「悅負恩，天假手於緒也！」即遣其執憲大夫鄭景濟等執憲大夫，猶天朝御史大夫。將步騎五千助馬寔，合兵萬二千人攻魏州。寔軍王莽河，縱騎兵及回紇四出剽掠。滔別遣人【章：十二行本「人」下有「入城」二字；乙十一行本同。】說緒，許以本道節度使。緒方危急，遣隨軍侯臧詣貝州送款於滔，滔喜，遣臧還報，使亟定盟約。時緒部署城內已定，謂魏州城內也。李抱眞、王武俊又遣使詣緒，許以赴援，如悅存日之約。緒召將佐議之，幕僚曾穆、盧南史曰：「用兵雖尚威武，亦本仁義，然後有功。今幽陵之兵恣行殺掠，白骨蔽野，雖先僕射背德，背，蒲妹翻。其民何罪！今雖盛強，其亡可跂立而待也。跂，去智翻，舉踵而立也。況昭義、恆冀方相與攻之，昭義，李抱眞。恆冀，王武俊。柰何以目前之急欲從人爲反逆乎！不若歸命朝廷，天子方蒙塵於外，聞魏博使至必喜，官爵旋踵而至矣。」旋踵，轉足也。緒從之，遣使奉表詣行在，城守以俟命。

9 上之發奉天也，謂自奉天幸山南。韓遊瓌帥其麾下八百餘人還邠州。帥，讀曰率；下同。考異曰：邠志曰：「韓遊瓌使其子欽緒扈從，懷光知之，以戴休顏代領其職，仍假遊瓌邠州刺史，將使其黨張昕害之。遊瓌既失兵柄，未知所從。說客劉南金曰：『竊觀人心，莫不戀主。邠有留甲，可以圖變。公得之邠，殆天假也。』乃使麾下將范希朝、趙懷仙誘其軍歸邠，士皆從之。休顏率麾下卒據城門，士不得盡出，其從遊瓌至邠者八百餘人。」按舊遊瓌傳無受懷光邠州刺史事。休顏傳云：「及李懷光叛據咸陽，使誘休顏，休顏集三軍斬其使，嬰城自守。懷光大駭，遂自涇陽夜遁。其月，拜檢校工部尚書、奉天行營節度使。」且上幸山南，命休顏留守奉天，遊瓌先發懷光陰謀，二人豈肯更受懷光節度！蓋當時出幸蒼卒，遊瓌扈從不及，或以與渾瑊有隙，不敢南行，故帥麾下歸邠州耳。

李懷光以李晟軍浸盛，惡之，惡，烏路翻。欲引軍自咸陽襲東渭橋；三令其衆，衆不應，竊相謂曰：「若與我曹擊朱泚，惟力是視；若欲反，我曹有死，不能從也！」懷光知衆不可強，強，其兩翻。問計於賓佐，節度巡官良鄉李景略曰：良鄉，漢縣，屬涿郡，唐屬幽州。「取長安，殺朱泚，散軍還諸道，單騎詣行在，如此，臣節亦未虧，功名猶可保也。」頓首懇請，至於流涕，懷光許之。都虞候閻晏等勸懷光東保河中，徐圖去就，懷光乃說其衆曰：說，式芮翻。「今且屯涇陽，召妻孥於邠，俟至，與之俱往河中。春裝既辦，還攻長安，未晚也。東方諸縣皆富實，軍發之日，聽爾俘掠。」衆許之。東方諸縣，謂涇陽以東諸縣也。考異曰：幸奉天錄：「李晟至東渭橋，旬日之後，軍用整備。懷光患之，稍移軍涇陽，與朱泚約同滅晟軍。」舊懷光傳曰：「懷光劫李建徽等軍，移於好畤。」又曰：「居二旬，乃驅兵掠涇陽、富平，自同州往河中。」朱泚傳曰：「懷光爲泚所賣，慚怒憤恥，移於好畤。」按實錄：「三月甲申，懷光自咸陽燒營走歸河中。」幸奉天錄曰：「三月，懷光拔咸陽，掠三原等十二縣，雞犬無遺，老小步騎百餘萬。」皆不云移軍好畤及涇陽。今從邠志及幸奉天錄。懷光乃謂景略曰：「曏者之議，軍衆不從，子宜速去，不且見害！」遣數騎送之。景略出軍門，慟哭曰：「不意此軍【章：十二行本「軍」下有

「一旦」二字；乙十一行本同；孔本同。】陷於不義！」朔方軍平安、史，拒回紇、吐蕃，功高天下，備盡忠力，一旦從懷光反，是陷於不義。

懷光遣使詣邠州，令留後張昕悉發所留兵萬餘人及行營將士家屬會涇陽，仍遣其將劉禮等將三千餘騎脅遷之。韓遊瓌說昕曰：說，式芮翻。「李太尉功高，自【章：十二行本「自」下有「棄己」二字；乙十一行本同；孔本同；張校同。】蹈禍機；中丞今日可以自求富貴，遊瓌請帥麾下以從。」從，才用翻。昕曰：「昕微賤，賴李太尉得至此，不忍負也！」遊瓌乃謝病不出，陰與諸將高固、楊懷賓等相結。時崔漢衡以吐蕃兵營于邠南，高固曰：「昕以衆去，則邠城空矣。」乃詐爲渾瑊書，召吐蕃使稍逼邠城。昕等懼，竟不敢出。昕等謀殺諸將之不從者，遊瓌知之，先與高固等舉兵殺昕，昕，許斤翻。將，即亮翻。瓌，古回翻。考異曰：邠志曰：「三月二十三日，張昕戒劉禮等衷甲而入，昕小吏李岌密報遊瓌。遊瓌伏甲先起，高固等帥衆應之，遂斬昕于府中。遊瓌既據邠府，遣李旻，懷光乃走蒲州。」按實錄：「甲申，懷光自咸陽燒營，走歸河中。」然則遊瓌殺昕必在其前。今因懷光走見之。奉表以聞，且遣人告崔漢衡。漢衡矯詔以遊瓌知軍府事，軍中大喜。懷光子旻在邠，邠，卑旻翻。遊瓌遣之，或曰：「不殺旻，何以自明？」言遣旻則上疑遊瓌與懷光通，將無以自明也。遊瓌曰：「殺旻，懷光怒，其衆必至，不如釋旻以走之。」時楊懷賓子朝晟在懷光軍中爲右廂兵馬使，朝，直遙翻。晟，成正翻。使，疏吏翻。聞之，泣白懷光曰：「父立功於國，言其父殺張昕，以邠城返正也。子當誅夷，不可典兵。」懷光囚之。爲後赦朝晟張本。於是遊瓌屯邠寧，戴休顏屯奉天，駱元光屯昭應，尚可孤屯藍田，皆受李晟節度，晟軍聲大振。

始，懷光方強，朱泚畏之，與懷光書，以兄事之，約分帝關中，永爲鄰國。及懷光決反，逼乘輿南幸，泚，且禮翻，又音此。乘，繩證翻。其下多叛之，勢益弱。泚乃賜懷光詔書，以臣禮待之，且徵其兵。懷光慚怒，內憂麾下爲變，外怒李晟襲之，遂燒營東走，掠涇陽等十二縣，雞犬無遺。考異曰：舊高郢傳曰：「懷光將歸河中，郢言：『西迎大駕，豈非忠乎！』懷光不聽。」按德宗因懷光迫逐，遂幸梁州。借使懷光欲迎駕，德宗豈肯來乎！今不取。及富平，懷光行及富平也。大將孟涉、段威勇將數千人奔于李晟，將士在道散亡相繼。至河中，或勸河中守將呂鳴岳焚橋拒之，鳴岳以兵少恐不能支，遂納之，若呂鳴岳焚蒲津橋，懷光將士之心已離，必潰散於河西，不得至河中矣。將，卽亮翻。少，詩沼翻。河中尹李齊運棄城走。懷光遣其將趙貴先築壘於同州，備唐兵討之也。刺史李紓懼，奔行在；幕僚裴向攝州事，詣貴先，責以逆順之理，貴先感寤，遂請降，同州由是獲全。向，遵慶之子也。裴遵慶，肅宗朝爲相。懷光使其將符嶠襲坊州，據之，渭北守將竇覦帥獵團七百圍之；團結獵戶爲兵，謂之獵團。帥，讀曰率。嶠請降。詔以覦爲渭北行軍司馬。

10 丁亥，以李晟兼京畿、渭北、鄜、坊、丹、延節度使。鄜，音夫。

11 庚寅，車駕至城固。唐安公主薨，蜀州唐安郡。上長女也。

上在道，民有獻瓜果者，上欲以散試官授之，散官，卽文散階、武散階也。試官事始見二百五卷武后長壽元年。訪於陸贄，贄上奏，以爲：「爵位恆宜愼惜，不可輕用。恆，戶登翻。起端雖微，流弊必大。獻瓜果者，止可賜以錢帛，不當酬以官。」上曰：「試官虛名，無損於事。」贄又上奏，其略曰：「自兵興以來，財賦不足以供賜，而職官之賞興焉；青朱雜沓於胥徒，周禮六官之屬，大夫、士之下有府史、胥徒。鄭氏註曰：胥徒，民之給傜役者，若今衞士矣。胥，讀如諝，謂其有才智爲什長。胥，私呂翻，又思餘翻。金紫普施於輿皁。左傳芈無宇曰：人有十等，王臣公，公臣大夫，大夫臣士，士臣皁，皁臣輿，輿臣隸，隸臣僚，僚臣僕，僕臣臺。當今所病，方在爵輕，設法貴之，猶恐不重，若又自棄，將何勸人！夫誘人之方，惟名與利，名近虛而於敎爲重，利近實而於德爲輕。近，其靳翻。專實利而不濟之以虛，則耗匱而物力不給；專虛名而不副之以實，則誕謾而人情不趨。誕謾，虛言也。趨，七喻翻，又音如字。故國家命秩之制，有職事官，有散官，有勳官，有爵號，然掌務而授俸者，唯繫職事之一官也，此所謂施實利而寓虛名者也。其勳、散、爵號三者所繫，大抵止於服色、資蔭而已，服色，謂紫、緋、淺緋、深綠、淺綠、深靑、淺靑及黃，其色各以品爲差。資蔭，謂隨資品得蔭其子若孫及曾孫也。此所謂假虛名而佐實利者也。今之員外、試官，頗同勳、散、爵號，雖則授無費祿，受不占員，占，之贍翻。然而突銛鋒、排患難者則以是賞之，銛，息廉翻，利也。難，乃旦翻。竭筋力、展勞效者又以是酬之。若獻瓜果者亦授試官，則彼必相謂曰：『吾以忘軀命而獲官，此以進瓜果而獲官，是乃國家以吾之軀命同於瓜果矣。』視人如草木，誰復爲用哉！復，扶又翻。今陛下既未有實利以敦勸，又不重虛名而濫施，人無藉焉。則後之立功者，將曷用爲賞哉！」

贄在翰林，爲上所親信，居艱難中，雖有宰相，大小之事，上必與贄謀之，故當時謂之內相，相，息亮翻；下同。上行止必與之俱。梁、洋道險，嘗與贄相失，經夕不至，上驚憂涕泣，募得贄者賞千金。久之，乃至，上喜甚，太子以下皆賀。然贄數直諫，迕上意，數，所角翻。迕，五故翻。盧杞雖貶官，杞貶官，見上卷上年。上心庇之。贄極言杞姦邪致亂，上雖貌從，心頗不悅，故劉從一、姜公輔皆自下陳登用，二人爲相見上卷上年。劉從一自吏部郎中，姜公輔自翰林學士。下陳，猶下列也。贄恩遇雖隆，未得爲相。爲上追仇陸贄盡言而貶贄張本。

壬辰，車駕至梁州。山南地薄民貧，自安、史以來，盜賊攻剽，剽，匹妙翻。戶口減耗太半，雖節制十五州，十五州，梁、洋、興、鳳、開、通、渠、集、蓬、利、壁、巴、閬、果、金也。租賦不及中原數縣。及大駕駐蹕，糧用頗窘。上欲西幸成都，嚴震言於上曰：「山南地接京畿，李晟方圖收復，藉六軍以爲聲援。若幸西川，則晟未有收復之期也。」衆議未決，會李晟表至，言：「陛下駐蹕漢中，所以繫億兆之心，成滅賊之勢；若規小捨大，規小，謂欲幸成都以便資用。捨大，謂捨興復之功而苟安於一隅。遷都岷、峨，則士庶失望，雖有猛將謀臣，無所施矣！」上乃止。嚴震百方以聚財賦，民不至困窮而供億無乏。牙將嚴礪，震之從祖弟也，震使掌轉餉，事甚脩辨。史

言嚴震供奉車駕無闕之功。辨，讀曰辨。【章：十二行本正作「辦」；乙十一行本同。】

12 初，奉天圍既解，李楚琳遣使入貢，上不得已除鳳翔節度使，而心惡之。惡其殺張鎰而附朱泚，且在肘腋之下也。惡，烏路翻。議者言楚琳凶逆反覆，若不隄防，恐生窺伺；伺，相吏翻。由是楚琳使者數輩至，上皆不引見，見，賢遍翻。留之不遣。甫至漢中，欲以渾瑊代楚琳鎮鳳翔，陸贄上奏，以爲：「楚琳殺帥助賊，事見二百二十八卷建中四年。帥，所類翻。其罪固大，但以乘輿未復，大憝猶存，書云：元惡大憝。憝，亦惡也，音徒對翻。勤王之師悉在畿內，急宣速告，晷刻是爭。言較晷刻而爭遲速也。商嶺則道迂且遙，駱谷復爲盜所扼，復，扶又翻。僅通王命，唯在褒斜，據九域志，商州之路，達金、洋皆數百里，而洋又遠於金。自商州西至長安復二百餘里，則其路迂遙，至長安蓋一千一百餘里。自駱谷關至洋州亦五百餘里。惟寶雞南入大散關，至梁州五百里而近。宋白曰：興元府東北至長安，取駱谷路六百五十二里，取斜谷路九百二十三里，驛路一千二百二十三里。此路若又阻艱，南北遂將夐絕。夐，休正翻。以諸鎮危疑之勢，居二逆誘脅之中，二逆，謂朱泚、李懷光也。誘，音酉。洶洶羣情，各懷向背。背，蒲妹翻。儻或楚琳發憾，公肆猖狂，南塞要衝，塞，悉則翻。東延巨猾，則我咽喉梗而心膂分矣。咽，因肩翻。今楚琳能兩端顧望，乃是天誘其衷，兩端顧望，謂李楚琳外奉朝廷而陰事朱泚。杜預曰：衷，中也。陸德明曰：衷，音中，或丁仲翻。故通歸塗，將濟大業。陛下誠宜深以爲念，厚加撫循，得其遲疑，便足集事。必欲精求素行，追抉宿疵，行，下孟翻。抉，於決翻。則是改過不足以補愆，自新不足以贖罪。凡今將吏，豈得盡無疵瑕，人皆省思，省，悉景翻。孰免疑畏！又況阻命之輩，脅從之流，自知負恩，安敢歸化！斯釁非小，所宜速圖。伏願陛下思英主大略，勿以小不忍虧撓興復之業也。」撓，奴教翻。上釋然開悟，善待楚琳使者，優詔存慰之。

13 丁酉，加宣武節度使劉洽同平章事。

14 己亥，以行在都知兵馬使渾瑊同平章事兼朔方節度使，朔方、邠寧、振武、永平、奉天行營兵馬副元帥。將罷李懷光兵權，故先用渾瑊。

15 庚子，詔數李懷光罪惡，數，所具翻，又所主翻。敍朔方將士忠順功名，猶以懷光舊勳，曲加容貸，其副元帥、太尉、中書令、河中尹幷朔方諸道節度、觀察等使，宜並罷免，將，即亮翻。貸，來戴翻。考異曰：舊高郢傳曰：「懷光歸河中，又欲悉衆而西。時渾瑊軍孤，羣帥未集，郢與李鄘誓死駐之。屬懷光長子璀候郢，郢乃諭以逆順曰：『人臣所宜效順，且自天寶以來，阻兵者今復誰在！況國家自有天命，非獨人力，今若恃衆西向，自絕于天，安知三軍不有奔潰者乎！』李璀震懼，流淚氣索。明年春，郢與都知兵馬使呂鳴岳、都虞候張延英同謀，間道上表。及受密詔事泄，二將立死。懷光乃大集將卒，白刃盈庭，引郢詰之。郢挺然抗詞，無所慚隱，憤氣感發，觀者涙下；懷光慚沮而止。」按實錄：懷光以興元元年三月甲申走歸河中。己亥，以渾瑊爲副元帥。四月辛丑朔，始臨軒授瑊節鉞，與郢傳年月全不相應。今不取。授太子太保；其所管兵馬，委本軍自舉一人功高望重者便宜統領，速具奏聞，當授旌旄，以從人欲。旌旄，猶言節旄也。

16夏，四月，壬寅，以邠寧兵馬使韓遊瓌爲邠寧節度使。癸卯，以奉天行營兵馬使戴休顏爲奉天行營節度使。

17靈武守將甯景璿爲李懷光治第，別將李如暹曰：「李太尉逐天子，而景璿爲之治第，治，直之翻。爲，于僞翻。是亦反也！」攻而殺之。

18甲辰，加李晟鄜坊、京畿、渭北、商華副元帥。分李懷光兵柄以授李晟、渾瑊。鄜，音夫。華，戶化翻。晟家百口及神策軍士家屬皆在長安，朱泚善遇之。軍中有言及家者，晟泣曰：「天子何在，敢言家乎！」泚使晟親近以家書遺晟遺，唯季翻。曰：「公家無恙。」晟怒曰：「爾敢爲賊爲間！」爲賊，于僞翻。間，古莧翻。立斬之。軍士未授春衣，盛夏猶衣裘褐，猶衣，於既翻。終無叛志。史言李晟以忠義感激士心。

乙巳，以陝虢防遏使唐朝臣爲河中、同絳節度使。陝，失冉翻。前河中尹李齊運爲京兆尹，供晟軍糧役。役者，輓輸浚築之事。

19庚戌，以魏博兵馬使田緒爲魏博節度使。

20渾瑊帥諸軍出斜谷，帥，讀曰率。崔漢衡勸吐蕃出兵助之，尚結贊曰：「邠軍不出，將襲我後。」韓遊瓌聞之，遣其將曹子達將兵三千往會瑊軍，吐蕃遣其將論莽羅依將兵二萬從之。李楚琳遣其將石鍠將卒七百從瑊拔武功，鍠，戶盲翻。庚戌，朱泚遣其將韓旻攻武功，鍠以其衆迎降。瑊戰不利，收兵登西原。其地高平，在武功縣西，故曰西原。會曹子達以吐蕃至，擊旻，大破之於武亭川，考異曰：邠志云「十日破旻等」，而實錄云「乙丑」，蓋奏到之日也。今從邠志。斬首萬餘級，旻僅以身免。瑊遂引兵屯奉天，與李晟東西相應，以逼長安。

21 上欲爲唐安公主造塔，厚葬之，時唐安公主薨於城固。塔，浮圖也。爲，于僞翻。諫議大夫、同平章事姜公輔表諫，以爲「山南非久安之地，公主之葬，會歸上都，會，合也，要也。上都，謂長安。此宜儉薄，以副軍須之急。」凡行軍資糧器械所須者，皆謂之軍須。上使謂陸贄曰：「唐安造塔，其費甚微，非宰相所宜論。公輔正欲指朕過失，自求名耳。相負如此，當如何處之？」相，息亮翻。處，昌呂翻。贄上奏，以爲公輔任居宰相，遇事論諫，不當罪之，其略曰：「公輔頃與臣同在翰林，臣今據理辯直則涉於私黨之嫌，希旨順成則違於匡輔之義；涉嫌止貽於身患，違義實玷於君恩。徇身忘君，臣之恥也！」玷，都念翻，玉病也。又曰：「唯闇惑之主，則怨讟溢於下國而耳不欲聞，腥德達於上天而心不求寤，讟，徒牧翻，謗也。書呂刑曰：德刑發聞惟腥。迨乎顛覆，猶未知非。」又曰：「當問理之是非，豈論事之大小！虞書曰：『兢兢業業，一日二日萬幾。』幾，居希翻。見皋陶謨。唐、虞之際，主聖臣賢，慮事之微，日至萬數。然則微之不可不重也如此，陛下又安可忽而不念乎！」又曰：「若以諫爭爲指過，爭，讀曰諍。則剖心之主不宜見罪於哲王；武王數紂之罪曰：斮朝涉之脛，剖賢人之心。以諫爭爲取名，則匪躬之臣不應垂訓於聖典。」易曰：王臣蹇蹇，匪躬之故。應，一凌翻。又曰：「假有意將指過，諫以取名，但能聞善而遷，見諫不逆，則所指者適足以彰陛下莫大之善，所取者適足以資陛下無疆之休。因而利焉，所獲多矣。儻或怒其指過而不改，則陛下招惡直之譏；惡，烏路翻，又如字。黜其取名而不容，則陛下被違諫之謗；被，皮義翻。是乃掩己過而過彌著，損彼名而名益彰。果而行之，所失大矣。」上意猶怒，甲寅，罷公輔爲左庶子。

22 加西川節度使張延賞同平章事，賞其供億無乏故也。上在漢中，藉西川供億，爲張延賞入相張本。上，時掌翻。使，疏吏翻。

23 朱泚、姚令言數遣人誘涇原節度使馮河清，泚，且禮翻，又音此。數，所角翻。誘，音酉。使，疏吏翻。河清皆斬其使者。大將田希鑒密與泚通，殺河清，以軍府附於泚；泚以希鑒爲涇原節度使。將，即亮翻。考異曰：邠志曰：「興元元年四月，渾公受鉞專征，出斜谷，崔公勸吐蕃分軍應援。尚結贊曰：『邠軍不出，乘我也。』韓公使曹子達帥甲三千赴于渾公，吐蕃乃以二萬餘從之。李楚琳使石鍠以卒七百人從渾公進收武功，遂居之。十日，朱泚使韓旻、田旻以卒三千寇武功，渾公禦之，陳于東郊。石鍠以其卒降旻於陳。渾公軍敗，乃馳登西原，建旗收卒。會邠師以吐蕃至，賊不知，乃悉衆追渾公，遂爲吐蕃所覆，皆死焉。田旻以馬逸獲免。吐蕃既勝泚軍，乃大掠而去。涇人相傳，言吐蕃助國有功，將以叛卒之孥賞而歸之。涇人曰：『不殺馮公，雖吾親族，亦將不免矣。』十四日，涇卒殺河清，以田希鑒請命於泚。泚授希鑒涇原節度大使，賜金帛，使和西戎，西戎皆受賂焉。希鑒疏涇將之不與己者以告朱泚，請殺之。泚曰：『我曲彼直』，不許。」按希鑒殺河清，必有宿謀，或爲此詭言以搖衆耳。今從實錄。河清死在三月，今從邠志。

24 上問陸贄：「近有卑官自山北來者，梁州，在山南。岐、雍，在山北。率非良士。有邢建者，論說賊勢，語最張皇，皇，大也。察其事情，頗似窺覘，覘，丑廉翻，又丑豔翻。今已於一所安置。如此之類，更有數人，若不追尋，恐成姦計。卿試思之，如何爲便？」贄上奏，以爲今盜據宮闕，有冒涉險遠來赴行在者，當量加恩賞，豈得復猜慮拘囚！量，音良。復，扶又翻。其略曰：「以一人之聽覽而欲窮宇宙之變態，以一人之防慮而求勝億兆之姦欺，役智彌精，失道彌遠。項籍納秦降卒二十萬，慮其懷詐復叛，一舉而盡阬之，其於防虞，亦已甚矣。阬降卒事見九卷漢高祖元年。漢高豁達大度，天下之士至者，納用不疑，其於備慮，可謂疏矣。疏，與疎同。然而項氏以滅，劉氏以昌，蓄疑之與推誠，其效固不同也。秦皇嚴肅雄猜，而荆軻奮其陰計；事見七卷秦始皇二十年。光武寬容博厚，而馬援輸其款誠。事見四十一卷漢世祖建武四年。豈不以虛懷待人，人亦思附；任數御物，物終不親！情思附則感而悅之，雖寇讎化爲心膂矣；意不親則懼而阻之，雖骨肉結爲仇慝矣。」又曰：「陛下智出庶物，有輕待人臣之心；思周萬機，有獨馭區寓之意；謀吞衆略，有過慎之防；明照羣情，有先事之察；先，悉薦翻。嚴束百辟，有任刑致理之規；威制四方，有以力勝殘之志。此數語，曲盡德宗心事，異日安免追仇乎！由是才能者怨於不任，忠藎者憂於見疑，藎，徐刃翻。詩：王之藎臣。毛氏傳曰：藎，進也。著勳業者懼於不容，懷反側者迫於及討，馴致離叛，構成禍災。天子所作，天下式瞻，小猶慎之，矧又非小！願陛下以覆車之轍爲戒，實宗社無疆之休。」

25 丁巳，以前山南東道節度使南皮賈耽爲工部尚書。先是，耽使行軍司馬樊澤奏事行在，先，悉薦翻。澤既復命，方大宴，有急牒至，以澤代耽爲節度使。事見上卷興元元年。耽内牒懷中，宴飲如故，顏色不改；宴罷，召澤告之，且命將吏謁澤。牙將張獻甫怒曰：「行軍爲尚書問天子起居，爲，于僞翻。乃敢自圖節鉞，奪尚書土地，事人不忠，【章：十二行本「忠」下有「衆心不服」四字；乙十一行本同。】請殺之。」耽曰：「是何言也！天子所命，即爲節度使矣！」即日離鎮，以獻甫自隨，軍府遂安。即日離鎮，既得「君命召，不俟駕」之義，亦所以遏亂原。以張獻甫自隨，則樊澤無所猜嫌，亦所以全獻甫也。離，力智翻。

26 左僕射李揆自吐蕃還，甲子，薨於鳳州。李揆入吐蕃見二百二十八卷建中四年。蓋自吐蕃還赴興元，至鳳州而薨。

27 韓游瓌引兵會渾瑊於奉天。

28 丙寅，加平盧節度使李納同平章事。

29 丁卯，義王玼薨。玼，玄宗子。玼，音此，又且禮翻。

30 朱滔攻貝州百餘日，馬寔攻魏州亦踰四旬，皆不能下。賈林復爲李抱眞說王武俊復，扶又翻。爲，于僞翻。說，輸芮翻。曰：「朱滔志吞貝、魏，復值田悅被害，復，扶又翻。儻旬日不救，則魏博皆爲滔有矣。魏博既下，則張孝忠必爲之臣。張孝忠時鎮易、定。滔連三道之兵，三道，謂幽州、易定、魏博。益以回紇，時回紇遣兵助滔。進臨常山，恒州常山郡，王武俊居之。明公欲保其宗族，得乎！常山不守，則昭義退保西山，自常山南至趙州，皆恒冀巡屬。又西南抵邢州界，即昭義巡屬，阻山以爲固。河朔盡入於滔矣。不若乘貝、魏未下，與昭義合兵救之；滔既破亡，則關中喪氣，朱泚不日梟夷，朱泚竊據關中，滔破則泚喪氣矣。喪，息浪翻。鑾輿反正，諸將之功，孰有居明公之右者哉！」武俊悅，從之。

戊辰，武俊軍于南宮東南，抱眞自臨洺引兵會之，與武俊營相距十里。兩軍尚相疑，明日，抱眞以數騎詣武俊營；賓客共諫止之，抱眞命行軍司馬盧玄卿勒兵以俟，曰：「吾之此舉，繫天下安危，若其不還，領軍事以聽朝命亦惟子，勵將士以雪讎恥亦惟子。」言終，遂行。武俊嚴備以待之，抱眞見武俊，敍國家禍難，難，乃旦翻。天子播遷，持武俊哭，流涕縱橫。縱，子容翻。武俊亦悲不自勝，勝，音升。左右莫能仰視，遂與武俊約爲兄弟，誓同滅賊。武俊曰：「相公十兄名高四海，李抱眞第十，故呼爲十兄。嚮蒙開諭，得棄逆從順，免菹醢之罪，享王公之榮。今又不間胡虜，間，古莧翻。王武俊本出於夷落。辱爲兄弟，武俊當何以爲報乎！滔所恃者回紇耳，不足畏也。戰日，願十兄按轡臨視，武俊決爲十兄破之。」決爲，于僞翻。抱眞退入武俊帳中，酣寢久之；武俊感激，待之益恭，指心仰天曰：「此身已許十兄死矣！」史言抱眞推心待武俊以成大功。遂連營而進。

31 山南地熱，上以軍士未有春服，亦自御裌衣。裌，音夾。

容肇祖標點聶崇岐覆校

資治通鑑卷第二百三十一

端明殿學士兼翰林侍讀學士太中大夫提舉西京嵩山崇福宮上柱國河内郡開國公食邑二千二百户食實封九百户賜紫金魚袋臣司馬光　奉敕編集

後學天台胡三省　音註

唐紀四十七

起閼逢困敦（甲子）五月，盡旃蒙赤奮若（乙丑）七月，凡一年有奇。

德宗神武聖文皇帝六

興元元年（甲子、七八四）

1 五月，鹽鐵判官萬年王紹以江、淮繒帛來至，萬年，京縣，屬京兆。繒，慈陵翻。上命先給將士，然後御衫。始改御裌而御衫。衫，單衣也。將，即亮翻。韓滉欲遣使獻綾羅四十擔詣行在，滉，呼廣翻。使，疏吏翻。羅，綺也。綾，文繒。丁度曰：古者芒氏初作羅。一曰，帛之美者。今人以絲縷織而交眼者爲羅。擔，都濫翻。肩負爲擔。天子所至爲行在所。幕僚何士幹請行；滉喜曰：「君能相爲行，爲，于僞翻。請今日過江。」士幹許諾，歸別家，則家之薪米儲偫已羅門庭矣；偫，直里翻。登舟，則資裝器用已充舟中矣；下至廚籌，廚籌，當作「廁籌」。【章：乙十五行本「廚」正作「廁」；乙十一行本同；孔本同。】滉皆手筆記列，無不周備。史言韓滉強敏精密。又運米百艘以餉李晟，艘，蘇遭翻；下同。晟，成正翻。考異曰：柳玭敘訓曰：「上初至梁，省奏甚悅。又知西平聚兵乏糧糗，命運米百艘。」按五月初梁州尚未春服，月末已克長安。梁、潤相去數千里，詔命豈能遽達乎！今不取。自負囊米置舟中，將佐爭舉之，須臾而畢。艘置五弩手以爲防援，有寇則叩舷相警，將，即亮翻。叩，擊也。船邊曰舷，音胡田翻。五百弩已彀矣。比至渭橋，彀，居候翻，引滿。比，必利翻，及也。盜不敢近。近，其靳翻。時關中兵荒，米斗直錢五百；及滉米至，減五之四。滉爲人強力嚴毅，自奉儉素，夫人常衣絹裙，衣，於既翻。絹，與掾翻。縑，帛織成而無紋，其精善者曰繒，俗亦謂之絹。破，然後易。

2 吐蕃既破韓旻等，吐，從暾入聲。破韓旻見上卷是年四月。大掠而去。朱泚使田希鑒厚以金帛賂之，吐蕃受之；韓遊瓌以聞。渾瑊又奏：「尚結贊屢遣人約刻日共取長安，既而不至；聞其衆今春大疫，近已引兵去。」泚，且禮翻，又音此。瓌，工回翻。渾，戶昆翻，又戶本翻。瑊，古銜翻。考異曰：實錄、舊本紀皆云：「乙丑，渾瑊與蕃將論莽羅衣衆大破朱泚將韓旻等於武功武亭川。」吐蕃傳亦同。邠志曰：「李懷光竟不署敕，結贊亦不進軍。」又曰：「渾公出斜谷，曹子達赴渾公，吐蕃以二萬騎從之，既勝泚軍，大掠而去。泚使田希鑒以金帛賂之。」蓋尚結贊雖引兵入塞，止屯邠南，但遣論莽羅衣將偏軍助瑊破泚於武功，大掠而去。既受泚賂，遂引兵歸國。瑊於吐蕃歸國之時有此奏耳。上以李晟、渾瑊兵少，少，詩沼翻。欲倚吐蕃以復京城，聞其去，甚憂之，以問陸贄。贄以爲吐蕃貪狡，有害無益，得其引去，實可欣賀；乃上奏，其略曰：「吐蕃遷延顧望，反覆多端，深入郊畿，陰受賊使，使，疏吏翻。致令羣帥進退憂虞；帥，所類翻。欲捨之獨前，則慮其懷怨乘躡；乘其虛、躡其後也。躡，尼輒翻。欲待之合勢，則苦其失信稽延。戎若未歸，寇終不滅。」又曰：「將帥意陛下不見信任，且患蕃戎之奪其功；士卒恐陛下不恤舊勞，而畏蕃戎之專其利；賊黨懼蕃戎之勝，不死則悉遺人禽；遺，唯季翻。百姓畏蕃戎之來，有財必盡爲所掠。是以順於王化者其心不得不怠，陷於寇境者其勢不得不堅。」又曰：「今懷光別保蒲、絳，吐蕃遠避封疆，形勢既分，腹背無患，瑊、晟諸帥，才力得伸。」又曰：「但願陛下慎於撫接，勤於砥礪，中興大業，旬月可期，不宜尚眷眷於犬羊之羣，以失將士之情也。」

上復使謂贄曰：「卿言吐蕃形勢甚善，然瑊、晟諸軍當議規畫，令其進取。朕欲遣使宣慰，卿宜審細條流【章：乙十一行本「流」作「疏」；孔本同。】以聞。」條，分也。流，派也。贄以爲：「賢君選將，委任責成，故能有功。況今秦、梁千里，秦，謂咸陽。長安，古秦中之地。梁，謂梁州。兵勢無常，遙爲規畫，未必合宜。彼違命則失君威，從命則害軍事，進退羈礙，難以成功；史炤曰：羈，馬絡頭也。礙，謂羈所掛礙也。余謂贄言羈礙者，蓋謂欲進則有所羈而不得進，欲退則有所礙而不得退也。不若假以便宜之權，待以殊常之賞，則將帥感悅，智勇得伸。」乃上奏，其略曰：「鋒鏑交於原野而決策於九重之中，機會變於斯須而定計於千里之外，用捨相礙，否臧皆凶。易曰：師出以律，否臧凶。王弼註曰：齊衆以律，失律則散。律不可失，失律而臧，何異於否。失令有功，法所不赦，故師出不以律，否臧皆凶。陸德明釋文曰：否，音鄙，惡也。臧，作郎翻，善也。上有掣肘之譏，宓子賤爲單父宰，請吏於魯侯。魯侯使二吏與之俱至單父，子賤使吏書而掣其肘，書惡則從而怒之。二吏歸，以告魯侯。魯侯曰：「此謂吾橈其政也。」下無死綏之志。」兵志曰：將軍死綏，有前無卻。又曰：「傳聞與指實不同，懸算與臨事有異。」又曰：「設使其中有肆情干命者，陛下能於此時戮其違詔之罪乎？是則違命者既不果行罰，從命者又未必合宜，徒費空言，祇勞睿慮，匪惟無益，其損實多。」又曰：「君上之權，特異臣下，惟不自用，乃能用人。」

3 癸酉，涇王侹薨。侹，肅宗子；音他頂翻。

4 徐、海、沂、密觀察使高承宗卒，建中二年，李洧以徐州歸國，明年，以爲徐、沂、密觀察使。洧卒，高承宗代之。甲戌，使其子明應知軍事。

5 乙亥，李抱眞、王武俊距貝州三十里而軍。朱滔聞兩軍將至，急召馬寔，寔晝夜兼行赴之。或謂滔曰：「武俊善野戰，不可當其鋒，宜徙營稍前逼之，使回紇絕其糧道。我坐食德、棣之餫，餫，音運。糧運曰餫。依營而陳，陳，讀曰陣。利則進攻，否則入保，待其飢疲，然後可制也。」滔疑未決。會馬寔軍至，滔命明日出戰。寔言：「軍士冒暑困憊，憊，音蒲拜翻。請休息數日乃戰。」

常侍楊布、滔倣天朝置常侍。將軍蔡雄引回紇達干見滔，達干曰：「回紇在國與鄰國戰，常以五百騎破鄰國數千騎，如掃葉耳。今受大王金帛、牛酒前後無算，思爲大王立效，爲，于僞翻；下同。此其時矣。明日，願大王駐馬高丘，觀回紇爲大王翦武俊之騎，使匹馬不返。」爲，于僞翻。布、雄曰：「大王英略蓋世，舉燕、薊全軍，將掃河南，清關中，今見小敵冘豫不擊，冘，讀與猶同。按後漢書馬援傳，計冘豫未決。章懷太子賢註曰：冘，行貌也，義見說文。豫，亦未定也。冘，音以林翻。毛晃曰：冘豫不定，後漢馬援傳計冘豫未決，字從犬曲其足，與古尤同。與侵韻冘韻不同。唐史冘豫音淫，誤。今從晃。失遠近之望，將何以成霸業乎！達干請戰是也。」滔喜，遂決意出戰。

丙子旦，武俊遣其兵馬使趙琳將五百騎伏於桑林，桑林之地，在經城西南。抱眞列方陳於後，陳，讀曰陣；下同。武俊引騎兵居前，自當回紇。回紇縱兵衝之，武俊使其騎控馬避之。回紇突出其後，將還，武俊乃縱兵擊之，趙琳自林中出橫擊之，回紇敗走。武俊急追之，滔騎兵亦走，自踐其步陳，步騎皆東奔，滔不能制，遂走趣其營，趣，七喻翻；下同。抱眞、武俊合兵追擊之。時滔引三萬人出戰，死者萬餘人，逃潰者亦萬餘人，滔纔與數千人入營堅守。會日暮，昏霧，兩軍不能進，抱眞軍其營之西北，武俊軍其東北。滔夜焚營，引兵出南門，趣德州遁去，委棄所掠資財山積；兩軍以霧，不能追也。

滔殺楊布、蔡雄而歸幽州，心既內慚，又恐范陽留守劉怦因敗圖己。怦，普耕翻。怦悉發留守兵夾道二十里，具儀仗，迎之入府，相對悲喜，時人多之。

6 初，張孝忠以易州歸國，詔以孝忠爲義武節度使，以易、定、滄三州隸之。事見二百二十七卷建中三年。滄州刺史李固烈，李惟岳之妻兄也，李惟岳，本姓張，故娶李氏。請歸恆州，孝忠遣押牙安喜程華交其州事。安喜縣，漢之盧奴縣，屬中山國，燕主慕容垂改爲不連，北齊改爲安喜，隋改爲鮮虞，唐武德四年復爲安喜，帶定州。固烈悉取軍府綾、縑、珍貨數十車，將行，軍士大譟曰：「刺史掃府庫之實以行，將士於後飢寒，柰何！」遂殺固烈，屠其家。程華聞亂，自竇逃出，亂兵求得之，請知州事；華不得已，從之。孝忠聞之，卽版華攝滄州刺史。考異曰：舊張孝忠傳曰：「遣華往滄州交檢府藏。」程日華傳曰：「孝忠令華詣固烈交郡，固烈死，孝忠版華知滄州事。」燕南記曰：「孝忠差牙官程華與固烈交割，固烈死，孝忠聞之，當日差人送文牒，令攝刺史。」按固烈既去，則滄州無主，孝忠豈得但令華交檢府藏！今從華傳及燕南記。華素寬厚，推心以待將士，將士安之。

會朱滔、王武俊叛，更遣人招華，更，工衡翻，迭也。華皆不從。時孝忠在定州，自滄如定，必過瀛州，瀛隸朱滔，道路阻澀。澀，色立翻。史炤曰：阻，隔也。澀，不通滑也。滄州錄事參軍李宇說華，表陳利害，請別爲一軍，華從之；說，輸芮翻；下同。遣宇奉表詣行在。上卽以華爲滄州刺史、橫海軍副大使、知節度事，賜名日華，令日華歲供義武租錢十二萬緡。

王武俊又使人說誘之；時軍中乏馬，日華紿使者曰：「王大夫必欲相屬，當以二百騎相助。」武俊給之，日華悉留其馬，遣其士歸。武俊怒，而方與馬燧等相拒，不能攻取，日華由是獲全。及武俊歸國，日華乃遣人謝過，償其馬價，且賂之。武俊喜，復與交好。騎，奇寄翻。好，呼到翻。

7 庚寅，李晟大陳兵，諭以收復京城。先是，姚令言等屢遣諜人覘晟進軍之期，先，悉薦翻。諜，徒協翻。覘，丑廉翻。皆爲邏騎所獲。邏，郎佐翻，巡察者也。晟引示以所陳兵，謂曰：「歸語諸賊：語，牛倨翻。努力固守，勿不忠於賊也！」皆飲之酒，飲，於禁翻。給錢而縱之。遂引兵至通化門外，曜武而還，還，從宣翻，又如字。賊不敢出。晟召諸將，問兵所從入，皆請「先取外城，據坊市，然後北攻宮闕。」晟曰：「坊市狹隘，賊若伏兵格鬬，居人驚亂，非官軍之利也。今賊重兵皆聚苑中，不若自苑北攻之，潰其腹心，賊必奔亡。如此，則宮闕不殘，坊市無擾，策之上者也！」諸將皆曰：「善！」乃牒渾瑊及鎮國節度使駱元光、商州節度使尚可孤，刻期集於城下。京城之下也。

壬辰，尚可孤敗泚將仇敬忠於藍田西，斬之。敗，補邁翻。乙未，李晟移軍於光泰門外米倉村。光泰門，苑城東北門。程大昌曰：光泰門在通化門北，小城之東門，門東七里有長樂坡。呂大防長安圖：光泰門者，京城東門，大明宮東苑之東。丙申，晟方自臨築壘，泚驍將張庭芝、李希倩引兵大至，晟謂諸將曰：「始吾憂賊潛匿不出，今來送死，此天贊我，不可失也！」命副元帥兵馬使吳詵等縱兵擊之。時華州營在北，兵少，華州兵，駱元光之兵。華，戶化翻。少，詩沼翻。賊併力攻之，晟命牙前將李演等帥精兵救之。演等力戰，賊敗走；演等追之，乘勝入光泰門；再戰，又破之。會夜，晟斂兵還。賊餘衆走入白華門，白華殿門也。夜，聞慟哭。希倩，希烈之弟也。

丁酉，晟復出兵，復，扶又翻。諸將請待西師至夾攻之。西師，謂渾瑊之師也。晟曰：「賊數敗，已破膽，數，所角翻。不乘勝取之，使其成備，非計也。」賊又出戰，官軍屢捷；駱元光敗泚衆於滻西。敗，補邁翻。戊戌，晟陳兵於光泰門外，使李演及牙前兵馬使王佖將騎兵，佖，蒲必翻。牙前將史萬頃將步兵，直抵苑牆神麚村。按新書李晟傳，神麚村在苑北。麚，古牙翻。晟先使人夜開苑牆二百餘步，比演等至，比，必利翻，及也。賊已樹栅塞之，自栅中刺射官軍，塞，悉則翻。刺，七亦翻。射，而亦翻。官軍不得進。晟怒，叱諸將曰：「縱賊如此，吾先斬公輩矣！」萬頃懼，帥衆先進，拔栅而入，帥，讀曰率；下同。佖、演引騎兵繼之，賊衆大潰，諸軍分道並入。姚令言等猶力戰，晟命決勝軍使唐良臣等步騎蹙之，且戰且前，凡十餘合，賊不能支。至白華門，有賊數千騎出官軍之背，晟帥百餘騎回禦之，左右呼曰：呼，火故翻。「相公來！」賊皆驚潰。涇原將士素畏服李晟，故聞其來而驚潰。

先是，泚遣張光晟將兵五千屯九曲，先，悉薦翻。去東渭橋十餘里，光晟密輸款於晟。及泚敗，光晟勸泚出亡，泚乃與姚令言帥餘衆西走，猶近萬人。帥，讀曰率。近，其靳翻。光晟送泚出城，還，降於晟。降，戶江翻。晟遣兵馬使田子奇以騎兵追泚。晟屯含元殿前，舍於右金吾仗，含元殿，唐東內之前殿也。左金吾仗，在殿之東；右金吾仗，在殿之西。令諸軍曰：「晟賴將士之力，克清宮禁。長安士庶，久陷賊庭，若小有震驚，非弔民伐罪之意。晟與公等室家相見非晚，五日內無得通家信。」命京兆尹李齊運等安慰居人。晟大將高明曜取賊妓，妓，渠綺翻，女樂也。尚可孤軍士擅取賊馬，晟皆斬之，軍中股栗。公私安堵，秋毫無犯，遠坊有經宿乃知官軍入城者。史言李晟御軍嚴整。

是日，渾瑊、戴休顏、韓遊瓌亦克咸陽，敗賊三千餘衆，敗，補邁翻。聞泚西走，分兵邀之。己亥，晟使京西兵馬使孟涉屯白華門，尚可孤屯望仙門，唐大明宮南面五門，其中曰丹鳳門，丹鳳之東爲望仙門，又東爲延政門；丹鳳之西爲建福門，又西爲興安門也。駱元光屯章敬寺，晟以牙前三千人屯安國寺，程大昌曰：章敬寺，在東城之外。安國寺，在大明宮東南。以鎮京城；斬泚黨李希倩、敬釭、彭偃等八人於市。

8 王武俊既破朱滔，還恆州，表讓幽州、盧龍節度使，上許之。王武俊兼幽州、盧龍節度使，見上卷是年二月。恆，戶登翻。

9 六月，癸卯，李晟遣掌書記吳人于公異作露布上行在，上，時掌翻。曰：「臣已肅清宮禁，祗謁寢園，鍾簴不移，簴，其呂翻。說文曰：簴，鍾鼓之柎也。飾爲猛獸。釋名曰：橫曰栒，縱曰簴。又云：

虡，天上神獸也，鹿頭龍身，象之爲簴，以架鍾鼓。廟貌如故。」孔穎達曰：廟之言貌也。死者精神不可得而見，但以生時之宮室象貌爲之耳。孝經註云：宗，尊也。廟，貌也。上泣下曰：「天生李晟，以爲社稷，非爲朕也。」爲，于僞翻。史言于公異爲李晟作露布得體。

晟在渭橋，熒惑守歲，歲星所在，其國有福。熒惑守之，是爲罰星。久之乃退，賓佐皆賀，曰：「熒惑退舍，皇家之福也！宜速進兵。」晟曰：「天子野次，臣下知死敵而已；天象高遠，誰得知之！」既克長安，乃謂之曰：「曏非相拒也，吾聞五星贏、縮無常，前漢書天文志曰：凡五星早出爲贏，贏爲客；晚出爲縮，縮爲主人。晉書天文志曰：失次而上爲贏，失次而下爲縮。萬一復來守歲，復，扶又翻。吾軍不戰自潰矣！」皆謝曰：「非所及也！」

10 朱泚將奔吐蕃，其衆隨道散亡，比至涇州，比，必利翻，及也。纔百餘騎。田希鑒閉城拒之，泚謂之曰：「汝之節，吾所授也。朱泚以田希鑒爲涇原節度使，見上卷是年四月。柰何臨危相負！」使焚其門；希鑒取節投火中曰：「還汝節！」泚衆皆哭。涇卒遂殺姚令言，詣希鑒降。泚獨與范陽親兵及宗族、賓客北趣驛馬關；趣，七喻翻。寧州刺史夏侯英拒之。至彭原西城屯，彭原，本彭陽縣，隋開皇十八年更名，唐屬寧州。其將梁庭芬射泚墜阬中，射，而亦翻。韓旻等斬之，詣涇州降。源休、李子平奔鳳翔，李楚琳斬之，皆傳首行在。

11 上命陸贄草詔賜渾瑊，使訪求奉天所失裹頭內人。裹頭內人，在宮中給使令者也。內人給使令者皆冠巾，故謂之裹頭內人。贊上奏，以爲：「巨盜始平，疲瘵之民，瘡痍之卒，尚未循拊，瘵，仄介翻。而首訪婦人，非所以副惟新之望也。謀始盡善，克終已稀；始而不謀，終則何有！所賜珹詔，未敢承旨。」上遂不降詔，竟遣中使求之。

乙巳，詔吏部侍郎班宏充宣慰使，勞問將士，撫慰蒸黎。按詩傳箋：蒸，衆也；黎，亦衆也。勞，力到翻。

丙午，李晟斬文武官受朱泚寵任者崔宣、洪經綸等十餘人；考異曰：袁皓興元聖功錄載李晟奏宥郭晞狀曰：「晞頃因鑾輿順動，山谷潛藏，逆賊所知，舁致城邑；迫脅授任，前後極多，蒼黃之中，僞令仍及，堅臥當節，卽懼嚴刑，隨俗從官，又傷素業。然晞已染汚俗，尚可昭明；子儀勳勞，書在王府，父爲中興之佐，子有疑謗之名，非止在於一身，實恐玷於先烈。況臣總領士馬，孤立渭橋，頻有帛書，累陳誠效。」按晞舊傳，「泚欲令掌兵，晞陽瘖。泚以兵脅之，終不語。賊知其不可用，乃止。晞潛奔奉天，從駕還京。」不云終臣事泚；而皓載晟此狀，恐非其實。今不取。又表守節不屈者劉迺、蔣沇等。劉迺，事見上卷是年二月。蔣沇，事見二百二十八卷建中四年。

己酉，以李晟爲司徒、中書令，駱元光、尚可孤各遷官有差。賞收復京城之功也。以檢校御史中丞田希鑒爲涇原節度使。

12 詔改梁州爲興元府。以紀元爲府號始此。

13 甲寅，以渾瑊爲侍中，韓遊瓌、戴休顏各遷官有差。賞扈衛之功也。

14 朱泚之敗也，李忠臣奔樊川，酈道元水經註曰：樊川，卽杜縣之樊鄉，漢高祖還定三秦，以樊噲灌廢丘最，賜邑於此鄉也。按其地在唐長安城南。程大昌曰：樊川，在萬年縣南三十五里。擒獲，丙辰，斬之。

15 上問陸贄：「今至鳳翔有迎駕諸軍，形勢甚盛，欲因此遣人代李楚琳，何如？」贄上奏，以爲：「如此則事同脅執，以言乎除亂則不武，以言乎務理則不誠，用是時巡，後將安入！書周官，六年，王乃時巡，考制度于四岳，諸侯各朝于方岳。孔安國曰：春東、夏南、秋西、冬北，故謂之時巡。議者或謂之權，臣竊未諭其理。夫權之爲義，取類權衡，衡，以平物。權，則權物之輕重，揆之以衡平。今輦路所經，首行脅奪，易一帥而虧萬乘之義，得一方而結四海之疑，帥，讀曰率。乘，繩證翻。乃是重其所輕而輕其所重，謂之權也，不亦反乎！以反道爲權，以任數爲智，君上行之必失衆，臣下用之必陷身，歷代之所以多喪亂而長姦邪，由此誤也。陸贄此論，所以正漢儒反經合道爲權之失。程氏曰：漢儒以反經合道爲權，故有權變、權術之說，皆非也。權只是經字。自漢以下無人識權字。喪，息浪翻。長，知兩翻。不如【章：乙十五行本「如」下有「俟」字；乙十一行本同；孔本同；張校同；退齋校同。】奠枕京邑，史炤曰：奠枕，安枕也。揚子曰：奠枕于京。徵授一官，彼喜於恩宥，將奔走不暇，安敢輒有旅拒，史炤曰：旅，衆也。拒，捍也。謂率衆以相捍也。復勞誅鉏哉！」復，扶又翻。

戊午，車駕發漢中。

16 李晟綜理長安以備百司，史炤曰：綜，機縷也。理，治也。謂整治其事，使皆有紀，若機之綜縷也。自請至鳳翔迎扈，上不許。內常侍尹元貞奉使同華，輒詣河中招諭李懷光。此唐之中世閹宦之常態也。華，戶化翻。晟奏：「元貞矯制擅赦元惡，請理其罪！」理，治也。避高宗諱，以「治」爲「理」。

17 秋，七月，丙子，車駕至鳳翔，斬喬琳、蔣鎮、張光晟等。李晟以光晟雖臣賊，而滅賊亦頗有力，欲全之；上不許。

18 副元帥判官高郢數勸李懷光歸款，數，所角翻。高郢判李懷光幕府，懷光此時已罷副元帥而不肯釋兵，史仍書郢元官。懷光遣其子璀詣行在謝罪，璀，七罪翻。請束身歸朝。朝，直遙翻。庚辰，詔遣給事中孔巢父齎先除懷光太子太保敕懷光除見上卷本年三月。詣河中宣慰，朔方將士悉復官爵如故。朔方將士，懷光所部也。考異曰：興元聖功錄有李晟奏郢勸懷光歸投狀云：「今懷光卽欲束身，蓋自郢之勸導。」今取之。

19 壬午，車駕至長安，渾瑊、韓遊瓌、戴休顏以其衆扈從，從，才用翻。李晟、駱元光、尙可孤以其衆奉迎，步騎十餘萬，旌旗數十里。晟謁見上於三橋，三橋，在望賢宮之東，京城之西。見，賢遍翻。先賀平賊，後謝收復之晚，伏路左請罪。上駐馬慰撫，爲之掩涕，爲，于僞翻。掩面垂涕，謂之掩涕。命左右扶上馬。上，時掌翻。至宮，每閒日，閒，讀曰閑。唐世天子以隻日視朝，雙日謂之閒日。輒宴勳臣，賞賜豐渥，李晟爲之首，渾瑊次之，諸將相又次之。

20 曹王皋遣其將伊愼、王鍔圍安州，李希烈遣其甥劉戒虛將步騎八千救之；皋遣其別將李伯潛逆【章：乙十五行本「逆」下有「擊」字；乙十一行本同；孔本同；退齋校同。】之於應山，劉昫曰：應山，本漢南陽郡隨縣地；梁分隨縣置永陽縣，隋改爲應山，以縣北山爲名，唐屬隨州。九域志：應山縣，在隨州北一百八里。斬首千餘級。生擒戒虛，徇於城下，安州遂降，以伊愼爲安州刺史。又擊希烈將康叔夜於厲鄉，走之。記祭法：厲山氏之有天下也，其子農，能殖百穀。註云：厲山氏，炎帝也，起於厲山。西漢書地理志註云：隨，故厲國。皇甫謐曰：今隨之厲鄉。九域志：隨州厲鄉村有厲山。今自棗陽至厲鄉，道路交錯，號九十九岡。

21 丁亥，孔巢父至河中，李懷光素服待罪，巢父不之止。懷光左右多胡人，皆歎曰：「太尉無官矣！」胡人不習朝章，見懷光素服待罪，故以爲無官。巢父又宣言於衆曰：「軍中誰可代太尉領軍者？」於是懷光左右發怒誼譟；宣詔未畢，衆殺巢父及中使啖守盈，懷光亦不之止，考異曰：邠志曰：「七月十二日，駕還長安。上使諫議大夫孔巢父、中官譚懷仙持詔赦懷光曰：『奉天之時，非卿不能救朕；今日之事，非朕不能容卿。宜委軍赴闕，以保官爵。』使者將至，懷光陰導其卒使留己。卒之蕃、渾者希懷光意，輒害二使，欲食其肉。懷光翼而覆之，全尸以聞。」今從實錄。復治兵爲拒守之備。復，扶又翻。治，直之翻。

22 辛卯，赦天下。

23 初，肅宗在靈武，見二百十九卷至德元載。上爲奉節王，學文於李泌。代宗之世，泌居蓬萊書院，見二百二十四卷永泰元年。史炤曰：泌，兵媚切。上爲太子，亦與之遊。及上在興元，泌爲杭州刺史，上急詔徵之，與睦州刺史杜亞俱詣行在。乙未，以泌爲左散騎常侍，亞爲刑部侍郎；命泌日直西省以候對，唐門下省謂之東省，中書省謂之西省。朝野皆屬目附之。屬，之欲翻。上問泌：「河中密邇京城，朔方兵素稱精銳，如達奚小俊【嚴：「小俊」改「承俊」。】等皆萬人敵，朕晝夕憂之，柰何？」對曰：「天下事甚有可憂者；若惟河中，不足憂也。夫料敵者，料將不料兵。今懷光，將也；將，卽亮翻；下同。小俊之徒乃兵耳，何足爲意！懷光既解奉天之圍，視朱泚垂亡之虜不能取，乃與之連和，使李晟得取以爲功。今陛下已還宮闕，懷光不束身歸罪，乃虐殺使臣，謂殺孔巢父、啖守盈也。使，疏吏翻。鼠伏河中，如夢魘之人耳！魘，於琰翻。但恐不日爲帳下所梟，梟，古堯翻。使諸將無以藉手也。」

初，上發吐蕃以討朱泚，事見二百二十九卷本年正月。許成功以伊西、北庭之地與之；及泚誅，吐蕃來求地，上欲召兩鎮節度使郭昕、李元忠還朝，昕、元忠見二百二十七卷建中二年。以其地與之。李泌曰：「安西、北庭，人性驍悍，控制西域五十七國西域，漢時有三十六國，其後稍分，至唐有五十七國。及十姓突厥，西突厥有五弩失畢、五咄陸，凡十姓。又分吐蕃之勢，使不能併兵東侵，謂東侵涇、邠、岐、隴諸州。柰何拱手與之！且兩鎮之人，勢孤地遠，盡忠竭力，爲國家固守近二十年，代宗初，吐蕃陷河、隴，獨安西、北庭爲唐固守。爲，于僞翻。近，其靳翻。誠可哀憐。一旦棄之以與戎狄，彼其心必深怨中國，他日從吐蕃入寇，如報私讎矣。況日者吐蕃觀望不進，陰持兩端，大掠武功，受賂而去，事見上卷本年四月。何功之有！」衆議亦以爲然，上遂不與。

24 李希烈聞李希倩伏誅，忿怒，八月，壬寅，遣中使至蔡州殺顔眞卿。考異曰：顔氏行狀：「其年八月二十四日，又使辛景臻等害公於龍興寺。」又曰：「初遭難後，嗣曹王皋上表曰：『臣見蔡州歸順腳力張希璨、王仕顒等說，去年八月二十四日，蔡州城中見封，有鄰兒不得名字，云希烈令僞皇城使辛景臻、右軍安華於龍興寺殺顔眞卿。』」實錄及舊傳云「三日」。今從之。中使曰：「有敕。」眞卿再拜。中使曰：「今賜卿死。」眞卿曰：「老臣無狀，罪當死。不知使者幾日發長安？」使者曰：「自大梁來，非長安也。」眞卿曰：「然則賊耳，何謂敕邪！」遂縊殺之。

25 李晟以涇州倚邊，屢害軍帥，常爲亂根，帝初即位，涇州有劉文喜之亂，既而又有姚令言之亂，既而田希鑒又殺馮河清。帥，所類翻；下同。奏請往理不用命者，理，即治也。力田積粟以攘吐蕃。癸卯，以晟兼鳳翔、隴右節度等使及四鎮、北庭、涇原行營副元帥，進爵西平王。時李楚琳入朝，晟請與俱至鳳翔而斬之，以懲逆亂。上以新復京師，務安反仄，不許。

26 先是，上命渾瑊、駱元光討李懷光軍于同州，九域志：同州至河中七十五里。先，悉薦翻。懷光遣其將徐庭光以精卒六千軍于長春宮以拒之，瑊等數爲所敗，不能進。數，所角翻。敗，補邁翻。時度支用度不給，度支之度，徒洛翻。議者多請赦懷光，上不許。李懷光遣其妹壻要廷珍守晉州，要，於消翻，姓也。姓苑：吳人要離之後，後漢有河南令要競。牙將毛朝敭守隰州，朝，直遙翻。

敭，音揚。鄭抗守慈州，馬燧皆遣人說下之。晉、隰、慈三州，皆與馬燧巡屬接壤，故得說下之。宋白曰：慈州文城郡，赤狄廧咎如之國，郡西南有采桑津，晉里克敗赤狄之地。漢爲北屈縣，隋爲汾州，大業爲文城郡；唐貞觀爲慈州；以州城内舊有慈烏戍，因名；治吉鄉縣，漢北屈縣也。說，式芮翻。上乃加渾瑊河中、絳州節度使，充河中、同華、陝虢行營副元帥，加馬燧奉誠軍、晉・慈・隰節度使，充管内諸軍行營副元帥，渾，戶混翻，又戶本翻。瑊，古咸翻。華，戶化翻。是年正月置奉誠軍於同州，以授康日知，事見二百二十九卷。帥，所類翻。陝，失冉翻。使，疏吏翻。與鎮國節度使駱元光、肅宗上元二年，置鎮國節度於華州，廣德元年罷，今復置。鄜坊節度使唐朝臣合兵討懷光。鄜，音膚。

初，王武俊急攻康日知於趙州，馬燧奏請詔武俊與李抱眞同擊朱滔，以深、趙隸武俊，改日知爲晉、慈、隰節度使，上從之。日知未至而三州降燧，降，戶江翻；下同。故上使燧兼領之。燧表讓三州於日知，且言因降而授，恐後有功者，踵以爲常，上嘉而許之。燧遣使迎日知，既至，籍府庫而歸之。

27 甲辰，以鳳翔節度使李楚琳爲左金吾大將軍。

28 丙午，加渾瑊朔方行營元帥。

29 李晟至鳳翔，治殺張鎰之罪，殺張鎰見二百二十八卷建中四年。治，直之翻。鎰，弋質翻。斬裨將王斌等十餘人。斌，音彬。

30朱滔爲王武俊所攻，殆不能軍，上表待罪。上，時掌翻。

31癸未，馬燧將步騎三萬攻絳州。絳州時屬李懷光。將，卽亮翻，又音如字。騎，奇寄翻。

32度支以李懷光所部將士數萬與懷光同反，不給冬衣，上曰：「朔方軍累代忠義，度，徒洛翻。自肅、代以來，朔方軍輸力王室，功高天下。今爲懷光所制耳，將士何罪！」冬，十月，【章：乙十五行本「月」下有「己亥」二字；乙十一行本同；孔本同；張校同。】詔：「朔方及諸軍在懷光所者，冬衣及賞錢皆當別貯，貯，丁呂翻。俟道路稍通，卽時給之。」

33李勉累表乞自貶，以討李希烈喪師失守也。辛丑，罷勉都統、節度使，建中間，勉以永平節度使都統討李希烈之兵。其檢校司徒、同平章事如故。

34丙辰，李懷光將閻晏寇同州，官軍敗于沙苑。詔徵邠州之軍，韓遊瓌將甲士六千赴之。

35乙丑，馬燧拔絳州，分兵取聞喜、萬泉、虞鄉、永樂、猗氏。武德元年，分芮縣置永樂縣，屬芮州；州廢，屬鼎州；又廢鼎州，以縣屬河中府。燧既取永樂，則兵逼河中矣。樂，音洛。

36初，魚朝恩既誅，代宗不復使宦官典兵。事見二百二十四卷大曆五年。復，扶又翻；下同。上卽位，悉以禁兵委白志貞，白志貞名白琇珪，典禁兵事始見二百二十五卷大曆十四年。志貞得罪，見二百二十九卷建中四年。上復以宦官竇文場代之，從幸山南，兩軍稍集。兩軍，謂左、右神策軍。上還長安，頗忌宿將握兵多者，稍稍罷之。戊辰，以文場監神策軍左廂兵馬使，王希遷監右廂兵馬使，始令宦官分典禁旅。宦官握兵柄，自此不可奪矣。將，卽亮翻。監，古銜翻。考異曰：舊竇文場傳云：「文場與霍仙鳴分統禁旅，」蓋希遷尋罷而仙鳴代之也。今從實錄。

37 閏月，丙子，以涇原節度使田希鑒爲衛尉卿。

李晟初至鳳翔，希鑒遣使參候，晟謂使者曰：「涇州逼近吐蕃，近，其靳翻。萬一入寇，州兵能獨禦之乎？欲遣兵防援，又未知田尚書意。」使者歸，以告希鑒，希鑒果請援兵，晟遣腹心將彭令英等戍涇州。晟尋託巡邊詣涇州，希鑒出迎，晟與之並轡而入，道舊結歡。希鑒妻李氏，以叔父事晟，晟謂之田郎。晟命具三日食，曰：「巡撫畢，卽還鳳翔。」希鑒不復疑。復，扶又翻。晟置宴，希鑒與將佐俱至晟營。晟伏甲於外廡，旣食而飲，彭令英引涇州諸將下堂，晟曰：「我與汝曹久別，各宜自言姓名。」於是得爲亂者石奇等三十餘人，讓之曰：「汝曹屢爲逆亂，殘害忠良，固天地所不容！」悉引出，斬之。希鑒尚在座，晟顧曰：「田郎亦不得無過，以親知之故，當使身首得完。」希鑒曰：「唯。」唯，于癸翻。遂引出，縊殺之，幷其子蕚。考異曰：舊晟傳曰：「晟至涇州，希鑒迎謁於座，執而誅之。還鎭，表李觀爲涇原節度使。」幸奉天錄：「十月丁丑，李晟誅田希鑒於涇州。」實錄：「閏月癸酉，除李觀涇原節度使。丙子，以希鑒爲衛尉卿。丁丑，晟誅希鑒。」今從之。晟入其營，諭以誅希鑒之意，衆股栗，無敢動者。

38 李希烈遣其將翟崇暉悉衆圍陳州，久之，不克。翟，萇伯翻。李澄知大梁兵少，不能制滑州，遂焚希烈所授旌節，誓衆歸國。李澄請降事始上卷上年。甲午，以澄爲汴滑節度使。考異曰：二月已云上以澄爲滑州節度使。蓋於時但許之耳。

39 宋亳節度使劉洽遣馬步都虞候劉昌與隴右、幽州行營節度使曲環等將兵三萬救陳州，十一月，癸卯，敗翟崇暉於州西，敗，補邁翻。斬首三萬五千級，擒崇暉以獻。乘勝進攻汴州，李希烈懼，奔歸蔡州。李澄引兵趣汴州，趣，七喻翻。至城北，恇怯不敢進；恇，去王翻。劉洽兵至城東。戊午，李希烈守將田懷珍開門納之。明日，澄入，舍於浚儀；浚儀，帶汴州。李澄蓋舍於縣治。輿地志：夷門之下，新里之東，浚水之北，象而儀之，以爲邑名。漢武元年，廢新里而立浚儀縣。兩軍之士，日有忿鬩。鬩，許激翻；鬭也，狠也，戾也，又相怨也。會希烈鄭州守將孫液降於澄，澄引兵屯鄭州。詔以都統司馬寶鼎薛珏爲汴州刺史。都統司馬，宋、滑、河陽都統司馬也。寶鼎縣，屬河中府，本汾陰縣，開元十年獲寶鼎，更名。珏，古岳翻。

李勉至長安，素服待罪；議者多以「勉失守大梁，勉失守事見二百二十九卷建中四年。不應尚爲相。」相，息亮翻。李泌言於上曰：「李勉公忠雅正，而用兵非其所長。及大梁不守，將士棄妻子而從之者殆二萬人，足以見其得衆心矣。且劉洽出勉麾下，勉至睢陽，睢陽，宋州。悉舉其衆以授之，卒平大梁，卒，子恤翻。亦勉之功也。」上乃命勉復其位。議者又言：「韓滉聞鑾輿在外，聚兵脩石頭城，事見二百二十九卷建中四年。陰蓄異志。」上疑之，以問李泌，對曰：

「滉公忠清儉，自車駕在外，滉貢獻不絕。事見上卷。且鎮江東十五州，盜賊不起，皆滉之力也。唐時浙江東、西道所統，惟潤、昇、常、湖、蘇、杭、睦、越、明、台、溫、衢、處、婺十四州。前此滉遣宣、潤弩手援寧陵，蓋兼統宣州，爲十五州也。所以脩石頭城者，滉見中原板蕩，謂陛下將有永嘉之行，引晉永嘉之亂元帝南渡以爲言。爲迎扈之備耳。此乃人臣忠篤之慮，柰何更以爲罪乎！滉性剛嚴，不附權貴，故多謗毀，願陛下察之，臣敢保其無他。」上曰：「外議洶洶，章奏如麻，如麻，言其多如麻可束也。卿弗聞乎？」對曰：「臣固聞之。其子皋爲考功員外郎，今不敢歸省其親，省，悉景翻，覲省也。正以謗語沸騰故也。」上曰：「其子猶懼如此，卿柰何保之？」對曰：「滉之用心，臣知之至熟。願上章明其無他，願上，時掌翻。乞宣示中書，使朝衆皆知之。」朝衆，謂在朝百官之衆也。朝，直遙翻；下同。上曰：「朕方欲用卿，人亦何易可保！慎勿違衆，恐幷爲卿累也。」易，以豉翻。累，良瑞翻。泌退，遂上章，請以百口保滉。他日，上謂泌曰：「卿竟上章，已爲卿留中。爲，于僞翻。雖知卿與滉親舊，豈得不自愛其身乎！」對曰：「臣豈肯私於親舊以負陛下！顧滉實無異心，臣之上章，以爲朝廷，非爲身也。」上曰：「如何其爲朝廷？」爲，于僞翻；下同。對曰：「今天下旱、蝗，關中米斗千錢，倉廩耗竭，而江東豐稔。願陛下早下臣章下，戶嫁翻；下同。以解朝衆之惑，面諭韓皋使之歸覲，歸覲者，歸覲省父母也。令滉感激無自疑之心，速運糧儲，豈非爲朝廷邪！」上曰：「善！朕深諭之矣。」卽下泌章，令韓皋謁告歸覲，面賜緋衣，諭以「卿父比有謗言，比，毗至翻。朕今知其所以，釋然不復信矣。」復，扶又翻。因言：「關中乏糧，歸語卿父，語，牛倨翻。宜速致之。」皋至潤州，滉感悅流涕，卽日，自臨水濱發米百萬斛，聽皋留五日卽還朝。皋別其母，啼聲聞於外；聞，音問。滉怒，召出，撻之，自送至江上，冒風濤而遣之。既而陳少遊聞滉貢米，亦貢二十萬斛。陳少遊時鎮淮南。上謂李泌曰：「韓滉乃能化陳少遊貢米矣！」對曰：「豈惟少遊，諸道將爭入貢矣！」

40 吏部尚書、同平章事蕭復奉使自江、淮還，蕭復出使見二百二十九卷興元元年四月。還，從宣翻，又如字。與李勉、盧翰、劉從一俱見上。見，賢遍翻。勉等退，復獨留，言於上曰：「陳少遊任兼將相，首敗臣節，敗，補邁翻。陳少遊事見二百二十九卷建中四年。韋皋幕府下僚，獨建忠義，韋皋事見二百二十八卷建中四年。請以皋代少遊鎮淮南。」【章：乙十五行本「南」下有「使善惡著明」五字；乙十一行本同；孔本同；張校同；退齋校同。】上然之。尋遣中使馬欽緒揖劉從一，附耳語而去。諸相還閤。諸相在省中坐政事堂，既退，各居閤子。從一詣復曰：「欽緒宣旨，令從一與公議朝來所言事，卽奏行之，朝，如字；下朝來同。勿令李、盧知。敢問何事也？」復曰：「唐、虞黜陟，岳牧僉諧。事見堯典、舜典。爵人於朝，與士共之。記王制之言。使李、盧不堪爲相，則罷之。既在相位，朝廷政事，安得不與之同議而獨隱此事乎！此最當今之大弊，朝來主上已有斯言，朝，早也，陟遙翻。復已面陳其不可，不謂聖意尚爾。復不惜與公奏行之，但恐浸以成俗，未敢以告。」竟不以語從一。從一奏之，語，牛倨翻。上愈不悅，復乃上表辭位，乙丑，罷爲左庶子。

劉洽克汴州，得李希烈起居注，云「某月日，陳少遊上表歸順。」史究言陳少遊敗臣節之事。少遊聞之慙懼，發疾，十二月，乙亥，薨，贈太尉，賻祭如常儀。賻，符遇翻。

淮南大將王韶欲自爲留後，令將士推己知軍事，且欲大掠，韓滉遣使謂之曰：「汝敢爲亂，吾卽日全軍渡江誅汝矣！」韶等懼而止。上聞之喜，謂李泌曰：「滉不惟安江東，又能安淮南，眞大臣之器，卿可謂知人！」庚辰，加滉平章事、江淮轉運使。滉運江、淮粟帛入貢府，謂朝廷受貢、藏財物之府。無虛月，朝廷賴之，使者勞問相繼，使，疏吏翻。勞，力到翻。恩遇始深矣。

41 是歲蝗徧遠近，草木無遺，惟不食稻，大饑，道殣相望。詩云：行有死人，尚或殣之。殣，渠吝翻，瘞尸也；又餓殍爲殣。道殣相望，本左傳之言。

貞元元年（乙丑、七八五）

1 春，正月，丁酉朔，赦天下，改元。

2 癸丑，贈顏眞卿司徒，謚曰文忠。

3 新州司馬盧杞盧杞貶新州見二百二十九卷建中四年。遇赦，移吉州長史，謂人曰：「吾必再入。」未幾，上果用爲饒州刺史。幾，居豈翻。給事中袁高應草制，執以白盧翰、劉從一曰：「盧杞作相，致鑾輿播遷，海內瘡痍，柰何遽遷大郡！願相公執奏。」翰等不從，更命他舍人草制。更，工衡翻；下更赦同。乙卯，制出，高執之不下，執之不肯書讀。下，戶嫁翻。且奏：「杞極惡窮凶，百辟疾之若讎，六軍思食其肉，何可復用！」復，扶又翻。上不聽。補闕陳京、趙需等上疏曰：「杞三年擅權，建中二年盧杞爲相，四年貶。百揆失敍，書舜典：納于百揆，百揆時敍。孔安國註曰：舜舉八凱，使揆度百事，百事時敍，無廢事業。今云失敍，謂事業廢也。天地神祇所知，華夏、蠻貊同棄。儻加巨姦之寵，必失萬姓之心。」丁巳，袁高復於正牙論奏。唐謂大明宮、含光殿爲正牙，亦謂之南牙。上曰：「杞已再更赦。」高曰：「赦者止原其罪，不可爲刺史。」陳京等亦爭之不已，曰：「杞之執政，百官常如兵在其頸；今復用之，則姦黨皆唾掌而起。」上大怒，左右辟易，辟，讀曰闢。易，如字。辟易，言開遠而易其故處。諫者稍引卻；京顧曰：「趙需等勿退，此國大事，當以死爭之。」上怒稍解。戊午，上謂宰相：「與杞小州刺史，可乎？」李勉曰：「陛下欲與之，雖大州亦可，其如天下失望何！」壬戌，以杞爲澧州別駕。使謂袁高曰：「朕徐思卿言，誠爲至當。」當，丁浪翻。又謂李泌曰：「朕已可袁高所奏。」泌曰：「累日外人竊議，比陛下於桓、靈；今承德音，乃堯、舜之不逮也！」上悅。杞竟卒於澧州。高，恕己之孫也。袁恕己與張柬之等誅二張，中宗復辟。

4 三月，李希烈陷鄧州。

5 戊午，以汴滑節度使李澄爲鄭滑節度使。汴州歸劉洽，李澄得鄭州，故以鄭滑節授之。

6 以代宗女嘉誠公主妻田緒。嘉城，縣名，隋置，唐爲松州治所。妻，七細翻。

7 李懷光都虞候呂鳴岳密通款於馬燧，事泄，懷光殺之，屠其家。事連幕僚高郢、李鄘，懷光集將士而責之，郢、鄘抗言逆順，無所慙隱，懷光囚之。鄘，邕之姪孫也。李邕以讒死於天寶之末。馬燧軍寶鼎，敗懷光兵於陶城，敗，補邁翻。唐書地理志：河中有陶城府。酈道元曰：陶城，在蒲坂城西北，卽舜所都也。舜陶河濱，蓋卽此地，與歷山相近。按唐河中府治河東縣。河東，古蒲坂也。斬首萬餘級；分兵會渾瑊，逼河中。

8 夏，四月，丁丑，以曹王皋爲荆南節度；「節度」之下，當有「使」字。李希烈將李思登以隨州降之。

9 壬午，馬燧、渾瑊破李懷光兵於長春宮南，遂掘塹圍宮城；懷光諸將相繼來降。詔以燧、瑊爲招撫使。

10 五月，丙申，劉治更名玄佐。更，工衡翻。

11 韓遊瓌請兵於渾瑊，共取朝邑；朝，直遙翻。李懷光將閻晏欲爭之，士卒指邠軍曰：「彼非吾父兄，則吾子弟，朔方軍分屯河中、邠州，故云然。時韓遊瓌將邠軍以討李懷光。柰何以白刃相向乎！」語甚囂。囂，喧也。晏遽引兵去。懷光知衆心不從，乃詐稱欲歸國，聚貨財，飾車馬，云俟路通入貢，由是得復踰旬月。史言李懷光偷延視息。復，扶又翻。

12 六月，辛巳，以劉玄佐兼汴州刺史。

13 辛卯，以金吾大將軍韋皋爲西川節度使。爲韋皋以功烈著於西南張本。

14 朱滔病死，將士奉前涿州刺史劉怦知軍事。自朱滔得幽州，滔每出兵，皆以劉怦知留後事，素得衆心，故滔死而衆奉之。怦，普耕翻。

15 時連年旱、蝗，老子有言：師之所聚，荆棘生焉。大兵之後，必有凶年。度支資糧匱竭，度，徒洛翻。言事者多請赦李懷光。李晟上言：「赦懷光有五不可：晟，成正翻。上，時掌翻。河中距長安纔三百里，同州當其衝，多兵則未爲示信，少兵則不足隄防，少，詩沼翻。忽驚東偏，同州在長安東北。何以制之！一也；今赦懷光，必以晉、絳、慈、隰還之，渾瑊既無所詣，康日知又應遷移，先已命渾瑊爲蒲、絳節度使，康日知爲晉、慈、隰節度使，故云然。渾，戶昆翻，又戶本翻。瑊，古咸翻。土宇不安，何以獎勵！二也；陛下連兵一年，討除小醜，兵力未窮，遽赦其反逆之罪；今西有吐蕃，北有回紇，南有淮西，吐，從暾入聲。紇，下沒翻。李希烈時據淮西僭號，故以之與二虜並言。皆觀我強弱，不謂陛下施德澤，愛黎元，乃謂兵屈於人而自罷耳，必競起窺覦之心，三也；覦，音俞。懷光既赦，則朔方將士皆應敍勳行賞，謂解奉天圍勳賞也。將，即亮翻。今府庫方虛，賞不滿望，是愈激之使叛，四也；既解河中，罷諸道兵，賞典不舉，怨言必起，五也。今河中斗米五百，芻藁且盡，牆壁之間，餓殍甚衆。殍，彼表翻。且軍中大將殺戮略盡，陛下但敕諸道圍守旬時，彼必有內潰之變，何必養腹心之疾爲他日之悔哉！」又請發兵二萬，自備資糧，獨討懷光。秋，七月，甲午朔，馬燧自行營入朝，奏稱：「懷光凶逆尤甚，赦之無以令天下，願更得一月糧，必爲陛下平之。」燧，音遂。朝，直遥翻。必爲，于僞翻。考異曰：鄴侯家傳稱：「李泌語曰：『臣但恐梟於帳下太速，何足憂也！臣能爲陛下取之。』上曰：『未諭卿意，何故以太速爲憂，而卿能取也？』對曰：『臣爲陛下憂，不在河中，乃在太原。今馬燧亦蹭蹬矣，領河東十萬之師，遣王權領五千人赴難。及再幸梁、洋，遂抽歸本道。男暢在奉天，亦便北歸。陛下更收復後，宣慰云，「王權擅抽兵馬，暢不扈從，並宜釋放。」此則尤不安矣。臣比年曾與之言，甚有心路，今之雄傑也。若使之有異志，則不比希烈、朱泚之徒，或能旰食。伏望陛下聽臣之言，緩鞚遠馭以羈之。』上曰：『卿所欲何也？』對曰：『馬燧保全河東十餘州，以待陛下還宮，此亦功也。臣爲常侍，與燧兄炫同列，然其兄弟素不相能，其語無益。臣重表兄鄭叔規爲賓佐，臣令以炫意請至京城，欲與相見，卽至，臣激燧令其取李懷光自效，必可致也。因令燧爲忠臣矣。』」又曰：「貞元元年，上因郊天改元，時馬燧在太原，遣其行軍司馬鄭叔規奏事，請因鴻恩以雪懷光，并致書信於先公。先公不與之報，留其信物，且令叔規謂之曰：『比年展奉，得接語言，心期以爲丈夫。且河東節度，以破靈曜之功，上所與也。奉天之難，握十萬強兵而令懷光解圍。及懷光圖危社稷，車駕幸梁、洋，逢此際會，又令他人立蓋代之功。今聖主已歸宮闕，懷光蹭蹬在於近畿，旦夕爲帳下所梟，乃尸居也，不速出軍收取，以自解而快上心者，卽不及矣！若河中既平，公卽如懷光之蹭蹬矣！欲於滔、俊之下作倔強之臣，亦必不成。不言公才略不及也，緣腹中有三、二百卷書，蹭蹬至此，必自內慙，是進不立忠勳，退不能效夷狄，既而持疑，則舟中帳下皆敵國矣。可惜八尺之軀，聲氣如鍾，而心不果決，乃婦人也，著裙可矣。欲奉答以裙衫，而家累在江東未至。今聖上收復之後，含垢匿瑕，與人更始，某又特蒙聽信，已於上前保薦，可使司徒以取懷光。今弟來又請雪之，大失所望，且望弟速去爲說。若河中既平，司徒何面目更來朝而與士人相見！今雖請雪，昨赦書亦許束身入朝矣。若以建中同征之故，當發一使諭之，準赦歸朝，必爲保全。如不奉詔，當領全師問罪，因速上表，求自征之。至河中輕騎入朝，親稟廟略，乃天與之便也。能如是，當與司徒爲中朝應接，有須陳奏，必聞聖聽。若不能，何敢有書也！』叔規既去，具奏於上。上每憂河中驍將達奚小俊等突犯宮闕，居常不安。會東面苑牆有崩倒者，上大驚，以爲有應之者，將啓賊。上顧問泌，對曰：『此賊不足憂也，乃猶机上肉耳。但恐梟懸太速，不得與馬燧藉手爲憂。』上曰：『古人云：「輕敵者亡。」今卿心輕敵如是，朕甚憂之！』對曰：『陛下初經難危，憂慮太過。「輕敵者亡」，誠如聖旨。至如懷光，豈可謂之敵乎！陛下比在梁、洋，元惡據宮闕，渠以朔方全軍在河中，李晟保東渭橋，此時足以傍助逆順之勢。不然，苟欲偷安，脅爲遲碁亦可，而竟如醉如魘，都不能動。今陛下復歸京闕，又安足慮之哉！臣伏計馬燧請討之章卽至。若以宗社之靈，此賊且未爲帳下所圖，得河東軍有以藉手，陛下無憂矣。不喜平懷光，先喜得馬燧也。』既而馬燧表至，請全軍南收河中，仍自供糧。上大悅，召先公對，曰：『馬燧果請全軍討懷光來矣。兼請至行營已來自備軍糧，何其畏伏卿如此也！』對曰：『此乃畏伏天威而然，於臣何有，而能使其畏伏！臣曾與之言，諳其爲人頗見機識勢，今之雄傑也。臣昨故令叔規傳詞以激怒之，且曰，「欲寄婦人之服。當艱虞之際，握十萬強兵，收復功在他人。今聖主已還宮闕，惟有懷光，不速收取以立功自解，他時復何面目至朝廷與公卿相見！則蹭蹬之勢，又不及懷光猶有解重圍之功。」料以此告之，燧必能覺悟，果得如此。既以師至河中，旬月當平。而燧因此有功，便爲忠臣矣。』上曰：『當盡用卿言。』初，叔規至太原，具以先公言告燧，燧搏髀驚曰：『有是哉，賴子之至京也！不然，燧幾爲懷光矣。非賢表兄，豈有告燧者乎！』卽日上表請行。叔規又請『如泌言，先寫表本示懷光，勸其束身歸朝；彼必不從，然後表請全軍往討，則聖上信司徒誠心，又可以忠義告四鄰。不然，朝救而夕請誅，恐中外尤疑。』燧曰：『誠然。』仍令叔規草書寫表本，馳驛以告，懷光果不從，於是乃請全軍南討。尋發太原，使者相繼奏事，及與先公書，言征討之謀及須上聞者。先公因對，皆爲奏之。又諷令下營訖，輕騎由臨晉度朝謁，燧皆然之。七月，乃自臨晉、夏陽來朝。上大悅，遂具告以先公言『卿才略必可使圖懷光，初見卿請雪，朕所未諭，今乃果然。比亦有人毀卿，言詞百端，聞於遠近，惟先公保卿於朕，朕信其言。既見卿，益知先公忠讜，豁然體卿至誠奉國矣。』燧謝恩出，而請先公至中書，具說上言，泣下拜謝。後對，上曰：『馬燧昨對，其器質意趣固不易有，且甚有心路，感而用之，必有成算，皆如卿言，信雄豪也。』按泌到長安數日，即除常侍，時興元元年七月乙未也。八月癸卯，加燧晉、慈、隰節度使。然則癸卯之前，燧已取晉、慈、隰三州矣，故朝廷命爲副元帥以討懷光。十月，已拔絳州及猗氏等諸縣矣。貞元元年正月，改元，赦。於時燧豈得猶在太原雪懷光邪！自乙未至癸卯纔九日，自長安至晉陽千餘里，若因泌諷諭鄭叔規始來京師，又令叔規還激勸燧，又使燧以書諭懷光，懷光不從，然後上表興師伐之，事多如此，豈九日之內所能容也！此直李繁欲取馬燧平河中之功皆歸於其父耳。今從舊燧傳。李肇國史補曰：「馬司徒面雪李懷光。上曰：『惟卿不合雪人。』惶恐而退。李令聞之，請全軍自備資糧以討兇逆。由此李、馬不平。」邠志曰：「七月，馬公朝于京師，請赦懷光。隴右節度李公晟聞之，上表請發兵二萬獨討懷光，芻糧之費，軍中自備。上以李公表示馬公，因曰：『朱泚之反，不得已也。懷光勃逆，使朕再遷，此而可赦，何者爲罪！』馬公雨泣曰：『十日之內，請獻其首。』上遣之。」按是時懷光垂亡，燧功已成八九，故自入朝爭之，豈肯面雪懷光邪！今從舊傳。上許之。

16陝虢都【章：乙十五行本「都」下有「知」字；乙十一行本同；孔本同；張校同。】兵馬使達奚抱暉鴆殺節度使張勸，代總軍務，邀求旌節，且陰召李懷光將達奚小俊爲援。上謂李泌曰：「若蒲、陝連衡，則猝不可制。蒲，李懷光。陝，謂抱暉。且抱暉據陝，則水陸之運皆絕矣。江、淮水陸之運，皆經陝州而後至長安。不得不煩卿一往。」辛丑，以泌爲陝虢都防禦水陸運使。上欲以神策軍送泌之官，問「須幾何人？」對曰：「陝城三面懸絕，攻之未可以歲月下也，臣請以單騎入之。」上曰：「單騎如何可入？」對曰：「陝城之人，不貫逆命，貫，讀與慣同。此特抱暉爲惡耳。若以大兵臨之，彼閉壁定矣。臣今單騎抵其近郊，彼舉大兵則非敵，若遣小校來殺臣，未必不更爲臣用也。校，戶教翻。且今河東全軍屯安邑，馬燧入朝，願敕燧與臣同辭皆行，使陝人欲加害於臣，則畏河東移軍討之，此亦一勢也。」以形臨之謂之勢。上曰：「雖然，朕方大用卿，寧失陝州，不可失卿，當更使他人往耳。」對曰：「他人必不能入。今事變之初，衆心未定，故可出其不意，奪其姦謀。他人猶豫遷延，彼既成謀，則不得前矣。」上許之。泌見陝州進奏官及將吏在長安者，唐諸鎭皆置進奏院在長安，以進奏官主之。語之曰：「主上以陝、虢饑，故不授泌節而領運使，欲令督江、淮米以賑之耳。語，牛倨翻。陝州行營在夏縣，行營在夏縣，亦以討河中也。夏縣，唐初屬虞州，貞觀十七年屬絳州，時屬陝州。其地跨河之南北。九域志：夏縣在陝州北九十八里。夏，戶雅翻。若抱暉可用，當使將之；有功，則賜旌節矣。」抱暉覘者馳告之，將，卽亮翻。覘，丑廉翻。抱暉稍自安。泌具以語白上曰：「欲使其士卒思米，抱暉思節，必不害臣矣！」上曰：「善！」戊申，泌與馬燧俱辭行。庚戌，加泌陝虢觀察使。

泌出潼關，鄜坊節度使唐朝臣以步騎三千布於關外，朝臣時帶鄜坊節，守潼關。曰：「奉密詔送公至陝。」泌曰：「辭日奉進止，自唐以來，率以奉聖旨爲奉進止；蓋言聖旨使之進則進，使之止則止也。程大昌曰：今奏劄言取進止，猶言此劄之或留或卻，合稟承可否也。唐中葉遂以處分爲進止，而不曉文義者，習而不察，槪謂有旨爲進止。如玉堂宣底所載，凡宣旨皆云有進止者，相承之誤也。以便宜從事。此一人不可相躡而來，來則吾不得入陝矣。」唐臣以受詔不敢去，「唐臣」當作「朝臣」。泌寫宣以卻之，沈存中曰：唐故事：中書舍人職掌詔誥，皆寫四本，一本爲底，一本爲宣。此宣，謂行出耳，未以名書也。晚唐樞密使自禁中受旨，出付中書，卽謂之宣，中書承受錄之於籍，謂之宣底，如今之聖語簿也。余謂宣者，因奉宣上旨而得名，或以口傳爲宣，或以行文書爲宣。口傳爲宣，多命中臣，而宰相亦有之。劉栖楚之叩墀也，牛僧孺宣曰：「所奏知，門外俟進止。」此宰相之口宣也。李泌寫宣以卻還唐朝臣之兵，此宰相行文書爲宣也。因疾驅而前。

抱暉不使將佐出迎，惟偵者相繼。偵，丑鄭翻。泌宿曲沃，將佐不俟抱暉之命來迎，泌笑曰：「吾事濟矣！」去城十五里，抱暉亦出謁。泌稱其攝事保完城隍之功，曰：「軍中煩言，不足介意。公等職事皆按堵如故。」抱暉出而喜。泌既入城視事，賓佐有請屏人白事者。屏，必郢翻，又卑正翻。泌曰：「易帥之際，軍中煩言，乃其常理，杜預註左傳曰：煩言，忿爭也。余謂煩，雜碎也。此煩言，謂雜碎之言。帥，所類翻。泌到，自妥貼矣，史炤曰：妥，安也。貼，伏也，亦作「帖」。不願聞也。」由是反仄者皆自安。泌但索簿書，治糧儲。索，山客翻。治，直之翻。明日，召抱暉至宅，語之曰：宅者，觀察所居也。唐諸鎭將吏謂節度觀察所居者爲使宅。語，牛倨翻。「吾非愛汝而不誅，恐自今有危疑之地，朝廷所命將帥皆不能入，故匄汝餘生。汝爲我齎版、幣祭前使，爲，于僞翻。前使，謂張勸。版以祝，幣以燎。愼無入關，自擇安處，潛來取家，保無他也。」泌之辭行也，上籍陝將預於亂者七十五人授泌，使誅之。泌既遣抱暉，日中，宣慰使至。泌奏：「已遣抱暉，餘不足問。」上復遣中使至陝，必使誅之。復，扶又翻。泌不得已，械兵馬使林滔等五人送京師，懇請赦之。詔謫戍天德；天德軍，在振武東北。宋白曰：天寶八年，張齊丘於可敦城置橫塞軍；十二年，安思順奏廢橫塞軍，請於大同城西築城置軍，玄宗賜名天安軍；乾元後，改爲天德軍。緣居人校少，遂南移四里，權居永清柵，其城則隋大同城之故墟，在牟船山鉗耳觜之北。歲餘，竟殺之。而抱暉遂亡命不知所之。

達奚小俊引兵至境，聞泌已入陝而還。

17 壬辰，【章：乙十五行本「辰」作「子」；乙十一行本同。】以劉怦爲幽州、盧龍節度使。

18 大旱，灞、滻將竭，長安井皆無水。度支奏中外經費纔支七旬。

資治通鑑卷第二百三十二

端明殿學士兼翰林侍讀學士太中大夫提舉西京嵩山崇福宮上柱國河内郡開國公食邑二千二百户食實封九百户賜紫金魚袋臣司馬光奉敕編集

後學天台胡三省音註

唐紀四十八 起旃蒙赤奮若（乙丑）八月，盡強圉單閼（丁卯）七月，凡二年。

德宗神武聖文皇帝七

貞元元年（乙丑、七八五）

1 八月，甲子，詔凡不急之費及人冗食者皆罷之。冗，而隴翻。

2 馬燧至行營，與諸將謀曰：「長春宮不下，燧，音遂。將，即亮翻。圍長春宮事始上卷是年四月。則懷光不可得。長春宮守備甚嚴，攻之曠日持久，我當身往諭之。」遂徑造城下，造，七到翻。呼懷光守將徐庭光，庭光帥將士羅拜城上。將，即亮翻。帥，讀曰率。燧知其心屈，徐謂之曰：「我自朝廷來，可西向受命。」庭光等復西向拜。復，扶又翻。燧曰：「汝曹自祿山已來，徇國立功四十餘年，天寶十四載，安祿山反，郭子儀、李光弼皆以朔方軍討賊立大功。其後回紇、吐蕃深入京畿，諸鎮叛亂，外禦內討，亦倚朔方軍以成功。至是年凡三十一年，今曰「四十餘年」，「四」字誤也，當作「三」。何忽爲滅族之計！從吾言，非止免禍，富貴可圖也。」衆不對。燧披襟曰：「汝不信吾言，何不射我！」射，而亦翻。將士皆伏泣。燧曰：「此皆懷光所爲，汝曹無罪。弟堅守勿出。」弟，讀曰第，但也。皆曰「諾。」

壬申，燧與渾瑊、韓遊瓌進軍逼河中，至焦籬堡；渾，戶昆翻，又戶本翻。瑊，戶咸翻。瓌，古回翻。焦籬堡，在河中府河西縣西。守將尉珪以七百人降。尉，紆勿翻，本複姓尉遲，後單姓尉以從便易。降，戶江翻；下同。是夕，懷光舉火，諸營不應。駱元光在長春宮下，使人招徐庭光；庭光素輕元光，遣卒罵之，又爲優胡於城上以侮之，駱元光本安息胡人，故徐庭光爲優胡以侮之。且曰：「我降漢將耳！」元光使白燧，燧還至城下，庭光開門降。燧以數騎入城慰撫，其衆大呼曰：還，從宣翻，又音如字。騎，奇寄翻。呼，火故翻。「吾輩復爲王人矣！」復，扶又翻，又音如字。渾瑊謂僚佐曰：「始吾謂馬公用兵不吾遠也，今乃知吾不逮多矣！」渾，戶昆翻，又戶本翻。瑊，古銜翻。不逮，不及也。詔以庭光試殿中監兼御史大夫。此謂之試官、兼官，以寄祿且憲銜也。

甲戌，燧帥諸軍至河西，宋白曰：河西縣，本同州舊朝邑之地，唐上元元年以朝邑地置河西縣，大曆三年復置朝邑縣，仍析朝邑五鄉，并割河東三鄉，依舊爲河西縣，縣境東西十四里。帥，讀曰率。考異曰：舊燧傳曰：「燧帥諸軍濟河，兵凡八萬，陳於城下。是日，牛名俊斬懷光首，以城降。」今從邠志。河中軍士自相驚曰：

「西城擐甲矣！」又曰：「東城娖隊矣！」河中，夾河爲兩城，西城河西縣，東城河東縣，河中府治焉。擐，音宦。娖，側角翻。須臾，軍士皆易其號爲「太平」字；懷光不知所爲，乃縊而死。縊，於計翻，又於賜翻。

初，懷光之解奉天圍也，事見二百二十九卷建中四年。上以其子璀爲監察御史，璀，七罪翻。監，古銜翻。寵待甚厚。及懷光屯咸陽不進，事見上卷興元元年。璀密言於上曰：「臣父必負陛下，願早爲之備。臣聞君、父一也；人生在三，事之如一，謂君、父、師也。但今日之勢，陛下未能誅臣父，而臣父足以危陛下。陛下待臣厚，胡【章：乙十六行本「胡」上有「臣」字；乙十一行本同；孔本同。】人性直，故不忍不言耳。」上驚曰：「知卿大臣愛子，當爲朕委曲彌縫，而密奏之！」爲，于僞翻；下同。言璀當委曲彌縫，使君臣之間無隙，不當密奏其事。對曰：「臣父非不愛臣，臣非不愛其父與宗族也；顧臣力竭，不能回耳。」上曰：「然則卿以何策自免？」對曰：「臣之進言，非苟求生；臣父敗，則臣與之俱死矣，復有何策哉！復，扶又翻，下同；又音如字，下同。使臣賣父求生，陛下亦安用之！」上曰：「卿勿死，爲朕更至咸陽諭卿父，使君臣父子俱全，不亦善乎！」璀至咸陽而還，更，古孟翻。還，音旋，又如字。曰：「無益也，願陛下備之，勿信人言。臣今往，說諭萬方，說，式芮翻。臣父言：『汝小子何知！主上無信，吾非貪富貴也，直畏死耳，汝豈可陷吾入死地邪！』」邪，音耶。

及李泌赴陝，李泌赴陝，見上卷是年七月。泌，薄必翻。陝，失冉翻。上謂之曰：「朕所以再三欲全懷光者，誠惜璀也；卿至陝，試爲朕招之。」對曰：「陛下未幸梁、洋，懷光猶可降也。陝，失冉翻。爲，于季翻。洋，音祥。降，戶江翻。今則不然。豈有人臣迫逐其君，迫逐其君，謂懷光逼帝自奉天幸山南也。而可復立於其朝乎！縱彼顏厚無慚，人知愧者色見於面，不知愧者謂之顏厚。復，扶又翻，又音如字。朝，直遥翻；下同。陛下每視朝，何心見之！臣得入陝，借使懷光請降，臣不敢受，況招之乎！李璀固賢者，必與父俱死矣；若其不死，則亦無足貴也。」及懷光死，璀先刃其二弟，乃自殺。楚令尹子南之子與李璀者，皆處君臣父子大倫之變，以死繼之，可哀也已！

朔方將牛名俊斷懷光首出降。將，卽亮翻。斷，音短。河中兵猶萬六千人，燧斬其將閻晏等七人，閻晏勸懷光東保河中稱兵犯同州者也。考異曰：邠志云「八人」，今從舊馬燧傳。餘皆不問。燧自辭行至河中平，凡二十七日。戊申至甲戌，二十七日。史言馬燧期以一月平懷光，不愆于素。燧出高郢、李鄘於獄，懷光囚郢、鄘見上卷本年。郢，以井翻。鄘，余封翻。皆奏置幕下。

韓遊瓌之攻懷光也，楊懷賓戰甚力，上命特原其子朝晟；李懷光囚楊朝晟，見二百三十卷元年三月。瓌，古回翻。朝，直遥翻。晟，成正翻。遊瓌遂以朝晟爲都虞候。爲楊朝晟後帥邠寧張本。

上使問陸贄：「河中既平，復有何事所宜區處？」處，昌呂翻。令悉條奏。令，力丁翻。贄以河中既平，慮必有希旨生事之人，以爲王師所向無敵，請乘勝討淮西者。李希烈必誘諭其所部及新附諸帥曰：新附諸帥，謂李納、王武俊、田緒等。誘，音酉。「奉天息兵之旨，乃因窘【章：乙十六行本「窘」下有「急」字；乙十一行本同；孔本同；退齋校同。】而言，朝廷稍安，必復誅伐。」如此，則四方負罪者孰不自疑，河朔、青齊固當響應，窘，臣隕翻。復，扶又翻，又音如字。河朔，謂王武俊、田緒、劉怦；青齊，謂李納。兵連禍結，賦役繁興，建中之憂，行將復起。乃上奏，其略曰：「福不可以屢徼，幸不可以常覬。上，時掌翻。徼，一遙翻。覬，音冀。臣【章：乙十六行本「臣」上有「又曰」二字；乙十一行本同；孔本同。】姑以生禍爲憂，未敢以獲福爲賀。」又曰：「陛下懷悔過之深誠，實心爲誠。降非常之大號，此謂興元赦書也。所在宣敭之際，聞者莫不涕流。敭，與揚同。假王叛换之夫，削僞號以請罪；王武俊、田悅、李納去王號謝罪，見二百二十九卷興元元年。觀釁首鼠之將，一純誠以效勤。」謂馬燧、韓滉、陳少遊。讀通鑑者因其事而觀其心迹，則知之矣。又曰：「曩討之而愈叛，今釋之而畢來；曩以百萬之師而力殫，今以咫尺之詔而化洽。是則聖王之敷理道，服暴人，理道，即治道，避高宗諱改之。任德而不任兵，明矣；羣帥之悖臣禮，拒天誅，圖活而不圖王，又明矣。帥，所類翻；下同。悖，蒲内翻。是則好生以及物者，乃自生之方；施安以及物者，乃自安之術。擠彼於死地擠，子細翻，又子西翻。而求此之久生也，措彼於危地而求此之久安也，從古及今，未之有焉。」又曰：「一夫不率，率，循也。不率，謂不循上之敎令也。闔境罹殃；一境不寧，普天致擾。」又曰：「億兆汙人，汙，烏瓜翻，汙下也。四三叛帥，感陛下自新之旨，悅陛下盛德之言，革面易辭，且脩臣禮，其於深言密議固亦未盡坦然，必當聚心而謀，傾耳而聽，觀陛下所行之事，考陛下所誓之言。若言與事符，則遷善之心漸固；儻事與言背，則慮禍之態復興。」陸贄斯言，亦可以謂之深切當時事情。背，蒲妹翻。復，扶又翻。又曰：「朱泚滅而懷光戮，懷光戮而希烈征，希烈儻平，禍將次及，則彼之蓄素疑而懷宿負者，能不爲之動心哉！」爲，于僞翻。又曰：「今皇運中興，天禍將悔，以逆泚之偷居上國，泚，且禮翻，又音此。唐都長安，故謂之上國。以懷光之竊保中畿，開元八年，以河中爲中都，河東、河西二縣爲次赤縣，諸縣爲次畿縣。歲未再周，相次梟殄，去年六月斬朱泚，今年八月平懷光。梟殄，謂梟其首而殄絕其類。梟，堅堯翻。實衆慝驚心之日，衆慝，猶言衆惡也。慝，吐得翻。羣生改觀之時。觀，古玩翻，又音如字。威則已行，惠猶未洽。誠宜上副天眷，下收物情，布恤人之惠以濟威，乘滅賊之威以行惠。」又曰：「臣所未敢保其必從，唯希烈一人而已。揆其私心，非不願從也；想其潛慮，非不追悔也。興元赦文，李希烈不與朱泚同科，亦在肆赦之數。但以猖狂失計，已竊大號，雖荷陛下全宥之恩，然不能不自靦於天地之間耳。荷，下可翻。靦，他典翻，慚顔也。縱未順命，斯爲獨夫，孟子曰：「殘賊之人謂之獨夫。」言人無親輔之者。內則無辭以起兵，外則無類以求助，其計不過厚撫部曲，偷容歲時，心雖陸梁，勢必不致。陛下但敕諸鎮各守封疆，彼既氣奪算窮，是乃狴牢之類，狴，邊迷翻，又部禮翻。狴，犴；牢，獄；所以拘囚有罪。不有人禍，則當鬼誅。陸贄論李希烈事，曲盡情勢。古之不戰而屈人之兵者，此之謂歟！」兵法：百戰百勝，不如不戰而屈人之兵。

丁卯，詔以「李懷光嘗有功，宥其一男，使續其後，賜之田宅，歸其首及尸使葬。加馬燧兼侍中，渾瑊檢校司空；餘將卒賞賚各有差。燧，音遂。渾，戶昆翻，又戶本翻。瑊，古咸翻。校，古孝翻。將，卽亮翻。賚，來戴翻。諸道與淮西連接者，宜各守封疆，非彼侵軼，不須進討。軼，徒結翻，突也。李希烈若降，當待以不死；自餘將士百姓，一無所問。」行陸贄之言也。

3 初，李晟嘗將神策軍戍成都，蓋大曆十四年救蜀時也。將，卽亮翻，又音如字。晟，成正翻。及還，以營妓高洪自隨。還，從宣翻。妓，渠綺翻。西川節度使張延賞怒，追而還之，由是有隙。使，疏吏翻。至是，劉從一有疾，上召延賞入相，晟表陳其過惡；上重違其意，相，息亮翻。重，難也。以延賞爲左僕射。李晟居功名之際，以一婦人之故，脩怨於嚮用之臣。且天子命相而勳臣以私怨間之，其能自安乎！斯不學之由也。爲延賞讒晟張本。射，寅謝翻。

4 駱元光將殺徐庭光，謀於韓遊瓌，瓌，古回翻。曰：「庭光辱吾祖考，謂爲優胡以戲侮之也。吾欲殺之，馬公必怒，公能救其死乎！」遊瓌曰：「諾。」壬午，遇庭光於軍門之外，揖而數其罪，數，所具翻，又所主翻。命左右碎斬之。考異曰：實錄：「甲申，駱元光專殺徐庭光，上令宰相諭諫官勿論。」邠志曰：「二十日，駱公謀於韓公曰：『徐庭光見詬，辱及祖父，義不同天。』是日，遂殺之。」按是月癸亥朔。甲申，二十二日，蓋奏到之日也。今從邠志。入見馬燧，頓首請罪，燧大怒曰：「庭光已降，受朝廷官爵，公不告輒殺之，是無統帥也！」燧，音遂。降，戶江翻。朝，直遙翻。統，他綜翻，俗從上聲。帥，所類翻。欲斬之。遊瓌曰：「元光殺裨將，公猶怒如此。公殺節度使，天子其謂何！」燧默然；渾瑊亦爲之請，爲，于僞翻。乃捨之。

渾瑊鎮河中，盡得李懷光之衆，朔方軍自是分居邠、蒲矣。自郭子儀以來，朔方軍亦分屯邠、蒲而統於一帥。今居邠者韓遊瓌帥之，居蒲者渾瑊帥之，不相統屬，故史言其始分。渾，戶昆翻，又戶本翻。邠，卑旻翻。

5 盧龍節度使劉怦疾病，使，疏吏翻。怦，普耕翻。疾甚曰病。九月，己亥，詔以其子行軍司馬濟權知節度事；怦尋薨。薨，呼肱翻。

6 己未，中書侍郎、同平章事劉從一罷爲戶部尚書；庚申，薨。以疾罷而薨。尚，辰羊翻。

7 冬，十月，癸卯，上祀圜丘，赦天下。

8 十二月，甲戌，戶部奏今歲入貢者凡百五十州。時河朔諸鎮及淄青、淮西皆不入貢，河、隴諸州又沒于吐蕃。

9 于闐王曜上言：「兄勝讓國於臣，事見二百二十一卷肅宗上元元年。闐，徒賢翻，又徒見翻。上，時掌翻。今請復立勝子銳。」上以銳檢校光祿卿，還其國。勝固辭曰：「曜久行國事，國人悅服。銳生長京華，復，扶又翻，又音如字。校，古孝翻。還，從宣翻，又音如字。長，知兩翻。不習其俗，不可往。」上嘉之，以銳爲韶王諮議。韶王暹，代宗子也。唐制：王府官諮議參軍，正五品上。

二年（丙寅、七八六）

1春，正月，壬寅，以吏部侍郎劉滋爲左散騎常侍，與給事中崔造、中書舍人齊映並同平章事。滋，子玄之孫也。散，悉亶翻。騎，奇寄翻。劉子玄以史筆事武后、中宗。造少居上元，少，始照翻。上元縣，帶昇州。與韓會、盧東美、張正則爲友，以王佐自許，時人謂之「四夔」。夔者，唐、虞之良臣。時人重四人者，以「四夔」稱之。上以造在朝廷敢言，故不次用之。朝，直遙翻。滋、映多讓事於造。造久在江外，疾錢穀諸使罔上之弊，奏罷水陸運使、度支巡院，江·淮轉運使等，諸道租賦悉委觀察使、刺史遣官部送詣京師。令宰相分判尚書六曹：齊映判兵部，李勉判刑部，劉滋判吏部、禮部，造判戶部、工部；又以戶部侍郎元琇判諸道鹽鐵、榷酒，使，疏吏翻。度，徒洛翻。尚，辰羊翻。琇，音秀。榷，古岳翻。吉中孚判度支兩稅。

2李希烈將杜文朝寇襄州；二月，癸亥，山南東道節度使樊澤擊擒之。將，卽亮翻。朝，直遙翻。山南東道節度治襄州。

3崔造與元琇善，故使判鹽鐵。韓滉奏論鹽鐵過失，爲崔造、元琇得罪張本。滉，呼廣翻。甲戌，以琇爲尚書右丞。陝州水陸運使李泌奏：「自集津至三門，泌，薄必翻。集津倉，在三門東。三門倉，在三門西。鑿山開車道十八里，以避底柱之險。」底柱兩山屹立河中，河水分流，包山而過，世謂之三門。車道者，陸運之道，捨舟而車運也。是月道成。

4 三月，李希烈別將寇鄭州，義成節度使李澄擊破之。代宗大曆七年，賜滑亳節度爲永平節度。貞元元年，永平軍節度更號義成軍節度。興元元年，李澄得鄭州。希烈兵勢日蹙，會有疾，夏，四月，丙寅，大將陳仙奇使醫陳山甫毒殺之；果如陸贄所料。因以兵悉誅其兄弟妻子，舉衆來降。降，戶江翻。考異曰：杜牧竇烈女傳曰：「初，希烈入汴州，聞戶曹參軍竇良女美，使甲士至良門，取桂娘以去。將出門，顧其父曰：『愼無戚，必能滅賊，使大人取富貴於天子。』桂娘以才色在希烈側，復能巧曲取信，凡希烈之密謀，雖妻子不知者，悉皆得聞。希烈歸蔡州，桂娘謂希烈曰：『忠而勇，一軍莫如陳先奇。其妻竇氏，先奇寵且信之，願得相往來，以姊妹敍齒，因徐說之，使堅先奇之心。』希烈然之。桂娘因以姊事先奇妻，嘗間曰：『爲賊遲晚必敗，姊宜早圖遺種之地。』先奇妻然之。興元元年四月，希烈暴死，其子不發喪，欲盡誅老將校，以卑少者代之，計未決。有獻含桃者，桂娘白希烈子，請分遺先奇妻，且以示無事於外，因爲蠟帛書曰：『前日已死，殯在後堂，欲誅大臣，須自爲計。』以朱染帛，丸如含桃。先奇發丸見之，言於薛育。育曰：『兩日希烈稱疾，但怪樂曲雜發，晝夜不絕，此乃有誅未定，示暇於外，事不疑矣。』明日，先奇、薛育各以所部譟於牙門，請見希烈。希烈子迫，出拜曰：『願去僞號，一如李納。』先奇曰：『爾父勃逆，天子有命誅之。』因斬希烈及妻、子，函七首以獻，暴其尸於市。後兩月，吳少誠殺先奇，知桂娘謀，因亦殺之。」今從實錄及舊傳。甲申，以仙奇爲淮西節度使。

5 關中倉廩竭，禁軍或自脫巾呼於道曰：呼，火故翻。「拘吾於軍而不給糧，吾罪人也！」上憂之甚，會韓滉運米三萬斛至陝，李泌卽奏之。上喜，遽至東宮，謂太子曰：「米已至陝，吾父子得生矣！」滉，呼廣翻。陝，失冉翻。泌，薄必翻。記王制曰：國無六年之蓄曰急，無三年之蓄曰國非其國也。況日闕無儲者乎！日闕無儲，有以繼之猶可，況漕運不繼，朝不及夕者乎！唐都關中，仰給東南之餫。德宗於兵荒之餘，其窘乏尤不可言。觀其父子相與語，亦懲涇卒之變，發之於言語，有不能以自揜者。裴延齡知之，故得因以排陸贄。時禁中不釀，命於坊市取酒爲樂。樂，音洛。又遣中使諭神策六軍，軍士皆呼萬歲。

時比歲饑饉，比，毗至翻。兵民率皆瘦黑，至是麥始熟，市有醉人，當時以爲嘉瑞。人乍飽食，死者復伍之一。復，扶又翻。數月，人膚色乃復故。

6以橫海軍使程日華爲節度使。滄州始別爲節鎭。以此觀之，則以程日華爲橫海軍副大使，上卷衍「大」字明矣。

7秋，七月，淮西兵馬使吳少誠殺陳仙奇，自爲留後。少誠素狡險，爲李希烈所寵任，故爲之報仇。使，疏吏翻。少，始照翻。故爲，于僞翻；下因爲同。己酉，以虔王諒爲申、光、隨、蔡節度大使，以少誠爲留後。

8以隴右行營節度使曲環爲陳許節度使。曲環時以隴西行營兵戍陳許。陳許荒亂之餘，戶口流散。曲環以勤儉率下，政令寬簡，賦役平均，數年之間，流亡復業，兵食皆足。

9八月，癸未，義成節度使李澄薨，其子士【章：乙十六行本「士」作「克」；乙十一行本同；退齋校同；張校同，云無註本誤「士」。】寧謀總軍務，祕不發喪。

10 丙戌，吐蕃尚結贊大舉寇涇、隴、邠、寧，掠人畜，芟禾稼，西鄙騷然，州縣各城守。詔渾瑊將萬人，駱元光將八千人屯咸陽以備之。

11 初，上與【章：乙十六行本「與」下有「常侍」二字；乙十一行本同；張校同，云無註本亦無。】李泌議復府兵，泌因爲上歷敍府兵自西魏以來興廢之由，西魏置府兵，見一百六十三卷梁簡文帝大寶元年。府兵廢見二百一十二卷玄宗開元十年。且言：「府兵平日皆安居田畝，每府有折衝領之，折衝以農隙教習戰陳。陳，讀曰陣。國家有事徵發，則以符契下其州及府，府者，折衝果毅府。下，遐稼翻。參驗發之，至所期處。發兵刻期所會之地。將帥按閱，有教習不精者，罪其折衝，甚者罪及刺史。軍還，則賜勳加賞，便道罷之。罷兵，使各隨便道歸農，不必還至京師而後罷。行者近不踰時，遠不經歲。高宗以劉仁軌爲洮河鎮守使以圖吐蕃，見二百二卷高宗儀鳳二年。於是始有久戍之役。武后以來，承平日久，府兵浸墮，墮，讀曰隳。爲人所賤；百姓恥之，至蒸熨手足以避其役。又，牛仙客以積財得宰相，事見二百一十四卷玄宗開元二十四年。邊將效之；山東戍卒多齎繒帛自隨，邊將誘之寄於府庫，晝則苦役，夜縶地牢，繒，慈陵翻。誘，音酉。縶，音執，縛也。利其死而沒入其財。故自天寶以後，山東戍卒還者什無二三，其殘虐如此。然未嘗有外叛內侮，殺帥自擅者，誠以顧戀田園，恐累宗族故也。累，良瑞翻。自開元之末，張說始募長征兵，謂之彍騎，事見二百一十二卷開元十年、十三年。其後益爲六軍。六軍分左、右爲十二軍。及李林甫爲相，奏諸軍皆募人爲之；見二百一十六卷天寶八載。兵不土著，著，直略翻。又無宗族，不自重惜，忘身徇利，禍亂遂生，至今爲梗。毛萇曰：梗，惡也。鄭玄曰：始生此禍，乃至今日相梗不止。曏使府兵之法常存不廢，安有如此下陵上替之患哉！侵犯爲陵，偏下爲替。陛下思復府兵，此乃社稷之福，太平有日矣。」上曰：「俟平河中，當與卿議之。」因置十六衞上將軍，先敍議復府兵之事。

九月，丁亥，詔十六衞各置上將軍，以寵功臣；改神策左、右廂爲左、右神策軍，殿前射生左、右廂爲殿前左、右射生軍，各置大將軍二人、將軍二人。十六衞上將軍，從二品。神策大將軍，正二品。統軍，從三品。將軍，從五品。

12 庚寅，李克寧始發父澄之喪，殺行軍司馬馬鉉，墨縗出視事，墨縗，自晉襄公始。縗，倉回翻。增兵城門。劉玄佐出師屯境上以制之，且使告諭切至，克寧迺不敢襲位。丁酉，以東都留守賈耽爲義成節度使。克寧悉取府庫之財夜出，軍士從而剽之，比明殆盡。剽，匹妙翻。比，必利翻，及也。淄靑兵數千自行營歸，過滑州，自李正己以來，淄靑兵未嘗應調發赴行營也，此必李納遣兵自戍守其境，亦稱行營耳。將佐皆曰：「李納雖外奉朝命，內蓄兼幷之志，請館其兵於城外。」朝，直遙翻。館，古玩翻。賈耽曰：「柰何與人鄰道而野處其將士乎！」處，昌呂翻。命館於城中。耽時引百騎獵於納境，納聞之，大喜，服其度量，不敢犯也。騎，奇寄翻。

13 吐蕃遊騎及好時；時，音止。乙巳，京城戒嚴，復遣左金吾將軍張獻甫屯咸陽。民間傳言上復欲出幸以避吐蕃，復，扶又翻。齊映見上言曰：「外間皆言陛下已理裝，具糗糧，見，賢遍翻。理裝，治裝也。糗，去久翻，乾飯屑也。人情恟懼。夫大福不再，左傳楚靈王之言。恟，許拱翻。夫，音扶。陛下柰何不與臣等熟計之！」因伏地流涕，上亦爲之動容。爲，于僞翻。

李晟遣其將王佖將驍勇三千伏於汧城，晟，成正翻。其將，卽亮翻。佖，毗必翻；佖將，音同上，又音如字。驍，堅堯翻。隴州之東有汧陽縣，汧城在其旁。汧，口堅翻。戒之曰：「虜過城下，勿擊其首；首雖敗，彼全軍而至，汝弗能當也。不若俟前軍已過，見五方旗，虎豹衣，言其軍士所服之衣畫爲虎豹文。乃其中軍也，出其不意擊之，必大捷。」佖用其言，尚結贊敗走。軍士不識尚結贊，僅而獲免。

尚結贊謂其徒曰：「唐之良將，李晟、馬燧、渾瑊而已，當以計去之。」燧，音遂。渾，戶昆翻，又戶本翻。瑊，古咸翻。爲尚結贊間李晟、劫渾瑊、賣馬燧張本。去，羌呂翻。入鳳翔境內，無所俘掠，以兵二萬直抵城下曰：「李令公召我來，俘，芳無翻。李晟時爲中書令，故稱之爲令公。此尚結贊所以間晟也。何不出犒我！」經宿，乃引退。犒，口到翻。

冬，十月，癸亥，李晟遣蕃落使野詩良輔使，疏吏翻。野詩，蕃姓也；良輔，其名。與王佖將步騎五千襲吐蕃摧砂堡；壬申，遇吐蕃衆二萬，與戰，破之，乘勝逐北，至堡下，攻拔之，斬其將扈屈律悉蒙，焚其蓄積而還。騎，奇寄翻。扈屈律，蕃人三字姓。還，從宣翻，又如字。尚結贊引兵自寧、慶北去，寧、慶，二州名。癸酉，軍於合水之北；合水縣，屬慶州，隋開皇十六年置。九域志：合水縣，在慶州東北四十五里。邠寧節度使韓遊瓌遣其將史履程夜襲其營，殺數百人。吐蕃追之，遊瓌陳于平川，邠，卑旻翻。使，疏吏翻。瓌，古回翻。將，卽亮翻。吐，從暾入聲。陳，讀曰陣。潛使人鼓於西山；虜驚，棄所掠而去。

14 十一月，甲午，立淑妃王氏爲皇后。

15 乙未，韓滉入朝。滉，呼廣翻。自京口入朝。朝，直遙翻。

16 丁酉，皇后崩。

17 辛丑，吐蕃寇鹽州，鹽州，五原郡，漢五原縣地。謂刺史杜彥光曰：「我欲得城，聽爾率人去。」彥光悉衆奔鄜州，九域志：慶州，東至鄜州三百五十里。吐蕃入據之。考異曰：邠志曰：「十二月三日，吐蕃圍鹽州，刺史杜彥光請委城以其衆去；吐蕃許之，分軍竊據。」今據實錄在此月。

劉玄佐在汴，習鄰道故事，習淄青、淮西及河朔故事。久未入朝。韓滉過汴，玄佐重其才望，以屬吏禮謁之。汴，皮變翻。朝，直遙翻。滉，呼廣翻。過，古禾翻，又古臥翻。韓滉鎭二浙，雖王室播遷，而巡屬寧晏，轉輸絡繹，劉玄佐以是重其才。滉父休以剛直致位宰輔，滉所歷任皆著聲績，劉玄佐以是重其望。滉爲江、淮、河南諸道轉運使，玄佐賜履之地，乃漕運之所經，以職分言之，則非屬吏也。玄佐敬滉，故以屬吏禮脩謁。滉相約爲兄弟，請拜玄佐母；其母喜，置酒見之。酒半，滉曰：「弟何時入朝？」玄佐曰：「久欲入朝，但力未辦耳！」滉曰：「滉力可及，弟宜早入朝。丈母垂白，諸父執行謂之丈人行。韓滉與劉玄佐結爲兄弟，則視其父爲丈人行，故呼其母謂之丈母也。不可使更帥諸婦女往塡宮也！」凡反者家屬皆沒入掖庭，故云然。帥，讀曰率。母悲泣不自勝。勝，音升。滉乃遺玄佐錢二十萬緡，遺，唯季翻。備行裝。滉留大梁三日，大出金帛賞勞，勞，力到翻。緡，眉巾翻。考異曰：柳氏敍訓云：「以綾二十萬匹犒軍。」今從國史補。一軍爲之傾動。爲，于僞翻。玄佐驚服，既而遣人密聽之，滉問孔目吏，孔目吏，今州部皆有之，謂之孔目官，亦謂之都吏，言一孔一目無不總也。「今日所費幾何？」詰責甚細。詰，去吉翻。細，纖詳也。玄佐笑曰：「吾知之矣！」壬寅，玄佐與陳許節度使曲環俱入朝。韓滉既遺劉玄佐以入朝之資，又大出賞勞以動其一軍之心，玄佐雖欲不入朝，得乎！使，疏吏翻。朝，直遙翻。考異曰：鄴侯家傳曰：「韓相將入朝覲，先公令人報『比在闕庭已奏，來則必能致大梁入朝。今來，所望善諭以致之。』十二月，劉玄佐果入朝。」此蓋李繁掠美。今從柳氏敍訓。

18 崔造改錢穀法，事多不集。諸使之職，行之已久，中外安之。諸使，謂鹽鐵、轉運諸使也。元琇既失職，謂解判鹽鐵而爲右丞也。琇，音秀。造憂懼成疾，不視事。既而江、淮運米大至，上嘉韓滉之功，十二月，丁巳，以滉兼度支、諸道鹽鐵、轉運等使；造所條奏皆改之。是年正月，崔造爲相，改錢穀法及罷諸使。今更從舊。

19 吐蕃又寇夏州，亦令刺史托跋乾暉帥衆去，遂據其城。托，與拓同。托跋起於鮮卑之裔，自謂托天而生，拔地而長，故以爲姓，此後魏所本者也。若唐時党項諸部，亦自有拓跋一姓，我朝西夏其後也。夏，戶雅翻。又寇銀州，州素無城，吏民皆潰；吐蕃亦棄之，又陷麟州。宋白曰：銀州，漢爲西河郡圁陰縣地，周武帝保定二年，於縣城置銀防，三年，置銀州，因谷爲名。舊有人收驄馬於此谷，虜語驄馬爲乞銀，故名；西北至夏州二百三十里，北至麟州三百里。

20韓滉屢短元琇於上；庚申，崔造罷爲右庶子，琇貶雷州司戶。舊志：雷州，至京師六千五百一十二里。考異曰：實錄曰：「初，元琇判度支，關輔旱儉，請運江、淮租米以給京師。上以韓滉素著威名，加江、淮轉運使，欲令專督運務。琇以滉性剛愎，難與集事，乃條奏，令滉督運江南米至揚子，凡一百十八里，自揚子以北皆琇主之。滉深怒於琇。琇以京師錢重貨輕，乃於江東監院收獲見錢四十餘萬貫，令轉送入關。滉不許，誣奏以爲運千錢至京師，費錢萬。上以問琇，琇奏曰：『千錢之重約與一斗米均，自江南水路至京師所費三二百耳。』上然之，遣中使齎手詔令運錢。滉堅執以爲不可。及滉總度支，遂逞宿心，累誣奏琇，至是而貶焉。」舊崔造傳曰：「造與元琇素厚，罷使之後，以鹽鐵委之。而韓滉以司務久行，不可遽改，德宗復以滉爲江、淮轉運使，餘如造所條奏。其年秋初，江、淮漕米大至京師，德宗嘉其功，以滉專領度支、諸道鹽鐵、轉運等使，造所條奏皆改。乃罷造知政事，貶琇雷州司戶。」鄴侯家傳曰：「時元琇判度支，江、淮進米相次已入汴州，而淄青及魏府蝗旱尤甚，人皆相食。李納無計，欲東身入朝，元琇逌支米十五萬石與之，納軍遂濟。三月，入河運第一綱米三萬石，自集津車般至三門，十日而畢，造入渭船亦成，米至陝。俄而度支牒至，支充河中軍糧。先公憂迫，不知所爲，欲使人聞奏，先令走馬與韓相謀之。韓相報曰：『愼不可奏。某判度支，來在外，勢不禁他，反被他更鼓作言語。待某今冬運畢，當請朝覲，此時面奏。』時蝗旱，運路阻澀，自四月初後，有一日之內七奉手詔者，皆爲催米，且言『軍國糧儲，自今月半後，悉盡此米，所藉公忠副朕憂。屬星夜發遣，以濟憂勤。』其旨如此，而不知米皆被外支。蓋琇及時宰忌韓相及先公運米功成，而不爲朝廷大計，幾至再亂。十月，韓相以饋運功成，請入朝。及對見，上大悅，言無不從，遂奏運事，且言：「元琇支米與淄青、河中，臣在外，與先公皆不敢奏。』上大驚，卽日貶琇爲雷州司戶。」二說相違，恐各有所私。今但取其大要。以吏部侍郎班宏爲戶部侍郎、度支副使。度，徒洛翻。使，疏吏翻。

21 韓遊瓌奏請發兵攻鹽州，吐蕃救之，則使河東襲其背。丙寅，詔駱元光及陳許兵馬使韓全義將步騎萬二千人會邠寧軍，趣鹽州，瓌，古回翻。吐，從暾入聲。將，卽亮翻，又音如字。騎，奇寄翻。邠，卑旻翻。趣，七喻翻。又命馬燧以河東軍擊吐蕃。燧至石州，河曲六胡州皆降，遷於雲、朔之間。燧，音遂。石州，昌化郡，漢離石地。河曲六胡州時已爲宥州，蓋諸部酋長，各以舊州名帶刺史，故於時猶有六胡州之名。雲州，雲中郡，本魏平城地。朔州，馬邑郡，漢馬邑縣地。降，戶江翻。

22 工部侍郎張彧，李晟之壻也。晟在鳳翔，以女嫁幕客崔樞，禮重樞過於彧；彧怒，遂附於張延賞；給事中鄭雲逵嘗爲晟行軍司馬，失晟意，亦附延賞；上亦忌晟功名。會吐蕃有離間之言，彧，於六翻。晟，成正翻。過，古禾翻，又古臥翻。吐，從暾入聲。間，古莧翻。離間之言見上。延賞等騰謗於朝，無所不至。朝，直遙翻；下同。晟聞之，晝夜泣，目爲之腫，蘇軾有言，「木必先蠹而後蟲生之，人必先疑也而後讒入之。」張延賞之讒間，亦因帝有忌晟之心而入之也。爲，于僞翻。悉遣子弟詣長安，表請削髮爲僧，上慰諭，不許。辛未，入朝，見上，自陳足疾，懇辭方鎮，上不許。韓滉素與晟善，上命滉與劉玄佐諭旨於晟，使與延賞釋怨。晟奉詔，滉等引延賞詣晟第謝，結爲兄弟，因宴飲盡歡；又宴於滉、玄佐之第，亦如之。滉因使晟表薦延賞爲相。朝，直遙翻。見，賢遍翻。滉，呼廣翻。相，息亮翻。

三年（丁卯、七八七）

1春，正月，壬寅，以左僕射張延賞同平章事。李晟爲其子請婚於延賞，射，寅謝翻。爲，于僞翻。延賞不許；晟謂人曰：「武夫性快，釋怨於杯酒間，則不復貯胸中矣；貯，丁呂翻。非如文士難犯，外雖和解，內蓄憾如故，吾得無懼哉！」張延賞心事，李晟蓋已洞見之矣。

2初，李希烈據淮西，選騎兵尤精者爲左、右門槍、奉國四將，步兵尤精者爲左、右克平十將。李希烈自建中初據淮西。騎，奇寄翻。槍，千羊翻。將，卽亮翻。門槍、奉國各分左、右，凡四將。左、右克平軍，則分十將領之。淮西少馬，少，詩紹翻。精兵皆乘騾，謂之騾軍。騾，力戈翻。

陳仙奇舉淮西降，纔數月，詔發其兵於京西防秋。仙奇遣都知兵馬使蘇浦悉將淮西精兵五千人以行。會仙奇爲吳少誠所殺，少誠密遣人召門槍兵馬使吳法超等使引兵歸；浦不之知。法超等引步騎四千自鄜州叛歸，渾瑊使其將白娑勒追之，娑，素和翻。反爲所敗。敗，補邁翻。

丙午，上急遣中使敕陝虢觀察使李泌發兵防遏，勿令濟河。吳法超等自鄜州擅歸，自鄜州，卽東北濟河下棧，蓋道蒲趨陝。若從同、華至陝，則不必濟河矣。泌遣押牙唐英岸將兵趣靈寶，九域志：靈寶縣，在陝州西四十五里。趣，七喻翻。淮西兵已陳於河南矣。陳，讀曰陣。泌乃命靈寶給其食，淮西兵亦不敢剽掠。剽，匹妙翻。明日，宿陝西七里。陝西者，陝州之西也，距城七里。泌不給其食，遣將將選士四百人選士，簡選其驍勇者。分爲二隊，伏於太原倉之隘道，令之曰：「賊十隊過，東伏則大呼擊之，西伏亦大呼應之，呼，火故翻。勿遮道，勿留行，常讓以半道，隨而擊之。」遮道留行，賊必人自爲戰。讓以半道，隨而擊之，前者得脫，後者務進，心不在戰，此泌所以制勝。又遣虞候集近村少年各持弓、刀、瓦石躡賊後，聞呼亦應而追之。又遣唐英岸將千五百人夜出南門，陳于澗北。陳，讀曰陣。明日四鼓，淮西兵起行入隘，兩伏發，賊衆驚亂，且戰且走，死者四之一；進遇唐英岸，邀而擊之，賊衆大敗，擒其騾軍兵馬使張崇獻。泌以賊必分兵自山路南遁，又遣都將燕子楚將兵四百自炭竇谷趣長水。長水，本隋弘農郡長淵縣，唐初，避高祖名，更爲長水。五代志曰：長淵縣，後魏曰南陝，西魏更今名。唐志：長水縣，屬洛州河南府。宋白曰：長水縣本漢盧氏縣地，後魏延昌二年分盧氏東境庫谷已西、沙渠谷已東爲南陝縣，廢帝改爲長淵縣，以縣洛水、長淵爲名，唐改長水。九域志：在府西二百四十里。燕，於虔翻。趣，七喻翻；下同。賊二日不食，屢戰皆敗，英岸追至永寧東，賊皆潰入山谷。吳法超果帥其衆太半趣長水，帥，讀曰率。燕子楚擊之，斬法超，殺其士卒三分之二。

上以陝兵少，發神策軍步騎五千往助泌，至赤水，聞賊已破而還。上命劉玄佐乘驛歸汴，以詔書緣道誘之，得百三十餘人，至汴州，盡殺之。其潰兵在道，復爲村民所殺，復，扶又翻。得至蔡者纔四十七人。吳少誠以其少，少，詩紹翻。悉斬之以聞；且遣使以幣謝李泌，爲其誅叛卒也。爲，于僞翻。泌執張崇獻等六十餘人送京師，詔悉腰斬於鄜州軍門，以令防秋之衆。

3 初，雲南王閤羅鳳陷嶲州，肅宗至德元載，嶲州陷，事見二百一十八卷。獲西瀘令鄭回。西瀘縣，屬嶲州，本漢邛都縣地，江左置宣化郡，隋廢郡，置可泉縣，天寶元年改曰西瀘。回，相州人，通經術，閤羅鳳愛重之。其子鳳迦異迦，求加翻。及孫異牟尋、曾孫尋夢湊皆師事之，每授學，回得撻之。及異牟尋爲王，大曆十四年，異牟尋立，見二百二十六卷。以回爲清平官。清平官者，蠻相也，南詔官曰坦綽，曰布燮，曰久贊，謂之清平官，所以決國事輕重，猶唐宰相也。凡有六人，而國事專決於回。五人者事回甚卑謹，有過，則回撻之。

雲南有衆數十萬，吐蕃每入寇，常以雲南爲前鋒，賦斂重數，斂，力贍翻。重數，所角翻。又奪其險要立城堡，歲徵兵助防，雲南苦之。回因說異牟尋復自歸於唐說，式芮翻。曰：「中國尚禮義，有惠澤，無賦役。」異牟尋以爲然，而無路自致，凡十餘年。及西川節度使韋皋至鎮，招撫境上羣蠻，異牟尋潛遣人因羣蠻求内附。皋奏：「今吐蕃棄好，好，呼到翻。暴亂鹽、夏，夏，戶雅翻。宜因雲南及八國生羌有歸化之心八國生羌：白狗君、哥鄰君、逋租君、南水君、弱水君、悉董君、清遠君、咄霸君。招納之，以離吐蕃之黨，分其勢。」上命皋先作邊將書以諭之，微觀其趣。爲南詔內附張本。

4 張延賞與齊映有隙，映在諸相中頗稱敢言，上浸不悅；延賞言映非宰相器。壬子，映貶夔州刺史。劉滋罷爲左散騎常侍，以兵部侍郎柳渾同平章事。

韓滉性苛暴，方爲上所任，言無不從；他相充位而已，百【章：乙十六行本「百」下有「官羣」二字；乙十一行本同；孔本同。】吏救過不贍。渾雖爲滉所引薦，正色讓之曰：「先相公以褊察爲相，不滿歲而罷，先相公，謂滉父休也。罷相事見二百一十三卷開元二十一年。今公又甚焉。柰何榜吏於省中，榜，音彭。至有死者！且作福作威，豈人臣所宜！」書洪範曰：臣無有作威作福，其害于而家，凶于而國。滉愧，爲之少霽威嚴。爲，于僞翻。

5 二月，壬戌，以檢校左庶子崔澣充入吐蕃使。

6 戊寅，鎮海節度使、同平章事、充江、淮轉運使韓滉薨。滉久在二浙，大曆十四年，滉觀察二浙。建中二年建節。所辟僚佐，各隨其長，無不得人。嘗有故人子謁之，考其能，一無所長，滉與之宴，竟席，未嘗左右視及與並坐交言。並坐，謂並肩而坐者。坐，徂臥翻。後數日，署爲隨軍，使監庫門。監，古銜翻。其人終日危坐，吏卒無敢妄出入者。

分浙江東、西道爲三：浙西，治潤州；浙東，治越州；宣、歙、池，治宣州；武德四年，以宣州之秋浦、南陵二縣置池州；貞觀元年，州廢。永泰元年，復分宣州之秋浦、青陽，饒州之至德，置池州，治秋浦。

秋浦，漢石城縣地。宣、歙、池三州，屬江南東道。唐初分十道，江南東、西道與二浙總爲江南道。乾元置浙江西道觀度使，兼領宣、歙、饒三州，其後罷領、復領不一。自分二浙爲三道，而宣、歙、池三州屬江南東道。各置觀察使以領之。

上以果州刺史白志貞爲浙西觀察使，果州，南充郡，治南充縣。建中四年十二月，白志貞貶恩州司馬，中間蓋轉果州刺史，今自刺史復欲用爲觀察使。柳渾曰：「志貞，憸人，憸，利於上，佞人也。又曰：憸，詖也，音息廉翻。不可復用。」復，扶又翻；下同。會渾疾，不視事；辛巳，詔下，用之。渾疾間，間，如字。遂乞骸骨；以言不用也。不許。

7 甲申，葬昭德皇后于靖陵。王后，謚昭德。靖陵，在奉天縣東北十里。

8 三月，丁酉，以左庶子李銛充入吐蕃使。銛，思廉翻。吐，從暾入聲。

初，吐蕃尚結贊得鹽、夏州，各留千餘人戍之，退屯鳴沙；去年冬，吐蕃留兵戍鹽、夏州。鳴沙縣，屬靈州，漢富平縣地。宋白曰：見後。夏，戶雅翻。自冬入春，羊馬多死，糧運不繼，又聞李晟克摧沙，馬燧、渾瑊等各舉兵臨之，大懼，晟，成正翻。燧，音遂。渾，戶昆翻，又戶本翻。瑊，古咸翻。屢遣使求和，上未之許。乃遣使卑辭厚禮求和於馬燧，且請脩清水之盟而歸侵地，清水盟見二百二十八卷建中四年。使者相繼於路。燧信其言，留屯石州，不復濟河，爲之請於朝。爲，于僞翻。以馬燧智略功名而信尚結贊爲之請，使其劫盟之謀獲遂，則自損功名，而智略不足言。

李晟曰：「戎狄無信，不如擊之。」韓遊瓌曰：「吐蕃弱則求盟，強則入寇，今深入塞內而求盟，此必詐也！」韓滉曰：「今兩河無虞，若城原、鄯、洮、渭四州，使李晟、劉玄佐之徒將十萬衆戍之，河、湟二十餘州可復也。其資糧之費，臣請主辦。」上由是不聽燧計，趣使進兵。燧請與吐蕃使論頰熱俱入朝論之，滉，呼廣翻。鄯，以戰翻，又音善。洮，土刀翻。將，即亮翻，又音如字。趣，讀曰促。使，疏吏翻。朝，直遙翻。考異曰：邠志作「論莽熱」，今從實錄。會滉薨，燧、延賞皆與晟有隙，欲反其謀，爭言和親便。上亦恨回紇，謂陝州之辱也。欲與吐蕃和，共擊之，得二人言，正會己意，計遂定。史言馬燧、張延賞以私隙誤國。

延賞數言「晟不宜久典兵，數，所角翻。請以鄭雲逵代之。」上曰：「當令自擇代者。」令，力丁翻。乃謂晟曰：「朕以百姓之故，與吐蕃和親決矣。大臣既與吐蕃有怨，不可復之鳳翔，帝敬禮李晟，謂之大臣。之，往也。史言帝忌李晟，因吐蕃請和，將相有隙，而奪其兵柄。宜留朝廷，朝夕輔朕；自擇一人可代鳳翔者。」晟薦都虞候邢君牙。君牙，樂壽人也。樂壽，本漢河間樂城縣，故城在今縣東南十六里。後魏移縣近古樂壽亭，因改爲樂壽。唐初，屬瀛州，永泰中，度屬深州。丙午，以君牙爲鳳翔尹兼團練使。丁未，加晟太尉、中書令，勳、封如故；勳，上柱國；封，西平王。餘悉罷之。

晟在鳳翔，嘗謂僚佐曰：「魏徵好直諫，好，呼到翻。余竊慕之。」行軍司馬李叔度曰：「此乃儒者所爲，非勳德所宜。」晟斂容曰：「司馬失言。晟任兼將相，知朝廷得失不言，何以爲臣！」叔度慚而退。余謂李晟欲忠於君，李叔度之言亦可謂忠於李晟。及在朝廷，上有所顧問，極言無隱；性沈密，未嘗泄於人。朝，直遥翻。沈，持林翻。

辛亥，馬燧入朝。燧既來，諸軍皆閉壁不戰，尙結贊遽自鳴沙引歸，宋白曰：鳴沙縣，屬靈州，本漢富平縣地，後周保定二年於此置會州，建德六年立鳴沙鎭，隋文帝立環州，以大河環曲爲名，仍立鳴沙縣屬焉。此地人馬行沙有聲，異於餘沙，故曰鳴沙。其衆乏馬，多徒行者。

崔澣見尙結贊，責以負約。尙結贊曰：「吐蕃破朱泚，以武亭之功邀唐，事見二百三十卷元年四月。泚，且禮翻，又音此。未獲賞，是以來，而諸州各城守，無由自達。鹽、夏守將以城授我而遁，非我取之也。夏，戶雅翻。將，卽亮翻。今明公來，欲踐脩舊好，言欲踐前言以脩舊好。一曰，欲踐前迹以脩前好。踐，慈演翻。好，呼到翻。固吐蕃之願也。今吐蕃將相以下來者二十一人，渾侍中嘗與之共事，言嘗與渾瑊共討朱泚。知其忠信。靈州節度使杜希全、涇原節度使李觀皆信厚聞於異域，請使之主盟。」尙結贊欲因盟劫執二帥以取涇、靈耳。使，疏吏翻。觀，古玩翻。

夏，四月，丙寅，澣至長安。辛未，以澣爲鴻臚卿，復使入吐蕃語尙結贊曰：臚，陵如翻。復，扶又翻；下同。語，牛倨翻。「希全守靈，不可出境，李觀已改官，今遣渾瑊盟於淸水。」淸水，漢故縣，唐屬秦州。考異曰：實録：「崔澣至自鳴沙，傳尙結贊言：『盟會之期及定界之所，唯命是聽。君歸奏決定，當以鹽、夏相還。』又云：『淸水之會，同盟者少，是以和好輕慢不成。今蕃相及元帥已下凡二十一人赴盟，靈州節度使杜希全稟性和善，外境所知，請令主此盟會。涇原節度使李觀，亦請同主之。』辛未，以瀚爲鴻臚卿，充入吐蕃使，令瀚報尚結贊：『希全職在靈州，不可出境，李觀又已改官，遣侍中渾瑊充會盟使。』約以五月二十四日復盟於清水。」按尚結贊本怨渾瑊，故欲劫而執之。然則求瑊主盟，乃吐蕃意，非由唐出也。今從鄴侯家傳。且令先歸鹽、夏二州。令，力丁翻。夏，戶雅翻。五月，甲申，渾瑊自咸陽入朝，以爲清水會盟使。戊子，以兵部尚書崔漢衡爲副使，司封員外郎鄭叔矩爲判官，特進宋奉朝爲都監。宋奉朝，宦者也。朝，直遙翻；下同。己丑，瑊將二萬餘人赴盟所。

乙巳，尚結贊遣其屬論泣贊來言：「清水非吉地，請盟於原州之土梨樹；既盟而歸鹽、夏二州。」上皆許之。神策將馬有麟奏：「土梨樹多阻險，恐吐蕃設伏兵，不如平涼川坦夷。」新唐書地理志：平涼西北五里有吐蕃會盟壇。時論泣贊已還，丁未，遣使追告之。

9 申蔡留後吳少誠，繕兵完城，欲拒朝命，朝，直遙翻。判官鄭常、大將楊冀謀逐之，詐爲手詔賜諸將申州刺史張伯元等；事泄，少誠殺常、冀、伯元。大將宋旻、曹濟奔長安。

10 閏月，己未，韋皋復與東蠻和義王苴那時書，東蠻跨地二千里。勿鄧、豐琶、兩林，各有大鬼主爲之長。苴那時，勿鄧鬼主也。苴，子魚翻 使詷伺導達雲南。詷，翾正翻，又火迥翻。詷伺，刺探之人也。

11 庚申，大省州、縣官員，收其祿以給戰士，張延賞之謀也。時新除官千五百人，而當減者千餘人，怨嗟盈路。

12 初，韓滉薦劉玄佐可使將兵復河、湟，上以問玄佐，玄佐亦贊成之。滉薨，玄佐奏言：「吐蕃方強，未可與爭。」上遣中使勞問玄佐，勞，力到翻。玄佐臥而受命。張延賞知玄佐不可用，奏以河、湟事委李抱眞；抱眞亦固辭。皆由延賞罷李晟兵柄，故武臣皆憤怒解體，不肯爲用故也。史言張延賞妒功疾能之罪。

13 上以襄、鄧扼淮西衝要，癸亥，以荆南節度使曹王皐爲山南東道節度使，以襄、鄧、復、郢、安、隨、唐七州隸之。

14 渾瑊之發長安也，李晟深戒之以盟所爲備不可不嚴。張延賞言於上曰：「晟不欲盟好之成，好，呼到翻；下同。故戒瑊以嚴備。我有疑彼之形，則彼亦疑我矣，盟何由成！」上乃召瑊，切戒以推誠待虜，勿自爲猜貳以阻虜情。

瑊奏吐蕃決以辛未盟，延賞集百官，以瑊表稱詔示之稱詔，以渾瑊表徧示百官。曰：「李太尉謂吐蕃和好必不成，李晟時加太尉，故以稱之。吐，從暾入聲。好，呼到翻。此渾侍中表也，盟日定矣。」晟聞之，泣謂所親曰：「吾生長西陲，李晟，洮州人，長事王忠嗣、李抱玉，皆有功名。長，知兩翻。備諳虜情，諳，烏含翻。諳，悉也。所以論奏，但恥朝廷爲犬戎所侮耳！」朝，直遙翻。自古以來，謂西戎爲犬戎。

上始命駱元光屯潘原，韓遊瓌屯洛口，潘原縣，屬原州，本陰盤也，天寶更名，時其地已沒於吐蕃。

瓌，古回翻。洛口，卽水洛口，在瓦亭川東北。以爲瑊援。元光謂瑊曰：「潘原距盟所且七十里，公有急，元光何從知之！請與公俱。」瑊以詔指固止之。元光不從，與瑊連營相次，距盟所三十餘里。元光壕柵深固，瑊壕柵皆可踰也。壕，音豪，塹也。柵，測革翻。元光伏兵於營西，韓遊瓌亦遣五百騎伏於其側，曰：「若有變，則汝曹西趣柏泉以分其勢。」騎，奇寄翻。趣，逡諭翻。唐書地理志：原州有百泉縣。五代史志曰：後魏分平涼置長城郡及黃石縣，隋大業初，改黃石爲百泉。宋白曰：時已沒蕃界。

尚結贊與瑊約，各以甲士三千人列於壇之東西，常服者四百人從至壇下。辛未，將盟，尚結贊又請各遣遊騎數十更相覘索，更，工衡翻。覘，丑廉翻。索，山客翻。瑊皆許之。吐蕃伏精騎數萬於壇西，遊騎貫穿唐軍，穿，尺絹翻。出入無禁；唐騎入虜軍，悉爲所擒，瑊等皆不知，入幕，易禮服。禮服，盟會之服。虜伐鼓三聲，伐鼓，擊鼓也。大譟而至，殺宋奉朝等於幕中。譟，則竈翻。朝，直遙翻。瑊自幕後出，偶得他馬乘之，伏鬣入其銜，馳十餘里，銜方及馬口，故矢過其背而不傷。唐將卒皆東走，虜縱兵追擊，或殺或擒之，銜，戶監翻。過，古禾翻，又古臥翻。將，卽亮翻。死者數百人，是後劉昌爲涇原帥，收聚劫盟將士亡沒者骸骨，具棺櫝衣服，葬于淺水原。擒者千餘人，崔漢衡爲虜騎所擒。渾瑊至其營，則將卒皆遁去，營空矣。駱元光發伏成陳以待之，陳，讀曰陣；下同。虜追騎愕眙。眙，丑吏翻；驚視也。瑊入元光營，追騎顧見邠寧軍西馳，乃還。西馳者，韓遊瓌所遣趣柏泉之軍也。元光以輜重資瑊，重，直用翻。與瑊收散卒，勒兵整陳而還。

是日，上臨朝，謂諸相曰：「今日和戎息兵，社稷之福！」馬燧曰：「然。」柳渾曰：「戎狄，豺狼也，非盟誓可結。今日之事，臣竊憂之！」李晟曰：「誠如渾言。」上變色曰：「柳渾書生，不知邊計；大臣亦爲此言邪！」皆伏地頓首謝，因罷朝。朝，直遙翻。是夕，韓遊瓌表言「虜劫盟者，兵臨近鎮。」近鎮，言邠寧之近鎮。上大驚，街遞其表以示渾。倉猝之際，不及遣中使，令街使遞其表以示渾。明旦，謂渾曰：「卿書生，乃能料敵如此其審乎！」上欲出幸以避吐蕃，大臣諫而止。

李晟大安園多竹，復有爲飛語者，復，扶又翻。云「晟伏兵大安亭，謀因倉猝爲變。」晟遂伐其竹。

癸酉，上遣中使王子恆齎詔遺尚結贊，遺，唯季翻。至吐蕃境，不納而還。渾瑊留屯奉天。

甲戌，尚結贊至故原州，原州，自廣德初沒於吐蕃，城邑墟矣，故曰故。引見崔漢衡等曰：「吾飾金械，欲械瑊以獻贊普。今失瑊，虛致公輩。」又謂馬燧之姪弇曰：「胡以馬爲命，吾在河曲，春草未生，馬不能舉足，當是時，侍中渡河掩之，吾全軍覆沒矣！在河曲，謂屯鳴沙時，馬燧時屯石州，不渡河。燧加侍中，故以稱之。所以求和，蒙侍中力。今全軍得歸，今，當作令。柰何拘其子孫！」命弇與宦官俱文珍、渾瑊將馬寧俱歸。獨遣弇歸，尚結贊雖有此言，馬燧諱之，掩覆而不傳矣。俱文珍歸，則必言之於帝。馬寧歸，則必言之於渾瑊。中外傳播，燧不可得而掩也。所以間燧者，可謂巧矣。分囚崔漢衡等於河、廓、鄯州。上聞尚結贊之言，由是惡馬燧。馬燧信尚結贊之言而爲之請和，旣墮其計矣；德宗又信尚結贊之間而惡馬燧，又墮其計焉。然德宗但知惡馬燧，而不知惡張延賞，又何也？惡，烏路翻。

六月，丙戌，以馬燧爲司徒兼侍中，罷其副元帥、節度使。

初，吐蕃尚結贊惡李晟、馬燧、渾瑊，曰：「去三人，則唐可圖也。」於是離間李晟，惡，烏路翻。去，羌呂翻。間，古莧翻。因馬燧以求和，欲執渾瑊以賣燧，使幷獲罪，因縱兵直犯長安，會失渾瑊而止。張延賞慚懼，謝病不視事。

15 以陝虢觀察使李泌爲中書侍郎、同平章事。

16 河東都虞候李自良從馬燧入朝，上欲以爲河東節度使，自良固辭曰：「臣事燧日久，馬燧初鎮河東，卽親任李自良。不欲代之爲帥。」帥，所類翻。乃以爲右龍武大將軍。明日，自良入謝，上謂之曰：「卿於馬燧，存軍中事分，分，扶問翻。誠爲得禮。然北門之任，非卿不可。」卒以自良爲河東節度使。卒，子恤翻。

17 吐蕃之戍鹽、夏者，饋運不繼，人多病疫思歸，尚結贊遣三千騎逆之，悉焚其廬舍，毁其城，驅其民而去。靈鹽節度使杜希全遣兵分守之。

18 韋皐以雲南頗知書，壬辰，自以書招諭之，令趣遣使入見。趣，讀曰促。見，賢遍翻；下同。

19 李泌初視事，入政事堂視事也。壬寅，與李晟、馬燧、柳渾俱入見。上謂泌曰：「卿昔在靈武，已應爲此官，卿自退讓。事見二百一十九卷肅宗至德元載。朕今用卿，欲與卿有約，此亦帝猜忌發見之一端也。卿愼勿報仇，有恩者朕當爲卿報之。」爲，于僞翻。對曰：「臣素奉道，不與人爲仇。李輔國、元載皆害臣者，今自斃矣。素所善及有恩者，率已顯達，或多零落，臣無可報也。」上曰：「雖然，有小恩者，亦當報之。」對曰：「臣今日亦願與陛下爲約，可乎？」上曰：「何不可！」泌曰：「願陛下勿害功臣。臣受陛下厚恩，固無形迹。李晟、馬燧有大功於國，聞有讒之者，雖陛下必不聽，然臣今日對二人言之，欲其不自疑耳。陛下萬一害之，則宿衛之士，方鎭之臣，無不憤惋而反仄，惋，烏貫翻。恐中外之變不日復生也！復，扶又翻。人臣苟蒙人主愛信則幸矣，官於何有！臣在靈武之日，未嘗有官，而將相皆受臣指畫；陛下以李懷光爲太尉而懷光愈懼，遂至於叛。此皆陛下所親見也。今晟、燧富貴已足，苟陛下坦然待之，使其自保無虞，國家有事則出從征伐；無事則入奉朝請，何樂如之！樂，音洛。故臣願陛下勿以二臣功大而忌之，二臣勿以位高而自疑，則天下永無事矣。」惋，烏貫翻。樂，音洛。李泌不特欲使李晟、馬燧無自疑之心，亦以德宗猜忌，開廣而言之耳。上曰：「朕始聞卿言，聳然不知所謂。及聽卿剖析，乃知社稷之至計也！朕謹當書紳，二大臣亦當共保之。」晟、燧皆起，泣謝。

上因謂泌曰：「自今凡軍旅糧儲事，卿主之；吏、禮委延賞；刑法委渾。」泌曰：「不可。陛下不以臣不才，使待罪宰相。宰相之職，不可分也，非如給事則有吏過、兵過，吏部、兵部主文、武選。凡奏擬皆過門下省，百司奏抄，侍中既審，給事中讀之，有違失則駁正。舍人則有六押；唐制：中書舍人六員，佐宰相判案，同署乃奏。六典：中書舍人六人，分押六司署。至於宰相，天下之事咸共平章。若各有所主，是乃有司，非宰相也。」上笑曰：「朕適失辭，卿言是也。」泌請復所減州、縣官。是年閏月，用張延賞之言，大省州、縣官。上曰：「置吏以爲人也，爲，于僞翻；下誰爲、第爲、具爲同。今戶口減於承平之時三分之二，而吏員更增，可乎？」對曰：「戶口雖減，而事多於承平且十倍，吏得無增乎！且所減皆有職而冗官不減，此所以爲未當也。當，丁浪翻。至德以來置額外官，敵正官三分之一，若聽使計日得資然後停，加兩選授同類正員官。停字，句斷。謂計其在官之日敍資，然後隨所減員而停其官。又加以文武兩選，授以正員官，與其元所居官同類者。如此，則不惟不怨，兼使之喜矣。」又請諸王未出閤者不除府官，此泌所謂冗官不減者，因請減而不除。上皆從之。乙卯，詔先所減官，並復故。

20 初，張延賞在西川，與東川節度使李叔明有隙。上入駱谷，謂上自奉天幸山南時也。值霖雨，道塗險滑，衛士多亡歸朱泚，叔明之子昇考異曰：鄴侯家傳及舊叔明傳皆作「昪」，今從實錄及舊蕭復傳。及郭子儀之子曙、令狐彰之子建等六人，恐有姦人危乘輿，相與齧臂爲盟，著行縢、釘鞵，乘，繩證翻。著，陟略翻。「幐」，當作「縢」，徒登翻。行縢，以邪幅纏足䠂腸。詩采菽：斜幅在下。傳云：幅，偪也，所以自偪束也。箋云：邪幅，如今行縢也。偪束其脛，自足至膝。正義曰：邪纏於足，謂之邪幅。釘鞵，以皮爲之，外施油蠟，底著鐵釘。鞵，音戶皆翻。更鞚上馬以至梁州，更，工衡翻。鞚，苦貢翻。他人皆不得近。近，其靳翻。及還長安，上皆以爲禁衞將軍，寵遇甚厚。張延賞知昇私出入郜國大長公主第，郜國，肅宗之女，初嫁裴徽，又嫁蕭昇。唐制：皇姑爲大長公主，正一品。郜，古到翻。長，知丈翻。密以白上。上謂李泌曰：「郜國已老，昇年少，何爲如是！泌，薄必翻。少，始照翻。殆必有故，卿宜察之。」泌曰：「此必有欲動搖東宮者。誰爲陛下言之？」上曰：「卿勿問，第爲朕察之。」爲，于僞翻。泌曰：「必延賞也。」上曰：「何以知之？」泌具爲上言二人之隙，言延賞與昇父叔明有隙。且曰：「昇承恩顧，典禁兵，延賞無以中傷，中，竹仲翻。而郜國乃太子蕭妃之母也，故欲以此陷之耳。」上笑曰：「是也。」泌因請除昇他官，勿令宿衞以遠嫌。遠，于願翻。秋，七月，以昇爲詹事。郜國，肅宗之女也。

21 甲子，割振武之綏、銀二州，以右羽林將軍韓潭爲夏、綏、銀節度使，帥神策之士五千、朔方、河東之士三千鎮夏州。夏，戶雅翻。使，疏吏翻。帥，讀曰率。

22 時關東防秋兵大集，國用不充，李泌奏：「自變兩稅法以來，兩稅事始見二百二十六卷建中元年。藩鎮、州、縣多違法聚斂。繼以朱泚之亂，爭榷率、徵罰以爲軍資，點募自防；斂，力贍翻。

泚，且禮翻，又音此。榷率者，拘榷而斂率。徵罰者，吏民有罪，罰使納錢穀以免罪而如數徵之也。凡此皆州鎮以充軍資，點募強壯以自防衛。榷，古岳翻。泚既平，自懼違法，匿不敢言。請遣使以詔旨赦其罪，但令革正，自非於法應留使、留州之外，悉輸京師。令，力丁翻。留使者，留以應本道節度、觀察使徵調。留州者，留以給本州經用。其官典逋負，可徵者徵之，難徵者釋之，以示寬大；敢有隱沒者，重設告賞之科而罪之。」重設賞格，告者依格給賞而罪其隱沒者。上喜曰：「卿策甚長，然立法太寬，恐所得無幾！」對曰：「茲事臣固熟思之，寬則獲多而速，急則獲少而遲。蓋以寬則人喜於免罪而樂輸，少，始紹翻。樂，音洛。急則競爲蔽匿，非推鞫不能得其實，財不足濟今日之急而皆入於姦吏矣。」上曰：「善！」以度支員外郎元友直爲河南、江、淮南句勘兩稅錢帛使。度，徒洛翻。句，音勾。使，疏吏翻。

初，河、隴既沒於吐蕃，代宗初年，河、隴陷沒。吐，從暾入聲。自天寶以來，安西、北庭奏事及西域使人在長安者，歸路既絕，人馬皆仰給於鴻臚，禮賓委府、縣供之，仰，牛向翻。臚，陵如翻。鴻臚掌四夷之客，有禮賓院。府縣，謂京兆府及其所屬赤縣、畿縣也。於度支受直。度支不時付直，長安市肆不勝其弊。度，徒洛翻。勝，音升。李泌知胡客留長安久者，或四十餘年，皆有妻子，買田宅，舉質取利，舉者，舉貸以取倍稱之利也。質者，以物質錢，計月而取其利也。安居不欲歸，命檢括胡客有田宅者停其給。凡得四千人，將停其給。胡客皆詣政府訴之，政府，謂相府也。泌曰：「此皆從來宰相之過，豈有外國朝貢使者留京師數十年不聽歸乎！朝，直遥翻。今當假道於回紇，或自海道各遣歸國。有不願歸，當於鴻臚自陳，授以職位，給俸祿爲唐臣。人生當乘時展用，豈可終身客死邪！」於是胡客無一人願歸者，泌皆分隸神策兩軍，王子、使者爲散兵馬使或押牙，散，悉亶翻。餘皆爲卒，禁旅益壯。鴻臚所給胡客纔十餘人，歲省度支錢五十萬緡；市人皆喜。免供億，故喜。

上復問泌以復府兵之策。上復，扶又翻。對曰：「今歲徵關東卒戍京西者十七萬人，計歲食粟二百四萬斛。今粟斗直百五十，爲錢三百六萬緡。國家比遭饑亂，比，毗至翻。經費不充，就使有錢，亦無粟可糴，未暇議復府兵也。」上曰：「然則柰何？亟減戍卒歸之，何如？」對曰：「陛下【章：乙十六行本「下」下有「誠能」二字；乙十一行本同；孔本同；張校同。】用臣之言，可以不減戍卒，不擾百姓，糧食皆足，粟麥日賤，府兵亦成。」上曰：「苟能如是，何爲不用！」對曰：「此須急爲之，過旬日則不及矣。今吐蕃久居原、會之間，【章：乙十六行本「會」作「蘭」；乙十一行本同；退齋校同。】以牛運糧，糧盡，牛無所用，請發左藏惡繒染爲綵纈，藏，徂浪翻。惡繒，積於庫藏年深以致脆惡者。纈，戶結翻。撮綵以線結之而後染色，既染則解其結，凡結處皆元色，餘則入染色矣，其色斑斕，謂之纈。因党項以市之，每頭不過二三匹，計十八萬匹，可致六萬餘頭。又命諸冶鑄農器，糴麥種，種，章勇翻；下其種同。分賜沿邊軍鎮，募戍卒，耕荒田而種之，約明年麥熟倍償其種，其餘據時價五分增一，官爲糴之。爲，于僞翻。來春種禾亦如之。關中土沃而久荒，所收必厚。戍卒獲利，耕者浸多。邊地居人至少，軍士月食官糧，粟麥無所售，其價必賤，名爲增價，實比今歲所減多矣。」上曰：「善！」卽命行之。

泌又言：「邊地官多闕，請募人入粟以補之，可足今歲之糧。」上亦從之，因問曰：「卿言府兵亦集，如何？」對曰：「戍卒因屯田致富，則安於其土，不復思歸。復，扶又翻。舊制，戍卒三年而代，及其將滿，下令有願留者，卽以所開田爲永業。家人願來者，本貫給長牒續食而遣之。戍兵家口，發赴邊鎮者，本貫爲給長牒，所過郡縣續食，以至戍所。據應募之數，移報本道，雖河朔諸帥得免更代之煩，帥，所類翻。更，工衡翻。亦喜聞矣。喜，許記翻。不過數番，則戍卒【章：乙十六行本「卒」下有「皆」字；乙十一行本同；孔本同；張校同。】土著，著，直略翻。乃悉以府兵之法理之，理，治也。是變關中之疲弊爲富強也。」上喜曰：「如此，天下無復事矣。」泌所謂復府兵之策，當以積漸而成。帝遽謂之天下無復事，是但喜其言之可聽而不察其事非旦暮之可集也。泌曰：「未也。臣能不用中國之兵使吐蕃自困。」上曰：「計將安出？」對曰：「臣未敢言之，俟麥禾有效，然後可議也。」上固問，不對。泌意欲結回紇、大食、雲南與共圖吐蕃，令吐蕃所備者多；知上素恨回紇，恐聞之不悅，并屯田之議不行，故不肯言。既而戍卒應募，願耕屯田者什五六。自李泌爲相，觀其處置天下事，姚崇以來未之有也。史臣謂其出入中禁，事四君，數爲權倖所疾，常以智免。好縱橫大言，時時讜議，能寤移人主意。然常持黃、老、鬼神說，故爲人所譏。余謂泌以智免，信如史臣言矣。然其縱橫大言，持黃、老、鬼神說，亦智也。泌處肅、代父子之間，其論興復形勢，言無不效。及張、李之間，所以保右代宗者，言無不行。元載之讒疾，卒能自免，可謂智矣。至其與德宗論天下事，若指諸掌。以肅、代之信泌而泌不肯爲相，以德宗之猜忌而泌夷然當之，亦智也。嗚呼！仕而得君，諫行言聽，則致身宰輔宜也。歷事三世，潔身遠害，筋力向衰，乃方入政事堂與新貴人伍。所謂經濟之略，曏未能爲肅、代吐者，盡爲德宗吐之。豈德宗之度弘於祖父邪！泌蓋量而後入耳。彼德宗之猜忌刻薄，直如蕭、姜，謂之輕己賣直；功如李、馬，忌而置之散地；而泌也恣言無憚。彼其心以泌爲祖父舊人，智略無方，弘濟中興，其敬信之也久矣，泌之所以敢當相位者，其自量亦審矣，庸非智乎！其持黃、老、鬼神說，則子房欲從赤松游之故智也。但子房功成後爲之，泌終始篤好之耳。

23 壬申，賜駱元光姓名李元諒。

24 左僕射、同平章事張延賞薨。射，寅謝翻。薨，呼肱翻。

資治通鑑卷第二百三十三

端明殿學士兼翰林侍讀學士太中大夫提舉西京嵩山崇福宮上柱國河内郡開國公食邑二千二百戶食實封九百戶賜紫金魚袋臣 司馬光 奉敕編集

後學天台 胡三省 音註

唐紀四十九 起強圉單閼（丁卯）八月，盡重光協洽（辛未），凡四年有奇。

德宗神武聖文皇帝八

貞元三年（丁卯、七八七）

1 八月，辛巳朔，日有食之。

2 吐蕃尚結贊遣五騎送崔漢衡歸，吐，從暾入聲。漢衡爲吐蕃所擒見上卷是年五月。騎，奇寄翻。且上表求和；至潘原，李觀語之以「有詔不納吐蕃使者」，上，時掌翻。觀，古玩翻。語，牛倨翻。使，疏吏翻。受其表而卻其人。

3 初，兵部侍郎、同平章事柳渾與張延賞俱爲相，渾議事數異同，相，息亮翻。數，所角翻。延賞使所親謂曰：「相公舊德，但節言於廟堂，則重位可久。」渾曰：「爲吾謝張公，爲，于僞翻。

柳渾頭可斷，斷，音短。舌不可禁！」禁，居吟翻。由是交惡。上好文雅醖藉，好，呼到翻。醖，紆運翻。藉，慈夜翻。史炤曰：醖藉，有雅度之稱。余謂炤說非也。記禮器云：禮有擯詔，樂有相步，溫之至也。鄭氏註云：皆爲溫藉重禮也。皇氏云：溫，謂丞藉。凡玉以物緼裹丞藉，君子亦以威儀擯相以自丞藉。溫，與緼同。而渾質直輕侻，無威儀，侻，他活翻。於上前時發俚語。上不悅，欲黜爲王府長史，李泌言：「渾褊直無他。俚，音里。長，知丈翻。褊，補典翻。故事，罷相無爲長史者。」又欲以爲王傅，泌請以爲常侍，上曰：「苟得罷之，無不可者。」於此可以見帝之親任泌。泌，薄必翻。己丑，渾罷爲左散騎常侍。散，悉亶翻。

4 初，郜國大長公主適駙馬都尉蕭升；升，復之從兄弟也。郜，音告。長，知兩翻。從，才用翻。公主不謹，詹事李昇、蜀州別駕蕭鼎、武后垂拱二年，分益州置蜀州、漢州。彭州司馬李萬、豐陽令韋恪，豐陽縣，屬商州，漢商縣地，晉分商縣置豐陽縣，以川爲名。舊治吉川城，麟德元年移治豐陽川。皆出入主第。主女爲太子妃，始者上恩禮甚厚，主常直乘肩輿抵東宮；宗戚皆疾之。或告主淫亂，且爲厭禱。厭，於琰翻，又一叶翻。上大怒，幽主於禁中，切責太子；太子不知所對，請與蕭妃離婚。

上召李泌告之，且曰：「舒王近已長立，長，知兩翻。孝友溫仁。」泌曰：「何至於是！陛下惟有一子，考異曰：按德宗十一子，誼、謜其所生外，猶有九子。而泌云惟有一子者，蓋當是時小王或未生，誼、謜之外尚有昭靖子也。柰何一旦疑之，欲廢之而立姪，得無失計乎！」上勃然怒曰：「卿何得間人父子！間，古莧翻。誰語卿舒王爲姪者？」對曰：「陛下自言之。大曆初，陛下語臣，語，牛倨翻。『今日得數子』。臣請其故，陛下言『昭靖諸子，主上令吾子之。』昭靖太子，上弟邈也。今陛下所生之子猶疑之，何有於姪！當此之時，微李泌，孰能言及此者。舒王雖孝，自今陛下宜努力，勿復望其孝矣！」因父子天性，推而言及人情利害極處以感動之。復，扶又翻。上曰：「卿不愛家族乎？」對曰：「臣惟愛家族，故不敢不盡言。若畏陛下盛怒而爲曲從，陛下明日悔之，必尤臣云：『吾獨任汝爲相，不力諫，使至此；必復殺而子。』而，汝也。臣老矣，餘年不足惜，若冤殺臣子，使臣以姪爲嗣，臣未知得歆其祀乎！」因嗚咽流涕。又以自家眞情感動之。上亦泣曰：「事已如此，使朕如何而可？」對曰：「此大事，願陛下審圖之。臣始謂陛下聖德，當使海外蠻夷皆戴之如父母，豈謂自有子而疑之至此乎！臣今盡言，不敢避忌諱。自古父子相疑未有不亡國覆家者。陛下記昔在彭原，建寧何故而誅？」上曰：「建寧叔實冤，肅宗性急，譖之者深耳！」建寧王倓，德宗之叔也。倓冤死事見二百一十九卷肅宗至德元載。泌曰：「臣昔以建寧之故，固辭官爵，誓不近天子左右；近，其靳翻。不幸今日復爲陛下相，又覩茲事。復，扶又翻。相，息亮翻。臣在彭原，承恩無比，竟不敢言建寧之冤，及臨辭乃言之，肅宗亦悔而泣。事見二百二十卷至德二載。先帝自建寧之死，常懷危懼，臣亦爲先帝誦黃臺瓜辭以防讒構之端。」事見同上。爲，于僞翻。上曰：「朕固知之。」意色稍解，乃曰：「貞觀、開元皆易太子，何故不亡？」對曰：「臣方欲言之。昔承乾屢嘗監國，監，古銜翻。託附者衆，東宮甲士甚多，與宰相侯君集謀反，事覺，太宗使其舅長孫無忌與朝臣數十人鞫之，事狀顯白，然後集百官而議之。當時言者猶云：『願陛下不失爲慈父，使太子得終天年。』太宗從之，幷廢魏王泰。事見一百九十有七卷貞觀十七年。陛下既知肅宗性急，以建寧爲冤，臣不勝慶幸。勝，音升。願陛下戒覆車之失，從容三日，從，千容翻。究其端緒而思之，陛下必釋然知太子之無他矣。若果有其迹，當召大臣知義理者二十人與臣鞫其左右，必有實狀，願陛下如貞觀之法行之，幷廢舒王而立皇孫，則百代之後，有天下者猶陛下子孫也。至於開元之末，武惠妃譖太子瑛兄弟殺之，海內冤憤，事見二百一十四卷玄宗開元二十五年。此乃百代所當戒，又可法乎！且陛下昔嘗令太子見臣於蓬萊池，大明宮中蓬萊殿北有太液池，池中有蓬萊山，所謂蓬萊池，蓋卽此也。觀其容表，非有蠭目豺聲商臣之相也，左傳：楚成王將立太子商臣，令尹子上曰：「不可，是人也，蠭目而豺聲，忍人也。」不聽，卒立之。商臣後果以宮甲圍成王而殺之。正恐失於柔仁耳。又，太子自貞元以來常居少陽院，大明宮中有少陽院，在浴堂殿之東，溫室殿西南。少，詩照翻。在寢殿之側，德宗常居浴堂殿。未嘗接外人，預外事，安有異謀乎！彼譖人者巧詐百端，雖有手書如晉愍懷，事見八十三卷西晉惠帝元康九年。衷甲如太子瑛，開元二十五年，楊洄復構太子瑛、鄂王瑤、光王琚與妃兄薛鏽有異謀。武惠妃使人詭召太子。二王曰：「宮中有賊，請甲以入。」太子從之。妃白帝曰：「太子、二王謀反，甲而來！」帝使中人視之，如言。遂並廢爲庶人。猶未可信，況但以妻母有罪爲累乎！累，良瑞翻；下累汝同。幸陛下語臣，語，牛倨翻。臣敢以家族保太子必不知謀。曏使楊素、許敬宗、李林甫之徒承此旨，已就舒王圖定策之功矣！」上曰：「此朕家事，何豫於卿，而力爭如此？」對曰：「天子以四海爲家。臣今獨任宰相之重，四海之內，一物失所，責歸於臣。況坐視太子冤横而不言，横，戶孟翻。臣罪大矣！」上曰：「爲卿遷延至明日思之。」爲，于僞翻。泌抽笏叩頭而泣曰：「如此，臣知陛下父子慈孝如初矣！然陛下還宮，當自審思，勿露此意於左右；露之，則彼皆欲樹功於舒王，太子危矣！」上曰：「具曉卿意。」泌歸，謂子弟曰：「吾本不樂富貴，而命與願違，今累汝曹矣。」樂，音洛。累，力瑞翻。

太子遣人謝泌曰：「若必不可救，欲先自仰藥，何如？」言欲飲藥而死也。泌曰：「必無此慮。願太子起敬起孝。起敬起孝，禮記之言。苟泌身不存，則事不可知耳。」

間一日，按經典釋文：間，音間廁之間。上開延英殿獨召泌，宋白曰：唐制：內中有公事商量，即降宣頭付閤門開延英，閤門翻宣申中書，并牓正衙門。如中書有公事敷奏，卽宰臣入牓子，奏請開延英，只是宰臣赴對。流涕闌干，泣涕縱横爲闌干。一曰：闌干，淚不斷貌。撫其背曰：「非卿切言，朕今日悔無及矣！皆如卿言，太子仁孝，實無他也。自今軍國及朕家事，皆當謀於卿矣。」泌拜賀，因曰：「陛下聖明，察太子無罪，臣報國畢矣。臣前日驚悸亡魂，悸，其季翻，心動也。不可復用，復，扶又翻。願乞骸骨。」上曰：「朕父子賴卿得全，方屬子孫，屬，之欲翻。使卿代代富貴以報德，何爲出此言乎！」甲午，詔李萬不知避宗，宜杖死。左傳：齊盧蒲癸臣於慶舍，有寵，妻之以女。慶舍之士謂盧蒲癸曰：「男女辨姓，子不避宗，何也？」癸曰：「宗不余避，余獨安避之！」李昪等及公主五子，皆流嶺南及遠州。

5戊申，吐蕃帥羌、渾之衆寇隴州，連營數十里，京城震恐。帥，讀曰率。九月，丁卯，遣神策將石季章戍武功，決勝軍使唐良臣戍百里城。丁巳，吐蕃大掠汧陽、吳山、華亭，吳山縣，屬隴州，隋之長蛇縣地，唐貞觀元年更名，以縣有吳山也。史炤曰：華亭，本屬安定郡，後屬隴州，垂拱二年更名曰亭川，元和三年省入汧源。汧，口堅翻。老弱者殺之，或斷手鑿目，棄之而去；斷，音短。驅丁壯萬餘悉送安化峽西，安化峽，當在秦州清水縣界。九域志：平涼西南七十里有安化縣。又隴州汧陽縣有安化鎮。將分隸羌、渾，乃告之曰：「聽爾東向哭辭鄉國！」衆大哭，赴崖谷死傷者千餘人。未幾，幾，居豈翻。吐蕃之衆復至，圍隴州，復，扶又翻。刺史韓清沔與神策副將蘇太平夜出兵擊卻之。沔，彌兗翻。

6上謂李泌曰：「每歲諸道貢獻，共直錢五十萬緡，今歲僅得三十萬緡。泌，薄必翻。緡，眉巾翻。言此誠知失體，然宮中用度殊不足。」泌曰：「古者天子不私求財，春秋左傳之言。今請歲供宮中錢百萬緡，願陛下不受諸道貢獻及罷宣索。遣中使以聖旨就有司宣取財物，謂之宣索。索，山客翻。必有所須，請降敕折稅，折，之舌翻。不使姦吏因緣誅剝。」上從之。

7 回紇合骨咄祿可汗屢求和親，且請昏；上未之許。會邊將告乏馬，無以給之，紇，下沒翻。咄，當沒翻。可，從刊入聲。汗，戶汗翻。將，卽亮翻。李泌言於上曰：「陛下誠用臣策，數年之後，馬賤於今十倍矣！」上曰：「何故？」對曰：「願陛下推至公之心，屈己徇人，爲社稷大計，臣乃敢言。」上曰：「卿何自疑若是！」對曰：「臣願陛下北和回紇，南通雲南，西結大食、天竺，如此，則吐蕃自困，馬亦易致矣。」吐，從暾入聲。易，弋豉翻。上曰：「三國當如卿言，至於回紇則不可！」以陝州之辱，恨回紇也。泌曰：「臣固知陛下如此，所以不敢早言。見上卷是年七月。爲今之計，當以回紇爲先，三國差緩耳。」三國，謂雲南、大食、天竺。上曰：「唯回紇卿勿言。」泌曰：「臣備位宰相，事有可否在陛下，何至不許臣言！」相，息亮翻。上曰：「朕於卿言皆聽之矣，至於【章：乙十六行本「於」下有「和」字；乙十一行本同；孔本同；張校同。】回紇，宜待子孫；於朕之時，則固不可！」泌曰：「豈非以陝州之恥邪！」上曰：「然。韋少華等以朕之故受辱而死，事見二百二十二卷寶應元年。陝，失冉翻。邪，音耶。少，始照翻。朕豈能忘之！屬國家多難，屬，之欲翻。難，乃旦翻。未暇報之，和則決不可。卿勿更言！」泌曰：「害少華者乃牟羽可汗，陛下卽位，舉兵入寇，未出其境，今合骨咄祿可汗殺之。然則今可汗乃有功於陛下，宜受封賞，又何怨邪！其後張光晟殺突董等九百餘人，殺牟羽、殺突董事並見二百二十六卷建中元年。合骨咄祿竟不敢殺朝廷使者，見二百二十七卷建中三年。然則合骨咄祿固無罪矣。」上曰：「卿以和回紇爲是，則朕固非邪？」對曰：「臣爲社稷而言，爲，于僞翻。若苟合取容，何以見肅宗、代宗於天上！」凡人言死，則曰見某人於地下。人主之前，尊君之祖、父，則曰見於天上，言其神靈在天，死則將得見之。上曰：「容朕徐思之。」自是泌凡十五餘對，未嘗不論回紇事，上終不許。泌曰：「陛下既不許回紇和親，願賜臣骸骨。」上曰：「朕非拒諫，但欲與卿較理耳，何至遽欲去朕邪！」對曰：「陛下許臣言理，此固天下之福也。」上曰：「朕不惜屈己與之和，但不能負少華輩。」對曰：「以臣觀之，少華輩負陛下，非陛下負之也。」上曰：「何故？」對曰：「昔回紇葉護將兵助討安慶緒，肅宗但令臣宴勞之於元帥府，先帝未嘗見也。勞，力到翻。討安慶緒之時，代宗以廣平王爲元帥。葉護固邀臣至其營，肅宗猶不許。及大軍將發，先帝始與相見。所以然者，彼戎狄豺狼也，舉兵入中國之腹，不得不過爲之防也。陛下在陝，富於春秋，少華輩不能深慮，以萬乘元子徑造其營，造，七到翻。又不先與之議相見之儀，使彼得肆其桀驁，驁，五告翻。豈非少華輩負陛下邪？死不足償責矣。且香積之捷，葉護欲引兵入長安，先帝親拜之於馬前以止之，葉護遂不敢入城。事見二百二十卷肅宗至德二載。當時觀者十萬餘人，皆歎息曰：『廣平王眞華、夷主也！』然則先帝所屈者少，所伸者多矣。葉護乃牟羽之叔父也。牟羽身爲可汗，舉全國之兵赴中原之難，難，乃旦翻。故其志氣驕矜，敢責禮於陛下；陛下天資神武，不爲之屈。當是之時，臣不敢言其他，若可汗留陛下於營中，歡飲十日，天下豈得不寒心哉！不敢察察言，故云爾。而天威所臨，豺狼馴擾，馴，從也，善也。擾者，順也。可汗母捧陛下於貂裘，叱退左右，親送陛下乘馬而歸。陛下以香積之事觀之，則屈己爲是乎？不屈爲是乎？陛下屈於牟羽乎？牟羽屈於陛下乎？」上謂李晟、馬燧曰：「故舊不宜相逢。朕素怨回紇，今聞泌言香積之事，朕自覺少理。此多少之少，音詩紹翻。卿二人以爲何如？」對曰：「果如泌所言，則回紇似可恕。」上曰：「卿二人復不與朕，復，扶又翻。朕當柰何！」泌曰：「臣以爲回紇不足怨，曏來宰相乃可怨耳。今回紇可汗殺牟羽，其國人有再復京城之勳，回紇，至德二載與代宗復兩京，寶應元年又與帝復東京，是有再復京城之勳。夫何罪乎！吐蕃幸國之災，陷河、隴數千里之地，又引兵入京城，使先帝蒙塵於陝，見二百二十三卷代宗廣德元年。此乃【章：乙十六行本「乃」下有「百代」二字；乙十一行本同；孔本同；張校同；退齋校同。】必報之讎，況其贊普【章：乙十六行本「普」下有「至今」二字；乙十一行本同；孔本同；張校同。】尚存，言牟羽已死，則回紇爲可恕；贊普尚存，則國讎當必復。宰相不爲陛下別白言此，爲，于僞翻。別，彼列翻。乃欲和吐蕃以攻回紇，此爲可怨耳。」上曰：「朕與之爲怨已久，又聞吐蕃劫盟，今往與之和，得無復拒我，爲夷狄之笑乎？」復，扶又翻。對曰：「不然。臣曩在彭原，今可汗爲胡祿都督，與今國相白婆帝皆從葉護而來，臣待之頗親厚，故聞臣爲相而求和，安有復相拒乎！臣今請以書與之約：稱臣，爲陛下子，每使來不過二百人，印馬不過千匹，唐六典：有諸監馬印。凡諸監馬駒，以小官字印印左膊，以年辰印印右髀，以監名依左、右廂印印尾側。若形容端正，擬送尚乘者，則不須印監名。至三歲起，脊量強弱漸以飛字印印右膊。細馬、次馬俱以龍形印印項左。送尚乘者，於尾側依左、右閑印以三花。其餘雜馬上乘者，以風字印印左膊，以飛字印印右髀。經印之後，簡入別所者，各以新入處監名印印左頰。官馬賜人者，以賜字印配諸軍。及充傳送驛者，以出字印並印右頰。諸蕃馬印隨部落各爲印識。回紇馬印。此所謂印馬者，回紇以馬來與中國爲互市，中國以印印之也。無得攜中國人及商胡出塞。五者皆能如約，則主上必許和親。如此，威加北荒，旁讋吐蕃，讋，之涉翻。足以快陛下平昔之心矣。」上曰：「自至德以來，與爲兄弟之國，今一旦欲臣之，彼安肯和乎？」對曰：「彼思與中國和親久矣，其可汗、國相素信臣言，若其未諧，但應再發一書耳。」上從之。

既而回紇可汗遣使上表稱兒及臣，凡泌所與約五事，一皆聽命。上大喜，謂泌曰：「回紇何畏服卿如此！」對曰：「此乃陛下威靈，臣何力焉！」上曰：「回紇則既和矣，所以招雲南、大食、天竺柰何？」對曰：「回紇和，則吐蕃已不敢輕犯塞矣。次招雲南，則是斷吐蕃之右臂也。斷，音短。雲南自漢以來臣屬中國，雲南，本漢之哀牢夷，後漢永平之間，始臣屬中國，其地在漢永昌郡界。楊國忠無故擾之使叛，臣于吐蕃，事見二百一十六卷玄宗天寶九載。苦於吐蕃賦役重，未嘗一日不思復爲唐臣也。大食在西域爲最強，自葱嶺盡西海，地幾半天下，大食既幷波斯、突騎施又亡，其地東盡葱嶺，西南際海，方萬餘里。幾，居衣翻。與天竺皆慕中國，代與吐蕃爲仇，臣故知其可招也。」

癸亥，遣回紇使者合闕將軍歸，許以咸安公主妻可汗，蓬州咸安郡。公主，上女也。妻，七細翻。考異曰：鄴侯家傳：九月，泌請與回紇和親。十月，與回紇書。十二月，回紇遣聿支達干上表謝恩，皆請如宰相約和親。按實錄：「八月丁酉，回紇遣默啜達干來貢方物，且請和親。九月癸亥，遣回紇使合闕將軍歸其國。初，合闕將其君命請昏，上許以咸安公主嫁之，命見于麟德殿，且令齎公主畫圖就示可汗，以馬價絹五萬還之，許互市而去。」十二月，無聿支入聘之事。回紇自大曆十一年以來，未嘗入寇，信使往來，亦無不和及求和之迹。蓋德宗心恨回紇，而外迹猶羈縻不絕。今回紇請昏，則拒絕不許，而李泌勸與爲昏耳。其月數之差，則恐李繁記之不詳。或者聿支卽默啜與合闕，皆不可知也，若以默啜卽爲請昏之使，合闕卽爲謝恩之人。又泌論回紇凡十五餘對，須半月以上。泌又云：「臣木夾中與書，令朝臣遞，云一月可到，歲內報至。」自丁酉至癸亥，纔二十六日耳。今依實錄月日。因許嫁咸安，本其事而言之。歸其馬價絹五萬疋。

8吐蕃寇華亭及連雲堡，皆陷之。連雲堡，在涇州西界。宋祁曰：連雲堡，涇要地也，三垂峭絕，北據高所，虜進退，烽火易通。考異曰：鄴侯家傳曰：「時京西諸鎮報種麥已畢，絕萬頃而皆亙野；上大喜。既而尚結贊來入寇，諸軍閉壁；候夜，斫營，悉捷，結贊乃退歸。上以十餘年來，邊軍嘗被戎挫，皆入踐京畿，此來始敗，又不能更深入，且報種麥已畢而喜甚。」按實錄：「吐蕃陷華亭及連雲堡，驅掠邠、涇編戶牛畜萬計，悉送至彈箏峽。是秋，數州人無種麥者。」與家傳相反。今從實錄。甲戌，吐蕃驅二城之民數千人及邠、涇人畜萬計而去，置之彈箏峽西。涇州恃連雲爲斥候，連雲既陷，西門不開，門外皆爲虜境，樵采路絶。每收穫，必陳兵以扞之，多失時，得空穗而已。禾麥熟而不收穫，其實隕落，故得空穗。由是涇州常苦乏食。

9 冬，十月，甲申，吐蕃寇豐義城，武德二年，分彭原置豐義縣，屬寧州。宋白曰：彭陽縣，後魏於縣置雲州，周武保定二年，廢州爲防，隋文帝廢防爲豐義城，唐武德初分彭原縣爲豐義縣，屬彭州，貞觀廢彭州，以縣屬寧州，其城卽後魏雲州城。前鋒至大回原，邠寧節度使韓遊瓌擊卻之；乙酉，復寇長武城，復，扶又翻。又城故原州而屯之。

10 妖僧李軟奴自言：「本皇族，見嶽、瀆神，嶽，謂五嶽。瀆，謂四瀆。妖，於遙翻。命己爲天子；」結殿前射生將韓欽緒等謀作亂。丙戌，其黨告之，上命捕送內侍省推之。推，鞫也。李晟聞之，遽仆於地曰：「晟族滅矣！」李泌問其故。晟曰：「晟新罹謗毁，事見上卷本年三月。中外家人千餘，若有一人在其黨中，則兄亦不能救矣。」泌乃密奏：「大獄一起，所連引必多，外間人情恟懼，請出付臺推。」付御史臺推鞫之也。上從之。欽緒，遊瓌之子也，亡抵邠州；遊瓌出屯長武城，留後械送京師。壬辰，腰斬軟奴等八人，北軍之士坐死者八百餘人，而朝廷之臣無連及者。韓遊瓌委軍詣闕謝，上遣使止之，委任如初。遊瓌又械送欽緒二子；上亦宥之。

11 吐蕃以苦寒不入寇，而糧運不繼；十一月，詔渾瑊歸河中，考異曰：鄴侯家傳：「十一月，以張獻甫爲邠、寧等州節度使，代韓遊瓌，而以渾侍中爲朔方、河中、絳、邠、寧、慶副元帥。先公乃令獻甫修西界堡障、濠塹，南接涇州，於是塞內始有藩籬之固，尚結贊不能輕入窺邊矣。」按獻甫明年七月乃爲邠寧節度。家傳誤也。李元諒歸華州，劉昌分其衆【章：乙十六行本「衆」下有「五千」二字；乙十一行本同；孔本同；張校同；退齋校同。】歸汴州，劉昌，本汴州將也，貞元三年入朝，詔以汴兵八千戍涇原，尋授涇原帥。華，戶化翻。自餘防秋兵退屯鳳翔、京兆諸縣以就食。

12 十二月，韓遊瓌入朝。

13 自興元以來，是歲最爲豐稔，米斗直錢百五十、粟八十，詔所在和糴。

庚辰，上畋於新店，入民趙光奇家，問：「百姓樂乎？」對曰：「不樂。」上曰：「今歲頗稔，何爲不樂？」樂，音洛。對曰：「詔令不信。前云兩稅之外悉無他傜，今非稅而誅求者殆過於稅。後又云和糴，而實強取之，強，其良翻。曾不識一錢。始云所糴粟麥納於道次，今則遣致京西行營，動數百里，車摧馬【章：乙十六行本「馬」作「牛」；乙十一行本同。】斃，破產不能支。愁苦如此，何樂之有！每有詔書優恤，徒空文耳！恐聖主深居九重，皆未知之也！」上命復其家。復，方目翻。復，除也，除其家賦役也。

臣光曰：甚矣唐德宗之難寤也！自古所患者，人君之澤壅而不下達，小民之情鬱而不上通；故君勤恤於上而民不懷，勤恤者，切於憂民也。民愁怨於下而君不知，以至於離叛危亡，凡以此也。德宗幸以遊獵得至民家，值光奇敢言而知民疾苦，此乃千載之遇也。載，子亥翻。固當按有司之廢格詔書，格，音閣。殘虐下民，橫增賦斂，橫，戶孟翻。斂，力贍翻。盜匿公財，及左右諂諛日稱民間豐樂者而誅之；樂，音洛。然後洗心易慮，一新其政，屏浮飾，屏，必郢翻，又卑正翻。廢虛文，謹號令，敦誠信，察眞僞，辨忠邪，矜困窮，伸寃滯，則太平之業可致矣。釋此不爲，乃復光奇之家；夫以四海之廣，兆民之衆，又安得人人自言於天子而戶戶復其傜賦乎！

14 李泌以李軟奴之黨猶有在北軍未發者，請大赦以安之。恐其自疑而動於惡。

四年（戊辰、七八八）

1 春，正月，庚戌朔，赦天下；詔兩稅等第，自今三年一定。考異曰：實錄：赦云：「天下兩稅，更審定等第，仍加三年一定，以爲常式。」按陸贄論兩稅狀云：「兩稅之立，惟以資產爲宗，不以丁身爲本。資產少者則其稅少，資產多者則其稅多。」然則當時稅賦但以貧富爲等第，若今時坊郭十等戶、鄉村五等戶臨時科配也。又云：「額內官勿更注擬，見任者三考勒停。」此蓋用李泌之策也。按鄴侯家傳：「泌請罷天下額外官。」又云：「陛下許復所減官員，臣因請停額外官，許其得資後停。額外官員當正官三分之一，則今年計已停一半。」據此，則似有額內官，又有額外官，皆在正員之外。不則「內」皆應作「外」，字之誤也。

2 李泌奏京官俸太薄，請自三師以下悉倍其俸；唐以太師、太傅、太保爲三師。倍俸，倍大曆十二年所增之數也。泌，薄必翻。俸，扶用翻。考異曰：實錄：「辛巳，詔以中外給用除陌錢給文武官俸料，自是京官益重，頗優裕焉。初除陌錢隸度支，至是令戶部別庫貯之，給俸之餘，以備他用。」按興元元年正月赦，其所加墊陌錢、稅間架之類，悉宜停罷。今猶有除陌錢者，蓋當時止罷所加之數，或私買賣者官不收墊陌錢，官給錢猶有除陌在故也。從之。

3 壬申，以宣武行營節度使劉昌爲涇原節度使。甲戌，以鎮國節度使李元諒爲隴右節度使。涇原節度使治涇州。隴右節度使治秦州。劉昌以汴兵防秋，爲行營節度使。李元諒本鎮華州，領鎮國軍節度使。昌、元諒，皆帥卒力田，帥，讀曰率；下同。數年，軍食充羨，羨，弋線翻。涇、隴稍安。

4 韓遊瓌之入朝也，軍中以爲必不返，以其子欽緒黨逆，謂當連坐也。瓌，古回翻。朝，直遙翻。去年十二月遊瓌入朝。餞送甚薄。遊瓌見上，盛陳築豐義城可以制吐蕃；上悅，遣還鎮。見，賢遍翻。吐，從暾入聲。還，從宣翻，又音如字。軍中憂懼者衆，遊瓌忌都虞候虞鄉范希朝有功名，得衆心，虞鄉縣，屬河中府。求其罪，將殺之。希朝奔鳳翔，上召之，置於左神策軍。遊瓌帥衆築豐義城，二版而潰。城二尺爲一版。上下相疑，故潰。

5 二月，元友直運淮南錢帛二十萬至長安，元友直句勘東南兩稅錢帛，見上卷去年七月。李泌悉輸之大盈庫。然上猶數有宣索，泌，薄必翻。數，所角翻。索，山客翻。仍敕諸道勿令宰相知。泌聞之，惆悵而不敢言。相，息亮翻。惆，丑鳩翻。

臣光曰：王者以天下爲家，天下之財皆其有也。阜天下之財以養天下之民，己必豫焉。或乃更爲私藏，此匹夫之鄙志也。古人有言：貧不學儉。夫多財者，奢欲之所自來也。夫，音扶。李泌欲弭德宗之欲而豐其私財，財豐則欲滋矣。財不稱欲，能無求乎！弭，眉比翻。稱，尺證翻。是猶啓其門而禁其出也！雖德宗之多僻，亦泌所以相之者非其道故也。

6咸陽人或上言：「臣見白起，令臣奏云：『請爲國家扞禦西陲。正月，吐蕃必大下，當爲朝廷破之以取信。』」上，時掌翻。爲，于僞翻。既而吐蕃入寇，邊將敗之，敗，補邁翻。不能深入。上以爲信然，欲於京城立廟，贈司徒，李泌曰：「臣聞『國將興，聽於人。』左傳虢史嚚之言。今將帥立功而陛下褒賞白起，臣恐邊臣解體矣！若立廟京城，盛爲祈禱，流聞四方，將長巫風。長，知兩翻。言巫祝之風將由此盛。今杜郵有舊祠，白起死於杜郵，故有舊祠在焉。請敕府縣葺之，則不至驚人耳目矣。且白起列國之將，贈三公太重，唐以太尉、司徒、司空爲三公。請贈兵部尚書可矣。」上笑曰：「卿於白起亦惜官乎！」對曰：「人神一也。陛下儻不之惜，則神亦不以爲榮矣。」上從之。

泌自陳衰老，獨任宰相，精力耗竭，既未聽其去，乞更除一相；上曰：「朕深知卿勞苦，但未得其人耳。」上從容與泌論即位以來宰相從，千容翻。曰：「盧杞忠清強介，人言杞姦邪，朕殊不覺其然。」泌曰：「人言杞姦邪而陛下獨不覺其姦邪，此乃杞之所以爲姦邪也。考異曰：舊李勉傳，勉對德宗已有此語，與鄴侯家傳述泌語略同，未知孰是。今兩存之。一本泌語之下有「與勉」二字。儻陛下覺之，豈有建中之亂乎！杞以私隙殺楊炎，殺楊炎事見二百二十七卷建中二年。擠顏眞卿於死地，事見二百二十八卷建中二年。擠，七細翻，又牋西翻。激李懷光使叛，事見二百二十九卷建中四年。賴陛下聖明竄逐之，人心頓喜，天亦悔禍。不然，亂何由弭！」上曰：「楊炎以童子視朕，每論事，朕可其奏則悅，與之往復論難，難，乃旦翻；下難之、問難同。即怒而辭位；觀其意以朕爲不足與言故也。以是交不可忍，交不可忍者，言炎既形之辭而帝亦心懷不平。非由杞也。建中之亂，術士豫請城奉天，事見二百二十六卷建中元年。此蓋天命，非杞所能致也！」泌曰：「天命，他人皆可以言之，惟君相不可言。蓋君相所以造命也。若言命，則禮樂刑政皆無所用矣。紂曰：『我生不有命在天！』見書西伯戡黎篇。此商之所以亡也！」上曰：「朕好與人較量理體：好，呼到翻。量，音良。理體，猶言治體也。崔祐甫性褊躁，躁，則到翻。朕難之，則應對失次，朕常知其短而護之。楊炎論事亦有可采，而氣色粗傲，難之輒勃然怒，無復君臣之禮，所以每見令人忿發。餘人則不敢復言。難，乃旦翻；下同。復，扶又翻。盧杞小心，朕所言無不從；又無學，不能與朕往復，故朕所懷常不盡也。」對曰：「杞言無不從，豈忠臣乎！夫『言而莫予違』，此孔子所謂『一言喪邦』者也！」見論語。喪，息浪翻。上曰：「惟卿則異彼三人者。朕言當，卿有喜色；不當，常有憂色。當，丁浪翻。雖時有逆耳之言，如曏來紂及喪邦之類。

朕細思之，皆卿先事而言，先，悉薦翻。如此則理安，理安，猶言治安也。如彼則危亂，言雖深切而氣色和順，無楊炎之陵傲。朕問難往復，卿辭理不屈，又無好勝之志，直使朕中懷已盡屈服而不能不從，此朕所以私喜於得卿也。」泌曰：「陛下所用相尚多，今皆不論，何也？」上曰：「彼皆非所謂相也。凡相者，必委以政事；如玄宗時牛仙客、陳希烈，可以謂之相乎！如肅宗、代宗之任卿，雖不受其名，乃眞相耳。必以官至平章事爲相，則王武俊之徒皆相也。」唐之使相，時主未嘗不知名器之濫也。

7 劉昌復築連雲堡。去年九月，吐蕃陷連雲堡。復，扶又翻。

8 夏，四月，乙未，更命殿前左、右射生曰神威軍，更，工衡翻。考異曰：實錄作「神武軍」。今從新志。與左・右羽林、龍武、神武、神策號曰十軍。神策尤盛，多戍京西，散屯畿甸。

9 福建觀察使吳詵武德四年，分泉州之建安縣置建州。輕其軍士脆弱，苦役之。軍士作亂，殺詵腹心十餘人，逼詵牒大將郝誠溢掌留務。誠溢上表請罪，上遣中使就赦以安之。

10 乙【嚴：「乙」改「丁」。】未，隴右節度使李元諒築良原故城而鎮之。良原縣，隋大業初置，唐屬涇州，貞元二年爲吐蕃所破，今乃脩復。九域志：良原，在涇州西南六十里。宋白曰：隋分安定、鶉觚置良原縣，西南三十里有良原，因名。

11 雲南王異牟尋欲內附，未敢自遣使，先遣其東蠻鬼主驃旁、苴夢衝、苴烏星入見。苴，子魚翻。見，賢遍翻。五月，乙卯，宴之於麟德殿，賜賚甚厚，封王給印而遣之。封驃旁爲和義王，苴夢衝爲懷化王，苴烏星爲順政王。

12 辛未，以太子賓客吳湊爲福建觀察使，貶吳詵爲涪州刺史。涪，音浮。

13 吐蕃三萬餘騎寇涇、邠、寧、慶、鄜等州。先是，吐蕃常以秋冬入寇，及春多病疫而退。至是，得唐人，質其妻子，先，悉薦翻。質，音致。遣其將將之，盛夏入寇；諸州皆城守，無敢與戰者，吐蕃俘掠人畜萬計而去。

14 夏縣人陽城以學行著聞，隱居柳谷之北，夏，戶雅翻。柳谷，在安邑縣中條山。行，下孟翻。李泌薦之；六月，徵拜諫議大夫。

15 韓遊瓌以吐蕃犯塞，自戍寧州；病，求代歸。秋，七月，庚戌，加渾瑊邠寧副元帥，以左金吾將軍張獻甫爲邠寧節度使，陳許兵馬使韓全義爲長武城行營節度使。獻甫未至，壬子夜，遊瓌不告於衆，輕騎歸朝。騎，奇寄翻。朝，直遙翻。戍卒裴滿等憚獻甫之嚴，乘無帥之際，癸丑，帥其徒作亂，無帥，所類翻。帥其，讀曰率。曰：「張公不出本軍，我必拒之。」謂張獻甫本不出於朔方軍也。因剽掠城市，剽，匹妙翻。圍監軍楊明義所居，使奏請范希朝爲節度使。都虞候楊朝晟避亂出城，聞之，復入，曰：「所請甚契我心，我來賀也！」亂卒稍安。朝晟潛與諸將謀，晨勒兵，召亂卒謂曰：「所請不行，張公已至邠州，汝輩作亂當死，不可盡殺，宜自推列唱帥者。」遂斬二百餘人，帥衆迎獻甫。帥，讀曰率。上聞軍衆欲得范希朝，將授之。希朝辭曰：「臣畏遊瓌之禍而來，今往代之，非所以防窺覦，安反仄也。」上嘉之，擢爲寧州刺史，以副獻甫。遊瓌至京師，除右龍武統軍。

16 振武節度使唐朝臣不嚴斥候，己未，奚、室韋寇振武，李延壽曰：室韋，蓋契丹之在南者爲契丹，在北者爲室韋。宋祁曰：室韋，契丹別種，東胡北邊，蓋丁零苗裔也。地據黃龍北，傍猺越河，直長安東北七千里。東黑水、靺鞨，西突厥，南契丹，北瀕海。執宣慰中使二人，大掠人畜而去。時回紇之衆逆公主者在振武，朝臣遣七百騎與回紇數百騎追之，回紇使者爲奚、室韋所殺。

17 九月，庚申，吐蕃尚志【嚴：「志」改「悉」。】董星寇寧州，張獻甫擊卻之；吐蕃轉掠鄜、坊而去。

18 元友直句檢諸道稅外物，事始見上卷上年。句，古侯翻。悉輸戶部，遂爲定制，歲於稅外輸百餘萬緡、斛，民不堪命。諸道多自訴於上，上意寤，詔：「今年已入在官者輸京師，未入者悉以與民；明年以後，悉免之。」於是東南之民復安其業。

19 回紇合骨咄祿可汗得唐許昏，甚喜，遣其妹骨咄祿毗伽公主及大臣妻幷國相、䟺跌都督䟺，奚結翻。跌，徒結翻。䟺跌與回紇同出鐵勒而異種。以下千餘人來迎可敦，辭禮甚恭，曰：「昔爲兄弟，今爲子壻，半子也。若吐蕃爲患，子當爲父除之！」當爲，于僞翻。因詈辱吐蕃使者以絕之。冬，十月，戊子，回紇至長安，可汗仍表請改回紇爲回鶻；許之。考異曰：舊回紇傳：「元和四年，里迦可汗遣使請改爲回鶻，義取回旋輕捷如鶻。」崔鉉續會要：「貞元五年七月，公主至衙帳，回紇使李義進請改『紇』字爲『鶻』。」與統紀同。鄴侯家傳：「四年七月，可汗上表請改『紇』字爲『鶻』。」與李繁北荒君長錄及新回鶻傳同。按李泌明年春薨，若明年七月方改，家傳不應言之。今從家傳、君長錄、新書。

20 吐蕃發兵十萬將寇西川，亦發雲南兵；雲南內雖附唐，外未敢叛吐蕃，亦發兵數萬屯於瀘北。瀘北，瀘水之北。瀘水，卽諸葛亮五月所渡者。韋皋知雲南計方猶豫，乃爲書遺雲南王，敍其叛吐蕃歸化之誠，貯以銀函，遺，唯季翻。貯，丁呂翻。使東蠻轉致吐蕃。吐蕃始疑雲南，遣兵二萬屯會川，會川，本邛都縣，高宗上元二年徙縣于會川，因更名。新志：會川縣屬巂州，有瀘津關，在會川東南三十里。以塞雲南趣蜀之路。塞，悉則翻。趣，逡諭翻，又逡須翻。雲南怒，引兵歸國。由是雲南與吐蕃大相猜阻，歸唐之志益堅；吐蕃失雲南之助，兵勢始弱矣。然吐蕃業已入寇，遂分兵四萬攻兩林驃旁，三萬攻東蠻，七千寇清溪關，清溪關，在巂州界，自關而南七百二十里至巂州。洪源志：清溪關，在黎州西南界。五千寇銅山。新志：黎州有銅山要衝十一城。皋遣黎州刺史韋晉等與東蠻連兵禦之，破吐蕃於清溪關外。

21 庚子，册命咸安公主，加回鶻可汗【章：乙十六行本「汗」下有「號」字；乙十一行本同；孔本同；張校同。】長壽天親可汗。十一月，以刑部尚書關播爲送咸安公主兼册回鶻可汗使。自此以後，通鑑皆依前史書「回鶻」。

22 吐蕃恥前日之敗，謂上清溪關外之敗也。復以衆二萬寇清溪關，一萬攻東蠻；復，扶又翻。韋皋命韋晉鎮要衝城，督諸軍以禦之。巂州經略使劉朝彩出關連戰，自乙卯至癸亥，大破之。

23 李泌言於上曰：「江、淮漕運【章：乙十六行本「運」下有「自淮入汴」四字；乙十一行本同；孔本同；退齋校同。】以甬橋爲咽喉，咽，音煙。地屬徐州，鄰於李納，徐州與李納巡屬鄰境。刺史高明應年少不習事，高明應嗣鎮徐州，始二百三十一卷興元元年。少，詩照翻。若李納一旦復有異圖，復，扶又翻；下同。竊據徐州，是失江、淮也，國用何從而致！請徙壽、廬、濠都團練使張建封鎮徐州，割濠、泗以隸之；復以廬、壽歸淮南，則淄青惕息而運路常通，江、淮安矣。及今明應幼騃可代，騃，五駭翻。宜徵爲金吾將軍。萬一使他人得之，則不可復制矣。」上從之。以建封爲徐、泗、濠節度使。建封爲政寬厚而有綱紀，不貸人以法，犯法者，有誅無貸。故其下無不畏而悅之。

24 橫海節度使程日華薨，子懷直自知留後。

25 吐蕃屢遣人誘脅雲南。誘，音酉。

五年（己巳、七八九）

1 春，二月，丁亥，韋皋遺異牟尋書，稱：「回鶻屢請佐天子共滅吐蕃，王不早定計，一旦爲回鶻所先，遺，唯季翻。先，悉薦翻。則王累代功名虛棄矣。且雲南久爲吐蕃屈辱，今不乘此時依大國之勢以復怨雪恥，後悔無及矣。」

2 戊戌，以橫海留後程懷直爲滄州觀察使。懷直請分弓高、景城爲景州，景城縣，本屬滄州，武德四年屬瀛州，貞觀元年屬滄州，大曆七年屬瀛州。橫海蓋因朱滔之敗，復得而有之，後尋屬瀛州。弓高，漢古縣，魏、晉廢省，隋置弓高縣於漢鬲縣地，唐屬滄州。仍請朝廷除刺史。上喜曰：「三十年無此事矣！」乃以員外郎徐伸爲景州刺史。

3 中書侍郎、同平章事李泌屢乞更命相。上欲用戶部侍郎班宏，泌言宏雖清強而性多凝滯，乃薦竇參通敏，可兼度支鹽鐵；董晉方正，可處門下。處，昌呂翻。上皆以爲不可。參，誕之玄孫也，竇誕，武德中勸齊王元吉棄幷州者也。時爲御史中丞兼戶部侍郎；晉爲太常卿。至是泌疾甚，復薦二人。復，扶又翻。庚子，以董晉爲門下侍郎，竇參爲中書侍郎兼度支轉運使，並同平章事。以班宏爲尚書，依前度支轉運副使。

參爲人剛果峭刻，尚，辰羊翻。度，徒洛翻。使，疏吏翻。峭，七笑翻。無學術，多權數，每奏事，諸相出，相，悉亮翻。參獨居後，以奏度支事爲辭，實專大政，多引親黨置要地，使爲耳目；董晉充位而已。然晉爲人重愼，所言於上前者未嘗泄於人，子弟或問之，晉曰：「欲知宰相能否，視天下安危。所謀議於上前者，不足道也。」考異曰：韓愈作晉行狀曰：「在宰相位凡五年，所奏於上前者，皆二帝、三王之道，由秦、漢以降未嘗言；退歸，未嘗言所言於上者於人。子弟有私問者，公曰：『宰相所職，繫天下安危，宰相之能與否可見。欲知宰相之能與否，如此視之其可。凡所謀議於上前者，不足道也。』故其事卒不聞」。愈作行狀，必揚美蓋惡，敍其爲相時事止於此，則其循默充位可知。然其重慎亦可稱也。今略取行狀。

三月，甲辰，李泌薨。泌有謀略而好談神仙詭誕，泌，薄必翻。薨，呼肱翻。好，呼到翻。故爲世所輕。考異曰：國史補曰：「李泌相，以虛誕自任，常對客教家人速灑掃，今夜洪崖先生來宿。有人遺美酒一榼，會有客至，乃曰：『麻姑送酒，與君同傾。』傾未畢，門者曰：『某侍郎來取榼。』泌令倒還，略無愧色。」舊泌傳曰：「德宗初即位，尤惡巫祝、怪譚之士。及建中末，寇戎內梗，桑道茂有城奉天之說，上稍以時日禁忌爲意，而雅聞泌長於鬼道，故自外徵還，以至大用。時論不以爲愜。及在相位，隨時俯仰，無足可稱。復引顧況輩輕薄之流，動爲朝士戲侮，頗貽譏誚。泌放曠敏辯，好大言，自出入中禁，累爲權倖忌嫉，恆由智免。終以言論縱橫，上悟聖主，以躋相位。初，泌流放江南，與柳渾、顧況爲人外之交，吟詠自適。而渾先達，故泌復得入官於朝。況，蘇州人。」按泌雖詭誕好談神仙，然其知略實有過人者。至於佐肅、代復兩京，不受相位而去，代宗、順宗之在東宮，皆賴泌得安，此其大節可重者也。舊傳毁之太過。家傳出於其子，雖難盡信，亦豈得盡不信！今擇其可信者存之。

4 初，上思李懷光之功，欲宥其一子，事見二百三十二卷貞元元年。而子孫皆已伏誅；戊辰，詔以懷光外孫燕八八爲懷光後，燕，於虔翻，姓也。賜姓名李承緒，除左衞率胄曹參軍，賜錢千緡，使養懷光妻王氏率，所律翻。養，羊尚翻。及守其墓祀。

5 冬，十月，韋皋遣其將曹【章：乙十六行本「曹」作「王」；乙十一行本同；退齋校同。】有道將兵與東蠻、兩林蠻及吐蕃青海、臘城二節度戰于巂州臺登谷，臺登，漢縣，唐屬巂州。大破之，斬首二千級，投崖及溺死者不可勝數，殺其大兵馬使乞藏遮遮。乞藏遮遮，虜之驍將也，既死，皋所攻城栅無不下；數年，盡復巂州之境。

6 易定節度使張孝忠興兵襲蔚州，蔚，紆勿翻。驅掠人畜；詔書責之，踰旬還鎮。

7 瓊州自乾封中爲山賊所陷，瓊州在海中大洲上，中有黎母山，黎人居之，不輸王賦。所謂山賊，蓋黎人也。宋白曰：瓊州北十五里，極大海，泛大船，使西南風，帆三日三夜到，地名崖山門，入江，一日至新會縣。或便風，十日到廣州。至是，嶺南節度使李復遣判官姜孟京與崖州刺史張少遷攻拔之。

8 十二月，庚午，聞回鶻天親可汗薨，戊寅，遣鴻臚卿郭鋒册命其子爲登里羅没密施俱録忠貞毗伽可汗。先是，安西、北庭皆假道於回鶻以奏事，爲吐蕃所隔，河、隴之路不可由也，故假道於回鶻以入奏。先，悉薦翻。故與之連和。北庭去回鶻尤近，【章：乙十六行本「近」下有「回鶻」二字；乙十一行本同；張校同，云無註本亦無。】誅求無厭，厭，於鹽翻。又有沙陀六千餘帳與北庭相依。沙陀，西突厥别部處月種也，居金娑山之陽，蒲類海之東，有大磧名沙陀，故自號沙陀。及三葛禄、白服突厥皆附於回鶻，三葛禄，葛邏禄三部也；一曰謀剌，二曰婆匐，三曰踏實力，在北庭西北，金山之西。「白服突厥」，新唐書作「白眼突厥」。回鶻數侵掠之。數，所角翻。吐蕃因葛禄、白服之衆以攻北庭，回鶻大相頡干迦斯將兵救之。

9 雲南雖貳於吐蕃，亦未敢顯與之絕。壬辰，韋皋復以書招諭之。復，扶又翻。

六年（庚午、七九〇）

1春，詔出岐山無憂王寺佛指骨迎置禁中，又送諸寺以示衆，傾都瞻禮，施財巨萬；施，式豉翻。二月，乙亥，遣中使復葬故處。

2初，朱滔敗於貝州，見二百三十一卷興元元年。其棣州刺史趙鎬以州降於王武俊，既而得罪於武俊，召之不至。田緒殘忍，其兄朝，仕李納爲齊州刺史。或言納欲納朝於魏，緒懼；判官孫光佐等爲緒謀，厚賂納，且說納招趙鎬取棣州以悅之，爲，于僞翻。說，式芮翻。因請送朝於京師；納從之。丁酉，鎬以棣州降于納。三月，武俊使其子士眞擊之，不克。

3回鶻忠貞可汗之弟弒忠貞而自立，考異曰：新傳曰：「可汗爲少可敦葉公主所毒死，可汗之弟乃自立。」今從實錄。其大相頡干迦斯西擊吐蕃未還，夏，四月，次相帥國人殺簒者而立忠貞之子阿啜爲可汗，年十五。相，息亮翻。帥，讀曰率；下同。

4五月，王武俊屯冀州，將擊趙鎬，鎬帥其屬奔鄆州；鄆，音運。李納分兵據之。田緒使孫光佐如鄆州，矯詔以棣州隸納；武俊怒，遣其子士清伐貝州，取經城等四縣。

5回鶻頡干迦斯與吐蕃戰不利，吐蕃急攻北庭。北庭人苦於回鶻誅求，與沙陀酋長朱邪盡忠皆降於吐蕃；爲後沙陀來降張本。節度使楊襲古帥麾下二千人奔西州。六月，頡干迦斯引兵還國，次相恐其有廢立，與可汗皆出郊迎，俯伏自陳擅立之狀，曰：「今日惟大相死生之。」盛陳郭鋒所齎國信，悉以遺之。去年唐遣郭鋒冊忠貞可汗。遺，唯季翻。可汗拜且泣曰：「兒愚幼，若幸而得立，惟仰食於阿多，國政不敢豫也。」虜謂父爲阿多，仰，牛向翻。唐韻：北人呼父曰阿爹。爹，徒可翻。頡干迦斯感其卑屈，持之而哭，遂執臣禮，悉以所遺頒從行者，己無所受。國中由是稍安。

秋，頡干迦斯悉舉國兵數萬【章：乙十六行本「萬」下有「召楊襲古」四字；乙十一行本同；孔本同；張校同；退齋校同。】將復北庭，又爲吐蕃所敗，敗，補邁翻。史言回鶻衰亂。死者大半。襲古收餘衆數百，將還西州，頡干迦斯紿之曰：「且與我同至牙帳；」【章：乙十六行本「帳」下有「當送君還朝」五字；乙十一行本同；孔本同；退齋校同；張校云：脫「當送君還」四字，無「朝」字。】既而留不遣，竟殺之。安西由是遂絕，莫知存亡，北庭既陷于吐蕃，安西路絕，故莫知其音問。而西州猶爲唐固守。爲，于僞翻。

葛祿乘勝取回鶻之浮圖川，浮圖川，在烏德犍山西北。回鶻震恐，悉遷西北部落於牙帳之南以避之；遣達北特勒梅錄隨郭鋒偕來，告忠貞可汗之喪，且求册命。先是，回鶻使者入中國，禮容驕慢，先，悉薦翻。刺史皆與之鈞禮。梅錄至豐州，刺史李景略欲以氣加之，謂梅錄曰：「聞可汗新沒，欲申弔禮。」景略先據高壟而坐，壟，卽隴字。梅錄俯僂前哭。俯，低頭也。僂，曲背也。僂，力主翻。景略撫之曰：「可汗棄代，助爾哀慕。」梅錄驕容猛氣，索然俱盡。索，蘇各翻。自是回鶻使至，皆拜景略於庭，威名聞塞外。聞，音問。

冬，十月，辛亥，郭鋒始自回鶻還。

6 十一月，庚午，上祀圜丘。

7 上屢詔李納以棣州歸王武俊，納百方遷延，請以海州易之於朝廷；上不許。乃請詔武俊先歸田緒四縣；上從之。十二月，納始以棣州歸武俊。

七年（辛未、七九一）

1 春，正月，己巳，襄王僙薨。僙，肅宗子，音戶光翻。

2 二月，癸卯，遣鴻臚少卿庾鋋册回鶻奉誠可汗。鋋，音蟬。考異曰：實錄作「康鋋」，今從新、舊傳。

3 戊戌，詔涇原節度使劉昌築平涼故城，舊書曰：城去原州一百五十里。以扼彈箏峽口；浹辰而畢，浹，與周禮「挾日而斂」之「挾」同。鄭註云：從甲至甲謂之挾。此言浹辰，從子至子也。史炤曰：自子至亥曰辰。浹辰，十二日。分兵戍之。昌又築朝谷堡；舊唐書作「胡谷堡」，東距平涼三十五里。甲子，詔名其堡曰彰信；舊書作「彰義」。涇原稍安。

4 初，上還長安，以神策等軍有衞從之勞，從，才用翻；下同。皆賜名興元元從奉天定難功臣，難，乃旦翻。宋白曰：唐玄宗平內難，賜衞士葛福順等爲唐元功臣，不過十數人。德宗駐蹕奉天及幸山南，賜從駕立功將校爲元從奉天定難功臣。谷口已來，元從將士賜名元從功臣。及僖、昭頻年播遷，功臣差多。至後梁、後唐，徧及戎卒，非賞典也。以官領之，撫恤優厚。禁軍恃恩驕橫，橫，戶孟翻。侵暴百姓，陵忽府縣，至詬辱官吏，府，謂京兆府。縣，謂赤縣、畿縣。詬，呼漏翻，詈也。毁裂案牘。府縣官有不勝忿而刑之者，勝，音升。朝笞一人，夕貶萬里，由是府縣雖有公嚴之官，莫得舉其職。市井富民，往往行賂寄名軍籍，則府縣不能制。辛巳，詔：神威、六軍吏士與百姓訟者，委之府縣，小事牒本軍，大事奏聞。若軍士陵忽府縣，禁身以聞，北軍十軍：左・右羽林、龍武、神武、神威、神策也。神策尤盛，建中之前，未分左、右軍。謂之神策六軍者，指言神策軍與左・右羽林、龍武、神武六軍也。貞元二年，以神策左、右廂爲左、右神策軍，又以殿前射生左、右廂爲左、右射生軍。四年，以左、右射生軍爲左、右神威軍。北軍遂爲十軍。此時神策軍既居北軍之右，史家書此事，又專言神策恃恩陵暴而有是詔，則所謂神威、六軍者亦當爲神策、六軍，「威」字誤也。此神策、六軍，提起左・右神策軍以及左・右龍武、神武、神威六軍也。不及左、右羽林軍者，羽林置於唐初，龍武等軍皆開元以來節次增置於禁衛，又親近於羽林也。禁身者，囚禁其身。委御史臺推覆。縣吏輒敢笞辱，必從貶謫。

5 癸未，易定節度使張孝忠薨。

6 安南都護高正平重賦斂，安南都護府，本交州，調露二年置爲安南都護府。斂，力贍翻。夏，四月，羣蠻酋長杜英翰等起兵圍都護府，正平以憂死，羣蠻聞之皆降。史言蠻非好亂，苦於貪帥而亂。酋，慈由翻。長，知兩翻。五月，辛巳，置柔遠軍於安南。

7 端王遇薨。遇，皇弟也。

8 韋皋比年致書招雲南王異牟尋，比，毗至翻。韋皋書招雲南，事始上卷三年。終未獲報。然吐蕃每發雲南兵，雲南與之益少。少，詩紹翻。皋知異牟尋心附於唐，討擊副使段忠義，本閤羅鳳使者也，閤羅鳳者，異牟尋之祖。六月，丙申，皋遣忠義還雲南，并致書敦諭之。敦，迫也，厚也。

9 秋，七月，戊寅，以定州刺史張昇雲爲義武留後。

10 庚辰，以虔州刺史趙昌爲安南都護，羣蠻遂安。

11 八月，丙午，以翰林學士陸贄爲兵部侍郎，餘職皆解；竇參惡之也。惡，烏路翻；下同。

12 吐蕃攻靈州，爲回鶻所敗，夜遁。敗，補邁翻。九月，回鶻遣使來獻俘；冬，十二月，甲午，又遣使獻所獲吐蕃酋長尙結心。酋，慈由翻。長，知兩翻。

13 福建觀察使吳湊，爲治有聲，福建皆古閩、越地，秦爲閩中郡，漢爲治縣，後漢爲候官縣。吳置建安郡，陳置閩州。隋改泉州。唐移泉州於晉江縣，而閩州治閩縣及候官縣，而於建安縣立建州。建安，吳孫策所置縣也，以年號爲名，本亦東候官之地。開元十三年，又改閩州爲福州。自此福、建、泉三州始不相紊。治，直吏翻。竇參以私憾毀之，且言其病風；上召至京師，使之步以察之，知參之誣，由是始惡參。爲竇參貶逐張本。丁酉，以湊爲陝虢觀察使以代參黨李翼。

14 睦王述薨。述，亦皇弟。

15 吐蕃知韋皋使者在雲南，遣使讓之。雲南王異牟尋紿之曰：「唐使，本蠻也，皋聽其歸耳，無他謀也。」因執以送吐蕃。吐蕃多取其大臣之子爲質，質，音致。雲南愈怨。勿鄧酋長苴夢衝，潛通吐蕃，扇誘羣蠻，隔絕雲南使者。酋，慈由翻。長，知兩翻。韋皋遣三部落總管蘇嵬將兵至琵琶川。嵬，牛罪翻，又音嵬。三部落，兩林、勿鄧、豐琶也。琵琶川在嶲州西南徼外。爲下卷明年誅夢衝張本。

容肇祖標點聶崇岐覆校

資治通鑑卷第二百三十四

端明殿學士兼翰林侍讀學士太中大夫提舉西京嵩山崇福宮上柱國河內郡開國公食邑二千二百戶食實封九百戶賜紫金魚袋臣　司馬光　奉敕編集
後學天台胡三省　音註

唐紀五十　起玄黓涒灘（壬申），盡閼逢閹茂（甲戌）五月，凡二年有奇。

德宗神武聖文皇帝九

貞元八年（壬申、七九二）

1春，二月，壬寅，執夢衝，數其罪而斬之；數，所具翻，又所主翻。雲南之路始通。

2三月，丁丑，山南東道節度使曹成王皋薨。使，疏吏翻。皋謚曰成。薨，呼肱翻。

3宣武節度使劉玄佐有威略，每李納使至，玄佐厚結之，故常得其陰事，先爲之備；納憚之。孫子五間，有因間。因間者，因其鄉人而用之。張預註云：因敵國人，知其底裏，就而用之，可使伺候也。劉玄佐之制李納，正用此術。其母雖貴，日織絹一匹，謂玄佐曰：「汝本寒微，天子富貴汝至此，必以死報之。」故玄佐始終不失臣節。史言玄佐忠順，母教也。此言蓋本之劉氏母墓誌。唐人誌墓，不無溢美者。然此等言語，有益於世敎。庚午，玄佐薨。

4 山南東道節度判官李實知留後事，性刻薄，裁損軍士衣食。鼓角將楊清潭帥衆作亂，將，即亮翻。鼓角將，掌軍中鼓角者也。帥，讀曰率。夜，焚掠城中，獨不犯曹王皋家；曹王皋之家，蓋已出次外館，不居使宅。實踰城走免。明旦，都將徐誠縋城而入，縋，馳僞翻。號令禁遏，然後止；收清潭等六人斬之。實歸京師，以爲司農少卿。少，詩照翻。實，元慶之玄孫也。道王元慶，高祖之子。丙子，以荆南節度使樊澤爲山南東道節度使。

5 初，竇參爲度支轉運使，度，徒洛翻。使，疏吏翻。班宏副之。參許宏，俟一歲以使職歸之，歲餘，參無歸意；宏怒。司農少卿張滂，宏所薦也，少，始照翻。滂，普郎翻。參欲使滂分主江、淮鹽鐵，宏不可；滂知之，亦怨宏。及參爲上所疏，乃讓度支使於宏，又不欲利權專歸於宏，乃薦滂於上；【章：乙十六行本「上」下有「以宏判度支」五字；乙十一行本同；孔本同；退齋校同。】以滂爲戶部侍郎、鹽鐵轉運使，仍隸於宏以悅之。

竇參陰狡而愎，狡，古巧翻。愎，弼力翻。恃權而貪，每遷除，多與族子給事中申議之。申招權受賂，時人謂之「喜鵲」。竇參每遷除朝士，先與申議，申因先報其人，以招權納賂。時人謂之喜鵲者，以人家有喜事，鵲必先噪於門庭以報之也。上頗聞之，謂參曰：「申必爲卿累，累，良瑞翻。宜出之以息物議。」參再三保其無他，申亦不悛。悛，丑緣翻。左金吾大將軍虢王則之，巨之子也，虢王巨，肅宗上元二年爲段子璋所殺。與申善，左諫議大夫、知制誥吳通玄與陸贄不叶，竇申恐贄進用，陰與通玄、則之作謗書以傾贄；上皆察知其狀。夏，四月，丁亥，貶則之昭州司馬，昭州，漢茘浦縣地，屬蒼梧郡，晉置平樂縣，屬始安郡，武德四年置樂州，貞觀八年改曰昭州。宋白曰：郡北有昭山岡潭，因山岡爲名。舊志：昭州至京師四千四百三十六里。通玄泉州司馬，隋置泉州，治閩縣，南安、莆田縣屬焉。武后聖曆二年分泉州之南安、莆田、龍溪置武榮州，景雲二年改武榮爲泉州，而閩之泉州改爲閩州，開元十三年又改閩州爲福州。舊志：泉州，京師東南六千二百一十六里。申道州司馬；尋賜通玄死。

6 劉玄佐之喪，將佐匿之，稱疾請代，上亦爲之隱，將，即亮翻。爲，于僞翻。遣使即軍中問「以陝虢觀察使吳湊爲代可乎？」監軍孟介、行軍司馬盧瑗皆以爲便，然後除之。陝，失冉翻。監，古銜翻。瑗，于眷翻。湊行至汜水，汜，音祀。汜水縣，本屬鄭州，時屬孟州。玄佐之柩將發，軍中請備儀仗，瑗不許，又令留器用以俟新使；將士怒。玄佐之壻及親兵皆被甲，擁玄佐之子士寧釋衰絰，登重榻，被，皮義翻。衰，倉回翻。重，直龍翻。自【嚴：「自」改「尊」。】爲留後。執城將曹金岸、城將，使之領兵巡視城堞，晨夕警邏。浚儀令李邁，曰：「爾皆請吳湊者！」遂冎之；冎，古瓦翻。盧瑗逃免。士寧以財賞將士，劫孟介以請於朝。上以問宰相，竇參曰：「今汴人指李納以邀制命，不許，將合於納。」庚寅，以士寧爲宣武節度使。考異曰：實錄：「士寧位未定，遣使通王武俊、劉濟、田緒；以士寧未受詔有國，使皆留之。」舊傳云：「以士寧未受詔於國，皆留之。」新傳云：「諸鎮不直之，皆執其使。」然則舊傳是也。**士寧疑宋州刺史翟良佐不附己，**翟，直格翻。**託言巡撫，至宋州，以都知兵馬使劉逸準代之。**考異曰：韓愈集作「逸淮」。今從舊傳。**逸準，正臣之子也。**劉正臣，肅宗至德初爲平盧節度使。

7 **乙未，貶中書侍郎、同平章事竇參爲郴州別駕，**舊志：郴州，京師南三千三百里。郴，丑林翻。考異曰：柳珵上清傳曰：「貞元壬申歲春三月，相國竇公居光福里第，月夜閒步於中庭。有常所寵青衣上清者，乃曰：『今欲啓事，郎須到堂前，方敢言之。』竇公亟上堂。上清曰：『庭樹上有人，恐驚郎，請謹避之。』竇公曰：『陸贄久欲傾奪吾權位，今有人在庭樹上，吾禍將至。且此事奏與不奏，皆受禍，必竄死於道路。汝在輩流中不可多得，吾身死家破，汝定爲宮婢。聖君若顧問，善爲我辭焉。』上清泣曰：『誠如是，死生以之。』竇公下階大呼曰：『樹上君子，應是陸贄使來，能全老夫性命，敢不厚報。』樹上應聲而下，乃衣衰粗者也。曰：『家有大喪，貧甚，不辦葬禮，伏知相公推心濟物，所以卜夜而來，幸相公無怪。』公曰：『某罄所有，堂封絹千匹而已。方擬脩私廟，今且輟贈可乎！』縗者拜謝。竇公答之如禮。又曰：『便辭相公，請左右齎所賜絹擲於牆外。某先於街中俟之。』竇公依其請，命僕使偵其絕蹤，旦，方敢歸寢。翌日，執金吾先奏其事，竇公得次又奏之。德宗厲聲曰：『卿交通節將，蓄養俠刺，位崇台鼎，更欲何求！』竇公頓首曰：『臣起自刀筆小才，官以至貴，皆陛下奬拔，實不由人。今不幸至此，抑乃仇家所爲耳！陛下忽震雷霆之怒，臣便合萬死。』中使下殿宣曰：『卿且歸私第，待候進止。』越月，貶郴州別駕。會宣武節度使劉士寧通好于郴州，廉使條疏上聞。德宗曰：『交通節將，信而有徵。』流竇公于驩州，沒入家資，一簪不著。身竟未達流所，詔自盡。上清果隸名掖庭。後數年，以善應對，能煎茶，數得在帝左右。德宗謂曰：『宮掖閒人數不少，汝了事，從何得至此？』上清對曰：『妾本故宰相竇參家女奴，竇某妻早亡，故妾得陪掃灑。及竇某家破，幸得塡宮。既侍龍顔，如在天上。』德宗曰：『竇某罪不止養俠刺，亦甚有贓汙。前時納官銀器至多。』上清流涕而言曰：『竇某自御史中丞歷度支、戶部、鹽鐵三使，至宰相，首尾六年，月入數十萬，前後非時賞賜亦不知紀極。乃者郴州所送納官銀物，皆是恩賜。當部錄日，妾在郴州，親見州縣希陸贄意指，刮去所進銀器上刻作藩鎭官銜姓名，誣爲贓物。伏乞陛下驗之。』於是宣索竇某沒官銀器，覆視其刮字處，皆如上清言。時貞元十二年。德宗又問蓄養俠刺事，上清曰：『本實無，悉是陸贄陷害，使人爲之。』德宗怒陸贄曰：『這獠奴，我脫卻伊綠衫便與紫衫著，又常喚伊作陸九。我任使竇參方稱意次，須教我枉殺卻他。及至權入伊手，其爲軟弱甚於泥團。』乃下詔雪竇參。時裴延齡探知陸贄恩衰，得恣行媒孽，贄竟受譴不迴。後上清特敕丹書度爲女道士，終嫁爲金忠義妻。世以陸贄門生名位多顯達者，不敢傳說，故此事絕無人知。」信如此說，則參爲人所劫，德宗豈得反云「蓄養俠刺」！況陸贄賢相，安肯爲此！就使欲陷參，其術固多，豈肯爲此兒戲！全不近人情。今不取。貶竇申錦州司戶。以尚書左丞趙憬、兵部侍郎陸贄並爲中書侍郎、同平章事。憬，仁本之曾孫也。憬，居永翻。趙仁本見二百一卷高宗咸亨元年。

8張滂請鹽鐵舊簿於班宏，宏不與。滂與宏共擇巡院官，莫有合者，闕官甚多。滂言於上曰：「如此，職事必廢，臣罪無所逃。」丙午，上命宏、滂分掌天下財賦，如大曆故事。大曆元年，命第五琦、劉晏分理天下財賦，事見二百二十四卷。

9壬子，吐蕃寇靈州，陷水口支渠，敗營田。敗，補邁翻。詔河東、振武救之，遣神策六軍二千戍定遠、懷遠城；懷遠縣屬靈州，後周置，隋五原郡在縣界。宋白曰：定遠縣在靈州東北二百里。吐蕃乃退。

10 陸贄請令臺省長官各舉其屬，長，知兩翻。著其名於詔書，異日考其殿最，并以升黜舉者。殿，丁練翻。所舉得人，則升舉主以昭進賢之賞；所舉非人，則黜舉主以昭失舉之罰。五月，戊辰，詔行贄議。

未幾，或言於上曰：「諸司所舉皆有情故，或受貨賂，不得實才。」上密諭贄：「自今除改，卿宜自擇，勿任諸司。」諸司，卽謂臺省長官。贄上奏，其略曰：「國朝五品以上，制敕命之，蓋宰相商議奏可者也。六品以下則旨授，蓋吏部銓材署職，詔旨畫聞而不可否者也。六品以下告身，皆畫「聞」字。開元中，起居、遺、補、御史等官，猶並列於選曹。言起居郎、舍人、拾遺、補闕及御史，皆由吏部奏擬。選，須絹翻。其後倖臣專朝，朝，直遙翻。捨僉議而重己權，廢公舉而行私惠，是使周行庶品，行，戶剛翻；下班行同。苟不出時宰之意，則莫致也。」又曰：「宜行以來，纔舉十數，議其資望，既不愧於班行，考其行能，又未聞於闕敗。行，下孟翻。而議者遽以騰口，上煩聖聰。道之難行，亦可知矣！請使所言之人指陳其狀，某人受賄，某舉有情，付之有司，覈其虛實；謬舉者必行其罰，誣善者亦反其辜。謂反坐以罪也。何必貸其姦贓，不加辯詰，私其公議，不出主名，主名，告主之名也。使無辜見疑，有罪獲縱，枉直同貫，人何賴焉！又，宰相不過數人，豈能徧諳多士！諳，烏含翻。若令悉命羣官，理須展轉詢訪；是則變公舉為私薦，易明揚以闇投，公私明闇以相形，而文理自見。此作文之法。然「明揚」二字本之虞書，「闇投」二字本之漢書，作文又不可無來處。近世教人爲文者類此，文詎止於此而已。情故必多，爲弊益甚。所以承前命官，罕不涉謗。雖則秉鈞不一，或自行情，亦由私訪所親，轉爲所賣。其弊非遠，聖鑒明知。」又曰：「今之宰相則往日臺省長官，今之臺省長官乃將來之宰相，但是職名暫異，固非行舉頓殊。行舉者，臺省長官舉之，宰相行之。豈有爲長官之時則不能舉一二屬吏，居宰相之位則可擇千百具僚；物議悠悠，其惑斯甚。蓋尊者領其要，卑者任其詳，是以人主擇輔臣，輔臣擇庶長，庶長，庶官之長也。庶長擇佐僚，將務得人，無易於此。夫求才貴廣，考課貴精。往者則天欲收人心，進用不次，則天，謂武后也。非但人得薦士，亦得自舉其才。然而課責既嚴，進退皆速，是以當代謂知人之明，累朝賴多士之用。」又曰：「則天舉用之法傷易而得人，朝，直遙翻。易，以豉翻。陛下愼簡之規書曰：愼簡乃僚。太精而失士。」上竟追前詔不行。

11 癸酉，平盧節度使李納薨，軍中推其子師古知留後。

12 六月，吐蕃千餘騎寇涇州，掠田軍千餘人而去。田軍，屯田之軍也。

13 嶺南節度使奏：「近日海舶珍異，多就安南市易，欲遣判官就安南收市，乞命中使一人與俱。」上欲從之。陸贄上言，以爲：「遠國商販，惟利是求，緩之斯來，【張：「緩」作「綏」。】擾之則去。廣州素爲衆舶所湊，舶，音白。今忽改就安南，若非侵刻過深，則必招攜失所，攜，離也，言所以招攜離者失其道也。左傳，管仲曰：招攜以禮。曾不內訟，論語，孔子曰：「吾未見能見其過而內自訟者也。註云：訟，猶責也，言人有過莫能自責。更蕩上心。記月令：毋或作爲淫巧以蕩上心。註：蕩，謂動搖之也。況嶺南、安南，莫非王土，中使、外使，悉是王臣，豈必信嶺南而絕安南，重中使以輕外使。所奏望寢不行。」

14 秋，七月，甲寅朔，戶部尚書判度支班宏薨。尚，辰羊翻。度，徒洛翻。薨，呼肱翻。陸贄請以前湖南觀察使李巽權判度支，上許之。既而復欲用司農少卿裴延齡，使，疏吏翻。度，徒洛翻。復，扶又翻，又音如字。少，詩照翻。贄上言，以爲：「今之度支，準平萬貨，上，時掌翻。刻吝則生患，寬假則容姦。延齡誕妄小人，用之交駭物聽。尸祿之責，固宜及於微臣；知人之明，亦恐傷於聖鑒。」上不從。己未，以延齡判度支事。爲裴延齡譖贄張本。

河南、北、江、淮、荊、襄、陳、許等四十餘州大水，溺死者二萬餘人，陸贄請遣使賑撫。上曰：「聞所損殊少，溺，奴狄翻。少，詩沼翻。卽議優恤，恐生姦欺。」贄上奏，其略曰：「流俗之弊，多徇諂諛，揣所悅意則侈其言，度所惡聞則小其事，揣，初委翻。度，徒洛翻。惡，烏路翻。制備失所，恆病於斯。」制備，謂隨事爲之制而豫備也。恆，戶登翻。又曰：「所費者財用，所收者人心，苟不失人，何憂乏用！」上許爲遣使，爲，于僞翻。而曰：「淮西貢賦既闕，不必遣使。」贄復上奏，復，扶又翻。以爲：「陛下息師含垢，宥彼渠魁，渠，大也。魁，率也。惟茲下人，所宜矜恤。昔秦、晉讎敵，穆公猶救其饑，左傳：晉饑，秦輸之粟。秦饑，晉閉之糴；穆公伐晉，執惠公。而晉又饑，穆公復餽之粟，曰：「吾怨其君而矜其民。」況帝王懷柔萬邦，唯德與義，寧人負我，無我負人。」反曹操之言，則有帝王氣象。　八月，遣中書舍人京兆奚陟等宣撫諸道水災。

15 以前青州刺史李師古爲平盧節度使。

16 韋皋攻【章：乙十六行本「攻」下有「吐蕃」二字；乙十一行本同；孔本同；張校同；退齋校同。】維州，代宗廣德元年，維州沒於吐蕃。獲其大將論贊熱。

17 陸贄上言，以邊儲不贍，由措置失當，當，丁浪翻。蓄斂乖宜，其略曰：「所謂措置失當者，戍卒不隸於守臣，守臣不總於元帥。　至有一城之將，一旅之兵，各降中使監臨，監，古銜翻。皆承別詔委任。　分鎮亙千里之地，莫相率從；　緣邊列十萬之師，不設謀主。　每有寇至，方從中覆，比蒙徵發赴援，比，必利翻，及也。寇已獲勝罷歸。　吐蕃之比中國，衆寡不敵，工拙不侔，然而彼攻有餘，我守不足。　蓋彼之號令由將，而我之節制在朝，將，卽亮翻。朝，直遙翻。彼之兵衆合并而我之部分離析故也。分，扶問翻。所謂蓄斂乖宜者，陛下頃設就軍、和糴之法以省運，制與人加倍之價以勸農，此令初行，人皆悅慕。此李泌所行之法也，事見〔二百三十二〕卷〔貞元〕二年。　而有司競爲苟且，專事纖嗇，歲稔則不時斂藏，艱食則抑使收糴。　遂使豪家、貪吏，反操利權，斂，力驗翻。操，七刀翻。賤取於人以俟公私之乏。　又有勢要、近親、羈遊之士，委賤糴於軍城，取高價於京邑，又多支絺紵充直。絺，五之翻。紵，直呂翻。窮邊寒不可衣，鬻無所售，上既無信於下，下亦以僞應之，度支物估轉高，度，徒洛翻。估，音古，價也。軍城穀價轉貴。度支以苟售滯貨爲功利，軍城【章：乙十六行本「城」作「司」；乙十一行本同；孔本同。】以所得加價爲羨餘。羨，弋線翻。雖設巡院，轉成囊橐。元和四年十二月十二日，敕：「遠處州使，率情違法，臺司無由盡知。轉運使、度支悉有巡院，委以訪察當道使司及州縣，有兩稅外榷率及違格敕文法等事狀報臺司。」蓋劉晏始置巡院，自江、淮以來達于河、渭，其後遂及緣邊諸道亦置之。至有空中簿帳，僞指囷倉，囷，區倫翻。囷倉，皆以藏穀；圓曰囷，方曰倉。計其數則億萬有餘，考其實則百十不足。」

又曰：「舊制以關中用度之多，歲運東方租米，至有斗錢運斗米之言。習聞見而不達時宜者，則曰：『國之大事，不計費損，雖知勞煩，不可廢也。』習近利而不防遠患者，則曰：『每至秋成之時，但令畿內和糴，既易集事，令，力丁翻。糴，亭歷翻。易，以豉翻。又足勸農。』臣以兩家之論，互有長短，將制國用，須權重輕。食不足而財有餘，則弛於積財而務實倉廩；廩，力錦翻。毛晃曰：倉有屋曰廩。食有餘而財不足，則緩於積食而嗇用貨泉。近歲關輔屢豐，公儲委積，屢，力注翻。委，於僞翻。積，子智翻。足給數年；今夏江、淮水潦，米貴加倍，人多流庸。流，謂流徙。庸，謂庸雇。關輔以穀賤傷農，宜加價以糴而無錢；江、淮以穀貴人困，宜減價以糶而無米。糶，他弔翻。而又運彼所乏，益此所餘，斯所謂習見聞而不達時宜者也。今江、淮斗米直百五十錢，運至東渭橋，僦直又約二百，米糙且陳，僦，子就翻。糙，七到翻。米僅剝穀爲糙。尤爲京邑所賤。據市司月估，今之市令司，亦月具物價低昂之數以聞於上。斗糶三十七錢。耗其九而存其一，以江、淮之米，合運漕之僦直，率一斗爲錢三百五十，而京師米價斗止三十七錢，是耗其九而存其一也。餒彼人而傷此農，制事若斯，可謂深失矣！頃者每年自江、湖、淮、浙運米百一十萬斛，至河陰留四十萬斛，貯河陰倉，至陝州又留三十萬斛，貯太原倉，貯，丁呂翻。餘四十萬斛輸東渭橋。今河陰、太原倉見米猶有三百二十餘萬斛，見，賢遍翻。京兆諸縣斗米不過直錢七十，請令來年江、淮止運三十萬斛至河陰，河陰、陝州以次運至東渭橋，其江、淮所停運米八十萬斛，委轉運使每斗取八十錢於水災州縣糶之，以救貧乏，糶，他吊翻。計得錢六十四萬緡，減僦直六十九萬緡。請令戶部先以二十萬緡付京兆，令糴米以補渭橋倉之缺數，渭橋倉，即東渭橋倉。斗用百錢以利農人；增價以糴則利農。以一百二萬六千緡付邊鎮，使糴十萬人一年之糧，餘十萬四千緡以充來年和糴之價。糴，徒歷翻。其江、淮米錢、僦直並委轉運使折市綾、絹、絁、綿以輸上都，折，之舌翻。絁，式支翻。繒之似布者，今謂之紬。唐都長安，謂之上都。償先貸戶部錢。」

九月，詔西北邊貴糴以實倉儲，考異曰：實錄云：「凡積米三十三萬斛。」按陸贄論守備狀云：「坐致邊儲，數逾百萬，諸鎮收糴，今已向終。」又云：「更經一年，可積十萬人三歲之糧矣。」蓋實錄所言，今年之數，贄狀通計來春也。邊備浸充。

18冬，十一月，壬子朔，日有食之。

19吐蕃、雲南日益相猜，每雲南兵至境上，吐蕃輒亦發兵，聲言相應，實爲之備。辛酉，韋皋復遺雲南王書，復，扶又翻。遺，唯季翻。欲與共襲吐蕃，驅之雲嶺之外，雲南之地，本漢雲南縣也，漢屬益州郡，後漢分屬永昌郡。南中志曰：雲南縣西高山相連，衆山之中，又有山特高大，狀如扶風太一，鬱然高峻，與雲氣相連，視之不見其山，固陰沍寒，雖五月盛暑不熱，所謂雲嶺也。悉平吐蕃城堡，獨與雲南築大城於境上，置戍相保，永同一家。

20左庶子姜公輔久不遷官，詣陸贄求遷，贄密語之曰：語，牛倨翻。「聞竇相屢奏擬，上不允，今人謂聖旨不從所請爲不允，習聞唐人之言也。有怒公之言。」公輔懼，請爲道士。上問其故，公輔不敢泄贄語，以聞參言爲對。上怒參歸怨於君；己巳，貶公輔爲吉州別駕，又遣中使責參。姜公輔居猜忌之朝不能安於命義，而由此重竇參之罪，亦陸贄之一言也。考異曰：實錄：「初，公輔罷相爲左庶子，以憂免，復除右庶子。數私謁竇參，參數奏公輔以他官；上不許，而有怒公輔之言。公輔恐，乃請免官爲道士。久之，未報。因開延英奏之，上問其故，公輔對以參言。上曉之，固不已，大怒，貶之，而詔書責參推過於上。」公輔傳曰：「陸贄知政事，以有翰林之舊，數告贄求官。贄密謂公輔曰：『予常見郴州竇相，言爲公奏擬數矣，上旨不允，有怒公之言。』公輔恐懼，上疏乞罷官爲道士。久之，未報。後又庭奏，德宗問其故，公輔不敢泄贄言，便以參言爲對。帝怒，貶公輔爲泉州別駕，又遣中使齎詔責參。」贄傳曰：「姜公輔奏：『竇參常語臣云，陛下怒臣未已。』德宗怒，再貶參，竟殺之。時議云公輔奏竇參語得之於贄，云參之死，贄有力焉。」按贄請令長官舉屬吏狀云：「亦由私訪所親，轉爲所賣，其弊非遠，聖鑒明知。」此乃解參之語也。及參之死，贄救解甚至。由是觀之，贄豈有殺參之意邪！且贄語公輔之時，安知公輔請爲道士，及於上前以泄言之罪歸參！此乃公輔之意，非贄意也。當時之人，見參、贄有隙，遂以己意猜之。史官不悅贄者，因歸罪於贄耳。今不取。

21 庚午，山南西道節度使嚴震奏敗吐蕃於芳州及黑水堡。敗，補邁翻。芳州，高宗上元二年已爲吐蕃所陷。酈道元曰：黑水出羌中，西南逕黑水城西。其地蓋在陰平西北，臨洮西南，古沓中之地也。使，疏吏翻。敗，補邁翻。堡，音保。

22 初，李納以棣州蛤蜾有鹽利，城而據之；又戍德州之南三汊城，以通田緒之路。棣，大計翻。蛤，古合翻。蜾，康音螺。余按集韻「螺」字下無「蜾」字；同韻有「堁」字，音都戈翻，小堆也。蜾，恐當作「堁」。汊，楚嫁翻。李納之阻兵也，李長卿以棣州入朱滔，而蛤蜾爲納所據，因城而戍之。其後王武俊敗朱滔，得德、棣二州，蛤蜾猶爲納戍。納又於德州南跨河而城守之，謂之三汊，以交魏博，通田緒。及李師古襲位，王武俊以其年少，輕之，少，詩照翻。是月，引兵屯德、棣，將取蛤蜾及三汊城；師古遣趙鎬將兵拒之。上遣中使諭止之，武俊乃還。鎬，下老翻。將，即亮翻，又音如字。使，疏吏翻。還，從宣翻，又音如字。

23 初，劉怦薨，見二百三十二卷貞元元年。怦，普萌翻。薨，呼肱翻。劉濟在莫州，其母弟澭在父側，以父命召濟而以軍府授之。莫州治鄚縣，在幽州南二百八十里。澭，於用翻。濟以澭爲瀛州刺史，瀛州，河間郡，幽州巡屬大州也，其地在幽州南。許他日代己。既而濟用其子爲副大使，河朔三鎮及淄青皆以其子爲副大使，儲帥也。澭怨之，擅通表朝廷，遣兵千人防秋。濟怒，發兵擊澭，破之。朝，直遙翻。爲劉滻歸朝張本。

24左神策大將軍柏良器，唐左、右神策大將軍，正二品。史炤曰：柏皇氏，古帝號，後爲氏。顓帝師柏亮父，帝嚳師柏超之裔也。募才勇之士以易販鬻者，監軍竇文場惡之。惡，烏路翻。會良器妻族飲醉，寓宿宮舍。宮舍，宮中直宿之舍也。史言宦官惡柏良器能舉其職，因其妻黨犯衞禁而文致其罪。十二月，丙戌，良器坐左遷右領軍。自是宦官始專軍政。爲宦官挾兵權以脅天子張本。右領軍，十六衞之一也。時南牙諸衞，具位而已。北軍掌禁兵，權重，故良器爲左遷。

九年（癸酉、七九三）

1春，正月，癸卯，初稅茶。爾雅釋木云：檟，苦荼。郭璞註云：樹大小似梔子，冬生葉可煮作羹飲。今呼早採者爲𣘻，晚採者爲茗，一名荈，蜀人謂之苦荼是也。今通謂之茶。茶、𣘻聲近，故呼之。春中始生嫩葉，蒸焙去苦水，末之，乃可喫，與古所食殊不同也。本草衍義曰：晉溫嶠上表，貢茶千斤，茗三百斤。郭璞曰：早採爲茶，晚採爲茗。茗或曰荈，茶葉老者也。古人謂其芽爲雀舌、麥顆，言其至嫩也。又有新芽，一發便長寸餘，微粗如針。惟芽長爲上品，其根幹土力皆有餘故也。如雀舌、麥顆，又下品，前人未盡識。史言稅茶始此，遂開利孔。凡州、縣產茶及茶山外要路，皆估其直，什稅一，從鹽鐵使張滂之請也。滂奏：「去歲水災減稅，用度不足，請稅茶以足之。自明年以往，稅茶之錢，令所在別貯，俟有水旱，以代民田稅。」自是歲收茶稅錢四十萬緡，未嘗以救水旱也。榷茶之說，始於趙贊，至張滂而始行。滂又奏：「姦人銷錢爲銅器以求贏，請悉禁銅器。銅山聽人開采，無得私賣。」

2 二月，甲寅，以義武留後張昇雲爲節度使。

3 初，鹽州既陷，鹽州陷見二百三十二卷二年。塞外無復保障；吐蕃常阻絕靈武，侵擾鄜坊。既阻絕靈武往來之路，又侵擾鄜坊之民。辛酉，詔發兵三萬五千人城鹽州，考異曰：邠志：「八年，詔追張公議築鹽、夏二城。張公奏曰：『師之進取，切藉驍將。神策散將魏茪者，朔方子弟，武藝冠絕；得茪，足以集事。』上遣之。張公以茪爲邠寧馬軍兵馬使。三月，師及諸軍赴于五原，去城百里而軍。茪獨以其騎徑至城下，陷城而入，逐吐蕃，召諸軍城之；更引其軍西掠境上，往復走望，爲師耳目。蕃衆距境而不敢入，官軍城二郡而歸。」白居易樂府城鹽州註亦云「貞元壬申歲，特詔城之。」而實錄在九年二月。蓋去歲詔使城之，今年因命杜彥光等而言之。又詔涇原、山南、劍南各發兵深入吐蕃以分其勢，城之二旬而畢；命鹽州節度使杜彥光戍之，朔方都虞候楊朝晟戍木波堡，木波堡，在慶州方渠縣界。九域志：方渠，宋朝改爲通遠縣，置環州，有木波鎮。由是靈、【章：乙十六行本「靈」下有「武銀」二字；乙十一行本同；孔本同；張校同；退齋校同。】夏、河西獲安。

4 上使人諭陸贄，以「要重之事，勿對趙憬陳論，當密封手疏以聞；」又「苗粲以父晉卿往年攝政，寶應間，連有國憂，晉卿攝冢宰。嘗有不臣之言，諸子皆與古帝王同名，晉卿十子：發、丕、堅、垂，與帝王同名。今不欲明行斥逐，兄弟亦各除外官，勿使近屯兵之地；」近，其靳翻。又「卿清愼太過，諸道饋遺，遺，唯季翻。一皆拒絕，恐事情不通，如鞭鞾之類，受亦無傷。」贄上奏，其略曰：「昨臣所奏，惟趙憬得聞，陛下已至勞神，委曲防護。是於心膂之內，尚有形迹之拘，迹同事殊，鮮克以濟。鮮，息淺翻。恐爽無私之德，爽，差也。且傷不吝之明。」書曰：改過不吝。又曰：「爵人必於朝，刑人必於市，惟恐衆之不覩，事之不彰。記曰：爵人於朝，與衆共之；刑人於市，與衆棄之。朝，直遙翻。君上行之無愧心，兆庶聽之無疑議，受賞安之無怍色，當刑居之無怨言，此聖王所以宣明典章，與天下公共者也。凡是譖訴之事，多非信實之言，利於中傷，中，竹仲翻。懼於公辯。或云歲月已久，不可究尋；或云事體有妨，須爲隱忍；爲，于僞翻。或云惡迹未露，宜假他事爲名；或云但棄其人，何必明言責辱。詞皆近於情理，近，其靳翻。意實苞於矯誣，傷善售姦，莫斯爲甚！若晉卿父子實有大罪，則當公議典憲；若被誣枉，豈令陰受播遷。夫聽訟辨讒，必求情辨跡，情見跡著，見，賢遍翻。辭服理窮，然後加刑罰焉，是以下無冤人，上無謬聽。」又曰：「監臨受賄，盈尺有刑，律，諸監臨之官，受所監臨財物者，一尺笞四十。諸監臨主司受財而枉法者，一尺杖一百。監，古銜翻。至於士吏之微，尚當嚴禁，矧居風化之首，反可通行！風化之首，謂宰相者風化之所自出。賄道一開，展轉滋甚，鞭鞾不已，必及金玉。鞾，與靴同。目見可欲，何能自窒于心！古語有之，不見可欲，此心不亂。已與交私，何能中絕其意！謂既受其私饋，則難以絕其私謁。是以涓流不絕，溪壑成災矣。」又曰：「若有所受，有所卻，則遇卻者疑乎見拒而不通矣；若俱辭不受，則咸知不受者乃其常理，復何嫌阻之有乎！」復，扶又翻；下同。

初，竇參惡左司郎中李巽，惡，烏路翻。出爲常州刺史。及參貶郴州，巽爲湖南觀察使。

郴，丑林翻。汴州節度使劉士寧遺參絹五十匹，遺，唯季翻。巽奏參交結藩鎭。上大怒，欲殺參，陸贄以爲參罪不至死，上乃止，既而復遣中使謂贄曰：「參交結中外，其意難測，社稷事重，卿速進文書處分。」處，昌呂翻。分，扶問翻；下無分同。贄上言：「參朝廷大臣，誅之不可無名。昔劉晏之死，罪不明白，至今衆議爲之憤邑，爲，于僞翻。叛臣得以爲辭。見二百二十六卷建中元年、二年。參貪縱之罪，天下共知；至於潛懷異圖，事跡曖昧。曖，音愛，不明貌。若不推鞫，遽加重辟，駭動不細。辟，音闢，刑辟。竇參於臣無分，言無契分之雅。分，扶問翻。陛下所知，豈欲營救其人，蓋惜典刑不濫。」三月，更貶參驩州司馬，男女皆配流。

上又命理其親黨，理，治也。贄奏：「罪有首從，法有重輕，首，謂爲頭者。從，謂隨從者。爲首者重，隨從者輕。參既蒙宥，親黨亦應末減；況參得罪之初，私黨並已連坐，人心久定，請更不問。」從之。上又欲籍其家貲，贄曰：「在法，反逆者盡沒其財，贓污者止徵所犯，皆須結正施刑，然後收籍。今罪法未詳，陛下已存惠貸，若簿錄其家，恐以財傷義。」時宦官左右恨參尤深，謗毁不已。參未至驩州，竟賜死於路。竇申杖殺，貨財、奴婢悉傳送京師。傳，知戀翻。

6 海州團練使張昇璘，昇雲之弟，李納之壻也，以父大祥歸于定州，海州，東海郡，淄青巡屬。璘，離珍翻。壻，西計翻。定州，義武帥治所。子居父喪，再朞而大祥。嘗於公座罵王武俊，武俊奏之。夏，四月，丁丑，詔削其官，遣中使杖而囚之。使，所吏翻。定州富庶，武俊常欲之，因是遣兵襲取義豐，掠安喜、無極萬餘口，徙之德、棣。義豐，屬定州。安喜縣，本定州治所，蓋州治徙也。無極，漢古縣，因無極山爲名，唐屬定州。按無極山碑云：「無極山與天地俱生，從上至體，可三里所，立石爲體，二丈五尺所。石上青，下黄白色，前正平，可布兩大席。」在無極西南三十里。景福二年，以無極縣爲祁州。棣，大計翻。昇雲閉城自守，屢遣使謝之，乃止。

上命李師古毁三汊城，李納築三汊城，見上年。汊，楚嫁翻。師古奉詔；然常招聚亡命，有得罪於朝廷者，皆撫而用之。朝，直遥翻。

7 五月，甲辰，以中書侍郎趙憬爲門下侍郎、同平章事；義成節度使賈耽爲右僕射，右丞盧邁守本官，並同平章事。邁，翰之族子也。憬，居永翻。耽，都含翻。射，寅謝翻。興元時，盧翰與李勉、劉從一同爲相。憬疑陸贄恃恩，欲專大政，排己置之門下，政事堂在中書省，今憬遷東省，故疑贄排己。右僕射屬門下省。多稱疾不豫事，由是與贄有隙。爲趙憬附裴延齡張本。考異曰：舊憬傳曰：「憬與陸贄同知政事，贄恃久在禁庭，特承恩顧，以國政爲己任。纔周歲，轉憬爲門下侍郎，憬由是深銜之，數以目疾請告，不甚當政事，因是不相協。」按憬遷門下猶爲宰相，又益以賈耽、盧邁，贄豈得專政！蓋憬以此心疑之耳。

8 陸贄上奏論備邊六失，以爲：「措置乖方，課責虧度，財匱於兵衆，力分於將多，怨生於不均，機失於遥制。自措置乖方以下，所謂六失也。上，時掌翻。將，卽亮翻；下同。關東戍卒，不習土風，身苦邊荒，心畏戎虜。國家資奉若驕子，姑息如倩人。倩，七政翻。

屈指計歸，張頤待哺；或利王師之敗，乘擾攘而東潰；或拔棄城鎮，搖遠近之心。豈惟無益，實亦有損。復有犯刑謫徙者，復，扶又翻；下同。既是無良之類，且加懷土之情，思亂幸災，又甚戍卒。可謂措置乖方矣。此一失也。

自頃權移於下，柄失於朝，將之號令既鮮克行之於軍，國之典常又不能施之於將，朝，直遙翻。鮮，息淺翻。將，卽亮翻。務相遵養，遵，率也，言相率以養惡也。苟度歲時。欲賞一有功，翻慮無功者反仄；欲罰一有罪，復慮同惡者憂虞。罪以隱忍而不彰，功以嫌疑而不賞，姑息之道，乃至於斯。故使忘身效節者獲誚於等夷，誚，才笑翻。率衆先登者取怨於士卒，僨軍蹙國者不懷於愧畏，僨，方問翻。緩救失期者自以爲智能。此義士所以痛心，勇夫所以解體。可謂課責虧度矣。此二失也。

虜每入寇，將帥遞相推倚，帥，所類翻。推，吐雷翻。無敢誰何，虛張賊勢上聞，則曰兵少不敵。朝廷莫之省察，朝，直遙翻。省，悉景翻。唯務徵發益師，無裨備禦之功，重增供億之弊。重，直用翻。閭井日耗，徵求日繁，以編戶傾家、破產之資，兼有司榷鹽、稅酒之利，榷，古岳翻。總其所入，歲以事邊。可謂財匱於兵衆矣。此三失也。

吐蕃舉國勝兵之徒，勝，音升。勝兵，謂人之才力堪執兵以戰者也。纔當中國十數大郡而已，動則中國懼其衆而不敢抗，靜則中國憚其強而不敢侵，厥理何哉？良以中國之節制多門，蕃醜之統帥專一故也。帥，讀曰率。夫統帥專一，則人心不分，號令不貳，進退可齊，疾徐如意，機會靡愆，愆，違也。氣勢自壯。斯乃以少爲衆，以弱爲強者也。開元、天寶之間，控禦西北兩蕃，唯朔方、河西、隴右三節度。中興以來，未遑外討，抗兩蕃者亦朔方、涇原、隴右、河東四節度而已。言西北兩蕃者，以別奚、契丹兩蕃。若開元、天寶以來，西則吐蕃，北則突厥。中興以來，所謂兩蕃，西則吐蕃，北則回紇。自頃分朔方之地，建牙擁節者凡三使焉，事見二百二十五卷大曆十四年。使，疏吏翻。其餘鎮軍，數且四十，皆承特詔委寄，各降中貴監臨，人得抗衡，莫相稟屬。監，古銜翻。史炤曰：衡，車上橫木。抗衡，謂兩相抗拒，有若車衡相抗也。余謂衡所以揆平，首尾有所偏重則衡爲之低昂，商輕重者所必爭也。抗衡者，言無所低昂而平視之也。每俟邊書告急，方令計會用兵，既無軍法下臨，惟以客禮相待。令，力丁翻。夫兵，以氣勢爲用者也；氣聚則盛，散則消；勢合則威，析則弱。今之邊備，勢弱氣消，可謂力分於將多矣。夫，音扶。將，即亮翻。此四失也。

理戎之要，在於練覈優劣之科以爲衣食等級之制，使能者企及，企，去智翻。否者息心，雖有厚薄之殊而無觖望之釁。觖，古穴翻。今窮邊之地，長鎮之兵，皆百戰傷夷之餘，終年勤苦之劇，然衣糧所給，唯止當身，例爲妻子所分，常有凍餒之色。而關東戍卒，怯於應敵，懈於服勞，衣糧所頒，厚踰數等。又有素非禁旅，本是邊軍，將校詭爲媚詞，因請遙隸神策，不離舊所，當，丁浪翻。懈，俱賣翻。離，去智翻。唯改舊【章：乙十六行本「舊」作「虛」；乙十一行本同；孔本同；張校同；退齋校同。】名，其於廩賜之饒，遂有三倍之益。夫事業未異而給養有殊，苟未忘懷，孰能無慍！可謂怨生於不均矣。慍，於問翻。此五失也。

凡欲選任將帥，必先考察行能，將，即亮翻。帥，所類翻。行，下孟翻。可者遣之，不可者退之，疑者不使，使者不疑，故將在軍，君命有所不受。此孫子兵法之言。自頃邊軍去就，裁斷多出宸衷，斷，丁亂翻。選置戎臣，先求易制，易，以豉翻。多其部以分其力，輕其任以弱其心，遂令爽於軍情亦聽命，乖於事宜亦聽命。戎虜馳突，迅如風飆，馹書上聞，馹，人質翻，驛傳遞馬。旬月方報。守土者以兵寡不敢抗敵，分鎮者以無詔不肯出師，賊既縱掠退歸，此乃陳功告捷。其敗喪則減百而爲一，其捃獲則張百而成千。喪，息浪翻。捃，居隕翻。將帥既幸於總制在朝，不憂罪累，累，良瑞翻。陛下又以爲大權由己，不究事情。可謂機失於遙制矣。此六失也。

臣愚謂宜罷諸道將士防秋之制，令本道但供衣糧，募戍卒願留及蕃、漢子弟以給之。又多開屯田，官爲收糴，爲，于僞翻。寇至則人自爲戰，時至則家自力農，與夫倐來忽往者，豈可同等而論哉！又宜擇文武能臣爲隴右、朔方、河東三元帥，分統緣邊諸節度使，有非要者，隨所便近而併之。然後減姦濫虛浮之費以豐財，定衣糧等級之制以和衆，弘委任之道以宣其用，懸賞罰之典以考其成。如是，則戎狄威懷，疆埸寧謐矣！」上雖不能盡從，心甚重之。

9 韋皋遣大將董勔等將兵出西山，勔，彌兗翻。自彭州導江縣西出蠶崖關，歷維、茂，至當、悉諸州，皆西山也。破吐蕃之衆，拔堡栅五十餘。

10 丙午，門下侍郎、同平章事董晉罷爲禮部尚書。

11 雲南王異牟尋遣使者三輩，一出戎州，宋白曰：戎州，漢僰道南安縣地，梁置戎州，言以鎮戎夷也。西南取曲、協州并南寧州、安寧、鹽井路至南詔所居羊苴咩城二千三百里。舊志：戎州，在京師西南三千一百四里。一出黔州，一出安南，各齎生金、丹砂詣韋皋，金礦未經鍛鍊者爲生金。丹砂，產石中，鑿石取之。黔，音琴。金以示堅，丹砂以示赤心，三分皋所與書爲信，皆達成都。異牟尋上表請棄吐蕃歸唐，并遣皋帛書，遺，唯季翻。自稱唐【章：乙十六行本「唐」下有「故」字；乙十一行本同；孔本同。】雲南王孫、吐蕃贊普義弟日東王。吐蕃以雲南王爲弟，見二百一十六卷天寶十載。封日東王，見二百二十六卷代宗大曆十四年。皋遣其使者詣長安，并上表賀。上賜異牟尋詔書，令皋遣使慰撫之。并上，時掌翻。令，力丁翻。使，疏吏翻。

12 賈耽、陸贄、趙憬、盧邁爲相，百官白事，更讓不言。耽，都含翻。憬，居永翻。相，息亮翻。更，工衡翻，互也。秋，七月，奏請依至德故事，宰相迭秉筆以處政事，事見二百一十九卷肅宗至德元載十月。處，昌呂翻；下同。旬日一易；詔從之。其後日一易之。

13 劍南、西山諸羌女王湯立志、女王，亦羌別種，東與吐蕃、党項、茂州接，西屬三波訶，北距于闐，屬雅州。羅女蠻白狼夷，以女爲君，居康延川，巖險四繚，有弱水南流。「湯立志」，新書作「湯立悉」。杜陽編：女蠻國人，危髻金冠，瓔珞被體，故謂之菩薩蠻。當時倡優遂因制菩薩蠻曲。哥鄰王董臥庭、白狗王羅陀忽、弱水王董辟和、南水王薛莫庭、悉董王湯悉贊、清遠王蘇唐磨、咄霸王董邈蓬及逋租王，自哥鄰以下諸種，皆散居西山。西山卽雪山。今威州保寧縣有雪山，連乳川白狗嶺，有九峯，積雪春夏不消。白狗嶺與雪山相連。威州，唐之維州也。先皆役屬吐蕃，至是各帥衆內附。韋皋處之於維、保、霸州，天寶元年，招附生羌，置霸州。給以耕牛種糧。種，章勇翻。立志、陀忽、辟和入朝，皆拜官，厚賜而遣之。

14 癸卯，戶部侍郎裴延齡奏：「自判度支以來，檢責諸州欠負錢八百餘萬緡，收諸州抽貫錢三百萬緡，呈樣物三十餘萬緡，請別置欠負耗賸季庫以掌之，耗，虧減也。賸，贏餘也。賸，以證翻，又食證翻。三月爲一季。凡三月終，則入物于庫，故謂之季庫。染練物則別置月庫以掌之。」每月入物，故謂之月庫。詔從之。欠負皆貧人無可償，徒存其數者，抽貫錢給用隨盡，呈樣、染練皆左藏正物。藏，徂浪翻。延齡徙置別庫，虛張名數以惑上。上信之，以爲能富國而寵之，於實無所增也，於實者，於其實也。虛費吏人簿書而已。

京城西汚濕地生蘆葦數畝，延齡奏稱長安、咸陽有陂澤數百頃，可牧廄馬。上使有司閱視，無之，亦不罪也。

左補闕權德輿上奏，權本顓頊之後，爲楚武王所滅，子孫以國爲氏。上，時掌翻。以爲：「延齡取常賦支用未盡者充羨餘以爲己功。羨，弋線翻。縣官先所市物，再給其直，用充別貯。貯，丁呂翻。邊軍自今春以來並不支糧。陛下必以延齡孤貞獨立，時人醜正流言，何不遣信臣覆視，究其本末，明行賞罰。今羣情衆口喧於朝市，朝，直遙翻。豈京城士庶皆爲朋黨邪！陛下亦宜稍回聖慮而察之。」上不從。

15 八月，庚戌，太尉、中書令、西平忠武王李晟薨。

16 冬，十月，甲子，韋皋遣其節度巡官崔佐時齎詔書詣雲南，并自爲帛書答之。節度巡官，在判官、推官之下，衙推之上。

17 十一月，乙酉，上祀圜丘，赦天下。

18 劉士寧既爲宣武節度使，八年三月，命劉士寧爲宣武節度使。諸將多不服。士寧淫亂殘忍，出畋輒數日不返，軍中苦之。都知兵馬使李萬榮得衆心，士寧疑之，奪其兵權，令攝汴州事。十二月，乙卯，士寧帥衆二萬畋于外野；帥，讀曰率。萬榮晨入使府，召所留親兵千餘人，詐之曰：「敕徵大夫入朝，以吾掌留務，汝輩人賜錢三十緡。」衆皆拜。又諭外營兵，皆聽命。乃分兵閉城門，使馳白士寧曰：「敕徵大夫，宜速卽路，卽，就也。少或遷延，當傳首以獻。」士寧知衆不爲用，以五百騎逃歸京師，比至東都，比，必利翻，及也。所餘僕妾而已。至京師，敕歸第行喪，禁其出入。

淮西節度使吳少誠聞變，發兵屯鄖城，鄖城，漢、晉之鄖縣也。後魏省併入曲陽縣，隋開皇初置鄖城縣，屬汴州，時屬蔡州，蔡北鄙也。東有漢召陵縣故城，東南有後漢征羌縣故城。鄖，一戰翻。遣使問故，問所以逐士寧之故。且請戰。萬榮以言戲之，戲之，示無所畏。少誠慚而退。

上聞萬榮逐士寧，使問陸贄，贄上奏，以爲今軍州已定，宜且遣朝臣宣勞，勞，力到翻。徐察事情，冀免差失，其略曰：「今士寧見逐，雖是衆情，萬榮典軍，且非朝旨。此安危強弱之機也，願陛下審之愼之。」上復使謂贄：復，扶又翻；下同。「若更淹遲，恐於事非便。今議除一親王充節度使，且令萬榮知留後，其制卽從內出。」贄復上奏，其略曰：「臣雖服戎角力諒匪克堪，而經武伐謀或有所見。夫制置之安危由勢，付授之濟否由才。勢如器焉，惟在所置，置之夷地則平；才如負焉，唯在所授，授踰其力則踣。踣，蒲北翻。萬榮今所陳奏，頗涉張皇，但露徼求之情，徼，一遙翻。殊無退讓之禮，據茲鄙躁，殊異循良。又聞本是滑人，劉玄佐，滑州匡城人，萬榮與同里相善。偏厚當州將士，當州，猶言本州，謂滑州也。與之相得，纔止三千，諸營之兵已甚懷怨。據此頗僻，頗，滂何翻，偏也。亦非將材，若得志驕盈，不悖則敗，悖則犯上，敗則僨軍。」將，卽亮翻。悖，蒲內翻。僨，方問翻。又曰：「苟邀則不順，苟允則不誠，君臣之間，勢必嫌阻。邀，求也；非所當求而求之爲苟邀。允，從也；非所當從而從之爲苟允。下以不順求之，上以不誠應之，其勢必至於嫌阻。與其圖之於滋蔓，左傳曰：毋使滋蔓，蔓難圖也。不若絕之於萌芽。」又曰：

「爲國之道，以義訓人，將教事君，先令順長。」長，知兩翻；下獨長同。又曰：「方鎮之臣，事多專制，欲加之罪，誰則無辭！若使傾奪之徒便得代居其任，利之所在，人各有心，此源潛滋，禍必難救。非獨長亂之道，亦關謀逆之端。」又曰：「昨逐士寧，起於倉卒，卒，讀曰猝。諸郡守將固非連謀，將，即亮翻。一城師人亦未協志。各計度於成敗之勢，度，徒洛翻。迴遑於逆順之名，安肯捐軀與之同惡！」又曰：「陛下但選文武羣臣一人命爲節度，仍降優詔，慰勞本軍。勞，力到翻。獎萬榮以撫定之功，別加寵任，褒將士以輯睦之義，厚賜資裝，揆其大情，理必寧息。萬榮縱欲跋扈，勢何能爲！」又曰：「儻後事有愆素，左傳曰：不愆于素。杜預註云：不過素所慮也。臣請受敗橈之罪。」橈，奴教翻。上不從。壬戌，以通王諶爲宣武節度大使，諶，氏壬翻。以萬榮爲留後。

19 丁卯，納故駙馬都尉郭曖女爲廣陵王淳妃。淳，太子之長子。是爲憲宗。妃母，即昇平公主也。

十年（甲戌、七九四）

1 春，正月，劍南、西山羌、蠻二萬餘戶來降；詔加韋皋押近界羌、蠻及西山八國使。八國，即前女王、哥鄰等。弱水最弱小，不得預八國數。

2 崔佐時至雲南所都羊苴咩城，蜀註：苴，徐嗟翻。咩，彌嗟翻。詳見前。考異曰：舊傳作「陽苴咩城」，今從新傳。吐蕃使者數百人先在其國，雲南王異牟尋尚不欲吐蕃知之，令佐時衣牂柯服而入。衣，於既翻。牂柯蠻，在昆明東九百里，東距辰州二千四百里，其南千五百里卽交州。衣，於既翻；下同。佐時不可，曰：「我大唐使者，豈得衣小夷之服！」異牟尋不得已，夜迎之。佐時大宣詔書，大聲以宣詔書。異牟尋恐懼，顧左右失色；業已歸唐，事已成爲業。乃歔欷流涕，俯伏受詔。歔，音虛。欷，許既翻，又音希。鄭回密見佐時教之，鄭回勸異牟尋歸唐事見二百三十二卷三年。故佐時盡得其情，因勸異牟尋悉斬吐蕃使者，去吐蕃所立之號，獻其金印，去，羌呂翻。吐蕃給雲南金印，見二百一十一卷玄宗天寶十載。復南詔舊名；異牟尋皆從之。考異曰：舊韋皋傳：「四年正月，皋遣判官崔佐時至苴咩城。」按西南夷事狀：「四年，皋微聞異牟尋之意，始因諸蠻寓書於牟尋。自是比年招諭，至九年，牟尋始遣使分皋書以來。朝廷賜之詔書，皋乃遣佐時齎詔以往。牟尋猶欲使佐時易服而入。」皋傳誤也。仍刻金契以獻。異牟尋帥其子尋夢湊等與佐時盟於點蒼山神祠。帥，讀曰率。

先是，吐蕃與回鶻爭北庭，大戰，死傷甚衆，爭北庭事見上卷五年、六年。先，悉薦翻。徵兵萬人於雲南。異牟尋辭以國小，請發三千人，吐蕃少之；以爲少也。少，詩紹翻。益至五千，乃許之。異牟尋遣五千人前行，自將數萬人踵其後，晝夜兼行，襲擊吐蕃，戰于神川，大破之，取鐵橋等十六城，鐵橋，在施蠻東南。據新書：是戰也，異牟尋破施、順二蠻，並虜其王，置白崖城。又據新志：自戎州開邊縣南行，至白崖城，三千里而近。南詔傳曰：南詔居永昌、姚州之間，鐵橋之南。將，卽亮翻；下同。虜其五王，降其衆十餘萬。戊戌，遣使來獻捷。降，戶江翻。使，疏吏翻。

3 瀛州刺史劉澭爲兄濟所逼，濟、澭不協事始上卷八年。請西扞隴坻，坻，丁禮翻。遂將部兵千五百人、男女萬餘口詣京師，號令嚴整，在道無一人敢取人雞犬者。上嘉之，二月，丙午，以爲秦州刺史、隴右經略軍使，理普潤。理，治也。以普潤爲治所。軍中不擊柝，不設音樂。士卒病者，澭親視之，死者哭之。

4 乙丑，義成節度使李融薨。丁卯，以華州刺史李復爲義成節度使。復，齊物之子也。李齊物，淮安王神通之孫。復辟河南尉洛陽盧坦爲判官。監軍薛盈珍數侵軍政，數，所角翻。坦每據理以拒之。盈珍常曰：「盧侍御所言公，我固不違也。」坦後卒能脫於盈珍之譖。侍御，坦之寄祿官，所謂憲銜也。

5 橫海節度使程懷直入朝，厚賜遣歸。

6 夏，四月，庚午，宣武軍亂，留後李萬榮討平之。先是，宣武親兵三百人素驕橫，先，悉薦翻。橫，戶孟翻。萬榮惡之，惡，烏路翻。遣詣京西防秋；親兵怨之。大將韓惟清、張彥琳誘親兵作亂，攻萬榮；萬榮擊破之。親兵掠而潰，多奔宋州，宋州刺史劉逸準厚撫之。史言李萬榮不能制劉逸準。惟清奔鄭州，彥琳奔東都。萬榮悉誅亂者妻子數千人。有軍士數人呼於市曰：呼，火故翻。「今夕兵大至，城當破。」萬榮收斬之，奏稱劉士寧所爲。五月，庚子，徙士寧於郴州。郴，丑林翻。

7 欽州蠻酋黄少卿反，圍州城，少卿者，西原黄洞蠻酋也。酋，慈由翻。邕管經略使孫公器奏請發嶺南兵救之；上元後置邕管經略使，領邕、貴、黨、横等州。上不許，遣中使諭解之。

8 陸贄上言：「郊禮赦下已近半年，而竄謫者尚未霑恩。」乃爲三狀擬進。上使謂之曰：「故事，左降官準赦量移，史炤曰：移，徙也，謂得罪遠謫者，遇赦則量徙近地。不過三五百里，今所擬稍似超越，又多近兵馬及當路州縣，當路州縣，謂其地當入京之路者。近，其靳翻。事恐非便。」贄復上言，復，扶又翻；下同。以爲：「王者待人以誠，有責怒而無猜嫌，有懲沮而無怨忌。斥遠以儆其不恪，遠，于願翻。甄恕以勉其自新；甄，稽延翻，察也，免也。不儆則浸及威刑，不勉而復加黜削，雖屢進退，俱非愛憎。行法乃暫使左遷，念材而漸加進敍，又知復用，誰不增脩！何憂乎亂常，何患乎蓄憾！如或以其貶黜，便謂姦凶，恆處防閑之中，處，昌呂翻。長從擯棄之例，則是悔過者無由自補，藴才者終不見伸。凡人之情，窮則思變，含悽貪亂，或起于茲。悽，悲也，痛也。今若所移不過三五百里，則有疆域不離於本道，風土反惡於舊州，離，力智翻。風土之同道而獨甚惡者，如廣府統廣、韶、端、康、封、岡、新、樂、瀧、竇、義、雷、春、高、循、潮等州，而春、循、新瘴氣特重於諸州是也。徒有徙家之勞，實增移配之擾。又，當今郡府，多有軍兵，所在封疆，少無館驛，示人疑慮，體又非弘。乞更賜裁審。」

上性猜忌，不委任臣下，官無大小，必自選而用之，宰相進擬，少所稱可；稱，尺證翻。稱，愜也；下同。少，詩沼翻。及羣臣一有譴責，往往終身不復收用；好以辯給取人，好，呼到翻；下同。不得敦實之士；艱於進用，羣材滯淹。贄上奏諫，其略曰：「夫登進以懋庸，懋，勉也。庸，功也。黜退以懲過，二者迭用，理如循環。進而有過則示懲，懲而改脩則復進，既不廢法，亦無棄人，雖纖介必懲而用材不匱；故能使黜退者克勵以求復，登進者警飭而恪居，恪居，謂恪居官次也。上無滯疑，下無蓄怨。」又曰：「明主不以辭盡人，不以意選士，如或好善而不擇所用，悅言而不驗所行，進退隨愛憎之情，離合繫異同之趣，是由捨繩墨而意裁曲直，棄權衡而手揣重輕，雖甚精微，不能無謬。」由，與猶同。揣，初委翻。又曰：「中人以上，迭有所長，苟區別得宜，別，彼列翻。付授當器，當，丁浪翻；下過當同。各適其性，各宣其能，及乎合以成功，亦與全才無異。但在明鑒大度，御之有道而已。」又曰：「以一言稱愜爲能愜，苦叶翻。而不核虛實，以一事違忤爲咎而不考忠邪，忤，五故翻。其稱愜則付任逾涯，不思其所不及，其違忤則罪責過當，不恕其所不能，是以職司之內無成功，君臣之際無定分。」上不聽。分，扶問翻。

贄又請均節財賦，凡六條：

其一，論兩稅之弊，其略曰：「舊制賦役之法，曰租、調、庸。調，徒弔翻。丁男一人受田百畝，歲輸粟二石，謂之租。每戶各隨土宜出絹若綾若絁共二丈，絁，式支翻。綿三兩，不蠶之土輸布二丈五尺，麻三斤，謂之調。每丁歲役，則收其庸，日準絹三尺，謂之庸。天下爲家，法制均一，雖欲轉徙，莫容其姦，故人無摇心而事有定制。及羯胡亂華，謂安祿山、史思明。黎庶雲擾，版圖墮於避地，墮，讀曰隳。賦法壞於奉軍。建中之初，再造百度，執事者知弊之宜革而所作兼失其原，知簡之可從而所操不得其要。操，七刀翻。執事者，謂楊炎。凡欲拯其弊，須窮致弊之由，時弊則但理其時，法弊則全革其法，所爲必當，其悔乃亡。易曰：革而當，其悔乃亡。當，丁浪翻。兵興以來，供億無度，此乃時弊，非法弊也。而遽更租、庸、調法，更，工衡翻。分遣使者，搜擿郡邑，擿，他狄翻。校驗簿書，每州取大曆中一年科率最多者以爲兩稅定額。事見二百二十六卷建中元年。夫財之所生，必因人力，故先王之制賦入，必以丁夫爲本。不以務穡增其稅，不以輟稼減其租，則播種多；不以殖產厚其征，不以流寓免其調，則地著固；著，直略翻。不以飭勵重其役，不以窳怠蠲其庸，則功力勤。窳，勇主翻，惰也。如是，故人安其居，盡其力矣。兩稅之立，惟以資產爲宗，不以丁身爲本；曾不寤資產之中，有藏於襟懷囊篋，物雖貴而人莫能窺；謂商賈居寶貨，待時而取利者。其積於場圃囷倉，直雖輕而衆以爲富。謂力田而蓄穀粟者。有流通蕃息之貨，數雖寡而計日收贏；蕃，讀如繁，謂貸子錢而收利者。有廬舍器用之資，價雖高而終歲無利。謂美居室、侈服用而夸一時者。如此之比，其流實繁，一概計估算緡，宜其失平長僞。長，知兩翻。由是務輕資而樂轉徙者，恆脫於傜稅；樂，音洛。敦本業而樹居產者，每困於徵求。此乃誘之爲姦，驅之避役，誘，音酉。力用不得不弛，賦入不得不闕。復以創制之首，創制之首，猶言立法之初。復，扶又翻。不務齊平，供應有煩簡之殊，牧守有能否之異，所在傜賦，輕重相懸，所遣使臣，意見各異，計奏一定，有加無除。又大曆中供軍、進奉之類，既收入兩稅，今於兩稅之外，復又並存，望稍行均減，以救凋殘。」

其二，請二稅以布帛爲額，不計錢數，其略曰：「凡國之賦稅，必量人之力，量，音良。任土之宜，故所入者惟布、麻、繒、纊，繒，疾陵翻。纊，苦謗翻。與百穀而已。先王懼物之貴賤失平，而人之交易難準，又定泉布之法以節輕重之宜，班固曰：太公爲周立九府圜法，貨寶於金，利於刀，流於泉，布於布，束於帛。又鄭氏周禮註曰：其藏曰泉，其行曰布。取名於水泉，其流行無不徧。斂散弛張，必由於是。蓋御財之大柄，爲國之利權，守之在官，不以任下。然則穀帛者，人之所爲也；錢貨者，官之所爲也。是以國朝著令，租出穀，庸出絹，調出繒、纊、布，曷嘗有禁人鑄錢而以錢爲賦者也！今之兩稅，獨異舊章，但估資產爲差，便以錢穀定稅，臨時折徵雜物，謂折錢穀之價以徵他雜物也。折，之舌翻。每歲色目頗殊，唯計求得之利宜，靡論供辦之難易。易，以豉翻。所徵非所業，所業非所徵，遂或增價以買其所無，減價以賣其所有，一增一減，耗損已多。望勘會諸州初納兩稅年絹布，定估比類當今時價，加賤減貴，酌取其中，總計合稅之錢，折爲布帛之數。」又曰：「夫地力之生物有大限，取之有度，用之有節，則常足。取之無度，用之無節，則常不足。生物之豐敗由天，用物之多少由人，是以聖王立程，量入爲出，雖遇災難，難，乃旦翻。下無困窮。理化既衰，則乃反是，理化，猶言治化也。量出爲入，不恤所無。桀用天下而不足，湯用七十里而有餘，是乃用之盈虛在節與不節耳。」

其三，論長吏以增戶、加稅、闢田爲課績，其略曰：「長人者罕能推忠恕易地之情，體至公徇國之意，迭行小惠，競誘姦甿，長，知丈翻。甿，謨耕翻。以傾奪鄰境爲智能，以招萃逋逃爲理化，捨彼適此者既爲新收而有復，萃，聚也。復，方目翻。復，除也。倏往忽來者又以復業而見優。唯懷土安居，首末不遷者，則使之日重，斂之日加。斂，力贍翻；下同。是令地著之人恆代惰遊賦役，何異驅之轉徙，敎之澆訛。恆，戶登翻。澆，古堯翻。此由牧宰不克弘通，各私所部之過也。」又曰：「立法齊人，久無不弊，理之者若不知維御損益之宜，則巧僞萌生，恆因沮勸而滋矣。請申命有司，詳定考績。若當管之內，人益阜殷，所定稅額有餘，任其據戶口均減，以減數多少爲考課等差。其當管稅物通比，每戶十分減三者爲上課，減二者次焉，減一者又次焉。此不以增戶爲課最，而以戶額增之稅能減地著戶之稅額爲課最也。如或人多流亡，加稅見戶，見，賢遍翻。比校殿罰亦如之。」殿，丁練翻。

其四，論稅限迫促，其略曰：「建官立國，所以養人也；賦人取財，所以資國也。明君不厚其所資而害其所養，故必先人事而借其暇力，先家給而斂其餘財。」先，悉薦翻。又曰：「蠶事方興，已輸縑稅，農功未艾，遽斂穀租。上司之繩責既嚴，下吏之威暴愈促，有者急賣而耗其半直，無者求假而費其倍酬。望更詳定徵稅期限。」

其五，請以稅茶錢置義倉以備水旱，稅茶，見上九年。其略曰：「古稱九年、六年之蓄者，記王制曰：三年耕必有一年之食，九年耕必有三年之食。以三十年之通制國用，量入以爲出。國無九年之蓄曰不足；無六年之蓄曰急；無三年之蓄曰國非其國也。率土臣庶通爲之計耳，固非獨豐公庾，不及編甿也。近者有司奏請稅茶，歲約得五十萬貫，元敕令貯戶部，用救百姓凶饑。今以蓄糧，適副前旨。」

其六，論兼幷之家，私斂重於公稅，其略曰：「今京畿之內，每田一畝，官稅五升，而私家收租殆有畝至一石者，是二十倍於官稅也。降及中等，租猶半之。夫土地王者之所有，耕稼農夫之所爲，而兼幷之徒，居然受利。」又曰：「望凡所占田，占，之贍翻。約所條限，裁減租價，務利貧人。法貴必行，愼在深刻，裕其制以便俗，嚴其令以懲違，微損有餘，稍優不足。失不損富，【章：乙十六行本作「損不失富」；乙十一行本同；張校同；退齋校同。】優可賑窮。此乃安【章：乙十六行本「安」上有「古者」二字；乙十一行本同；張校同。】富恤窮之善經，不可捨也。」周禮地官：以保息六養萬民：一曰慈幼，二曰養老，三曰振窮，四曰恤貧，五曰寬疾，六曰安富。

資治通鑑卷第二百三十五

端明殿學士兼翰林侍讀學士太中大夫提舉西京嵩山崇福宮上柱國河内郡開國公食邑二千二百户食實封九百户賜紫金魚袋臣　司馬光　奉敕編集

後　學　天　台　胡三省　音　註

唐紀五十一 起閼逢閹茂（甲戌）六月，盡上章執徐（庚辰），凡六年有奇。

德宗神武聖文皇帝十

貞元十年（甲戌、七九四）

1 六月，壬寅朔，昭義節度使李抱眞薨。其子殿中侍御史緘與抱眞從甥元仲經謀，祕不發喪，詐爲抱眞表，求以職事授緘；又詐爲其父書，遣裨將陳榮詣王武俊假貨財。武俊怒曰：「吾與乃公厚善，欲同奬王室耳，豈與汝同惡邪！聞乃公已亡，乃，猶汝也。公，猶翁也。乃敢不俟朝命而自立，朝，直遥翻。又敢告我，況有求也！」使榮歸，寄聲質責緘。質，正也。以正義責之也。

昭義步軍都虞候王延貴，汝州梁人也，梁縣，漢、晉屬河南郡，後魏置汝北郡，隋分置承休縣，而梁縣仍故。唐以承休縣帶汝州，故梁縣在其西南四十五里。素以義勇聞。上知抱眞已薨，遣中使第五守進往觀變，且以軍事委王延貴。守進至上黨，昭義軍，治上黨。緘稱抱眞有疾不能見。三日，緘乃嚴兵詣守進，守進謂之曰：「朝廷已知相公捐館，捐，棄也。言死者棄其館舍而逝也。令王延貴權知軍事。侍御宜發喪行服。」緘愕然，出，謂諸將曰：「朝廷不許緘掌事，諸君意如何？」莫對。緘懼，乃歸發喪，以使印及管鑰授監軍。使印，節度之印也。監，古銜翻。守進召延貴，宣口詔令視事，口宣所受詔旨，故曰口詔。趣緘赴東都。趣緘赴東都，歸私第。趣，讀曰促。元仲經出走，延貴悉歸罪於仲經，捕斬之。詔以延貴權知昭義軍事。

2 雲南王異牟尋遣其弟湊羅棟棟，郎甸翻。獻地圖、土貢及吐蕃所給金印，請復號南詔。夷語以王爲詔。其先渠帥有六，自號六詔，曰蒙巂詔，越析詔，浪穹詔，邆睒詔，施浪詔，蒙舍詔。蒙舍詔在諸部南，故稱南詔。至蒙歸義，玄宗封爲雲南王，因號雲南。癸丑，以祠部郎中袁滋爲册南詔使，考異曰：舊南詔傳：「十年八月，遣湊羅棟獻吐蕃印。」新傳曰：「異牟尋與崔佐時盟點蒼山，敗突厥於神川。明年六月，册異牟尋爲南詔王。」按實錄，乃今年六月，新、舊傳皆誤也。韋皋奏狀皆稱「雲南王」，而竇滂雲南別錄曰：「詔袁滋册異牟尋爲南詔。」蓋從其請，南詔之名自此始也。蠻語，詔卽王也。新傳云「南詔王」，亦誤。余按異牟尋破吐蕃於神川，考異誤作「突厥」。賜銀窠金印，文曰「貞元册南詔印」。滋至其國，異牟尋北面跪受册印，稽首再拜，因與使者宴，出玄宗所賜銀平脫馬頭盤二以示滋。又指老笛工、歌女曰：「皇帝所賜龜茲樂，唐十部樂有龜茲樂，有彈箏、豎箜篌、琵琶、五絃、橫笛、笙、簫、觱篥、答臘鼓、毛員鼓、都曇鼓、侯提鼓、雞婁鼓、腰鼓、擔鼓、齊鼓，具皆一，銅鈸二，舞者四人。設五方師子，高丈餘，飾以方色，每師子有十二人，畫衣，執紅拂，首加紅袜，謂之師子郎。龜茲，音丘慈。惟二人在耳。」滋曰：「南詔當深思祖考，子子孫孫盡忠於唐。」異牟尋拜曰：「敢不謹承使者之命！」

3 賜義武節度使張昇雲名茂昭。考異曰：舊傳於其父孝忠卒時言改名。年代記在此年九月。今從實錄。

4 御史中丞穆贊按度支吏贓罪，度，徒洛翻。裴延齡欲出之，庇吏，欲出其罪。贊不從；延齡譖之，貶饒州別駕，朝士畏延齡側目。畏之不敢正視。贊，寧之子也。天寶末，安祿山反，穆寧起兵於河北以討之。

5 韋皋奏破吐蕃於峨和城。武德元年，以漢蠶陵縣地置翼州，管內有峨和城。

6 秋，七月，壬申朔，以王延貴爲昭義留後，賜名虔休。

昭義行軍司馬、攝洺州刺史元誼聞虔休爲留後，意不平，表請以磁、邢、洺別爲一鎮。昭義精兵多在山東，昭義軍鎮潞州，謂磁、邢、洺三州爲山東。誼厚賚以悅之。上屢遣中使諭之，不從。臨洺守將夏侯仲宣以城歸虔休，虔休遣磁州刺史馬正卿督裨將石定蕃等將兵五千擊洺州；定蕃帥其衆二千叛歸誼，帥，讀曰率。正卿退還。詔以誼爲饒州刺史，誼不行；虔休自將兵攻之，引洺水以灌城。

7 黃少卿陷欽、横、潯、貴等州，攻孫公器於邕州。

8 九月，王虔休破元誼兵，進拔雞澤。雞澤，漢廣平縣地，武德四年置雞澤縣，屬洺州。九域志：在州東北六十里。

9 裴延齡奏稱官吏太多，自今缺員請且勿補，收其俸以實府庫。上欲脩神龍寺，須五十尺松，不可得，延齡曰：「臣近見同州一谷，木數千株，皆可八十尺。」上曰：「開元、天寶間求美材於近畿猶不可得，今安得有之？」對曰：「天生珍材，固待聖君乃出，開元、天寶，何從得之！」

延齡奏：「左藏庫司多有失落，近因檢閱使置簿書，乃於糞土之中得銀十三萬兩，其匹段雜貨百萬有餘。匹段雜貨，使在糞土之中，已應腐爛不可用，雖甚愚之人亦知其妄誕也。德宗不加之罪，延齡復何所忌憚乎！此皆已棄之物，卽是羨餘，羨，弋線翻。悉應移入雜庫以供別敕支用。」太府少卿韋少華不伏，抗表稱：「此皆每月申奏見在之物，見，賢遍翻。請加推驗。」執政請令三司詳覆；上不許，亦不罪少華。延齡每奏對，恣爲詭譎，皆衆所不敢言亦未嘗聞者，延齡處之不疑。處，昌呂翻。上亦頗知其誕妄，但以其好詆毀人，好，呼到翻。冀聞外事，故親厚之。德宗親厚裴延齡，不特冀聞外事也，亦以進奉逢其欲耳。

羣臣畏延齡有寵，莫敢言，惟鹽鐵轉運使張滂、京兆尹李充、司農卿李銛銛，息廉翻。以職事相關，時證其妄，而陸贄獨以身當之，日陳其不可用。十一月，壬申，贄上書極陳延齡姦詐，數其罪惡，數，所具翻。其略曰：「延齡以聚斂爲長策，斂，力贍翻。以詭妄爲嘉謀，以掊克斂怨爲匪躬，掊，蒲侯翻。以靖譖服讒爲盡節，左傳：少皞氏有不才子，毀信廢忠，崇飾惡言，服讒蒐慝，以誣盛德，天下之民謂之窮奇。總典籍之所惡以爲智術，冒聖哲之所戒以爲行能，惡，烏路翻。行，下孟翻。可謂堯代之共工，書堯典：帝曰：「疇咨若予采！」驩兜曰：「共工方鳩僝功。」帝曰：「吁！靖言庸違，象恭滔天。」共，音恭。魯邦之少卯也。家語：孔子爲魯司寇，攝行相事，七日而誅少正卯，戮之于兩觀之下。子貢進曰：「夫少正卯，魯之聞人也，夫子爲政而始誅之，或者爲失乎？」孔子曰：「天下有大惡者五，而竊盜不豫焉。一曰心逆而險，二曰行僞而堅，三曰言僞而辯，四曰記醜而博，五曰順非而澤。此五者，有一於人，則不免君子之誅，而少正卯皆兼有之。其居處足以撮徒成黨，其談說足以飾褒榮衆，其強禦足以返是獨立，此乃人之姦雄，有不可以不除。」跡其姦蠹，日長月滋，長，知丈翻。陰祕者固未盡彰，敗露者尤難悉數。」又曰：「陛下若意其負謗，則誠宜亟爲辯明。爲，于僞翻。陛下若知其無良，又安可曲加容掩！」又曰：「陛下姑欲保持，曾無詰問，延齡謂能蔽惑，不復懼思；移東就西，便爲課績，取此適彼，遂號羨餘，愚弄朝廷，有同兒戲。」又曰：「矯詭之能，誣罔之辭，遇事輒行，應口便發，靡日不有，靡時不爲，又難以備陳也。」又曰：「昔趙高指鹿爲馬，事見八卷秦二世三年。臣謂鹿之與馬，物理猶同；豈若延齡掩有爲無，指無爲有。」又曰：「延齡凶妄，流布寰區，上自公卿近臣，下逮輿臺賤品，左傳：芊尹無宇曰：王臣公，公臣大夫，大夫臣士，士臣皁，皁臣輿，輿臣隸，隸臣僚，僚臣僕，僕臣臺。諠諠談議，億萬爲徒，能以上言，上，時掌翻。其人有幾！臣以卑鄙，任當台衡，情激于衷，雖欲罷而不能自默也。」書奏，上不悅，待延齡益厚。

10 十二月，王虔休乘冰合度壕，急攻洺州。元誼出兵擊之，虔休不勝而返；日暮冰解，士卒死者太半。

11 中書侍郎、同平章事陸贄以上知待之厚，事有不可，常力爭之。所親或規其太銳，贄曰：「吾上不負天子，下不負所學，他無所恤。」裴延齡日短贄於上。趙憬之入相也，贄實引之，既而有憾於贄，事見上卷八年、九年。密以贄所譏彈延齡事告延齡，故延齡益得以爲計，上由是信延齡而不直贄。贄與憬約至上前極論延齡姦邪，上怒形於色，憬默而無言。壬戌，贄罷爲太子賓客。考異曰：韓愈順宗實錄曰：「德宗在位稍久，益自攬機柄，親治細事，失人君大體，宰相益不得行其職，而議者乃云由贄而然。」按凡爲宰相者皆欲專權，安肯自求失職。不任宰相，乃德宗之失，而歸咎於贄，豈人情也！又贄論朝官缺員狀云：「頃之輔臣鮮克勝任，過蒙容養，苟備職員，致勞睿思，巨細經慮。」此乃諫德宗不任宰相、親治細事之辭也。

12 初，勃海文王欽茂卒，子宏臨早死，族弟元義立。元義猜虐，國人殺之，立宏臨之子華嶼，是爲成王，改元中興。華嶼卒，復立欽茂少子嵩鄰，復，扶又翻。是爲康王，改元正曆。勃海自大祚榮立國，開元之間，其子武藝立，益以強盛，東北諸夷皆畏而臣之，改元仁安。更五代以至于宋，耶律雖數加兵，不能服也。故通鑑歷敍其世爲詳。

十一年（乙亥、七九五）

1春，二月，乙巳，册拜嵩鄰爲忽汗州都督、勃海王。考異曰：實録：「乙巳，册大嶺嵩鄰爲勃海郡王。」今從新傳。

2陸贄既罷相，裴延齡因譖京兆尹李充、衞尉卿張滂、前司農卿李銛黨於贄。會旱，延齡奏言：「贄等失勢怨望，言於衆曰：『天下旱，百姓且流亡，度支多欠諸軍芻糧，軍中人馬無所食，其事柰何！』言其事勢將柰之何。以動搖衆心，其意非止欲中傷臣而已。」中，竹仲翻。言不獨以此爲延齡罪，且欲危社稷。後數日，上獵苑中，適有神策軍士訴云：「度支不給馬芻。」上意延齡言爲信，遽還宮。夏，四月，壬戌，貶贄爲忠州別駕，充爲涪州長史，滂爲汀州長史，開元二十四年，開撫、福二州山洞，置汀州。舊志：忠州，京師南二千一百二十二里。汀州，京師東南六千一百七十三里。譙周巴記曰：後漢初平六年，立臨江縣，屬永寧郡。今忠州城東臨江古城是也。後魏廢帝二年，改爲臨州，因臨江縣以名州也。隋廢州，以其地併入巴東郡。貞觀四年，置忠州，以其地連巴徼，心懷忠信爲名。涪州，漢涪陵縣地，隋置涪州，京師南二千三百五十里。銛爲邵州長史。邵州，京師東南三千四百里。宋白曰：邵州，漢爲昭陵縣，吳改邵陵，分零陵北部爲邵陵郡。隋立建州，尋廢州，以邵陵縣屬潭州，唐貞觀十一年置邵州。

初，陽城自處士徵爲諫議大夫，見二百三十二卷二年。處，昌呂翻。拜官不辭。未至京師，人皆想望風采，曰：「城必諫諍，死職下。」及至，諸諫官紛紛言事細碎，天子益厭苦之。而城方與二弟及客日夜痛飲，人莫能窺其際，皆以爲虛得名耳。前進士河南韓愈作爭臣論以譏之，爭，讀曰諍。城亦不以屑意。有欲造城而問者，屑，潔也，顧也。造，七到翻。城揣知其意，輒強與酒。揣，初委翻。強，其兩翻。客或時先醉仆席上，城或時先醉臥客懷中，不能聽客語。及陸贄等坐貶，上怒未解，中外惴恐，惴，之睡翻。以爲罪且不測，無敢救者。城聞而起曰：「不可令天子信用姦臣，殺無罪人。」卽帥拾遺王仲舒、歸登、右補闕熊執易、崔邠等守延英門，延英門，延英殿門也。程大昌曰：按六典，宣政殿門西上閤門之西，卽爲延英門，門之左曰延英殿。故陽城欲救陸贄，約王仲舒等守延英殿閤上書，伏閤不去也。帥，讀曰率。上疏論延齡姦佞，贄等無罪。上大怒，欲加城等罪。太子爲之營救，爲，于僞翻。上意乃解，令宰相諭遣之。於是金吾將軍張萬福聞諫官伏閤諫，趨往至延英門，大言賀曰：「朝廷有直臣，天下必太平矣！」遂遍拜城與仲舒等，已而連呼「太平萬歲！太平萬歲！」萬福，武人，年八十餘，自此名重天下。登，崇敬之子也。崇敬，明禮家學，歷事玄、肅、代及帝四世。時朝夕相延齡，陽城曰：「脫以延齡爲相，城當取白麻壞之，唐故事，中書用黃、白二麻爲綸命輕重之辯。其後翰林學士專掌內命，中書用黃麻，其白皆在翰林院，拜授將相、德音赦宥則用之。宋白曰：唐故事，白麻皆內庭代言，命輔臣、除節將、恤災患、討不庭則用之；宰臣於正衙受付。若命相之書，則通事舍人承旨，皆宣讚訖，始下有司。翰林志：凡赦書、德音、立后、建儲、行大誅討、拜免三公・宰相，命將日，並使白麻紙，不使印。雙日起草，候閤門鑰入而後進呈。至隻日，百寮並班於宣政殿，樞密使引案，自東上閤門出。若拜免宰相，卽便付通事舍人，餘付中書、門下，並通事舍人宣示。若機務急速，亦雙日。甚速者，雖休假，亦追班宣示。案，制案也。册，則有册案。册公主亦自閤門出案。壞，音怪。慟哭於庭。」有李繁者，泌之子也，城盡疏延齡過惡，欲密論之，以繁故人子，陽城之除諫議，李泌之薦也。使之繕寫，繁徑以告延齡。延齡先詣上，一一自解。疏入，上以爲妄，不之省。省，悉景翻。

3 丙寅，幽州奏破奚王啜利等六萬餘衆。

4 回鶻奉誠可汗卒，無子，國人立其相骨咄祿爲可汗。骨咄祿本姓跌跌氏，跌，奚結翻。跌，徒結翻。跌跌與回紇同出鐵勒而異種。辯慧有勇略，自天親時回鶻天親可汗，合骨咄祿也。典兵馬用事，大臣諸酋長皆畏服之。既爲可汗，冒姓藥葛羅氏，回紇可汗姓藥葛羅。骨咄祿捨其本姓，冒其姓以嗣其國。酋，慈由翻。長，知兩翻。遣使來告喪。自天親可汗以上子孫幼穉者，皆内之闕庭。唐之闕庭也。

5 五月，丁丑，以宣武留後李萬榮、昭義左司馬領留後王虔休皆爲節度使。

6 甲申，河東節度使李自良薨。戊子，監軍王定遠奏請以行軍司馬李說爲留後。說，神通之五世孫也。淮安王神通，高祖之從弟，起兵關西，首應義旗。說，讀爲悅；下同。

7 庚寅，遣祕書監張薦册拜回鶻可汗骨咄祿爲騰里邏羽錄沒密施合胡祿毗伽懷信可汗。

咄，當沒翻。邏，郎佐翻。

8 癸巳，以李說爲河東留後，知府事。說深德王定遠，請鑄監軍印。【章：乙十六行本「印」下有「從之」二字；乙十一行本同；孔本同；張校同；退齋校同。】監軍有印自定遠始。

9 秋，七月，丙寅朔，陽城改國子司業，坐言裴延齡故也。

10 王定遠自恃有功於李說，專河東軍政，易置諸將；說不能盡從，由是有隙。定遠以私怒拉殺大將彭令茵，拉，盧合翻。埋馬矢中，將士皆憤怒。說奏其狀，定遠聞之，直詣說，拔刀刺之；刺，七亦翻。說走免。定遠召諸將，以箱貯敕及告身二十餘通，箱，竹笥也。貯，丁呂翻。示之曰：「有敕，令說詣京師，以行軍司馬李景略爲留後，李景略爲李說所忌，蓋起於此。諸君皆遷官。」衆皆拜。大將馬良輔竊視箱中，皆定遠告身及所受敕也，乃麾衆曰：「敕告皆僞，不可受也。」定遠走登乾陽樓，乾陽樓，蓋晉陽宮城南門樓。呼其麾下，莫應，踰城而墜，爲枯枿所傷而死。枿，五葛翻。木之伐去者，其遺餘爲枿。考異曰：舊說傳曰：「定遠殺彭令茵，說具以事聞。德宗以定遠有奉天扈從功，恕死，停任。制未至，定遠怒說奏聞，趨府謀殺說，昇堂未坐，抽刀刺說；說走而獲免。」又曰：「定遠墜城下，槎枿傷而不死。尋有詔削奪，長流崖州。」今從實錄。

11 八月，辛亥，司徒兼侍中北平莊武王馬燧薨。

12 閏月，戊辰，元誼以洺州詐降；王虔休遺裨將將二千人入城，誼皆殺之。降，戶江翻。將，卽亮翻。

13 九月，丁巳，加韋皋雲南安撫使。以安撫南詔爲官名。

14 横海節度使程懷直，不恤士卒，獵於野，數日不歸。懷直從父兄懷信爲兵馬使，因衆心之怨，閉門拒之；懷直奔歸京師。冬，十月，丁丑，以懷信爲横海留後。

15 南詔攻吐蕃昆明城，取之；昆明城，在西爨西北，有鹽池之利。又虜施、順二蠻王。施、順二蠻，皆烏蠻種。施蠻在鐵橋西北，居大施睒、斂尋睒。順蠻在劍睒西北四百里。睒，失冉翻。

十二年（丙子、七九六）

1 春，正月，庚子，元誼、石定蕃等帥洺州兵五千人及其家人萬餘口奔魏州；帥，讀曰率。上釋不問，命田緒安撫之。

2 乙丑，以渾瑊、王武俊並兼中書令。己巳，加嚴震、田緒、劉濟、韋皋並同平章事；天下節度、觀察使，悉加檢校官以悅其意。

3 三月，甲午，韋皋奏降西南蠻高萬唐等二萬餘口。降，戶江翻。

4 乙巳，以閑廄、宮苑使李齊運爲禮部尚書，閑廄、宮苑二使，李齊運蓋兼爲之。戶部侍郎裴延齡爲戶部尚書，使職如故。齊運無才能學術，專以柔佞得幸於上，每宰相對罷，則齊運次進決其議；或病臥家，上欲有所除授，往往遣中使就問之。

5丙子，【章：乙十六行本「子」作「辰」；乙十一行本同。】韶王暹薨。暹，皇弟也。

6魏博節度使田緒尚嘉誠公主；有庶子三人，季安最幼，公主子之，以爲副大使。夏，四月，庚午，緒暴薨；左右匿之，使季安領軍事，年十五。乙亥，發喪，推季安爲留後。

7庚辰，上生日，故事，命沙門、道士講論於麟德殿，至是，始命以儒士參之。四門博士韋渠牟嘲談辯給，後魏劉芳表云：太和二十年，立四門博士於四門置學。按禮記云：天子設四學。鄭註云：周四郊之虞庠也。今以其遼遠，故置於四門，請移與太學同處，從之。唐百官志：四門館博士，正七品上，掌教七品以上侯、伯、子、男子爲生及庶人子爲俊士生者。上悅之，旬月，遷右補闕，始有寵。

8五月，丙申，邠寧節度使張獻甫暴薨，監軍楊明義請都虞候楊朝晟權知留後。甲辰，以朝晟爲邠寧節度使。

9六月，乙丑，以監句當左神策竇文場、監句當右神策霍仙鳴皆爲護軍中尉，監左神威軍使張尚進、監右神威軍使焦希望皆爲中護軍。句，古候翻。當，丁浪翻。左、右神策中尉，始於竇、霍，自此宦官之權日以益重，不可復制矣。下護軍中尉一等爲中護軍，此職事官之掌禁兵者，非如唐初所置勳級，所謂上護軍、護軍也。宋白曰：德宗以梁、洋扈從之功，舉西漢謁者隨何下淮南功拜爲中尉事，故命神策監軍爲中尉。

初，上置六統軍，視六尚書，以處節度使罷鎮者，興元元年置六統軍，事見二百二十九卷。處，昌呂翻。相承用麻紙寫制。至是，文場諷宰相比統軍降麻。翰林學士鄭絪絪，音因。奏言：「故事惟封王，命相用白麻，今以命中尉，不識陛下特以寵文場邪，遂爲著令也？」著令者，定著爲令。上乃謂文場曰：「武德、貞觀時，中人不過員外將軍同正耳，衣緋者無幾。自輔國以來，墮壞制度。衣，於既翻。墮，讀曰隳。壞，音怪。朕今用爾，不謂無私。若復以麻制宣告天下，必謂爾脅我爲之矣。」復，扶又翻。文場叩頭謝。遂焚其麻，命幷統軍自今中書降敕。明日，上謂絪曰：「宰相不能違拒中人，朕得卿言方悟耳。」是時竇、霍勢傾中外，藩鎮將帥多出神策軍，臺省清要亦有出其門者矣。

10 宣武節度使李萬榮病風，昏不知事，霍仙鳴薦宣武押牙劉沐可委軍政。辛巳，以沐爲行軍司馬。

11 宣歙觀察使劉贊卒。

初，上以奉天窘乏，故還宮以來，尤專意聚斂。斂，力贍翻；下同。藩鎮多以進奉市恩，皆云「稅外方圓」，折則成方，轉則成圓，言於常稅之外，別自轉折，以致貨財也。亦云「用度羨餘」，其實或割留常賦，或增斂百姓，或減刻利【章：乙十六行本「利」作「吏」；乙十一行本同。】祿，或販鬻蔬果，往往私自入，所進纔什一二。李兼在江西有月進，韋皋在西川有日進。其後常州刺史濟源裴肅以進奉遷浙東觀察使，刺史進奉自肅始。濟，子禮翻。及劉贊卒，判官嚴綬掌留務，竭府庫以進奉，徵爲刑部員外郎，幕僚進奉自綬始。綬，蜀人也。史不能審其郡縣，故止云蜀人。

12 李萬榮疾病，其子迺爲兵馬使。甲申，迺集諸將責李湛、伊婁說、張丕以不憂軍事，斥之外縣。說，讀爲悅。上遣中使第五守進至汴州，宣慰始畢，軍士十餘人呼曰：呼，火故翻；下同。「兵馬使勤勞無賞，劉沐何人，爲行軍司馬！」沐懼，陽中風，舁出。中，竹仲翻。舁，音余，又羊茹翻。軍士又呼曰：「倉官劉叔何給納有姦。」殺而食之。又欲斫守進，迺止之。迺又殺伊婁說、張丕。說，讀曰悅。都虞候匡城鄧惟恭與萬榮鄉里相善，萬榮常委以腹心，迺亦倚之。至是，惟恭與監軍俱文珍謀，執迺，送京師。秋，七月，乙未，以東都留守董晉同平章事，兼宣武節度使，以萬榮爲太子少保，貶迺虔州司馬。丙申，萬榮薨。

鄧惟恭既執李迺，遂權軍事，自謂當代萬榮，不遣人迎董晉。晉既受詔，卽與傔從十餘人赴鎮，傔，苦念翻。從，才用翻。不用兵衞。至鄭州，迎者不至，九域志：鄭州，東至汴州一百五十里。鄭州人爲晉懼，爲，于僞翻。或勸晉且留觀變。有自汴州出者，言於晉曰：「不可入。」晉不對，遂行。惟恭以晉來之速，不及謀；晉去城十餘里，惟恭乃帥諸將出迎。帥，讀曰率。晉命惟恭勿下馬，氣色甚和，惟恭差自安。既入，仍委惟恭以軍政。

初，劉玄佐增汴州兵至十萬，遇之厚，李萬榮、鄧惟恭每加厚焉。士卒驕，不能禦，禦，一作御。乃置腹心之士，幕於公庭廡下，挾弓執劍以備之，時勞賜酒肉。廡，音武。勞，力到翻。晉至之明日，悉罷之。董晉之意，以謂此士前帥之腹心，吾新來爲帥若亦恃爲腹心，不足爲吾衞而適足以生變，罷之則待諸軍如一，且示無所猜間。

13 戊戌，韓王迥薨。迥，上弟也。

14 壬子，詔以宣武將士鄧惟恭等有執送李迺功，各遷官賜錢；其爲迺所脅，邀逼制使者，皆勿問。脅，所謂脅從也。言李迺以威力脅使其下以邀逼中使。唐時謂中使爲敕使，亦謂之制使。使，疏吏翻。

15 八月，乙【嚴：「乙」改「己」。】未朔，日有食之。

16 己巳，以田季安爲魏博節度使。

17 丙子，以汝州刺史陸長源爲宣武行軍司馬。朝議以董晉柔仁多可，恐不能集事，朝議，謂朝廷之議。多可，言凡人有請悉從，不能裁以理法。故以長源佐之。長源性剛刻，多更張舊事；更，工衡翻。晉初皆許之，案成則命且罷，由是軍中得安。爲長源以剛刻致禍張本。

18 丙戌，門下侍郎、同平章事趙憬薨。

19 初，上不欲生代節度使，常自擇行軍司馬以爲儲帥。行軍司馬，掌弼戎政，居則習蒐狩，有役則申戰守之法，器械、糧備、軍籍、賜予皆專焉。帥，所類翻。李景略爲河東行軍司馬，李說忌之。回鶻梅錄入貢，過太原，說與之宴，梅錄爭坐次，說不能遏。景略叱之，梅錄識其聲，趨前拜之曰：「非豐州李端公邪！」李景略折梅錄，見二百三十三卷三年。唐人呼侍御爲端公。李肇國史補曰：宰相相呼曰堂老，兩省曰閣老，尚書曰院長，御史曰端公。又拜，遂就下坐。座中皆屬目於景略。屬，之欲翻。說益不平，乃厚賂中尉竇文場，使去之。去，羌呂翻。會有傳回鶻將入寇者，上憂之，以豐州當虜衝，擇可守者；文場因薦景略。九月，甲午，以景略爲豐州都防禦使。窮邊氣寒，土瘠民貧，景略以勤儉帥衆，帥，讀曰率。二歲之後，儲備完實，雄於北邊。

20 盧邁得風疾，庚子，賈耽私忌，父母及祖父母、曾祖父母死日爲私忌。宰相絕班，言宰相班絕無一人。上遣中使召主書承旨。唐制：尙書省主書，從八品下，中書省，從七品上，堂吏也。

21 丙午，戶部尙書、判度支裴延齡卒；中外相賀，上獨悼惜之。

22 壬子，吐蕃寇慶州。

23 冬，十月，甲戌，以諫議大夫崔損、給事中趙宗儒並同平章事。損，玄暐之弟孫也，崔玄暐有誅二張、復中宗之功。嘗爲裴延齡所薦，故用之。

24 十一月，乙未，以右補闕韋渠牟爲左諫議大夫。上自陸贄貶官，去年四月陸贄貶。尤不任宰相，自御史、刺史、縣令以上皆自選用，中書行文書而已。然深居禁中，所取信者裴延齡、李齊運、戶部郎中王紹、司農卿李實、翰林學士韋執誼及渠牟，皆權傾宰相，趨附盈門。紹謹密無損益；實狡險掊克；執誼以文章與上唱和，掊，蒲侯翻。和，胡臥翻。年二十餘，自右拾遺召入翰林；渠牟形神恌躁，恌，他彫翻。尤爲上所親狎，上每對執政，漏不過三刻，渠牟奏事率至六刻，語笑款狎往往聞外；聞，音問。所薦引咸不次遷擢，率皆庸鄙之士。

25 宣武都虞候鄧惟恭內不自安，潛結將士二百餘人謀作亂；事覺，董晉悉捕斬其黨，械惟恭送京師。己未，詔免死，汀州安置。投竄於荒遠州郡，謂之安置。

十三年(丁丑、七九七)

1 春，正月，壬寅，吐蕃遣使請和親；上以吐蕃數負約，數，所角翻。不許。

2 上以方渠、合道、木波皆吐蕃要路，欲城之，九域志：環州，治通遠縣，唐方渠縣地，有木波、馬嶺、石昌、合道四鎮。使問邠寧節度使楊朝晟：「須幾何兵？」對曰：「邠寧兵足以城之，不煩他道。」上復使問之曰：「曏城鹽州，城鹽州見上卷九年。復，扶又翻。用兵七萬，僅能集事。今三城尤逼虜境，兵當倍之，事更相反，何也？」對曰：「城鹽州之衆，虜皆知之。今發本鎮兵，不旬日至塞下，出其不意而城之，虜謂吾衆亦不減七萬，其衆未集，不敢輕來犯我。不過三旬，吾城已畢，留兵戍之，虜雖至，無能爲也。此後周韋孝寬城汾石之故智也。城旁草盡，不能久留，虜退則運芻糧以實之，此萬全之策也。若大集諸道兵，踰月始至，虜亦集衆而來，與我爭戰，勝負未可知，何暇築城哉！」上從之。二月，朝晟分軍爲三，各築一城。軍吏曰：「方渠無井，不可屯軍。」判官孟子周曰：「方渠承平之時，居人成市，無井何以聚人乎！」命浚眢井，眢井，廢井也。眢，烏歡翻。果得甘泉。方渠縣鹹河，從土橋、歸德州、同家谷三處發源來，鹹苦不可食。甘河，在城西，從蕃部鼻家族北界來，供人飲食。三月，三城成。考異曰：實錄：「先是，邠寧楊朝晟奏：『方渠、合道、木波皆賊路也，請城其地以備之。』詔問：『須幾何人？』」邠志曰：「十三年春，詔問楊公曰：『方渠、合道、木波皆賊路也，城之可乎？若以爲可，更要幾兵？』二月十一日，起復除本官。十四日，制書到軍。十八日，發軍。二十六日，軍次石堂谷。二十八日，功就三城。」今從邠志而不取其日。夏，四月，庚申，楊朝晟軍還至馬嶺，唐馬嶺縣，屬慶州。劉昫曰：馬嶺，隋縣，治天家堡，貞觀八年移理新城，以縣西有馬嶺坂。宋白曰：鹽州治五原，卽漢馬嶺縣地。今州南抵慶州馬嶺縣北界。杜佑：馬嶺縣，漢舊牧地，川形似馬領。吐蕃始出兵追之，相拒數日而去。朝晟遂城馬嶺而還，開地三百里，皆如其素。皆如其素所慮之期也。建中間，朔方兵破李納軍，朝晟爲之也，蓋其智略誠有足稱者。還，從宣翻，又如字。

3 庚午，義成節度使李復薨。庚辰，以陝虢觀察使姚南仲爲義成節度使。監軍薛盈珍方大會，聞之，言曰：「姚大夫書生，豈將才也！」將，卽亮翻。判官盧坦私謂人曰：「姚大夫外雖柔，中甚剛，監軍侵之，必不受。軍府之禍，自此始矣，吾恐爲所留。」遂自他道潛去。南仲果以牒請之，不遇，得免。旣而盈珍與南仲有隙，幕府多以罪貶，有死者。事見後十六年。史言盧坦庶乎見幾。

4 吐蕃贊普乞立贊卒，子足之煎立。

5 六月，壬午，韋皋奏吐蕃入寇，巂州刺史曹高仕破之於臺登城下。臺登，漢縣，唐屬巂州，由清溪關西南至臺登五百五十里。

6 光祿少卿同正張茂宗，員外置同正員，起於高宗之時。茂昭之弟也，茂昭時爲義武節度使。許尙義章公主；義章公主，上女也。義章，縣名，屬郴州。宋白曰：漢郴縣地，隋末蕭銑分郴縣立。未成婚，茂宗母卒，遺表請終嘉禮，上許之。秋，八月，癸酉，起復茂宗左衛將軍同正。左拾遺義興蔣乂上疏諫，考異曰：實錄作「蔣武」，按舊傳乂本名武。以爲：「兵革之急，古有墨衰從事者，衰，倉回翻。左傳：晉文公卒，未葬，秦穆公伐鄭，晉襄公墨衰絰以敗秦師于殽。未聞駙馬起復尚主也。」上遣中使諭之，不止，乃特召對於延英，唐中世以後，召對宰輔，乃開延英，今蔣乂特以拾遺召對。謂曰：「人間多借吉成婚者，卿何執此之堅？」對曰：「婚姻、喪紀，人之大倫，吉凶不可瀆也。委巷之家，不知禮教，委巷，曲巷也，言其屈曲僻陋。其女孤貧無恃，言貧而喪其親也。或有借吉從人，未聞男子借吉娶婦者也。」太常博士韋彤、裴堪復上疏諫；復，扶又翻。上不悅，命趣下嫁之期，趣，讀曰促。辛巳，成婚。

7 九月，己丑，中書侍郎、同平章事盧邁以病罷爲太子賓客。

8 冬，十月，淮西節度使吳少誠擅開刀溝入汝，刀溝，新、舊書皆作司洧水。上遣中使諭止之，不從。命兵部郎中盧羣往詰之，詰，去吉翻。少誠曰：「開此水，大利於人。」羣曰：「君令臣行，雖利，人臣敢專乎！公承天子之令而不從，何以使下吏從公之令乎！」少誠遽爲之罷役。爲，于僞翻。史言杖大義者，獷悍不能不爲之革面。

9 十二月，徐州節度使張建封入朝。先是，宮中市外間物，令官吏主之，隨給其直。先，悉薦翻。比歲以宦者爲使，比，毗至翻，近也。謂之宮市，抑買人物，稍不如本估。估者，價也。其後不復行文書，復，扶又翻；下同。置白望數百人於兩市白望者，言使人於市中左右望，白取其物，不還本價也。兩市，長安城中東市、西市也。隋名東市曰都會，西市曰利人。及要鬧坊曲，閱人所賣物，但稱宮市，則斂手付與，真僞不復可辯，無敢問所從來及論價之高下者，率用直百錢物買人直數千物，多以紅紫染故衣、敗繒，繒，慈陵翻。尺寸裂而給之，仍索進奉門戶及腳價錢。索，山客翻。進奉門戶者，言進奉所經由門戶，皆有費用，如漢靈帝時所謂導行費也。腳價，謂僦人負荷進奉物入內，有雇腳之費。人將物詣市，將，齎持也。至有空手而歸者，名爲宮市，其實奪之。商賈有良貨，皆深匿之；賈，音古。每敕使出，雖沽漿、賣餅者皆撤業閉門。嘗有農夫以驢負柴，宦者稱宮市取之，與絹數尺，又就索門戶，索，山客翻。仍邀驢送柴至內。農夫啼泣，以所得絹與之；不肯受，曰，「須得爾驢。」須者，意所欲也。農夫曰：「我有父母妻子，待此然後食。言待此驢負物貿易，然後可以給食。今以柴與汝，不取直而歸，汝尚不肯，我有死而已。」遂毆宦者。街吏擒以聞，毆，烏口翻。街吏，卽金吾左右街使之屬吏。詔黜宦者，賜農夫絹十匹。然宮市亦不爲之改，諫官御史數諫，不聽。爲，于僞翻。數，所角翻。建封入朝，具奏之，上頗嘉納；以問戶部侍郎判度支蘇弁，弁希宦者意，對曰：「京師游手萬家，無土著生業，著，直略翻。仰宮市取給。」仰，牛向翻。上信之，故凡言宮市者皆不聽。

十四年（戊寅、七九八）

1 春，二月，乙亥，名申、光、蔡軍曰彰義。吳少誠時據淮西，有申、光、蔡三州。

2 夏，閏五月，庚申，以神策行營節度使韓全義爲夏、綏、銀、宥節度使。全義時屯長武城，詔帥其衆赴鎮。帥，讀曰率。士卒以夏州磧鹵，磧，沙磧。鹵，鹹鹵。磧鹵之地，五穀不生。磧，七迹翻。又盛夏，不樂徙居；樂，音洛。辛酉，軍亂，殺大將王栖巖，全義踰城走。史言韓全義駑怯無御衆之略，徒以憑結宦官致節鉞。都虞候高崇文誅首亂者，衆然後定。崇文，幽州人也。丙子，以崇文爲長武城都知兵馬使，不降敕，令中使口宣授之。口宣聖旨而授之官，使掌兵。史言德宗重宦臣而輕詔命。

3 秋，七月，壬申，給事中、同平章事趙宗儒罷爲右庶子，以工部侍郎鄭餘慶爲中書侍郎、同平章事。

4 八月，初置左、右神策統軍。觀此則知神策在六軍之外。時禁軍戍邊，稟賜優厚，稟，給也。諸將多請遙隸神策軍，稱行營，皆統於中尉，其軍遂至十五萬人。

5 京兆尹吳湊屢言宮市之弊。【章：乙十六行本「弊」下有「請委之府縣」五字；乙十一行本同；孔本同；張校同；退齋校同，「府」作「州」。】宦者言湊屢奏宮市，皆右金吾都知趙洽、田秀嵓之謀也；丙午，洽、秀嵓坐流天德軍。都知，金吾府吏，右職也。

6 九月，丙申，以陝虢觀察使于頔爲山南東道節度使。頔，音迪。

7 丁卯，杞王倕薨。倕，肅宗子。倕，音垂。

8 彰武節度使吳少誠遣兵掠壽州霍山，「彰武」，當作「彰義」。霍山，本漢廬江之灊城縣，梁置霍州，隋置霍山縣，唐屬壽州，開元二十七年改霍山曰盛唐，天寶初析盛唐別置霍山縣，其地屬今壽州六安縣界。殺鎮遏使謝詳，宋白曰：貞元六年，初置藍田、渭橋等鎮遏使。侵地五十餘里，置兵鎮守。

9 太學生薛約師事司業陽城，坐言事，徙連州；城送之郊外。上以城黨罪人，己巳，左遷城道州刺史。考異曰：實錄、新、舊傳無年月。柳宗元陽公遺愛碣曰：「四年五月，皇帝以銀印赤紱即隱所起陽公爲諫議大夫。後七年，廷諍懇至，帝尤嘉異，遷爲國子司業。又四年九月己巳，出拜道州刺史。太學生魯郡季儻、廬江何蕃等百六十人投業奔走，稽首闕下，叫閽籲天，願乞復舊。朝廷重更其事，如己巳詔。」今從之。城治民如治家，州之賦稅不登，觀察使數加誚讓，治，直之翻。數，所角翻。誚，才笑翻。城自署其考曰：「撫字心勞，徵科政拙，考下下。」觀察使遣判官督其賦，至州，城先自囚於獄。判官大驚，馳入，謁城於獄曰：「使君何罪！某奉命來候安否耳。」留一二日未去，城不復復，扶又翻。歸；館門外有故門扇橫地，城晝夜坐臥其上，判官不自安，辭去。其後又遣他判官往按之，他判官載妻子中道逸去。陽城之名德，人知敬之。彼不之知而使按之者，果何人也。

10 冬，十月，丁酉，通王諶薨。諶，上子也，音氏壬翻。

11 庚子，夏州節度使韓全義奏破吐蕃於鹽州西北。

12 明州鎮將栗鍠姓譜：栗姓，栗陸氏之後。漢長安有富室栗氏。殺刺史盧雲，誘山越作亂，攻陷浙東州縣。明州山越，今慈溪、鄞縣南界、奉化縣西北界山民也。鍠，戶盲翻，又音皇。誘，音酉。

十五年（己卯、七九九）

1 春，正月，甲寅，雅王逸薨。逸，皇弟也。

2 二月，丁丑，宣武節度使董晉薨；乙酉，以其行軍司馬陸長源爲節度使。長源性刻急，恃才傲物。判官孟叔度，輕佻淫縱，佻，他彫翻。好慢侮將士，軍中皆惡之。惡，烏路翻。董晉薨，長源知留後，揚言曰：「將士弛慢日久，當以法齊之耳！」衆皆懼。或勸之發財以勞軍，勞，力到翻。長源曰：「我豈【章：乙十六行本「豈」下有「效」字；乙十一行本同；孔本同；張校同。】河北賊，以錢買健兒求節鉞邪！」故事，主帥薨，帥，所類翻。給軍士布以制服，長源命給其直；叔度高鹽直，下布直，人不過得鹽三二斤。軍中怨怒，長源亦不爲之備。是日，軍士作亂，殺長源、叔度，臠食之，立盡。史言陸長源之死，唐朝用違其才耳。若孟叔度則死有餘罪。監軍俱文珍以宋州刺史劉逸準久爲宣武大將，得衆心，密書召之；逸準引兵徑入汴州，亂衆乃定。

3 以常州刺史李錡爲浙西觀察使、諸道鹽鐵轉運使。錡，國貞之子也。錡，魚豈翻，又音奇。肅宗末，李國貞爲絳州行營兵所殺。閑廄、宮苑使李齊運受其賂數十萬，薦之於上，故用之。錡刻剝以事進奉，上由是悅之。為李錡以浙西叛張本。

4 庚辰，浙東觀察使裴肅擒栗鍠於台州，【章：乙十六行本「州」下有「送京師」三字；乙十一行本同，孔本同；退齋校同。】斬之。

5 己丑，以劉逸準為宣武節度使，賜名全諒。

6 三月，甲寅，吳少誠遣兵襲唐州，殺監軍邵國朝、鎮遏使張嘉瑜，掠百姓千餘人而去。

7 戊午，昭義節度使王虔休薨；戊辰，以河陽、懷州節度使李元淳為昭義節度使。

8 夏，四月，癸未，以安州刺史伊慎為安、黃等州節度使。【據章鈺資治通鑑校宋記補。】

9 癸巳，山南西道節度使嚴震薨。

10 南詔異牟尋遣使與韋臯約共擊吐蕃，臯以兵糧未集，請俟他年。韋臯有智略，恐南詔貌與而未悉其心也，故以兵糧未集辭。此可與智者道。

11 山南西道都虞候嚴礪諂事嚴震，震病，使知留後，遺表薦之。秋，七月，乙巳，以礪為山南西道節度使。

12 八月，【章：乙十六行本「月」下有「丙申」二字；乙十一行本同；孔本同；張校同；退齋校同。】陳許節度使曲環薨。乙未，吳少誠遣兵掠臨潁，臨潁，漢古縣，唐屬許州。九域志：在許州東南六十里。宋白曰：隋大業四年，自故城移於臨潁臯，其地實岡阜也。陳州刺史上官涚知陳許留後，遣大將王令忠將兵三千救之，皆爲少誠所虜。丙【張：「丙」上脫「九月」。】午，以洸爲陳許節度使，洸，舒芮翻。少誠遂圍許州。洸欲棄城走，營田副使劉昌裔止之曰：「城中兵足以辨賊，但閉城勿與戰，不過數日，賊氣自衰，吾以全制其弊，蔑不克矣。」蔑，無也。少誠晝夜急攻，昌裔募勇士千人鑿城出擊少誠，大破之，城由是全。昌裔，兗州人也。少誠又寇西華，西華，漢縣，唐屬陳州。九域志：在州西八十里。陳許大將孟元陽拒卻之。陳許都知兵馬使安國寧與上官洸不叶，謀翻城應少誠；劉昌裔以計斬之。召其麾下，人給二縑；伏兵要巷，見持縑者悉斬之，無得脫者。

13 庚辰，【張：「辰」作「戌」。】宣武節度使劉全諒薨。軍中思劉玄佐之恩，推其甥都知兵馬使匡城韓弘爲留後。弘將兵，識其材鄙勇怯，指顧必堪其事。

14 丙辰，詔削奪吳少誠官爵，令諸道進兵討之。

15 辛酉，以韓弘爲宣武節度使。先是，少誠【章：乙十六行本「誠」下有「遣使」二字；乙十一行本同；孔本同；張校同。】與劉全諒約共攻陳許，先，悉薦翻。以陳州歸宣武。使者數輩猶在館，弘悉驅出斬之；選卒三千，會諸軍擊少誠於許下。少誠由是失勢。無同惡相濟，故失勢。

16 冬，十月，乙丑，邕王謜薨。謜，徐園翻。太子之子也，上愛而子之，及薨，謚曰文敬太子。

17 山南東道節度使于頔、安黃節度使伊慎、知壽州事王宗與上官洸、韓弘進擊吳少誠，屢破之。十一月，壬子，于頔奏拔吳房、朗山。後魏置襄城郡於漢汝南西平之地，仍置遂寧縣，隋大業初改曰吳房。吳房，本漢縣名。應劭曰：本房子國，楚以封吳夫概王，故曰吳房。朗山，漢安昌縣地，後魏置初安郡，隋開皇十八年改安昌爲朗山，唐並屬蔡州，宋朝避聖祖諱，改朗山爲確山。九域志：吳房，在蔡州西北七十里。朗山，在蔡州西南七十五里。

18 十二月，辛未，中書令、咸寧王渾瑊薨于河中。渾瑊封咸寧郡王。瑊性謙謹，雖位窮將相，無自矜大之色；每貢物必躬自閱視，受賜如在上前，由是爲上所親愛。上還自興元，雖一州一鎮有兵者，皆務姑息。瑊每奏事，不過，唐制：凡奏事得可者，皆過門下省、中書省；不過者，寢其奏不下也。輒私喜曰：「上不疑我。」故能以功名終。

19 六州党項自永泰以來居于石州，代宗永泰之後，改爲大曆。六州党項部落，曰野利越詩，野利龍兒，野利厥律，兒黃，野海，野窣等，居慶州號東山部，夏州號平夏部。永泰之後，稍徙石州。永安鎮將阿史那思暕侵漁不已，唐蓋置永安鎮將於石州，以綏御党項。暕，古限翻。党項部落悉逃奔河西。

20 諸軍討吳少誠者既無統帥，帥，所類翻。每出兵，人自規利，規，圖也。進退不壹。乙未，諸軍自潰於小溵水，溵，與濦同，音殷，又音隱。水經註：潁水東南過臨潁縣，小濦水注之，又東過西華縣北，又南過汝陽縣北，又東南過南頓縣北，大濦水從西來注之。宋白曰：蔡州汝陽縣，隋開皇十七年改爲溵水，今界內水有大溵、小溵之名。其年又於上蔡縣東北別置汝陽縣。委棄器械、資糧，皆爲少誠所有。於是始議置招討使。

21 吐蕃衆五萬分擊南詔及巂州，異牟尋與韋皋各發兵禦之；吐蕃無功而還。還，音旋，又如字。

十六年（庚辰、八〇〇）

1 春，正月，【章：乙十六行本「月」下有「乙巳」二字；乙十一行本同；孔本同；張校同；退齋校同。】恆冀、易定、陳許、河陽四軍與吳少誠戰，皆不利而退。夏綏節度使韓全義本出神策軍，中尉竇文場愛厚之，薦於上，使統諸軍討吳少誠。二月，乙酉，以全義爲蔡州四面行營招討使，十七道兵皆受全義節度。爲韓全義喪師張本。

2 宣武軍自劉玄佐薨，凡五作亂，貞元八年玄佐薨，汴卒拒吳湊而立其子士寧。李萬榮既逐士寧，十年，韓惟清等亂。十二年，萬榮死，其子迺以兵亂。董晉既入汴，鄧惟恭復謀亂。十四年，晉薨，兵又亂，殺留後。凡五亂。士卒益驕縱，輕其主帥。帥，所類翻。韓弘視事數月，皆知其主名；有郎將劉鍔，常爲唱首。三月，弘陳兵牙門，召鍔及其黨三百人，數之以「數預於亂，數之之數，音所具翻。數預之數，所角翻。自以爲功」，悉斬之，血流丹道。自是至弘入朝憲宗元和十四年，韓弘入朝。二十一年，士卒無一人敢讙呼於城郭者。讙，許元翻。呼，火故翻。

3 義成監軍薛盈珍爲上所寵信，欲奪節度使姚南仲軍政，南仲不從，由是有隙。盈珍譖其幕僚馬總，貶泉州別駕。福建觀察使柳冕謀害總以媚盈珍，遣幕僚竇鼎薛戎攝泉州事，使按致總罪，戎爲辯析其無辜；爲，于僞翻。冕怒，召戎，囚之，使守卒恣爲侵辱。如此彌月，徐誘之使誣總，戎終不從；總由是獲免。冕，芳之子也。柳芳有史學，事玄宗、肅宗。

盈珍屢毀南仲於上，上疑之。盈珍乃【章：乙十六行本「乃」作「又」；乙十一行本同；孔本同。】遣小吏程務盈乘驛誣奏南仲罪。牙將曹文洽亦奏事長安，知之，晨夜兼行，追及務盈於長樂驛，長樂驛，在長安城東滻坡。與之同宿，中夜，殺之，沈盈珍表於廁中；自作表雪南仲之冤，且首專殺之罪，首，式又翻。亦作狀白南仲，遂自殺。明旦，門不啓，驛吏排之入，得表、狀於文洽尸旁。上聞而異之，徵盈珍入朝；南仲恐盈珍讒之益深，亦請入朝。夏，四月，丙子，南仲至京師，待罪於金吾；金吾，左右仗，凡內外官之待罪者詣焉。詔釋之，召見。見，賢遍翻。上問：「盈珍擾卿邪？」對曰：「盈珍不擾臣，但亂陛下法耳。且天下如盈珍輩，何可勝數！勝，音升。數，所具翻。雖使羊、杜復生，羊、杜，謂羊祜、杜預。復，扶又翻。亦不能行愷悌之政，成攻取之功也。」上默然，竟不罪盈珍，仍使掌機密。

盈珍又言於上曰：「南仲惡政，皆幕僚馬少微贊之也。」詔貶少微江南官，遣中使送之，推墜江中而死。推，吐雷翻。

4 黔中觀察使韋士宗，政令苛刻；黔，渠今翻。丁亥，牙將傅近等逐之，出奔施州。九域志：黔州，東北至施州四百一十一里。

5 新羅王敬【嚴：「則」改「信」。】則卒，庚寅，冊命其嫡孫俊邕爲新羅王。

6韓全義素無勇略，專以巧佞貨賂結宦官得爲大帥，帥，所類翻。每議軍事，宦者爲監軍者數十人坐帳中爭論，紛然莫能決而罷。天漸暑，士卒久屯沮洳之地，沮，將預翻。洳，人恕翻。沮洳，漸濕也。多病疫，【章：乙十六行本「疫」下有「全義不存撫」五字；乙十一行本同；退齋校同；孔本同，「撫」作「恤」；張校同，云：「撫」無註本作「恤」。】人有離心。五月，庚戌，與吳少誠將吳秀、吳少陽等戰于溵南廣利原，溵南，溵水之南也。鋒鏑纔交，諸軍大潰；秀等乘之，全義退保五樓。五樓，在溵水縣西南。少陽，滄州清池人也。宋白曰：漢浮陽縣，隋開皇十八年改曰清池，因縣東南有清池爲名。

7山南東道節度使于頔因討吳少誠，大募戰士，繕甲厲兵，聚斂貨財，恣行誅殺，有據漢南之志，專以慢上陵下爲事。上方姑息藩鎮，知其所爲，無如之何。頔誣鄧州刺史元洪贓罪，至德元載，升襄陽防禦使爲山南東道節度使，領襄、鄧、隨、唐、安、均、房、金、商九州。貞元元年，以鄧州隸東都畿。以此觀之，此時復領鄧州矣。朝廷不得已流洪端州，遣中使護送至棗陽。棗陽，漢舂陵之地，隋置棗陽縣，唐初屬唐州，貞觀十一年廢，屬隨州。九域志：在州西北一百六十里，距襄州一百三十五里。頔遣兵劫取歸襄州，中使奔歸。頔表洪責太重，上復以洪爲吉州長史；乃遣之。復，扶又翻。又怒判官薛正倫，奏貶峽州長史；比敕下，比，必利翻，及也。頔怒已解，復奏留爲判官。上一一從之。

8徐、泗、濠節度使張建封鎮彭城十餘年，貞元四年，張建封鎮彭城。軍府稱治，治，直吏翻。病篤，【章：乙十六行本「篤」下有「累表」二字；乙十一行本同；孔本同；張校同；退齋校同。】請除代人。辛亥，以蘇州刺史韋夏卿爲徐、泗、濠行軍司馬。敕下，建封已薨。夏卿，執誼之從祖兄也。徐州判官鄭通誠知留後，恐軍士爲變，會浙西兵過彭城，通誠欲引入城爲援。軍士怒，壬子，數千人斧庫門，出甲兵擐執之，擐，音患。圍牙城，劫建封子前虢州參軍愔令知軍府事，愔，挹淫翻。殺通誠及大將段伯熊等數人，械繫監軍。上聞之，以吏部員外郎李鄘爲徐州宣慰使。鄘直抵其軍，鄘，余封翻。召將士宣朝旨，諭以禍福，朝，直遥翻；下同。脱監軍械，使復其位，凶黨不敢犯。愔上表稱兵馬留後，鄘以非朝命，不受，使削去，然後受之以歸。去，羌呂翻。

9 靈州破吐蕃於烏蘭橋。唐書地理志：會州烏蘭縣有烏蘭關；橋當在關外黄河上。

10 丙寅，韋士宗復入黔中。是年四月，韋士宗爲牙將傅近所逐。黔，音禽，又其廉翻。

11 湖南觀察使河中呂渭奏發永州刺史陽履贓賄；履表稱所斂物皆備進奉，上召詣長安，丁丑，【嚴：「丑」改「卯」。】命三司使鞫之，詰其物費用所歸，履曰：「已市馬進之矣。」又詰「馬主爲誰？馬齒幾何？」對曰：「馬主，東西南北之人，今不知所之；按禮，齒路馬有誅，曲禮之言。故不知其齒。」所對率如此。上悦其進奉之言，釋之，但免官而已。德宗之猜忌，如楊炎、竇參位居宰輔，皆以歸過於君，不置之地上。陽履以贓敗而表稱進奉，謂非歸過於君可乎！德宗悦其進奉之言而釋其罪。夫好貨，非美名也，人雖有好貨者，苟加以好貨之名，則必怫然而不受。德宗果何爲而安受此名也！余意陽履於贓賄既敗之後，必有所進以求免於罪，德宗不徒悦其言而已。

12 丙戌，加淄青節度使李師古同平章事。

13 徐州亂兵爲張愔表求旄節，爲，于僞翻。朝廷不許；加淮南節度使杜佑同平章事，兼徐、濠、泗節度使，使討之。佑大具舟艦，遣牙將孟準爲前鋒；濟淮而敗，佑不敢進。泗州刺史張伾出兵攻埇橋，大敗而還。朝廷不得已除愔徐州團練使，以伾爲泗州留後，濠州刺史杜兼爲濠州留後，仍加佑兼濠泗觀察使。分濠、泗隸淮南，以弱徐州之權。考異曰：實錄：「十二月癸卯，泗州、濠州，宣令淮南觀察使收管。」今因此終言之。

兼，正倫五世孫也，杜正倫相太宗、高宗。性狡險強忍。建封之疾亟也，兼陰圖代之，自濠州疾驅至府。幕僚李藩與同列，入問建封疾，出見之，泣曰：「僕射疾危如此，張建封加僕射，故稱之。公宜在州防遏，今棄州此來，欲何爲也！宜速去，不然，當奏之。」兼錯愕出不意，遂徑歸。建封薨，藩歸揚州，兼誣奏藩於建封之薨搖動軍情，上大怒，密詔杜佑使殺之；佑素重藩，懷詔旬日不忍發，因引藩論佛經曰：「佛言果報，有諸？」藩曰：「有之。」佛經言，人所造作善惡爲果，隨其所作而應之以禍福爲報。佑曰：「審如此，君宜遇事無恐。」因出詔示藩。藩神色不變，曰：「此眞報也。」佑曰：「君愼勿出口，吾已密論，用百口保君矣。」人謂其家之親屬爲百口。上猶疑之，召藩詣長安，望見藩儀度安雅，乃曰：「此豈爲惡者邪！」卽除祕書郎。

14 新羅王俊邕卒，國人立其子重熙。重，直龍翻。

15 秋，七月，吳少誠進擊韓全義於五樓，諸軍復大敗，復，扶又翻；下同。全義夜遁，保溵水縣城。溵水縣，漢汝陽縣地，隋置溵水縣，廢汝陽入焉，唐屬陳州。九域志：在州西南八十里。

16 盧龍節度使劉濟弟源爲涿州刺史，不受濟命；濟引兵擊擒之。

17 九月，癸卯，義成節度使盧羣薨；甲戌，【嚴：「戌」改「辰」。】以尚書左丞李元素代之。賈耽曰：「凡就軍中除節度使，必有愛憎向背，背，蒲妹翻。喜懼者相半，故衆心多不安。自今願陛下只自朝廷除人，庶無他變。」上以爲然。

18 中書侍郎、同平章事鄭餘慶與戶部侍郎、判度支于頔素善，頔所奏事，餘慶多勸上從之。上以爲朋比，頔，薄諧翻，又蒲回翻。比，毗至翻。庚戌，貶餘慶郴州司馬，頔泉州司戶。郴，丑林翻。宋白曰：泉州，江左之晉安郡，隋置泉州，舊理閩縣，後移於南安縣，唐聖曆元年分泉州之南安、莆田、龍溪三縣置武榮州，景雲二年改泉州。舊志：泉州，京師東南七千三百里。考異曰：舊傳曰：「時歲旱，人飢，德宗與宰相議，將賑給禁衞十軍，事未行，爲中書吏所洩，餘慶貶郴州司馬。」按實錄：餘慶與于頔同貶。餘慶制辭云：「乃乖正直，有涉比周，棄法弄情，公行黨庇。」頔制辭云：「性本纖狡，行惟黨附，奏對每乖於事實，傾邪有蠹於彝章。」今從之。頔，頔之兄也。

19 癸丑，吳少誠進逼溵水數里置營，韓全義復帥諸軍退保陳州。帥，讀曰率；下同。宣武、河陽兵私歸本道，獨陳許將孟元陽、神策將蘇光榮帥所部留軍溵水。全義以詐誘昭義將夏侯仲宣、義成將時昂、河陽將權文變、【嚴：「變」改「度」。】河中將郭湘等，斬之，欲以威衆。全義至陳州，刺史劉昌裔登城謂之曰：「天子命公討蔡州，今乃來此，昌裔不敢納，請舍于城外。」既而昌裔齎牛酒入全義營犒師，全義驚喜，心服之。己未，孟元陽等與吳少誠戰，殺二千餘人。

20 庚申，以太常卿齊抗爲中書舍人、同平章事。新書宰相表：齊抗爲中書侍郎、同平章事。

21 癸亥，以張愔爲徐州留後。

22 冬，十月，吳少誠引兵還蔡州。孟元陽折其鋒，故退。先是，韋皋聞諸軍討少誠無功，先，悉薦翻。上言「請以渾瑊、賈耽爲元帥，統諸軍。渾瑊薨於去年十二月，韋皋蓋上言於瑊未薨之前。若重煩元老，重，難也。則臣請以精銳萬人下巴峽，出荆楚以翦凶逆。韋皋欲爲元帥，然亦以大言銜朝廷耳。彼豈肯去西川邪！不然，因其請罪而赦之，罷兩河諸軍以休息公私，亦策之次也。若少誠一旦罪盈惡稔，爲麾下所殺，則又當以其爵位授之，是除一少誠，生一少誠，爲患無窮矣。」賈耽言於上曰：「賊意蓋亦望恩貸，恐須開其生路。」上從之。會少誠致書幣於監官軍者求昭洗，監軍奏之。戊子，詔赦少誠及彰義將士，復其官爵。考異曰：實錄：「九月壬寅，宰相對於延英，賈耽奏：『一昨韓全義五樓退軍，賊不敢追趁者，應望國家恩貸，恐須開其生路。』上是之。」按全義自五樓退保溵水，少誠逼溵水下營，全義又退保陳州，非不敢追趁也！又云：「諸軍討蔡州，未嘗整陣交鋒，而王師累挫潰。吳少誠知王師無能，爲致書幣以告監軍，願求昭洗。上既納賈耽之議，又得監軍善奏，遂復其官爵。」按少誠知王師無能爲，則愈當侵軼，豈肯從監軍求昭洗！蓋少誠起兵以來，不能無疲弊，故求休息耳。今不取。

23 己丑，河東節度使李說薨；甲午，以其行軍司馬鄭儋爲節度使。儋，都甘翻。上擇可以代儋者，以刑部員外郎嚴綬嘗以幕僚進奉，嚴綬進奉，事見上十二年。記其名，史言德宗好貨，惟進奉者則牢記其姓名。即用爲【章：乙十六行本「爲」下有「河東」二字；乙十一行本同；孔本同。】行軍司馬。

24 吐蕃數爲韋皋所敗，數，所角翻；下同。敗，補邁翻。是歲，其曩貢、臘城等九節度嬰、籠官馬定德帥其部落來降。定德有智略，吐蕃諸將行兵，皆稟其謀策，常乘驛計事，至是以兵數不利，恐獲罪，遂來奔。據舊書云：吐蕃酋帥兼監統曩貢、臘城等九節度⿱羽女⿱羽女、籠官馬定德與其大將八十七人舉部落來降。定德有計畫，⿱羽女⿱羽女知兵法及山川地形，至是以邊功不立，懼得罪而來。如此，則⿱羽女⿱羽女別是一人，籠官馬定德又是一人。考之字書，亦無「⿱羽女」字，然通鑑所書，全用舊書韋皋傳文。蓋舊書韋皋傳與吐蕃傳自相抵捂。帥，讀曰率。

資治通鑑卷第二百三十六

端明殿學士兼翰林侍讀學士太中大夫提舉西京嵩山崇福宮上柱國河內郡開國公食邑二千二百戶食實封九百戶賜紫金魚袋臣　司馬光　奉敕編集

後　學　天　台　胡三省　音　註

唐紀五十二起重光大荒落（辛巳），盡旃蒙作噩（乙酉），凡五年。

德宗神武聖文皇帝十一

貞元十七年（辛巳、八〇一）

1春，正月，甲寅，韓全義至長安，竇文場爲掩其敗迹；爲，于僞翻；下同。上禮遇甚厚。全義稱足疾，不任朝謁，任，音壬。朝，直遙翻。考異曰：舊全義傳云：「令中使就第賜宴，自還至辭，都不謁見而去。」議者以墮敗法制，從古以還，未如貞元之甚。」按實錄：「壬戌，宴全義於麟德殿。」又云：「自還及歸，不見不辭于正朝。」蓋非不謁也，但不於正朝耳。遣司馬崔放入對。放爲全義引咎，謝無功，爲，于僞翻。上曰：「全義爲招討使，能招來少誠，其功大矣，何必殺人然後爲功邪！」德宗之耳目爲宦官所聾瞽率類此。閏月，甲戌，歸夏州。夏，戶雅翻。

2 韋士宗既入黔州，去年士宗復入黔州，事見上卷。黔，渠今翻，又其廉翻。妄殺長吏，人心大擾。士宗懼，三月，脱身亡走。夏，四月，辛亥，以右諫議大夫裴佶爲黔州觀察使。佶，其吉翻。

3 五月，壬戌朔，日有食之。

4 朔方邠、寧、慶節度使楊朝晟朔方兵分居邠，故仍以朔方軍號冠之，其實只節度邠、寧、慶三州。防秋于寧州，乙酉，薨。

初，渾瑊遣兵馬使李朝寀將兵戍定平。武德二年分寧州定安縣置定平縣，仍屬寧州。九域志：在州南六十里。朝，直遥翻。寀，倉宰翻。將，卽亮翻。瑊薨，朝寀請以其衆隸神策軍；詔許之。

楊朝晟疾亟，亟，訖力翻。召僚佐謂曰：「朝晟必不起，朔方命帥多自本軍，雖徇衆情，殊非國體。帥，所類翻；下同。寧州刺史劉南金，練習軍旅，宜使攝行軍，且知軍事，比朝廷擇帥，比，必利翻，及也。必無虞矣。」又以手書授監軍劉英倩，英倩以聞。軍士私議曰：「朝廷命帥，吾納之，卽命劉君，吾事之；若命帥於他軍，彼必以其麾下來，吾屬被斥矣，必拒之。」

己丑，上遣中使往察軍情，軍中多與南金。辛卯，上復遣高品薛盈珍齎詔詣寧州。唐内侍省有高品一千九百六十六人。復，扶又翻。六月，甲午，盈珍至軍，宣詔曰：「朝寀所將本朔方軍，今將并之，以壯軍勢，威戎狄，以李朝寀爲使，南金副之，軍中以爲何如？」諸將皆奉詔。

丙申，都虞候史經言於衆曰：「李公命收弓刀而送甲冑二千。」軍士皆曰：「李公欲內麾下二千爲腹心，吾輩妻子其可保乎！」夜，造劉南金，造，七到翻。欲奉以爲帥，南金曰：「節度使固我所欲，然非天子之命則不可；軍中豈無他將乎！」將，即亮翻。衆曰：「弓刀皆爲官所收，惟軍事府尚有甲兵，軍事府，知軍事所居也。欲因以集事。」南金曰：「諸君不願朝宷爲帥，宜以情告敕使。若操甲兵，操，七刀翻。乃拒詔也。」命閉門不內。軍士去，詣兵馬使高固，固逃匿；搜得之，固曰：「諸君能用吾言則可。」衆曰：「惟命。」固曰：「毋殺人，毋掠金帛。」衆曰：「諾。」乃共詣監軍，請奏之。衆曰：「劉君既得朝旨爲副帥，必撓吾事。」撓，奴巧翻。詐稱監軍命，召計事，至而殺之。

戊戌，制以李朝宷爲邠寧節度使。是日，寧州告變者至，上追還制書，復遣薛盈珍往詗軍情。復，扶又翻；下同。詗，火迥翻，又翾正翻。壬寅，至軍，軍中以高固爲請，盈珍卽以上旨命固知軍事。

或傳戊戌制書至邠州，邠軍惑，不知所從，薛盈珍已命高固知寧州軍事，而又有傳李朝宷制書至邠者，故留邠之軍惑而不知所適從。姦人乘之，且爲變。留後孟子周悉內精甲於府廷，日饗士卒，內以悅衆心，外以威姦黨。邠軍無變，子周之謀也。

5 李錡既執天下利權，十五年李錡爲諸道鹽鐵轉運使，事見上卷。以貢獻固主恩，以饋遺結權貴，遺，唯季翻。恃此驕縱，無所忌憚，盜取縣官財，所部官屬無罪受戮者相繼。浙西布衣崔善貞詣闕上封事，言宮市、進奉及鹽鐵之弊，因言錡不法事。上覽之，不悅，命械送錡。錡聞其將至，先鑿阬於道旁；己亥，善貞至，幷鎖械內阬中，生瘞之。瘞，於計翻。遠近聞之，不寒而慄。錡復欲爲自全計，增廣兵衆，選有材力善射者謂之挽強，言其力能挽強弓也。杜甫詩：「挽弓當挽強。」胡、奚雜類謂之蕃落，胡、奚之俘配隸江南者，錡收養之。給賜十倍他卒。轉運判官盧坦屢諫不悛，悛，丑緣翻。與幕僚李約等皆去之。約，勉之子也。李勉歷事肅、代、德三朝，貞元中爲相。

6 己酉，以高固爲邠寧節度使。固，宿將，以寬厚得衆，節度使忌之，置於散地，散，悉但翻。同列多輕侮之；及起爲帥，一無所報復，【章：十二行本「復」下有「由是」二字；乙十一行本同。】軍中遂安。

7 丁巳，成德節度使王武俊薨。

8 秋，七月，戊寅，吐蕃寇鹽州。

9 辛巳，以成德節度副使王士眞爲節度使。

10 己丑，吐蕃陷麟州，殺刺史郭鋒，夷其城郭，掠居人及党項部落而去。鋒，曜之子也。曜，郭子儀之子也。

僧延素爲虜所得。虜將有徐舍人者，謂延素曰：「我英公五代孫也。李勣，封英國公。武后時，吾高祖建義不成，謂敬業也。事見二百二卷武后光宅元年。子孫流播異域，雖代居祿位典兵，然思本之心不忘，顧宗族大，無由自拔耳。今聽汝歸。」遂縱之。

上遣使敕韋皋出兵深入吐蕃以分其勢，紓北邊患。紓，緩也。皋遣將將兵二萬分出九道，攻吐蕃維、保、松州及棲雞、老翁城。宋白曰：保州本維州之定廉縣，南接吐蕃，爲夷落之極塞。開元二十八年，羌夷內附，置奉州。天寶改雲山郡，八載，移治天保軍，改爲天保郡，尋沒，乾元元年復歸附，乃改爲保州。按王涯傳曰：綿州威蕃柵西抵棲雞城。蓋在茂州界。

11 河東節度使鄭儋暴薨，不及命後事，軍中喧譁，將有他變。中夜，十餘騎執兵召掌書記令狐楚至軍門，諸將環之，環，音宦。使草遺表。楚在白刃之中，操筆立成。楚，德棻之族也。令狐德棻事太宗，疑「族」字下有「孫」及「曾、玄」等字。棻，撫文翻。八月，戊午，以河東行軍司馬嚴綬爲節度使。

12 九月，韋皋奏大破吐蕃於雅州。宋白曰：雅州，即秦嚴道縣地，後魏立蒙山郡，唐立雅州。按郡國志，漢源縣有離山崔，蜀守李冰所鑿。離，卽古雅字也，州以此爲名。舊志：雅州，京師西南二千七百二十三里。

13 左神策中尉竇文場致仕，以副使楊志廉代之。

14 韋皋屢破吐蕃，轉戰千里，凡拔城七，軍鎮五，焚堡百五十，斬首萬餘級，捕虜六千，降戶三千，遂圍維州及昆明城。冬，十月，庚子，加皋檢校司徒兼中書令，賜爵南康郡王。南詔王異牟尋虜獲尤多，上遣中使慰撫之。

15戊午，鹽州刺史杜彥先棄城奔慶州。為吐蕃所逼也。鹽州修築距是年纔八年。

十八年（壬午、八〇二）

1春，正月，驃王摩羅思那遣其子悉利移入貢。驃國在南詔西南六千八百里，新書：驃，古朱波也，在永昌南二千里，去京師萬四千里。驃，毗召翻。聞南詔內附而慕之，因南詔入見，見，賢遍翻。仍獻其樂。

2吐蕃遣其大相兼東鄙五道節度使論莽熱將兵十萬解維州之圍，西川兵據險設伏以待之。吐蕃至，出千人挑戰，挑，徒了翻。虜悉衆追之，伏發，虜衆大敗，擒論莽熱，士卒死者太半。維州、昆明竟不下，引兵還。還，從宣翻，又如字。乙亥，皋遣使獻論莽熱，考異曰：舊韋皋傳云：「十月遣使獻論莽熱，」今從實錄。上赦之。

3浙東觀察使裴肅既以進奉得進，裴肅以進奉得廉車，事見上卷十二年。判【張：「判」上脫「肅卒」。】官齊總代掌後務，據新唐書：肅卒于官，齊總代掌後務。刻剝以求媚又過之。三月，癸酉，詔擢總為衢州刺史。給事中長安許孟容封還詔書，封還詔書，不肯書讀，所謂糾駁也；亦謂之塗歸，唐人語也。曰：「衢州無他虞，齊總無殊績，忽此超獎，深駭羣情。若總必有可錄，願明書勞課，然後超資改官，以解衆疑。」詔遂留中。己亥，上召孟容，慰奬之。

4秋，七月，辛未，嘉王府諮議高弘本正牙奏事，嘉王運，代宗之子。諮議參軍，正五品上，掌計謀議事。唐東內以含元殿爲正牙，西內以太極殿爲正牙。唐制：天子居曰衙，行曰駕。牙，與衙同。自理逋債。逋，欠也。乙亥，詔「公卿庶僚自今勿令正牙奏事，如有陳奏，宜延英門請對。」議者以爲：「正牙奏事，自武德以來未之或改，所以達羣情，講政事；弘本無知，黜之可也，不當因人而廢事。」

5淮南節度使杜佑累表求代，冬，十月，丁亥，以刑部尚書王鍔爲淮南副節度使兼行軍司馬。鍔，五各翻。「副節度使」，恐當作「節度副使」。

6己酉，鄜坊節度使王栖曜薨。中軍將何朝宗謀作亂，夜，縱火；都虞候裴玢潛匿不救火，朝，直遙翻。玢，府巾翻。旦，擒朝宗，斬之。以同州刺史劉公濟爲鄜坊節度使，以玢爲行軍司馬。

十九年（癸未、八〇三）

1春，二月，丁亥，名安黃軍曰奉義。以寵伊慎也。

2己亥，安南牙將王季元逐其觀察使裴泰，泰奔朱鳶。劉昫曰：朱鳶，漢縣名，今縣吳軍平縣地。晉武帝更名海平，江左置武平郡；隋廢郡爲朱鳶縣，唐屬交州。明日，左兵馬使趙勻斬季元及其黨，迎泰而復之。

3甲辰，杜佑入朝。自淮南入朝。三月，壬子朔，以佑檢校司空、同平章事；以王鍔爲淮南節度使。

4 鴻臚卿王權請遷獻、懿二祖於德明、興聖廟，玄宗天寶二年，尊咎繇爲德明皇帝，涼武昭王爲興聖皇帝，立廟京師。臚，陵如翻。每禘祫，正太祖東向之位；從之。建中二年，奉獻祖正東向之位，事見二百二十七卷。

5 乙亥，以司農卿李實兼京兆尹。實爲政暴戾，上愛信之。實恃恩驕傲，許人薦引，不次拜官，及誣譖斥逐，皆如期而效，士大夫畏之側目。

6 夏，四月，涇原節度使劉昌奏請徙原州治平涼；從之。七年劉昌築平涼，事見二百三十三卷。原州本治高平，唐爲平高縣，爲吐蕃所陷。

7 乙亥，吐蕃遣其臣論頰熱入貢。

8 六月，辛卯，以右神策中尉副使孫榮義爲中尉，與楊志廉皆驕縱招權，楊志廉時爲左軍中尉。考異曰：實錄：「十七年六月，以中官楊志廉充左神策護軍中尉。」「七月丙戌，以内給事楊志廉、孫榮義爲左、右神策護軍中尉副使。」「九月戊寅，以志廉爲左神策中尉。」「十九年六月辛卯，以榮義爲右神策中尉。」「二十年十月戊申，以志廉爲特進、右監軍將軍、左軍中尉。」其重複差互如此。蓋十七年六月攝領耳，七月始爲副使，九月及十九年六月始正爲中尉。二十年十月但進階加官耳。舊傳又云：「先是竇文場致仕，十五年以後，志廉、榮義爲左、右軍中尉，亦踵竇之事。」此蓋言其大略耳，未必爲中尉適在十五年也。余按「右監軍將軍」當作「右監門將軍」。依附者衆，宦官之勢益盛。

9 壬辰，遣右龍武大將軍薛伾使于吐蕃。

10 陳許節度使上官涗薨，其壻田偁欲脅其子使襲軍政；偁，齒繩翻。牙將王沛，亦涗之壻也，知其謀，以告監軍范日用，討擒之。乙未，以陳許行軍司馬劉昌裔爲節度使。沛，許州人也。

11 自正月不雨至于秋七月。

12 己未，中書侍郎、同平章事齊抗以疾罷爲太子賓客。

13 初，翰林待詔王伾善書，山陰王叔文善棋，山陰，漢古縣，隋廢山陰入會稽縣，唐初復分會稽置山陰縣。二縣俱在越州郭下。俱出入東宮，娛侍太子。伾，杭州人也。叔文譎詭多計，自言讀書知治道，乘間常爲太子言民間疾苦。譎，古穴翻。治，直吏翻。乘間，古莧翻。爲，于僞翻。太子嘗與諸侍讀及叔文等論及宮市事，太宗時，晉王府有侍讀，及爲太子，亦置焉。其後或置或否，無常員，掌講導經學。太子曰：「寡人方欲極言之。」衆皆稱贊，獨叔文無言。既退，太子自留叔文，謂曰：「向者君獨無言，豈有意邪？」叔文曰：「叔文蒙幸太子，有所見，敢不以聞。太子職當視膳問安，世子之記曰：朝夕至于大寢之門外，問內豎曰：「今日安否何如？」內豎曰「安」，世子乃有喜色。其有不安節，則內豎以告世子。世子色憂不滿容。內豎言復初，然後亦復初。朝夕之食上，世子必在，視寒煖之節。食下，問所膳羞，必知所進，以命膳宰，然後退。若內豎言疾，則世子親齊玄而養。膳宰之饌，必敬視之。疾之藥，必親嘗之。嘗饌善，則世子亦能食；嘗饌寡，則世子亦不能飽。以至於復初，然後亦復初。不宜言外事。陛下在位久，如疑太子收人心，何以自解！」太子大驚，因泣曰：「非先生，寡人無以知此。」遂大愛幸，與王伾相依附。

叔文因爲太子言：爲，于僞翻。「某可爲相，某可爲將，幸異日用之。」密結翰林學士韋執誼及當時朝士有名而求速進者陸淳、呂溫、李景儉、韓曄、韓泰、陳諫、柳宗元、劉禹錫等，定爲死友。而凌準、程异等又因其黨以進，日與遊處，處，昌呂翻。蹤跡詭祕，莫有知其端者。藩鎮或陰進資幣，與之相結。淳，吳人，嘗爲左司郎中；溫，渭之子，時爲左拾遺；呂渭見上卷十六年。景儉，瑀之孫，進士及第；瑀，寧王憲之子也，封漢中王。曄，滉之族子；韓滉，休之子，貞元中爲相。諫，嘗爲侍御史；宗元、禹錫，時爲監察御史。

左補闕張正一上書，得召見。考異曰：順宗實錄作「張正買」，今從德宗實錄。正一與吏部員外郎王仲舒、主客員外郎劉伯芻等相親善，考異曰：韓愈集有仲舒神道碑，云「諱弘中，字某。」按實錄、新舊傳皆名仲舒，字弘中。愈又作燕喜亭記，稱爲王弘中。然則弘中必字也，碑文誤耳。順宗實錄云：「正買與王仲舒、劉伯芻、裴茝、常仲孺、呂洞相善，數遊止。」今從德宗實錄。叔文之黨疑正一言己陰事，令執誼反譖正一等於上，云其朋黨，遊宴無度。九月，甲寅，正一等皆坐遠貶，人莫知其由。爲伾、叔文等亂順宗初政張本。伯芻，迺之子也。劉迺見二百三十卷興元元年。

14 鹽夏節度判官崔文先權知鹽州，爲政苛刻。冬，閏十月，庚戌，部將李庭俊作亂，殺而臠食之。左神策兵馬使李興幹戍鹽州，殺庭俊以聞。

15 丁巳，門下侍郎、同平章事崔損薨。

16 十一月，戊寅朔，以李興幹爲鹽州刺史，得專奏事；李興幹出於神策軍，宦官因其定亂之功而崇獎之。自是鹽州不隸夏州。貞元三年，置夏州節度使，領綏、鹽二州，今鹽州得專達於朝廷。其後鹽州屬朔方節度，夏州節度又增銀、宥、威三州隸之。

17 十二月，庚申，以太常卿高郢爲中書侍郎，吏部侍郎鄭珣瑜爲門下侍郎，並同平章事。珣瑜，餘慶之從父兄弟也。鄭餘慶，貞元十四年爲相，十六年坐于頔貶。從，才用翻。

18 建中初，敕京城諸使及府縣繫囚，每季終委御史巡按，有冤濫者以聞；冤，枉屈也。濫，淫刑也。近歲，北軍移牒而已。宦官勢横，御史不敢復入北軍按囚，但移文北司，牒取繫囚姓名及事，因應故事而已，不問其有無冤濫。監察御史崔薳遇下嚴察，下吏欲陷之，引以入右神策軍。軍使以下駭懼，具奏其狀。上怒，杖薳四十，流崖州。薳，韋委翻。

19 京兆尹嗣道王實務徵求以給進奉，言於上曰：「今歲雖旱而禾苗甚美。」由是租稅皆不免，人窮至壞屋賣瓦木、麥苗以輸官。壞，音怪。優人成輔端爲謠嘲之；徒歌曰謠。實奏輔端誹謗朝政，杖殺之。朝，直遙翻。

監察御史韓愈上疏，以「京畿百姓窮困，應今年稅錢及草粟等徵未得者，請俟來年蠶麥。」愈坐貶陽山令。陽山，漢縣，屬桂陽郡，後漢省，晉平吳，分浛洭縣復置，唐屬連州，神龍元年移縣治於浛水之北。考異曰：韓愈河南令張署墓誌曰：「自京兆武功尉拜監察御史，爲幸臣所讒，與同輩韓愈、李方叔三人俱爲縣令南方。」又祭署文曰：「貞元十九，君爲御史，余以無能，同詔並峙。」又曰：「我落陽山，以尹鼯猱。君飄臨武，山林之牢。歲弊寒兇，雪虐風饕。」與署同貶當在此年冬。

二十年（甲申、八〇四）

1春，正月，丙戌，天德軍都防禦團練使、豐州刺史李景略卒。初，景略嘗宴僚佐，行酒者誤以醯進。醯，呼西翻，醋也。判官京兆任迪簡以景略性嚴，恐行酒者得罪，強飲之，任，音壬。強，其兩翻。歸而嘔血；軍士聞之泣下。及李景略卒，軍士皆曰判官仁者，欲奉以爲帥。帥，所類翻。監軍抱置別室，軍士發扃取之。監軍以聞，詔以代景略。

2吐蕃贊普死，其弟嗣立。考異曰：實錄及舊傳皆云：「贊普以貞元十三年四月卒，長子立，一歲，又卒，次子嗣立。」韓愈順宗實錄張薦傳云：「二十年，贊普死，遣薦弔贈。」新傳云：「十三年，贊普死，其子足之煎立。二十年，贊普死，遣工部侍郎張薦弔祠，其弟嗣立。」疑實錄、舊傳誤以是字爲一字。今從順宗錄及新傳。按「字」當作「事」。

3夏，四月，丙寅，名陳許軍曰忠武。

4左金吾大將軍李昇雲將禁兵鎮咸陽，疾病，其子政諲諲，音因。與虞候上官望等謀效山東藩鎮，使將士奏攝父事。六月，壬子，昇雲卒。甲寅，詔追削昇雲官爵，籍沒其家。

5 昭義節度使李長榮薨，上使中使以手詔授本軍大將，但軍士所附者卽授。時大將來希皓爲衆所服，中使將以手詔付之。希皓言於衆曰：「此軍取人，合是希皓，但作節度使不得。唐人多讀作如佐音。若朝廷以一束草來，希皓亦必敬事。」言若束草爲節度使，亦必敬而事之。來希皓之忠純如此，而其後不復見於史，必盧從史畏偪而去之也。中使言：「面奉進止，只令此軍取大將拔與節鉞，朝廷不別除人。」希皓固辭。兵馬使盧從史考異曰：杜牧上李司徒書作「押衙盧從史」。今從實錄。其位居四，潛與監軍相結，起出伍曰：出儔伍之中而言。「若來大夫不肯受詔，從史請且句當此軍。」句，古候翻。當，丁浪翻。監軍曰：「盧中丞若如此，此亦固合聖旨。」中使因探懷取詔以授之。探，吐南翻。從史捧詔，再拜舞蹈。希皓亟迴揮同列，北面稱賀。軍士畢集，更無一言。秋，八月，己未，詔以從史爲節度使。

6 九月，太子始得風疾，不能言。

順宗至德弘道大聖大安孝皇帝

諱誦，德宗長子。按此宣宗大中三年追崇謚號也。考之會要，葬陵謚册與此追崇謚號一同。蓋會要所載初謚誤也。

永貞元年（乙酉、八〇五）是年八月，始改元永貞。

1春，正月，辛未朔，諸王、親戚入賀德宗，太子獨以疾不能來，德宗涕泣悲歎，由是得疾，日益甚。凡二十餘日，中外不通，莫知兩宮安否。

癸巳，德宗崩；年六十四。蒼猝召翰林學士鄭絪、衛次公等至金鑾殿。絪，音因。程大昌雍錄曰：金鑾坡者，龍首山之支隴，隱起平地而坡陁靡迤者也。其上有殿，名曰金鑾殿。殿旁有坡，名曰金鑾坡。又曰：金鑾殿者，在蓬萊山正西微南，龍首山坡隴之北。殿西有坡，德宗卽之以造東學士院，以其在開元學士院之東也。草遺詔。宦官或曰：「禁中議所立尚未定。」衆莫敢對。次公遽言曰：「太子雖有疾，地居冢嫡，中外屬心。屬，之欲翻。必不得已，猶應立廣陵王；廣陵王純，太子長子。不然，必大亂。」絪等從而和之，和，胡臥翻。議始定。次公，河東人也。太子知人情憂疑，紫衣麻鞋，考異曰：按祕喪則不應麻鞋，發喪則不應紫衣。蓋當時蒼猝偶著此服，非祕喪也。以未成服，故不衣縗絰耳。力疾出九仙門，雍錄曰：九仙門在內西苑之東北角。右神策軍、右羽林軍、右龍武軍列營於九仙門之西。按閣本大明宮圖：宮城西面右銀臺門，又北爲九仙門。召見諸軍使，人心粗安。粗，坐五翻。

甲午，宣遺詔於宣政殿，考異曰：德宗實錄：「癸巳，宣遺詔。」今從順宗實錄。太子縗服見百官；縗，倉回翻。丙申，卽皇帝位於太極殿。卽位於西內前殿。衛士尚疑之，企足引領而望之，企，去智翻。曰：「眞太子也！」乃喜而泣。

時順宗失音，不能決事，常居宮中施簾帷，獨宦者李忠言、昭容牛氏侍左右；百官奏事，自帷中可其奏。自德宗大漸，王伾先入，稱詔召王叔文，坐翰林中使決事。伾以叔文意入言於忠言，稱詔行下，下，戶嫁翻。外初無知者。以杜佑攝冢宰。二月，癸卯，上始朝百官於紫宸門。紫宸門，紫宸殿門也。長安志：宣政殿北曰紫宸門，門內有紫宸殿，即內衙之正殿。

2 己酉，加義武節度使張茂昭同平章事。

3 辛亥，以吏部郎中韋執誼爲尚書左丞、同平章事。王叔文欲掌國政，首引執誼爲相，己用事於中，與相唱和。和，戶臥翻。

4 壬子，李師古發兵屯西境以脅滑州。時告哀使未至諸道，義成牙將有自長安還得遺詔者，節度使李元素以師古鄰道，欲示無外，春秋公羊傳曰：王者無外。此唐人以化外待藩鎮，故有此語。遣使密以遺詔示之。師古欲乘國喪侵噬鄰境，乃集將士謂曰：「聖上萬福，而元素忽傳遺詔，是反也，宜擊之。」遂杖元素使者，發兵屯曹州，考異曰：舊韓愈傳云：「撰順宗實錄，繁簡不當，穆宗、文宗嘗詔史臣添改。時愈壻李漢、蔣係在顯位，諸公難之，而韋處厚竟別撰順宗實錄三卷。」景祐中，詔編次崇文總目，順宗實錄有七本，皆五卷，題曰「韓愈等撰」。五本略而二本詳，編次者兩存之。其中多異同，今以詳、略爲別。此李師古脅滑州事，詳本有而略本無。詳錄又云：「使衡密以其本示之。師古不受，杖衡幾死。」衡蓋使者之名而無姓。又云：「遂以師至濮州，伺候爲變。」按韓愈撰韓弘碑云：「屯兵于曹。」今從之。且告假道於汴。九域志：曹州西北至滑州一百二十里。汴州北至滑州界一百里，東北至曹州界一百三里。三州之界，蓋犬牙相入。宣武節度使韓弘使謂曰：「汝能越吾界而爲盜邪！有以相待，無爲空言！」元素告急，弘使謂曰：「吾在此，公安無恐。」或告：「翦棘夷道，翦，芟截也。夷，平也。兵且至矣，請備之。」弘曰：「兵來，不除道也。」不爲之應。師古詐窮變索，索，蘇各翻。索，散也，盡也。言韓弘逆得師古之情，其所設詭變索然散盡也。且聞上卽位，乃罷兵。元素表請自貶，朝廷兩慰解之。元素，泌之族弟也。李泌歷事肅、代、德，貞元中爲相。

吳少誠以牛皮鞵材遺師古，鞵，與鞋同。遺，唯季翻。師古以鹽資少誠，潛過宣武界，事覺，弘皆留，輸之庫，曰：「此於法不得以私相餽。」師古等皆憚之。

5 辛酉，詔數京兆尹道王實殘暴掊斂之罪，數，所具翻。掊，蒲侯翻。斂，力贍翻。貶通州長史；宋白曰：通州，漢宕渠縣地，後漢分置宣漢縣。市井讙呼，皆袖瓦礫遮道伺之，實由間道獲免。讙，許元翻。礫，郎擊翻。間，古莧翻。

6 壬戌，以殿中丞王伾爲左散騎常侍，依前翰林待詔，蘇州司功王叔文爲起居舍人、翰林學士。

伾寢陋，吳語，狀貌寢陋，常操鄉音，不能學華言。上所褻狎；而叔文頗任事自許，微知文義，好言事，好，呼到翻。上以故稍敬之，不得如伾出入無阻。叔文入至翰林，而伾入至柿林院，柿，鉏里翻。見李忠言、牛昭容計事。大抵叔文依伾，伾依忠言，忠言依牛昭容，轉相交結。

每事先下翰林，下，遐稼翻。使叔文可否，然後宣于中書，韋執誼承而行之。外黨則韓泰、柳宗元【章：十二行本「元」下有「劉禹錫」三字；乙十一行本同；孔本同；張校同。】等主采聽外事。謀議唱和，和，戶臥翻。日夜汲汲如狂，互相推獎，曰伊、曰周、曰管、曰葛，以伊尹、周公、管仲、諸葛孔明互相比況。僩然自得，僩，下赧翻。僩然，勁忿貌。謂天下無人；榮辱進退，生於造次，朱氏曰：造次，急遽苟且之時。造，七到翻。惟其所欲，不拘程式。士大夫畏之，道路以目。國語，周厲王監謗，國人莫敢言，道路以目。韋昭註曰：不敢發言，以目相眄而已。素與往還者，相次拔擢，至一日除數人。除者，除官也。其黨或言曰，「某可爲某官，」不過一二日，輒已得之。於是叔文及其黨十餘家之門，晝夜車馬如市。客候見叔文、伾者，至宿其坊中餅肆、酒壚下，長安城中分爲左右街，畫爲百有餘坊。餅肆，賣餅之家。酒壚，賣酒之處。顏師古曰：賣酒之處，累土爲壚，以居酒瓮，四邊隆起，其一面高，形如鍛壚，故名壚耳。一人得千錢，乃容之。伾尤闒茸，闒，吐盍翻。茸，而隴翻。闒茸，獰劣也。史炤曰：顏師古曰：闒茸，猥賤也。闒，下也；茸，細毛貌；謂非豪傑也。專以納賄爲事，作大匱貯金帛，貯，丁呂翻。夫婦寢其上。恐人盜之。

7 甲子，上御丹鳳門，赦天下，諸色逋負，一切蠲免，蠲，除也。常貢之外，悉罷進奉。貞元之末政事爲人患者，如宮市、五坊小兒之類，悉罷之。宮市事見上卷貞元十三年。五坊，一曰鵰坊，二曰鶻坊，三曰鷂坊，四曰鷹坊，五曰狗坊。小兒者，給役五坊者也。唐時給役者多呼爲小兒，如苑監小兒、飛龍小兒、五坊小兒是也。五坊屬宣徽院。

先是，五坊小兒張捕鳥雀於閭里者，皆爲暴横先，悉薦翻。横，戶孟翻。以取人錢物，至有張羅網於門不許人出入者，或張井上使不得汲者，汲，汲水也。近之，輒曰「汝驚供奉鳥雀！」即痛毆之，近，其靳翻。毆，烏口翻，擊也。出錢物求謝，乃去。或相聚飲食於酒食之肆，醉飽而去，賣者或不知，就索其直，多被毆詈；或時留蛇一囊爲質，索，山客翻。被，皮義翻。質，音致。曰：「此蛇所以致鳥雀而捕之者，今留付汝，幸善飼之，飼，與飤同，祥吏翻。勿令飢渴。」賣者愧謝求哀，乃攜挈而去。上在東宮，皆知其弊，故即位首禁之。

8乙丑，罷鹽鐵使月進錢。先是，鹽鐵月進羨餘羨，弋線翻。而經入益少；少，詩沼翻。至是，罷之。

9三月，辛未，以王伾爲翰林學士。

10德宗之末，十年無赦，羣臣以微過譴逐者皆不復敍用，至是始得量移。復，扶又翻。量，音良。壬申，追忠州別駕陸贄、郴州別駕鄭餘慶、杭州刺史韓皋、道州刺史陽城赴京師。陸贄貶見上卷貞元十一年，陽城貶見十四年，鄭餘慶貶見十六年，韓皋爲京兆尹，十四年貶撫州員外司馬，未幾徙杭州刺史。追，猶召也。

贄之秉政也，貶駕部員外郎李吉甫爲明州長史，贄疑吉甫黨竇參，故貶之。旣而徙忠州刺史。贄昆弟門人咸以爲憂，至而吉甫忻然以宰相禮事之。贄初猶慚懼，後遂爲深交。吉甫，栖筠之子。李栖筠事代宗，以直聞。韋臯在成都，屢上表請以贄自代。贄與陽城皆未聞追詔而卒。卒，子恤翻。

11 丙戌，加杜佑度支及諸道鹽鐵轉運使。以浙西觀察使李錡爲鎭海節度使，解其鹽鐵轉運使。考異曰：舊錡傳云：「德宗於潤州置鎭海軍。」新書方鎭表：「元和二年，升浙西觀察使爲鎭海軍節度使。」按實錄：八月辛酉詔曰：「頃年江、淮租賦，爰及榷稅，委在藩服，使其平均。太上皇君臨之初，務從省便，令使府歸在中朝。」然則云德宗、元和者，皆誤也。錡雖失利權而得節旄，故反謀亦未發。

12 戊子，名徐州軍曰武寧，以張愔爲節度使。

13 加彰義節度使吳少誠同平章事。

14 以王叔文爲度支、鹽鐵轉運副使。先是叔文與其黨謀，先，悉薦翻。得國賦在手，則可以結諸用事人，取軍士心，以固其權，又懼驟使重權，度支、鹽鐵轉運，利權所在，權莫重焉。王叔文起於卑渫，遽領使職，自知其驟，其心不安而懼。使，疏吏翻。人心不服，藉杜佑雅有會計之名，雅，素也。會，古外翻。位重而務自全，易可制，易，以豉翻。故先令佑主其名，而自除爲副以專之。叔文雖判兩使，度支，一使；鹽鐵轉運，一使。不以簿書爲意，日夜與其黨屏人竊語，屏，必郢翻，又卑正翻。人莫測其所爲。

以御史中丞武元衡爲左庶子。德宗之末，叔文之黨多爲御史，元衡薄其爲人，待之莽鹵。莽，莫補翻。鹵，郎古翻。莽鹵，言不以爲意也。元衡爲山陵儀仗使，劉禹錫求爲判官，不許。叔文以元衡在風憲，欲使附己，使其黨誘以權利，誘，音酉。元衡不從，由是左遷。元衡，平一之孫也。武平一，武載德之子，武后時避事隱嵩山。

侍御史竇羣奏屯田員外郎劉禹錫挾邪亂政，不宜在朝。唐屯田郎，掌天下屯田及京文武職田，諸司公廨錢，以品給之。朝，直遙翻。又嘗謁叔文，揖之曰：「事固有不可知者。」叔文曰：「何謂也？」羣曰：「去歲李實怙恩挾貴，氣蓋一時，公當此時，逡巡路旁，乃江南一吏耳。叔文本蘇州司功，故云然。今公一旦復據其地，復，扶又翻。安知路旁無如公者乎！」其黨欲逐之，韋執誼以羣素有強直名，止之。考異曰：舊劉禹錫傳曰：「羣卽日罷官。」羣傳曰：「其黨議欲貶羣官，韋執誼止之。」又曰：「叔文雖異其言，竟不之用。」按順宗實錄凡爲伾、文所排擯者無不載，未嘗言羣罷官。今從之。

上疾久不愈，時扶御殿，羣臣瞻望而已，莫有親奏對者，中外危懼；思早立太子，而王叔文之黨欲專大權，惡聞之。惡，烏路翻；下同。宦官俱文珍、劉光琦、薛盈珍皆先朝任使舊人，朝，直遙翻。疾叔文、忠言等朋黨專恣，乃啓上召翰林學士鄭絪、衞次公、李程、王涯入金鑾殿，草立太子制。時牛昭容輩以廣陵王淳英睿，惡之；絪不復請，書紙爲「立嫡以長」字呈上；復，扶又翻；下同。長，知丈翻。上領之。癸巳，立淳爲太子，更名純。更，工衡翻。程，神符五世孫也。神符，淮安王神通之弟也。

16 賈耽以王叔文黨用事，心惡之，稱疾不出，屢乞骸骨。丁酉，諸宰相會食中書。故事，宰相方食，百寮無敢謁見者。叔文至中書，欲與執誼計事，令直省通之，直省，吏職也，以直中書省，故名。直省以舊事告，叔文怒，叱直省。直省懼，入白。執誼逡巡慚赧，赧，奴版翻，慚而面赤也。竟起迎叔文，就其閤語良久。杜佑、高郢、鄭珣瑜皆停筯以待，有報者云：「叔文索飯，索，山客翻。韋相公已與之同食閤中矣。」佑、郢心知不可，畏叔文、執誼，莫敢出言。珣瑜獨歎曰：「吾豈可復居此位！」顧左右，取馬徑歸，遂不起。二相皆天下重望，二相，謂賈耽、鄭珣瑜。相次歸臥，叔文、執誼益無所顧忌，遠近大懼。史甚言其事。

17 夏，四月，壬寅，立皇弟諤爲欽王，諴爲珍王；子經爲郯王，緯爲均王，縱爲漵王，紓爲莒王，綢【嚴：「綢」改「綱」。】爲密王，總爲郇王，約爲邵王，結爲宋王，緗爲集王，絿爲冀王，綺爲和王，絢爲衡王，纁爲會王，綰爲福王，紘爲撫王，緄爲岳王，紳爲袁王，綸爲桂王，繟爲翼王。紓，式居翻。綢，直留翻。緗，思良翻。絿，音求。絢，許縣翻。纁，許云翻。緄，古本翻。繟，充善翻。自經以下，皆皇子也。史提子字以別二弟。此所封諸王，或以古國名，然多以當時州名。

18 乙巳，上御宣政殿，册太子。百官睹太子儀表，退，皆相賀，至有感泣者，中外大喜。而王叔文獨有憂色，口不敢言，但吟杜甫題諸葛亮祠堂詩曰：「出師未捷身先死，長使英雄淚滿襟。」聞者哂之。哂，矢忍翻。笑不壞顏爲哂。

先是，太常卿杜黃裳爲裴延齡所惡，留滯臺閣，十年不遷，杜黃裳自佐朔方軍入爲侍御史，十年不遷。先，悉薦翻。惡，烏路翻。及其壻韋執誼爲相，始遷太常卿。黃裳勸執誼帥羣臣請太子監國，帥，讀曰率。執誼驚曰：「丈人甫得一官，柰何啓口議禁中事！」黃裳勃然曰：「黃裳受恩三朝，三朝，謂肅、代、德也。豈得以一官相買乎！」拂衣起出。

戊申，以給事中陸淳爲太子侍讀，仍更名質。避太子名也。韋執誼自以專權，恐太子不悅，故以質爲侍讀，使潛伺太子意，且解之。伺，相吏翻。及質發言，太子怒曰：「陛下令先生爲寡人講經義耳，爲，于僞翻。何爲預他事！」質惶懼而出。

19 五月，辛未，以右金吾大將軍范希朝爲左·右神策京西諸城鎮行營節度使。甲戌，以度支郎中韓泰爲其行軍司馬。王叔文自知爲內外所憎疾，欲奪取宦官兵權以自固，藉希朝老將，使主其名，而實以泰專其事；此與用杜佑掌利權，同一計數也。人情不測其所爲，益疑懼。

20 辛卯，以王叔文爲戶部侍郎，依前充度支、鹽鐵轉運副使。俱文珍等惡其專權，削去翰林之職。惡，烏路翻。去，羌呂翻。叔文見制書，大驚，謂人曰：「叔文日時至此商量公事，日時，猶云日日時時也，約言之耳。若不得此院職事，則無因而至矣。」此院，謂翰林學士院也。王伾卽爲疏請，爲，于僞翻。不從。再疏，乃許三五日一入翰林，去學士名。叔文始懼。

21 六月，己亥，貶宣歙巡官羊士諤爲汀州寧化尉。唐制：節度、觀察，其屬皆有巡官。開元二十六年，開山洞置黄連縣，天寶元年更名寧化。九域志：在州東北一百八十里。士諤以公事至長安，遇叔文用事，公言其非。叔文聞之，怒，欲下詔斬之，執誼不可；則令杖殺之，煞，與殺同。執誼又以爲不可；遂貶焉。由是叔文始大惡執誼，惡，烏路翻。往來二人門下者皆懼。

先時，劉闢以劍南支度副使將韋皋之意於叔文，唐六典：凡天下邊軍皆有支度之使，以計軍資、糧仗之用。將，奉也，行也。先，悉薦翻。求都領劍南三川，劍南東川、西川及山南西道爲三川。謂叔文曰：「太尉使闢致微誠於公，太尉，謂韋皋。若與某三川，當以死相助；若不與，亦當有以相酬。」叔文怒，以闢以言脅之，故怒。亦將斬之，執誼固執不可。闢尚遊長安未去，聞貶士諤，遂逃歸。執誼初爲叔文所引用，深附之，既得位，欲掩其迹，且迫於公議，故時時爲異同；輒使人謝叔文曰：「非敢負約，乃欲曲成兄事耳！」叔文詬怒，不之信，詬，呼漏翻，又古候翻。遂成仇怨。

22 癸丑，韋皋上表，以爲：「陛下哀毁成疾，重勞萬機，重，直用翻。故久而未安，請權令皇太子親監庶政，監，古銜翻。候皇躬痊愈，復歸春宫。東宫，謂之春宫。臣位兼將相，今之所陳，乃其職分。」分，扶問翻。又上太子牋，以爲：「聖上遠法高宗，亮陰不言，委政臣下，而所付非人。王叔文、王伾、李忠言之徒，輒當重任，賞罰任情，墮紀紊綱。墮，讀曰隳。紊，亡運翻。散府庫之積以賂權門。樹置心腹，徧於貴位；潛結左右，憂在蕭牆。竊恐傾太宗盛業，危殿下家邦，願殿下卽日奏聞，斥逐羣小，使政出人主，則四方獲安。」皋自恃重臣，遠處西蜀，度王叔文不能動搖，遂極言其姦。處，昌呂翻。度，徒洛翻。俄而荆南節度使裴均、河東節度使嚴綬牋表繼至，意與皋同，考異曰：實錄略本云：「尋而裴均、嚴綬表繼至，悉與皋同。」又云：「外有韋皋、裴垍、嚴綬等牋表。」詳本「裴垍」皆作「裴均」。按裴垍時爲考功員外郎，裴均爲荆南節度使。今從詳本。中外皆倚以爲援，而邪黨震懼。均，光庭之曾孫也。裴光庭相玄宗。

23 王叔文既以范希朝、韓泰主京西神策軍，諸宦者尚未寤。會邊上諸將各以狀辭中尉，且言方屬希朝。宦者始寤兵柄爲叔文等所奪，乃大怒曰：「從其謀，吾屬必死其手。」密令其使歸告諸將曰：「無以兵屬人。」希朝至奉天，諸將無至者。韓泰馳歸白之，叔文計無所出，唯曰：「柰何！柰何！」無幾，幾，居豈翻。無幾，言無多時也。其母病甚。丙辰，叔文盛具酒饌，與諸學士及李忠言、俱文珍、劉光琦等飲於翰林。饌，雛戀翻，又雛皖翻。叔文言曰：「叔文母病，以身任國事之故，不得親醫藥，今將求假歸侍。假，古暇翻。求假，請告也。叔文比竭心力，不避危難，皆爲朝廷之恩。比，毗至翻。難，乃旦翻。爲，于僞翻。一旦去歸，百謗交至，誰肯見察以一言相助乎？」文珍隨其語輒折之，折，之舌翻。叔文不能對，但引滿相勸，酒數行而罷。丁巳，叔文以母喪去位。考異曰：實錄詳本曰：「叔文母將死前一日，叔文以五十人擔酒饌入翰林，讌李忠言、劉光琦、俱文珍及諸學士等。中飲，叔文執盞」云云。又曰：「羊士諤毀叔文，叔文將杖殺之，而韋執誼懦不敢。劉闢以韋皋迫脅叔文求三川，叔文平生不識闢。叔文今日名位何如，而闢欲前執叔文手，豈非凶人邪！叔文時已令掃木場，將集衆斬之，執誼又執不可。每念失此兩賊，令人不快。又自陳判度支已來，所爲國家興利除害，出若干錢以爲功能。俱文珍隨語折之。叔文無以對，命滿酌雙卮對飲，酒數行而罷。方飲時，有暫起至廳側者，聞叔文從人相謂曰：『母死已臭，不欲棺斂，方與人飲酒，不知欲何所爲！』歸之明日，而其母死。或傳母死數日乃發喪。」國史補曰：「王叔文以度支使設饌於翰林，大宴諸閹，袖金以贈。明日，又至，揚言『聖人適於苑中射兔，上上馬如飛，敢有異議者腰斬。』其日，丁母憂。」今從二本實錄。

24 秋，七月，丙子，加李師古檢校侍中。

25 王叔文既有母喪，韋執誼益不用其語。叔文怒，與其黨日夜謀起復，必先斬執誼而盡誅不附己者，聞者恟懼。

自叔文歸第，王伾失據，日詣宦官及杜佑請起叔文爲相，杜佑時爲首相，故請之。且總北軍；既不獲，則請以爲威遠軍使、平章事，據舊郭子儀傳：肅宗上元元年，以子儀爲諸道兵馬都統，令帥英武、威遠等禁軍及諸鎮之師取范陽。既而爲魚朝恩所沮不行。則威遠軍，肅宗置也。至德宗時，以左、右威遠營隸鴻臚。賈耽以鴻臚卿兼威遠軍使。至元和二年，敕：「左右威遠營置來已久，著在國章，其英武軍並合并入左、右威遠營。」其後遂以宦官爲使，不復隸鴻臚。宋白曰：左、右威遠營本屬鴻臚寺，建中元年七月隸金吾。又不得；其黨皆憂悸不自保。悸，其季翻。是日，伾坐翰林中，疏三上，不報，上，時掌翻。知事不濟，行且臥，至夜，忽叫曰：「伾中風矣！」中，竹仲翻。明日，遂輿歸不出。己丑，以倉部郎中、判度支案陳諫爲河中少尹；唐諸都各置尹一人；少尹二人，從四品下，掌貳府州之事，歲終則更次入計。伾、叔文之黨至是始去。

26 癸巳，橫海軍節度使程懷信薨，以其子副使執恭爲留後。考異曰：舊傳曰：「程懷信死，懷直子執恭知留後事，乃遣懷直歸滄州，十六年卒。執恭代襲父位，朝廷因而授之。」按懷信逐懷直而奪其位，安肯以懷直之子知留後！又德宗實錄俱無此事，順宗實錄略本亦無，蓋舊傳誤也。惟詳本：「永貞元年七月癸巳，橫海軍節度使程懷信卒，以其子副使執恭爲橫海軍節度使。」路隋憲宗實錄：「元和元年五月丙子，以橫海留後程執恭爲節度使。」蓋順錄「留後」字誤爲「使」字耳。

27 乙未，制以「積疢未復，疢，丑刃翻，病也。其軍國政事，權令皇太子純句當。」句，古候翻。當，丁浪翻。時內外共疾王叔文黨與專恣，上亦惡之；惡，烏路翻。俱文珍屢啓上請令太子監國，監，古銜翻。上固厭倦萬機，遂許之。又以太常卿杜黃裳爲門下侍郎，左金吾大將軍袁滋爲中書侍郎，並同平章事。俱文珍等以其舊臣，故引用之。杜黃裳代宗時已佐朔方軍，袁滋建中初已位於朝，故以爲舊臣。又以鄭珣瑜爲吏部尚書，高郢爲刑部尙書，並罷政事。太子見百官於東朝堂，唐六典：大明宮含元殿夾殿有兩閣：左曰翔鸞，翔鸞閣下爲東朝堂；右曰棲鳳，棲鳳閣下爲西朝堂。朝，直遙翻。百官拜賀；太子涕泣，不答拜。

八月，庚子，制「令太子卽皇帝位，朕稱太上皇，制敕稱誥。」

辛丑，太上皇徙居興慶宮，誥改元永貞，立良娣王氏爲太上皇后。后，憲宗之母也。

壬寅，貶王伾開州司馬，王叔文渝州司戶。舊志：開州，京師南一千四百六十里。渝州，京師西南二千七百四十八里。伾尋病死貶所。明年，賜叔文死。

乙巳，憲宗卽位於宣政殿。德宗大行在殯，上皇在興慶宮，不敢於前殿卽位。

28 丙午，昇平公主獻女口五十。公主，郭妃母也。上曰：「上皇不受獻，朕何敢違！」遂卻之。

庚戌，荆南獻毛龜二，上曰：「朕所寶惟賢。嘉禾、神芝，皆虛美耳，所以春秋不書祥瑞。自今凡有嘉瑞，但準令申有司，禮部掌祥瑞。勿復以聞。復，扶又翻。及珍禽奇獸，皆毋得獻。」

29 癸丑，西川節度使南康忠武王韋臯薨。臯在蜀二十一年，德宗貞元元年，韋臯代張延賞鎭蜀。重加賦斂，斂，力贍翻。豐貢獻以結主恩，厚給賜以撫士卒，士卒婚嫁死喪，皆供其資費，以是得久安其位而士卒樂爲之用，樂，音洛。服南詔，摧吐蕃。幕僚歲久官崇者則爲刺史，已復還幕府，復，扶又翻。終不使還朝，恐泄其所爲故也。朝，直遙翻；下同。府庫既實，時寬其民，三年一復租賦，復，方目翻，除也。蜀人服其智謀而畏其威，至今畫像以爲土神，家家祀之。

支度副使劉闢自爲留後。

30 朗州武陵、龍陽江漲，流萬餘家。武陵，漢臨沅縣地，隋省臨沅，置武陵縣，唐帶朗州。龍陽縣，吳置。

九域志：在州東南八十里。

31 壬午，奉義節度使伊愼入朝。自安州入朝。

32 辛卯，夏綏節度使韓全義入朝。全義敗於溵水而還，不朝覲而去，事見上卷貞元十六年及上十七年。上在藩邸，聞其事而惡之；惡，烏路翻。全義懼，乃請入朝。

33 劉闢使諸將表求節鉞，朝廷不許；己未，以袁滋爲劍南東·西川、山南西道安撫大使。

34 度支奏裴延齡所置別庫，皆減正庫之物別貯之。貯，丁呂翻。裴延齡事見上卷貞元十年。請併歸正庫，從之。

35 辛酉，遣度支、鹽鐵轉運副使潘孟陽宣慰江、淮，行視租賦、榷稅利害，因察官吏否臧，百姓疾苦。行，下孟翻。否，音鄙。

36 癸亥，以尚書左丞鄭餘慶同平章事。

37 九月，戊辰，禮儀使奏：「曾太皇太后沈氏歲月滋深，迎訪理絕。迎訪事始見二百二十六卷德宗建中元年。按晉庾蔚之議，尋求三年之外，俟中壽而服之。晉荀組云：「二親陷沒，萬無一冀者，宜使依王法隨例行喪。」庾蔚之云：「二親爲戎狄所破，存亡未可知者，宜盡尋求之理。尋求之理絕，三年之外便宜婚宦，胤嗣不可絕，王政不可廢故也。猶宜以哀素自居，不豫吉慶之事，俟中壽而服之也。若境內賊亂，清平肆眚之後，尋覓無蹤跡者，便宜制服。」莊子曰：人生上壽一百，中壽八十，下壽六十。蔚，紆勿翻。伏請以大行皇帝啓攢宮日，記檀弓曰：天子之殯也，菆塗龍輴，以椁，加斧於椁上，畢塗屋。鄭玄註曰：天子之殯，居棺以龍輴，攢木，題湊象椁，四注如屋以覆之。盡塗之，及葬而啓之。攢，才官翻。皇帝帥百官舉哀，帥，讀曰率。卽以其日爲忌；」從之。

38 壬申，監脩國史韋執誼奏，始令史官撰日曆。葉伯益曰：唐永貞初，韋執誼奏：「脩撰私家紀錄非是，望令各撰日曆，月終館中撰定。」從之。此日曆之所起也。

39 己卯，貶神策行軍司馬韓泰爲撫州刺史，司封郎中韓曄爲池州刺史，禮部員外郎柳宗元爲邵州刺史，屯田員外郎劉禹錫爲連州刺史。皆王伾、王叔文之黨也。舊志：撫州，京師東南三千三百一十二里。連州，京師南三千六百六十五里。

40 冬，十月，丁酉，右僕射、同平章事賈耽薨。

41 戊戌，以中書侍郎、同平章事袁滋同平章事，充西川節度使；徵劉闢爲給事中。

42 舒王誼薨。

43 太常議曾太皇太后謚曰睿眞皇后。

44 山人羅令則自長安如普潤，矯稱太上皇誥，徵兵於秦州刺史劉澭，且說澭以廢立；說，式芮翻。澭執送長安，并其黨杖殺之。

45 己酉，葬神武孝文皇帝于崇陵，新書帝紀作「神武聖文皇帝」，當從之。崇陵在京兆雲陽縣北十五里嵯峨山。廟號德宗。

46 十一月，己巳，祔睿眞皇后、德宗皇帝主于太廟。禮儀使杜黃裳等議，以爲：「國家法周制，太祖猶后稷，高祖猶文王，太宗猶武王，皆不遷。高宗在三昭三穆之外，請遷主于西夾室。」從之。

47 壬申，貶中書侍郎、同平章事韋執誼爲崖州司馬。執誼以嘗與王叔文異同，且杜黃裳壻，故獨後貶。然叔文敗，執誼亦自失形勢，知禍將至，雖尙爲相，常不自得，奄奄無氣，奄，衣廉翻。奄奄，言氣息微也。聞人行聲，輒惶悸失色，以至於貶。悸，其季翻。

48 戊寅，以韓全義爲太子少保，致仕。

49 劉闢不受徵，阻兵自守；袁滋畏其強，不敢進。上怒，貶滋爲吉州刺史。

50 復以右庶子武元衡爲御史中丞。是年三月，武元衡自御史中丞左遷右庶子，王叔文等惡之也。

51 朝議謂王叔文之黨或自員外郎出爲刺史，貶之太輕；朝，直遙翻。己卯，再貶韓泰爲虔州司馬，韓曄爲饒州司馬，柳宗元爲永州司馬，劉禹錫爲朗州司馬；舊志：虔州，京師東南四千一十七里；饒州，三千二百六十三里。永州，京師南三千二百七十四里；朗州，二千一百五十九里。又貶河中少尹陳諫爲台州司馬，和州刺史凌準爲連州司馬，岳州刺史程异爲郴州司馬。台州，京師東南四千一百七十七里；和州，二千六百八十三里；岳州，二千二百三十七里。

52 回鶻懷信可汗卒，遣鴻臚少卿孫杲臨弔，册其嗣爲騰里野合俱録毗伽可汗。自懷信立，回鶻藥葛羅氏絕矣。此後史皆書册其嗣，以表懷信子孫也。

53 十二月，甲辰，加山南東道節度使于頔同平章事。

54 以奉義節度使伊愼爲右僕射。

55 己酉，以給事中劉闢爲西川節度副使、知節度事。西川節度使領益、彭、蜀、漢、眉、嘉、資、簡、維、茂、黎、雅、松、扶、文、龍、戎、翼、邛、巂、姚、柘、恭、當、悉、奉、疊、靜等州，治成都。然西邊諸州多淪於異域矣。上以初嗣位，力未能討故也。右諫議大夫韋丹上疏，以爲：「今釋闢不誅，則朝廷可以指臂而使者，惟兩京耳。此外誰不爲叛！」上善其言。壬子，以丹爲東川節度使。丹，津之五世孫也。津，韋孝寬之子也。

56 辛酉，百官請上上皇尊號曰應乾聖壽太上皇；上尊號曰文武大聖孝德皇帝。上許上上皇尊號而自辭不受。

57 壬戌，以翰林學士鄭絪爲中書侍郎、同平章事。

58 以刑部郎中杜兼爲蘇州刺史。兼辭行，上書稱李錡且反，必奏族臣；上然之，留爲吏部郎中。

資治通鑑卷第二百三十七

端明殿學士兼翰林侍讀學士太中大夫提舉西京嵩山崇福宮上柱國河內郡開國公食邑二千二百戶食實封九百戶賜紫金魚袋臣司馬光奉敕編集
後學天台胡三省音註

唐紀五十三起柔兆閹茂（丙戌），盡屠維赤奮若（己丑）六月，凡三年有奇。

憲宗昭文章武大聖至神孝皇帝上之上諱淳，改爲純，順宗長子。通鑑書唐諸帝謚號，自玄宗已下，皆以葬陵謚册爲正。帝本謚曰聖神章武孝皇帝，大中三年平河湟，始追崇謚號曰昭文章武大聖至神孝皇帝。中、睿之後，唯順、憲、宣有尊崇謚號，故因而書之。

元和元年（丙戌、八〇六）

1 春，正月，丙寅朔，上帥羣臣詣興慶宮上上皇尊號。從百官之請也。帥，讀曰率。上，時掌翻。

2 丁卯，赦天下，改元。

3 辛未，以鄂岳觀察使韓皋爲奉義節度使。德宗貞元十九年名安黃軍曰奉義。癸酉，以奉義留後伊宥爲安州刺史兼安州留後。宥，愼之子也。壬午，加成德節度使王士眞同平章事。

4 甲申，上皇崩于興慶宮。年四十六。

5 劉闢既得旌節，去年以闢知西川節度，見上卷。志益驕，求兼領三川，上不許。闢遂發兵圍東川節度使李康於梓州，東川節度使，領梓、劍、綿、普、陵、榮、遂、合、渝、瀘等州，治梓州。梓州，漢郪縣地，劉禪置東廣漢郡。梁武陵王紀置新州，隋爲梓州。舊志：梓州至京師二千九十里。宋白曰：梓州，取梓潼江爲名。欲以同幕盧文若爲東川節度使。推官莆田林蘊力諫闢舉兵，武德五年，分南安置莆田縣，時屬泉州。風俗通曰：林姓，林放之後。孫愐曰：周平王次子林開之後。魯有林放、林雍，齊有林元。闢怒，械繫於獄，引出，將斬之，陰戒行刑者使不殺，但數礪刃於其頸，數，所角翻。欲使屈服而赦之。蘊叱之曰：「豎子，當斬即斬，我頸豈汝砥石邪！」闢顧左右曰：「眞忠烈之士也！」乃黜爲唐昌尉。儀鳳元年，分九隴、導江、郫，置唐昌縣，屬彭州。九域志：在州西二十八里。

上欲討闢而重於用兵，謂以用兵爲重事，不敢輕試也。公卿議者亦以爲蜀險固難取，杜黄裳獨曰：「闢狂戇書生，戇，竹巷翻。取之如拾芥耳！臣知神策軍使高崇文勇略可用，願陛下專以軍事委之，勿置監軍，闢必可擒。」上從之。翰林學士李吉甫亦勸上討蜀，上由是器之。器，所以適用；器之者，知其可用。戊子，命左神策行營節度使高崇文將步騎五千爲前軍，考異曰：實錄云「爲左軍。」按有左必有右，而云李元奕爲次軍，則崇文必前軍也。神策京西行營兵馬使李元奕將步騎二千爲次軍，與山南西道節度使嚴礪同討闢。時宿將名位素重者甚衆，皆自謂當征蜀之選，及詔用崇文，皆大驚。高崇文雖不足以望韓信，而亦能動時人之驚者，所居之地然也。

上與杜黃裳論及藩鎮，黃裳曰：「德宗自經憂患，務爲姑息，不生除節帥；帥，所類翻。有物故者，先遣中使察軍情所與則授之。中使或私受大將賂，歸而譽之，譽，音余。卽降旄鉞，未嘗有出朝廷之意者。陛下必欲振舉綱紀，宜稍以法度裁制藩鎮，則天下可得而理也。」上深以爲然，於是始用兵討蜀，以至威行兩河，皆黃裳啓之也。史言杜黃裳開憲宗削平藩鎮之略，其功不在裴度下。

高崇文屯長武城，練卒五千，常如寇至，卯時受詔，辰時卽行，器械糗糧，糗，去久翻。熬米麥爲糗。一無所闕。甲午，崇文出斜谷，斜，昌遮翻。谷，音浴，又如字。李元奕出駱谷，同趣梓州。崇文軍至興元，軍士有食於逆旅，折人匕筯者，崇文斬之以徇。折，而設翻。

劉闢陷梓州，執李康。二月，嚴礪拔劍州，斬其刺史文德昭。嚴礪先拔劍州，故高崇文因以鼓行入蜀，礪之功爲不可揜矣。宋白曰：劍州，漢廣漢之梓潼縣。華陽國志云：諸葛亮相蜀，鑿石架空，爲飛閣以通蜀、漢。晉以其地入梓潼郡，梁爲安州。西魏伐蜀，先下安州，因克成都，改安州爲始州，唐先天二年改爲劍州。舊志：劍州至京師一千六百六十二里。

6 奚王誨落可入朝。丁酉，以誨落可爲饒樂郡王，遣歸。樂，音洛。

7 癸丑，加魏博節度使田季安同平章事。

8 戊午，上與宰相論「自古帝王，或勤勞庶政，或端拱無爲，互有得失，何爲而可？」杜黃裳對曰：「王者上承天地宗廟，下撫百姓四夷，夙夜憂勤，固不可自暇自逸。然上下有分，分，扶問翻。紀綱有敍；苟慎選天下賢材而委任之，有功則賞，有罪則刑，選用以公，賞刑以信，則誰不盡力，何求不獲哉！明主勞於求人而逸於任人，此虞舜所以能無爲而治者也。孔子曰：「無爲而治者，其舜也歟！」治，直吏翻。至於【章：十二行本「於」下有「簿書」二字；乙十一行本同；孔本同；退齋校同。】獄市煩細之事，各有司存，非人主所宜親也。昔秦始皇以衡石程書，史記盧生曰：始皇天性剛戾，天下之事無小大皆決於主上，至以衡石程書，日夜有程，不中程者不得休息。魏明帝自按行尚書事，見七十二卷太和六年。行，下孟翻。隋文帝衞士傳餐，事見一百九十三卷太宗貞觀四年。皆無補於當時，取譏於後來，其耳目形神非不勤且勞也，所務非其道也。夫人主患不推誠，人臣患不竭忠。苟上疑其下，下欺其上，將以求理，理，治也。不亦難乎！」上深然其言。

9 三月，丙寅，以神策行營京西【章：十二行本作「京西行營」；乙十一行本同；孔本同。】節度使范希朝爲右金吾大將軍。

10 高崇文引兵自閬州趣梓州，九域志：閬州，西南至梓州三百餘里。趣，七喻翻。劉闢將邢泚引兵遁去，崇文入屯梓州。闢歸李康於崇文以求自雪，崇文以康敗軍失守，斬之。考異曰：劉崇遠金華子雜編曰：「高駢在淮海、周寶在浙西爲節度使，相與有隙。駢忽遣使悔敍離絕，願復和好，請境會於金山。寶謂其使者曰：『我非李康，更要作家門功勳，欺誑朝廷邪！』」註云：「元和中，李康鎮東川，傳有異志。駢祖崇文鎮西川，乃僞設鄰好，康不防備，來會於境，爲崇文所斬。」補國史曰：「劉闢舉兵下東蜀，連帥李康棄城奔走。崇文下劍閣日，長子日暉不當矢石，欲戮之以勵衆。師次綿州，斬李康。疏康擅離征鎮，不爲拒敵。」註云：「當時議論云，康任懷州刺史日，杖殺武陟尉，卽崇文判官宋君平之父，乘此事爲之復讎。」按金華子言，固不知李康爲劉闢所圍事，而云崇文誘誅之。補國史又不知被擒事，而云棄城走。此皆得於傳聞，不可爲據。今從舊傳。丙子，嚴礪奏克梓州。丁丑，制削奪劉闢官爵。

11 初，韓全義入朝，以其甥楊惠琳知夏綏留後。朝，直遥翻。夏，戶雅翻。杜黃裳以全義出征無功，驕蹇不遜，直令致仕；事見上卷永貞元年。以右驍衛將軍李演爲夏綏節度使。惠琳勒兵拒之，表稱「將士逼臣爲節度使。」河東節度使嚴綬表請討之，詔河東、天德軍合擊惠琳，綬遣牙將阿跌光進及弟光顏將兵赴之。阿，烏葛翻。跌，徒結翻。光進本出河曲步落稽，兄弟在河東軍，皆以勇敢聞。考異曰：舊李光進傳曰：「肅宗自靈武觀兵，光進從郭子儀破賊收兩京。上元初，郭子儀爲朔方節度，用光進爲都知兵馬使，尋遷渭北節度使。大曆四年，葬母於京城南原，將相致祭者凡四十四幄。」此乃李光弼弟光進事也，而劉昫置之此傳下，乃云「元和四年范希朝救易定，表光進爲馬步都虞候。」其疏謬如此。辛巳，夏州兵馬使張承金斬惠琳，傳首京師。

12 東川節度使韋丹至漢中，表言「高崇文客軍遠鬬，無所資，若與梓州，綴其士心，必能有功。」夏，四月，丁酉，以崇文爲東川節度副使、知節度事。考異曰：實錄於此云爲東川節度使，至十月除西川時，則云東川節度副使知節度事，蓋此時誤也。

13 潘孟陽所至，專事遊晏，從僕三百人，多納賄賂；從，才用翻。上聞之，甲辰，以孟陽爲大理卿，罷其度支、鹽鐵轉運副使。潘孟陽出使見上卷上年。

14 丙午，策試制舉之士，歐陽修曰：唐選舉之制，天子自詔曰制舉，所以待非常之才焉。於是校書郎元稹、稹，止忍翻。監察御史獨孤郁、校書郎下邽白居易、前進士蕭俛、沈傳師出焉。郁，及之子；獨孤及見二百二十三卷代宗永泰元年。俛，華之孫；蕭華見二百二卷肅宗上元二年。傳師，既濟之子也。沈既濟見二百二十六卷代宗大曆十四年。

15 杜佑請解財賦之職，仍舉兵部侍郎、度支使、鹽鐵轉運副使李巽自代。丁未，加佑司徒，罷其鹽鐵轉運使，以巽爲度支、鹽鐵轉運使。自劉晏之後，居財賦之職者，莫能繼之。巽掌使一年，掌使，言掌使職也。使，疏吏翻。征課所入，類晏之多，明年過之，又一年加一百八十萬緡。然則李巽勝劉晏乎！曰：不如也。晏猶有遺利在民，巽則盡取之也。

16 戊申，加隴右經略使、秦州刺史劉澭保義軍節度使。鳳翔普潤縣，先置隴右軍，今改名保義軍。澭，於容翻，又於用翻。

17 辛酉，以元稹爲左【章：十二行本「左」作「右」；乙十一行本同；孔本同。】拾遺，【章：十二行本「遺」下有「獨孤郁爲左拾遺」七字；乙十一行本同；孔本同；張校同；退齋校同。】白居易爲盩厔尉、集賢校理，蕭俛爲右拾遺，集賢校理，開元八年置。俛，音免。沈傳師爲校書郎。

稹上疏論諫職，考異曰：稹自敍及新傳，先上教本書，論諫職在後。今從舊傳。以爲：「昔太宗以王珪、魏徵爲諫官，宴遊寢食未嘗不在左右，又命三品以上入議大政，必遣諫官一人隨之，以參得失，見一百九十二卷太宗貞觀元年。故天下大理。大理，猶言大治也。今之諫官，大不得豫召見，次不得參時政，排行就列，朝謁而已。行，戶剛翻。近年以來，正牙不奏事，德宗貞元十八年，罷正牙奏事，事見上卷。庶官罷巡對，巡對，猶今云轉對。貞元十七年，令常參官每日引見二人，訪以政事，謂之巡對。至元和元年，武元衡奏曰：「正衙已有待制官兩員，貞元七年又有次對；難議兩置。」詔「今後每坐日兩人待制正衙，退後於延英候對，中書、門下、御史臺官依故事，並不待制。」則是自正衙待制以外，凡德宗所置次對皆罷矣。宋白曰：貞元七年，令常參官日二人引見，謂之巡對。二十一年，御史中丞李鄘奏：「準貞元七年敕，常參官並令依次對者。伏以朝夕承命，已有待制官兩員，足備顧問。今更置次對，恐煩聖聽。」敕「宜停」。諫官能舉職者，獨誥命有不便則上封事耳。君臣之際，諷諭於未形，籌畫於至密，尙不能回至尊之盛意，況於既行之誥令，已命之除授，而欲以咫尺之書收絲綸之詔，誠亦難矣。記曰：王言如絲，其出如綸。王言如綸，其出如綍。願陛下時於延英召對，使盡所懷，豈可寘於其位而屏棄疏賤之哉！」屏，必郢翻，又卑正翻。

頃之，復上疏，復，扶又翻。以爲：「理亂之始，必有萌象。開直言，廣視聽，理之萌也。甘諂諛，蔽近習，亂之象也。自古人君卽位之初，必有敢言之士，人君苟受而賞之，則君子樂行其道，【章：十二行本「道」下有「競爲忠讜」四字；乙十一行本同；退齋校同。】小人亦貪得其利，不爲回邪矣。元稹此二語，蓋自道出心事也。樂，音洛。如是，則上下之志通，幽遠之情達，欲無理得乎！理，治也；與亂對言。苟拒而罪之，則君子卷懷括囊以保其身，孔子曰：邦無道，則可卷而懷之。易坤之六四曰：括囊，無咎無譽。文言曰：天地閉，賢人隱。易曰：括囊，無咎無譽，蓋言謹也。括，結也，方言云，閉也。小人阿意迎合以竊其位矣。如是，則十步之事，皆可欺也，欲無亂得乎！昔太宗初卽政，孫伏伽以小事諫，太宗喜，厚賞之。見一百九十五卷貞觀十二年。故當是時，言事者惟患不深切，未嘗以觸忌諱爲憂也。太宗豈好逆意而惡從欲哉？好，呼到翻。惡，烏路翻。誠以順適之快小，而危亡之禍大故也。陛下踐阼，今以周歲，以，當作已。【章：乙十一行本正作「已」；孔本同。】未聞有受伏伽之賞者。臣等備位諫列，曠日彌年，不得召見，每就列位，屏氣鞠躬，不敢仰視，又安暇議得失，獻可否哉！供奉官尚爾，況疏遠之臣乎！兩省官，自遺、補以上，皆供奉官也。屏，卑郢翻。此蓋羣下因循之罪也。」因條奏請次對百官、復正牙奏事、禁非時貢獻等十事。

稹又以貞元中王伾、王叔文以伎術得幸東宮，永貞之際幾亂天下，伎，渠綺翻。幾，居希翻。上書勸上早擇脩正之士使輔導諸子，以爲：「太宗自爲藩王，與文學清脩之士十八人居。事見一百八十九卷高祖武德四年。後代太子、諸王，雖有僚屬，日益疏賤，至於師傅之官，非眊聵廢疾不任事者，眊，莫報翻，目昏也。聵，五怪翻，耳聾也。任，音壬。則休戎罷帥不知書者爲之。帥，所類翻。其友諭贊議之徒，尤爲冗散之甚，按唐制：王府有諮議參軍、有友，有文學。元稹所謂友諭贊議者，蓋謂友以諭教，諮議則贊議也。冗散之官，今謂之閒慢差遣。冗，而隴翻。散，蘇旱翻。搢紳皆恥由之。就使時得僻老儒生，越月踰時，僅獲一見，又何暇傅之德義，納之法度哉！夫以匹士愛其子，猶知求明哲之師而教之，況萬乘之嗣，繫四海之命乎！」乘，繩證翻。上頗嘉納其言，時召見之。

18 壬戌，邵王約薨。約，上弟也。

19 五月，丙子，以横海留後程執恭爲節度使。

20 庚辰，尚書左丞、同平章事鄭餘慶罷爲太子賓客。

21 辛卯，尊太上皇后爲皇太后。

22 劉闢城鹿頭關，連八栅，屯兵萬餘人以拒高崇文。六月，丁酉，崇文擊敗之。敗，補邁翻。闢置栅於關東萬勝堆。戊戌，崇文遣驍將范陽高霞寓攻奪之，下瞰闢城；瞰，古濫翻。凡八戰皆捷。

23 加盧龍節度使劉濟兼侍中。己亥，加平盧節度使李師古兼侍中。

24 庚子，高崇文破劉闢於德陽；武德三年，分雒縣置德陽縣，屬漢州。九域志：在州東北八十五里。癸卯，又破之於漢州；嚴礪遣其將嚴秦破闢衆萬餘人於綿州石碑谷。九域志：漢州綿竹縣有石碑鎮。意「州」字蓋「竹」字之誤也。

25 初，李師古有異母弟曰師道，常疏斥在外，不免貧窶。窶，其矩翻。師古私謂所親曰：「吾非不友於師道也，吾年十五擁節旄，自恨不知稼穡之艱難。況師道復減吾數歲，復，扶又翻。吾欲使之知衣食之所自來，且以州縣之務付之，計諸公必不察也。」及師古疾篤，師道時知密州事，好畫及觱篥。好，呼到翻。畫，戶卦翻。觱，壁吉翻。篥，力質翻。胡人吹葭管，謂之觱篥。樂府雜錄：觱篥，葭管也，卷蘆爲頭，截竹爲管，出於胡地。制法角音，九孔漏聲，五音。唐編入鹵簿，名爲笳管；用之雅樂，以爲雅管；六竅之制，則爲鳳管。旋宮轉器，以應律者也。杜佑曰：觱篥，一名悲篥，出於胡中，其聲悲。東夷有以卷桃皮爲之者。亦出南蠻。又樂府雜錄曰：觱篥，本龜茲樂。師古謂判官高沐、李公度曰：「迨吾之未亂也，迨，及也。疾病則亂。欲有問於子。我死，子欲奉誰爲帥乎？」二人相顧未對。師古曰：「豈非師道乎？人情誰肯薄骨肉而厚他人，顧置帥不善，則非徒敗軍政也，帥，所類翻；下同。敗，蒲邁翻。且覆吾族。師道爲公侯子孫，不務訓兵理人，專習小人賤事以爲己能，果堪爲帥乎？幸諸公審圖之！」閏月，壬戌朔，師古薨。沐、公度祕不發喪，潛逆師道于密州，奉以爲節度副使。

26 秋，七月，癸丑，高崇文破劉闢之衆萬人於玄武。劉昫曰：玄武，漢氏道地，晉改曰玄武。五代史志：玄武，舊曰伍城，後周置玄武郡；隋開皇初，廢郡改縣，曰玄武，唐屬梓州。九域志：在州西九十里。甲午，詔：「凡西川繼援之兵，悉取崇文處分。」處，昌呂翻。分，扶問翻。

27 壬寅，葬至德大聖大安孝皇帝于豐陵，豐陵，在京兆富平縣東三十里甕金山。廟號順宗。

28 八月，壬戌，以妃郭氏爲貴妃。

29 丁卯，立皇子寧爲鄧王，寬爲澧王，宥爲遂王，察爲深王，寰爲洋王，寮爲絳王，審爲建王。此皆以當時州名爲封國之名。

30 李師道總軍務，久之，朝命未至。師道謀於將佐，或請出兵掠四境；高沐固止之，請輸兩稅，申官吏，行鹽法，以表謹事朝廷，不襲朝廷〔師古〕所爲也。遣使相繼奉表詣京師。杜黄裳請乘其未定而分之；上以劉闢未平，己巳，以師道爲平盧留後、知鄆州事。

31 堂後主書滑渙久在中書，堂後主書，卽今之堂後官也。滑，戶八翻，姓也。與知樞密劉光琦相結，宰相議事有與光琦異者，令渙達意，常得所欲，杜佑、鄭絪等皆低意善視之。鄭餘慶與諸相議事，渙從旁指陳是非，餘慶怒叱之；未幾，罷相。四方賂遺無虛日，幾，居豈翻。遺，唯季翻。中書舍人李吉甫言其專恣，請去之。去，羌呂翻。上命宰相闔中書四門搜掩，闔，轄臘翻。盡得其姦狀，九月，辛丑，貶渙雷州司戶，宋白曰：雷州，漢合浦郡之徐聞縣地，梁分置合州，大同末以合肥爲合州，以此爲南合州，唐改雷州。尋賜死；籍沒，家財凡數千萬。

32 壬寅，高崇文又敗劉闢之衆於鹿頭關；敗，補邁翻。嚴秦敗劉闢之衆於神泉。神泉，漢涪城地，晉置西園縣。隋改爲神泉縣，以縣西有泉能愈疾也；唐屬綿州。九域志：在州西北八十五里。河東將阿跌光顏將兵會高崇文於行營，愆期一日，愆，過也；愆期，過期也。懼誅，欲深入自贖，軍于鹿頭之西，斷其糧道，斷，音短。城中憂懼。於是闢、綿江柵將李文悅、綿水，在綿州雒縣東三十里，源出綿竹縣紫巖山。鹿頭守將仇良輔皆以城降於崇文；獲闢壻蘇彊，士卒降者萬計。崇文遂長驅直指成都，所向崩潰，軍不留行；辛亥，克成都。劉闢、盧文若帥數十騎西奔吐蕃，帥，讀曰率。崇文使高霞寓等追之，及於羊灌田；彭州有羊灌田守捉。闢赴江不死，擒之。文若先殺妻子，乃繫石自沈。沈，持林翻。崇文入成都，屯於通衢，休息士卒，市肆不驚，珍貨山積，秋豪不犯。檻劉闢送京師。斬闢大將邢泚、館驛巡官沈衍，考異曰：林恩補國史曰：「衍與段文昌，闢逼令判案，禮同上介，亦接諸公候謁。崇文目段公曰：『公必爲將相，未敢奉薦。』揖起。沈衍令梟首摽於驛門。二人誅賞之異，未曉其意何如也。」餘無所問。軍府事無巨細，命一遵韋南康故事，韋皋封南康郡王。從容指撝，一境皆平。從，千容翻。撝，許爲翻。

初，韋皋以西山運糧使崔從知邛州事，劉闢反，從以書諫闢；闢發兵攻之，從嬰城固守；闢敗，乃得免。從，融之曾孫也。崔融事武后，以文華著。

韋皋參佐房式、韋乾度、獨孤密、符載、郗士美、段文昌等素服麻屨，銜土請罪；崇文皆釋而禮之，草表薦式等，厚贐而遣之。以貨財送行曰贐。目段文昌曰：「君必爲將相，未敢奉薦。」載，廬山人；廬山，在江州尋陽，未嘗置縣。恐誤。式，琯之從子；房琯相肅宗。文昌，志玄之玄孫也。段志玄，唐初開國功臣。

闢有二妾，皆殊色，監軍請獻之，崇文曰：「天子命我討平凶豎，當以撫百姓爲先，遽獻婦人以求媚，豈天子之意邪！崇文義不爲此。」乃以配將吏之無妻者。史言高崇文受命專征，有可稱者。

杜黃裳建議征蜀及指受高崇文方略，「受」，當作「授」。皆懸合事宜。崇文素憚劉澭，時京西諸鎮諸將，劉澭持軍號爲嚴整，故崇文憚之。黃裳使謂之曰：「若無功，當以劉澭相代。」故能得其死力。及蜀平，宰相入賀，上目黃裳曰：「卿之功也！」

33 辛巳，詔徵少室山人李渤爲左拾遺；少室山，在河南登封縣。少，詩沼翻。渤辭疾不至，然朝政有得失，渤輒附奏陳論。朝，直遙翻。

34 冬，十月，甲子，易定節度使張茂昭入朝。

35 制割資、簡、陵、榮、昌、瀘六州隸東川。資州，漢資中縣地，隋置資陽郡，唐爲資州。乾元二年，分資、瀘、普、合四州之境置昌州。房式等未至京師，皆除省寺官。史言憲宗急於收拾人才以安反側。丙寅，以高崇文爲西川節度使。戊辰，以嚴礪爲東川節度使。

庚午，以將作監柳晟爲山南西道節度使。晟至漢中，府兵討劉闢還，未至城，府兵，漢中之兵也。唐以漢中爲興元府，故謂之府兵，非唐初所謂府兵也。詔復遣戍梓州；軍士怨怒，脅監軍，謀作亂。晟聞之，疾驅入城，慰勞之，復，扶又翻；下可復同。勞，力到翻。既而問曰：「汝曹何以得成功？」對曰：「誅反者劉闢耳。」晟曰：「闢以不受詔命，故汝曹得以立功，豈可復使他人誅汝以爲功邪？」衆皆拜謝，請詣戍所如詔書。軍府由是獲安。

36 壬申，【章：十二行本「申」作「午」；乙十一行本同；孔本同；張校云缺「壬午」二字。】以平盧留後李師道爲節度使。

37 戊子，劉闢至長安，并族黨誅之。

38 武寧節度使張愔有疾，上表請代。十一月，戊申，徵愔爲工部尚書，以東都留守王紹代之，王紹本名純，避上名改焉。復以濠、泗二州隸武寧軍。分濠、泗二州見二百三十五卷德宗貞元十六年。徐人喜得二州，故不爲亂。

39 丙辰，以內常侍吐突承璀爲左神策中尉。璀，七罪翻。承璀事上於東宮，以幹敏得幸。

40 是歲，回鶻入貢，始以摩尼偕來，於中國置寺處之。回鶻之摩尼，猶中國之僧也；其敎與天竺又異。按唐書會要十九卷：回鶻可汗王令明敎僧進法入唐。大曆三年六月二十九日，敕賜回鶻摩尼，爲之置寺，賜額爲大雲光明。六年正月，敕賜荆、洪、越等州各置大雲光明寺一所。唐史補卷：蕃人常與摩尼僧議政，京城爲之立

爲承璀喪師其甚幾於亂國張本。

寺。其法，日晚乃食，飲水茹葷而不食乳酪。其大摩尼，數年一度來往本國，小者年轉。唐史回鶻列傳：元和初，再朝獻，始以摩尼至，日晏乃食。可汗常與共國也。處，昌呂翻。其法日晏乃食，食葷而不食湩酪。葷，許云翻，辛臭菜也。湩，多貢翻，乳汁也。回鶻信奉之，可汗或與議國事。

二年（丁亥、八〇七）

1春，正月，辛卯，上祀圜丘；赦天下。

2上以杜佑高年重德，禮重之，常呼司徒而不名。佑以老疾，請致仕；詔令佑每月入朝不過再三，因至中書議大政；他日聽歸樊川。杜佑治亭觀於樊川，與賓客置酒爲樂。

3門下侍郎、同平章事杜黃裳，有經濟大略而不脩小節，故不得久在相位。乙巳，以黃裳同平章事，充河中、晉、絳、慈、隰節度使。己酉，以戶部侍郎武元衡爲門下侍郎，翰林學士李吉甫爲中書侍郎，並同平章事。吉甫聞之感泣，謂中書舍人裴垍曰：「吉甫流落江、淮，踰十五年，德宗貞元七年，竇參貶，陸贄相，疑吉甫黨於參，貶明州長史。至是爲相，凡十六年。垍，其冀翻。一旦蒙恩至此。思所以報德，惟在進賢，而朝廷後進，罕所接識，君有精鑒，願悉爲我言之。」爲，于僞翻。垍取筆疏三十餘人；數月之間，選用略盡。當時翕然稱吉甫爲得人。

4二月，癸酉，邕州奏破黃賊，獲其酋長黃承慶。黃賊，西原洞蠻也。酋，慈由翻。長，知兩翻。

5夏，四月，甲子，以右金吾大將軍范希朝爲朔方、靈、鹽節度使，以右神策、鹽州、定遠兵隸焉，定遠軍，本屬靈州。靈、鹽接境，相距三百里，定遠軍在黄河北岸，蓋分戍鹽州也。又按宋白續通典：左神策，京西北八鎮，普潤鎮、崇信城、定平鎮、□□□、歸化城、定遠城、永安城、郃陽縣也。右神策五鎮，奉天鎮、麟遊鎮、良原鎮、慶州鎮、懷遠城也。今曰右神策，豈懷遠兵歟？鹽州前此得專奏事朝廷，今復屬朔方。以革舊弊，任邊將也。范希朝自宿衞出帥，故言以革任邊將之弊。

6 秋，八月，劉濟、王士眞、張茂昭爭私隙，迭相表請加罪。戊寅，以給事中房式爲幽州、成德、義武宣慰使，和解之。宋白曰：乾元元年，戶部尚書李峘除都統淮南、江東、江西節度觀察宣慰處置使。宣慰之名始此。

7 九月，乙酉，密王綢薨。綢，上弟也。

8 夏、蜀既平，夏，楊惠琳。蜀，劉闢。藩鎮惕息，言惕惕危懼，苟延氣息也。多求入朝。鎮海節度使李錡亦不自安，求入朝；上許之，遣中使至京口慰撫，且勞其將士。勞，力到翻。錡雖署判官王澹爲留後，實無行意，屢遷行期，澹與敕使數勸諭之；數，所角翻。錡不悅，上表稱疾，請至歲暮入朝。上以問宰相，武元衡曰：「陛下初卽政，錡求朝得朝，求止得止，可否在錡，將何以令四海！」上以爲然，下詔徵之。錡詐窮，遂謀反。

王澹既掌留務，掌留務者，掌留後事務。於軍府頗有制置，錡益不平，密諭親兵使殺之。會頒冬服，唐養兵之制，有春衣、冬衣。錡嚴兵坐幄中，澹與敕使入謁，有軍士數百譟於庭曰：「王澮何人，擅主軍務！」曳下，臠食之；大將趙琦出慰止，又臠食之；注刃於敕使之頸，詬詈，將殺之；詬，許候翻；又苦候翻。錡陽驚，救之。

冬，十月，己未，詔徵錡爲左僕射，以御史大夫李元素爲鎮海節度使。庚申，錡表言軍變，殺留後、大將。先是錡選腹心五人爲所部五州鎮將，先，悉薦翻。姚志安處蘇州，李深處常州，趙惟忠處湖州，丘自昌處杭州，高肅處睦州，處，昌呂翻；下處置同。各有兵數千，伺察刺史動靜。伺，相吏翻。至是，錡各使殺其刺史，遣牙將庾伯良將兵三千治石頭。【章：十二行本「頭」下有「城」字；乙十一行本同；退齋校同。】治，直之翻，脩治也。常州刺史顏防用客李雲計，矯制稱招討副使，斬李深，傳檄蘇、杭、湖、睦，請同進討。湖州刺史辛祕潛募鄉閭子弟數百，夜襲趙惟忠營，斬之。蘇州刺史李素爲姚志安所敗，敗，補邁翻。生致於錡，具桎梏釘於船舷，釘，丁定翻。舷，胡田翻。船邊曰舷。未及京口，會錡敗，得免。

乙丑，制削李錡官爵及屬籍。李錡，宗室也，故著於屬籍。以淮南節度使王鍔統諸道兵爲招討處置使；徵宣武、義寧、武昌兵此時無義寧軍；新書作「武寧」，當從之。鍔，五各翻。并淮南、宣歙兵俱出宣州，淮南兵與宣歙兵會于宣州界，乘上流之勢以臨京口。是時，宣州之地北盡當塗，至江滸。江西兵出信州，浙東兵出杭州，以討之。

9 高崇文在蜀期年，一旦謂監軍曰：「崇文，河朔一卒，高崇文本幽州人。幸有功，致位至此。西川乃宰相回翔之地，崇文叨居日久，豈敢自安！」屢上表稱「蜀中安逸，無所陳力，願效死邊陲。」考異曰：舊崇文傳曰：「崇文不通文字，厭大府案牘諮禀之煩，且以優富之地，無所陳力，乞居塞上以扞邊戍，懇疏累上。」舊武元衡傳曰：「崇文理軍有法，而不知州縣之政，上難其代者。」今從補國史，參以舊傳。上擇可以代崇文者而難其人。丁卯，以門下侍郎、同平章事武元衡同平章事，充西川節度使。考異曰：孫光憲北夢瑣言曰：「李德裕太尉未出學院，盛有詞藻，而不樂應舉。吉甫相，俾親表勉之。掌武曰：『好驢馬不入行。』由是以品子叙官也。吉甫相，以武相元衡同列，事多不叶，每退公，詞色不懌。掌武啓白曰：『此出之何難！』乃請修狄梁公廟。於是武相漸求出鎮。其智計已聞於早成矣。」今從實錄及舊傳。

10 李錡以宣州富饒，欲先取之，遣兵馬使張子良、李奉仙、田少卿將兵三千襲之。三人知錡必敗，與牙將裴行立同謀討之。行立，錡之甥也，故悉知錡之密謀。三將營於城外，將發，召士卒諭之曰：「僕射反逆，官軍四集，常、湖二將繼死，其勢已蹙。今乃欲使吾輩遠取宣城，宣州宣城郡。吾輩何爲隨之族滅！豈若去逆效順，轉禍爲福乎！」衆悅，許諾，即夜，還趨城。趨，七喻翻；下兵趨、趨山同。行立舉火鼓譟，應之於內，引兵趨牙門。錡聞子良等舉兵，怒，聞行立應之，撫膺曰：「吾何望矣！」跣走，匿樓下。親將李鈞引挽強三百趨山亭，欲戰；行立伏兵邀斬之。錡舉家皆哭，左右執錡，裹之以幕，縋於城下，縋，馳僞翻。械送京師。挽強、蕃落爭自殺，尸相枕藉。錡養挽強、蕃落事見上卷德宗貞元十七年。枕，職任翻。藉，慈夜翻。

癸酉，本軍以聞。本軍，爲浙西軍。乙亥，羣臣賀於紫宸殿。紫宸殿，在宣政殿北。上愀然曰：愀，七小翻。「朕之不德，致宇內數有干紀者，數，所角翻。朕之愧也，何賀之爲！」

宰相議誅錡大功以上親，大功，謂從父兄、弟、姊、妹；以上，則朞親也。兵部郎中蔣乂曰：「錡大功親，皆淮安靖王之後也。淮安王神通謚曰靖。淮安有佐命之功，陪陵、享廟，神通起兵以應義師，以功陪葬獻陵，配享高祖廟廷。豈可以末孫爲惡而累之乎！」累，力瑞翻。又欲誅其兄弟，乂曰：「錡兄弟，故都統國貞之子也，國貞死王事，事見二百二十二卷肅宗寶應元年。豈可使之不祀乎！」宰相以爲然。辛巳，錡從父弟宋州刺史銛等皆貶官流放。銛，思廉翻。

十一月，甲申朔，錡至長安，上御興安門，唐大明宮南面五門，興安門西來第一門也。面詰之。對曰：「臣初不反，張子良等敎臣耳。」上曰：「卿爲元帥，子良等謀反，何不斬之，然後入朝？」錡無以對。乃幷其子師回腰斬之。考異曰：實錄：「誅錡後數日，上遣中使齎黃衣二襲，命有司收其尸幷男，以庶人禮葬焉。」國史補曰：「李錡之擒也，得侍婢一人隨之。錡夜則裂襟自書筦榷之功，言爲張子良所賣。教侍婢曰：『結之於帶。吾若從容奏對，必當爲宰相、楊益節度；不得從容，當受極刑矣。我死，汝必入內，上必問汝，當以此進之。』及錡伏法，京城大霧三日不解，或聞鬼哭。憲宗又得帛書，頗疑其冤，內出黃衣二襲賜錡及子，敕京兆收葬。」按李錡驕逆，何冤之有！今從實錄。

有司請毀錡祖考冢廟，中丞盧坦上言：「李錡父子受誅，罪已塞矣。塞，悉則翻。昔漢誅霍禹，不罪霍光；誅霍禹見二十五卷漢宣帝地節四年。先朝誅房遺愛，不及房玄齡。誅房遺愛見一百九十九卷高宗永徽四年。康誥曰：『父子兄弟，罪不相及。』左傳晉胥臣引康誥之辭。今尚書康誥無有此語。況以錡爲不善而罪及五代祖乎！」乃不毀。

有司籍錡家財輸京師。翰林學士裴垍、李絳上言，以爲：「李錡僭侈，割剝六州之人以富其家，或枉殺其身而取其財。六州，潤、睦、常、蘇、湖、杭也。陛下閔百姓無告，故討而誅之，今輦金帛以輸上京，恐遠近失望。願以逆人資財賜浙西百姓，代今年租賦。」上嘉歎久之，卽從其言。

11 昭義節度使盧從史，內與王士眞、劉濟潛通，而外獻策請圖山東，時魏博、恆冀在太行山之東。擅引兵東出。上召令還，【章：十二行本「還」下有「上黨」二字；乙十一行本同；孔本同；張校同；退齋校同。】從史託言就食邢、洺，不時奉詔；久之，乃還。考異曰：蔣偕李司空論事曰：「絳奏：『從史比來事就彰露頗多，意不自安，務欲生事，所以曲陳利害，頻獻計謀，冀許用兵以求姑息。今請親領士馬，欲往邢、洺，假以就糧，實爲動衆。去就之際，情狀可知。』」舊從史傳曰：「前年丁父憂，朝旨未議起復。屬王士眞卒，從史竊獻誅承宗計以希上意，用是起授，委其成功。及詔下討賊，兵出，逗留不進，陰與承宗通謀，令軍士潛懷賊號。」按三年九月戊戌，李吉甫罷相，出鎭揚州。四年二月丁卯，鄭絪罷相。三月乙酉，王士眞卒，承宗始襲位。四月壬辰，從史起復。若以從史山東就糧卽請討承宗之時，則於時吉甫、絪皆已罷相，何得有譖絪之事！又貶從史制辭云：「況頃年上請就食山東，及遺旋師，不時恭命，致動其衆，覬生其心。賴劉濟抗忠正之辭，使邪豎絕遲迴之計。加以偏毀鄰境，密疏事情，反覆百端，高下在手。」若是討承宗時朝廷不違其請，何嘗使之旋師！　蓋李、鄭未罷之前，從史嘗毀鄰道，乞加征討，因擅引兵出山東。　朝廷命旋師，託以就食邢、洺，不時奉詔，但不知事在何年月日，所欲攻討者何人，劉濟有何辭而從史肯旋，今因李絳論李錡家財事幷言之。　新書云「從史與承宗連和，有詔歸潞。」誤也。

他日，上召李絳對於浴堂，唐禁中有浴堂殿，德宗以來常居之。　沈括曰：浴堂殿在翰林院北，翰林院別設北扉，以便於應召。　按舊書裴延齡傳：德宗謂延齡曰：「朕所居浴堂院殿一栿，以年多之故，似有損蠹，欲換之未能。」以此知德宗常居浴堂殿也。　程大昌曰：沈氏謂學士院北扉，爲在浴堂之南，便於應召，此誤也。　學士院在紫宸、蓬萊殿之西。　浴堂殿自在紫宸之東，不在學士院南也。　唐學士多對浴堂殿。　李絳之極論中官，柳公權之濡紙繼燭，皆其地也。　然自六典以及呂圖皆無此一殿。　石林葉氏曰：學士院北扉者，浴堂之南，便於應召，此恐未審也。學士院之北爲翰林院，翰林院之北爲少陽院。　設或浴堂在此，亦爲寢殿、三殿之所間隔，不容有北門可以與之相屬也。　館本唐圖則有浴堂殿，而殿之位置乃在綾綺殿南也。　綾綺者，長安志曰，在蓬萊殿東也。　而夫學士院者，自在蓬萊正西也。　東西既已相絕，中間多有別殿，無由有門可以相爲南北也。　長安志嘗記浴堂門、浴堂殿、浴堂院矣，且曰文宗嘗於此殿召對鄭注，而於浴堂殿對學士焉。　又別有浴堂院，亦同一處，可以知其必在大明矣，而不著其正在何地。　故予意館圖所記在綾綺殿南者，是也。　而元稹承旨廳記又有可證者，其說曰：乘輿奉郊廟，則承旨得乘廄馬，自浴殿由內朝以從。　若外賓進見於麟德，則止直禁中以俟。　夫內朝也者，紫宸殿也。　唐之郊廟皆在都城之南，人主有事郊廟，若非自丹鳳門出，必由承天門出，決不向後迂出西銀臺門也。　則浴堂之可趨內朝也，內朝之必趨丹鳳門也，其理固已可必矣；又謂殿在蓬萊殿東，卽與紫宸殿相屬，又可必矣。　然則館圖位置，其與元稹所記殆相發揮，大可信也。　至于外賓客見于麟德，則麟德並學士院東，則不待班從而可居院以待也。　合二語以想事宜，則浴堂也必在紫宸殿東，而不在其西也。語之曰：「事有極異者，朕比不欲言之。語，牛倨翻。比，毗至翻。朕與鄭絪議敕從史歸上黨，續徵入朝。絪乃泄之於從史，使稱上黨乏糧，就食山東。爲人臣負朕乃爾，將何以處之？」處，昌呂翻。對曰：「審如此，滅族有餘矣！然絪、從史必不自言，陛下誰從得之？」上曰：「吉甫密奏。」絳曰：「臣竊聞搢紳之論，稱絪爲佳士，恐必不然。或者同列欲專朝政，朝，直遥翻。疾寵忌前，願陛下更熟察之，勿使人謂陛下信讒也！」上良久曰：「誠然，絪必不至此。非卿言，朕幾誤處分。」幾，居希翻。處，昌呂翻。分，扶問翻。

上又嘗從容問絳曰：從，千容翻。「諫官多謗訕朝政，皆無事實，朕欲謫其尤者一二人以儆其餘，何如？」對曰：「此殆非陛下之意，必有邪臣以壅蔽陛下之聰明者。人臣死生，繫人主喜怒，敢發口諫者有幾！就有諫者，皆晝度夜思，朝删暮減，比得上達，什無二三。度，徒洛翻。比，必利翻，及也。故人主孜孜求諫，猶懼不至，況罪之乎！如此，杜天下之口，非社稷之福也。」上善其言而止。

12 羣臣請上尊號曰睿聖文武皇帝；丙申，許之。

13 盩厔尉、集賢校理白居易作樂府及詩百餘篇，規諷時事，流聞禁中；上見而悦之，召入翰林爲學士。

14 十二月，丙辰，上謂宰相曰：「太宗以神聖之資，羣臣進諫者猶往復數四，況朕寡昧，自今事有違，卿當十論，無但一二而已。」

15 丙寅，以高崇文同平章事，充邠寧節度、京西諸軍都統。新志曰：天寶末，置天下兵馬元帥，都統朔方、河東、河北、平盧節度使。都統之名始於此。

16 山南東道節度使于頔憚上英威，爲子季友求尚主；爲，于僞翻。上以皇女普寧公主妻之。普寧郡公主。容州普寧郡。妻，七細翻。翰林學士李絳諫曰：「頔，虜族；頔，于謹之裔孫。謹之先于栗磾，本姓勿忸于氏，從拓跋氏起於代北，故絳云然。季友，庶孽，不足以辱帝女，宜更擇高門美才。」更，工衡翻。上曰：「此非卿所知。」己卯，公主適季友，恩禮甚盛；頔出望外，大喜。頃之，上使人諷之入朝謝恩，頔遂奉詔。考異曰：實錄不見頔入朝月日，今因尚主終言之。

17 是歲，李吉甫撰元和國計簿上之，上，時掌翻。總計天下方鎮四十八，州府二百九十五，縣千四百五十三。其鳳翔、鄜坊、邠寧、振武、涇原、銀夏、靈鹽、河東、易定、魏博、鎮冀、范陽、滄景、淮西、淄青等十五道七十一州不申戶口外，鳳翔、鄜坊、邠寧、振武、涇原、銀夏、靈鹽、河東皆被邊，易定、魏博、鎮冀、范陽、滄景、淮西、淄青皆藩鎮世襲，故並不申戶口，納賦稅。夏，戶雅翻。每歲賦稅倚辦止於浙江東·西、宣歙、淮南、江西、鄂岳、福建、湖南八道四十九州，一百四十四萬戶，比天寶稅戶四分減三。宋白曰：國計簿比較數：天寶州郡三百一十五，元和見管總二百九十五，比較天寶應供稅州郡計少九十七；天寶戶總八百三十八萬五千二百二十三，元和見在戶總二百四十四萬二百五十四，比較天寶數稅戶通計少百九十四萬四千六百九十九；天寶租稅、庸、調每年計錢、粟、絹、布、絲、綿約五千二百三十餘萬端、匹、屯、貫、石，元和兩稅、榷酒、斛㪷、鹽利、茶利總三千五百一十五萬一千二百二十八貫、石，比較天寶所入賦稅計少一千七百一十四萬八千七百七十貫、石。歛，書涉翻。天下兵仰給縣官者八十三萬餘人，仰，牛向翻。比天寶三分增一，大率二戶資一兵。其水旱所傷，非時調發，不在此數。水旱所傷，則量減賦稅。非時調發，則出於常賦之外。調，徒釣翻。

三年（戊子、八〇八）

1春，正月，癸巳，羣臣上尊號曰睿聖文武皇帝；赦天下。「自今長吏詣闕，無得進奉。」知樞密劉光琦代宗永泰中，置內樞密使，以宦者爲之，初不置司局，但有屋三楹，貯文書而已。其職掌惟受表奏，於內中進呈。若人主有所處分，則宣付中書門下施行。後僖、昭時，楊復恭、西門季玄欲奪宰相權，乃於堂狀後帖黃，指揮公事。奏分遣諸使齎赦詣諸道，意欲分其饋遺，使，疏吏翻；下同。遺，唯季翻。翰林學士裴垍、李絳奏「敕使所至煩擾，不若但附急遞。」急遞，古之傳遽，馳驛兼程而行。上從之。光琦稱舊例，上曰：「例是則從之，苟爲非是，柰何不改！」

2臨涇鎮將郝玼玼，音此，又且禮翻。以臨涇地險要，水草美，吐蕃將入寇，必屯其地，言於涇原節度使段祐，考異曰：舊傳作「段佐」，新傳作「佑」今從實錄。奏而城之，自是涇原獲安。安、史亂後，原州沒于吐蕃，是後遂以臨涇爲理所。

3二月，戊寅，咸安大長公主薨于回鶻。蓬州，咸安郡。德宗貞元四年，咸安公主下嫁回鶻，見二百三十三卷。長，知亮翻。三月，回鶻騰里可汗卒。

4 癸巳，郇王總薨。總，上弟也。

5 辛亥，御史中丞盧坦奏彈前山南西道節度使柳晟、前浙東觀察使閻濟美違赦進奉。彈，唐干翻。彈其違是年正月癸巳之赦也。考異曰：舊晟傳曰：「罷鎮入朝，以違詔進奉爲御史元稹所劾；詔宥之。」今從實錄。舊濟美傳：「自福建觀察使復爲浙西觀察使。」新傳曰，「自福建觀察使徙浙西。」罷浙西也，方在道見詔而貢獻無所還，故帝爲言之。今據實錄云：「離越州後，方見赦文。」則是浙東。新、舊傳誤也。上召坦褒慰之，曰：「朕已釋其罪，不可失信。」坦曰：「赦令宣布海內，陛下之大信也。晟等不畏陛下法，奈何存小信棄大信乎！」上乃命歸所進於有司。

6 夏，四月，上策試賢良方正直言極諫舉人，伊闕尉牛僧孺、陸渾尉皇甫湜、陸渾縣，春秋陸渾戎所居也。東魏置伊川郡，領南陸渾縣，隋開皇初廢，改縣曰伏流，大業初改曰陸渾，唐屬洛州。前進士李宗閔皆指陳時政之失，無所避；李宗閔擢進士，調華州參軍，故曰前進士。吏部侍郎楊於陵、於，音烏。吏部員外郎韋貫之爲考策官，貫之署爲上第。上亦嘉之，詔【章：十二行本「詔」上有「乙丑」二字；乙十一行本同；孔本同；退齋校同；張校同，云無註本亦無。】中書優與處分。處，昌呂翻。分，扶問翻。李吉甫惡其言直，惡，烏路翻。泣訴於上，且言「翰林學士裴垍、王涯覆策。審考爲覆。湜，涯之甥也，涯不先言；垍無所異同。」上不得已，罷垍、涯學士，垍爲戶部侍郎，涯爲都官員外郎，貫之爲果州刺史。後數日，貫之再貶巴州刺史，涯貶虢州司馬。舊志：果州，至京師二千五百二十八里；巴州，二千三百六十里；虢州，四百二十里。乙亥，以楊於陵爲嶺南節度使，亦坐考策無異同也。僧孺等久之不調，調，徒釣翻。各從辟於藩府。僧孺，弘之七世孫；牛弘相隋。宗閔，元懿之玄孫；鄭王元懿，高祖之子。貫之，福嗣之六世孫；韋福嗣見一百八十二卷隋煬帝大業九年。韋貫之本名淳，避上名改焉。湜，睦州新安人也。新安，漢歙縣地。江左置新安郡，隋廢郡爲縣，大業初改爲雉山，唐文明元年復爲新安，開元二十年改爲還淳，永貞元年避上名改爲清溪。此云新安，史依舊縣名。

7 丁丑，罷五月朔宣政殿朝賀。唐制：元正、冬至於正牙受朝賀。至貞元七年，敕每年五月一日御宣政殿與文武百寮相見，京官九品以上，外官因朝奏在京者，並宜就列。本以五月一日陰生，臣子道長，君父道衰，非善月也，因創是日相見之儀。

8 以荆南節度使裴均爲右僕射。均素附宦官得貴顯，爲僕射，自矜大。嘗入朝，踰位而立；中丞盧坦揖而退之，均不從。坦曰：「昔姚南仲爲僕射，位在此。」均曰：「南仲何人？」坦曰：「是守正不交權倖者。」坦尋改右庶子。裴均惡之也。

9 五月，翰林學士、左拾遺白居易上疏，以爲：「牛僧孺等直言時事，恩奬登科，而更遭斥逐，並出爲關外官。牛僧孺等從辟於藩府，故以爲關外官。楊於陵等以考策敢收直言，裴垍等以覆策不退直言，皆坐譴謫。盧坦以數舉職事黜庶子。數，所角翻。此數人皆今之人望，天下視其進退以卜時之否臧者也。否，音鄙。一旦無罪悉疏棄之，上下杜口，衆心洶洶，陛下亦知之乎？且陛下既下詔徵之直言，索之極諫，索，山客翻。僧孺等所對如此，縱未能推而行之，又何忍罪而斥之乎！昔德宗初卽位，亦徵直言極諫之士，策問天旱，穆質對云：『兩漢故事，三公當免；卜式著議，弘羊可烹。』德宗深嘉之，自畿尉擢爲左補闕。京兆府除兩赤縣外，餘爲畿縣。唐制：凡置都，其郭下縣爲赤縣，餘縣亦爲畿縣。今僧孺等所言未過於穆質，而遽斥之，臣恐非嗣祖宗之道也！」質，寧之子也。穆寧與顏眞卿同討安祿山。

10 丙午，册回鶻新可汗爲愛登里囉汨密施合毗伽保義可汗。

11 西原蠻酋長黃少卿請降；六月，癸亥，以爲歸順州刺史。黃少卿反見二百三十四卷德宗貞元十年。

12 沙陀勁勇冠諸胡，吐蕃置之甘州，沙陀降吐蕃見二百三十三卷貞元六年。冠，古玩翻。每戰，以爲前鋒。回鶻攻吐蕃，取涼州；吐蕃疑沙陀貳於回鶻，欲遷之河外。沙陀懼，酋長朱邪盡忠與其子執宜謀復自歸於唐，復，扶又翻。遂帥部落三萬，循烏德鞬山而東。帥，讀曰率；下同。烏德鞬山在回鶻牙帳之西，甘州東北。史炤曰：唐曆云卽鬱督軍山，虜語兩音也。鞬，居言翻。行三日，吐蕃追兵大至，自洮水轉戰至石門，水經註：洮水至枹罕入河。枹罕，唐爲河州。石門水，在高平縣西八十里，唐於此置石門關，在原州平高縣界。凡數百合；盡忠死，士衆死者太半。執宜帥其餘衆猶近萬人，騎三千，詣靈州降。近，其靳翻。考異曰：趙鳳後唐懿祖紀年錄曰：「懿祖諱執宜，烈考諱盡忠，自曾祖入覲，復典兵於磧北。德宗貞元五年，回紇葛祿部及白眼突厥叛回紇忠貞可汗，附于吐蕃，因爲鄉導，驅吐蕃之衆三十萬寇我北庭。烈考謂忠貞可汗曰：『吐蕃前年屠陷靈、鹽，聞唐天子欲與贊普和親，可汗數世有功，尚主，恩若驕兒，若贊普有寵於唐，則可汗必無前日之寵矣。』忠貞曰：『若之何？』烈考曰：『唐將楊襲古固守北庭，無路歸朝，今吐蕃、突厥併兵攻之，儻無援助，陷亡必矣。北庭既沒，次及于吾，可汗得無慮乎！』忠貞懼，乃命其將頡干迦斯與烈考將兵援北庭。貞元六年，與吐蕃戰于磧口，頡干迦斯不利而退。烈考牙於城下以援襲古，吐蕃攻圍經年，諸部繼沒。十二月，北庭之衆劫烈考降於吐蕃，由是舉族七千帳徙於甘州，臣事贊普。貞元十三年，回紇奉誠可汗收復涼州，大敗吐蕃之衆，或有間烈考於贊普者云：『沙陀本回紇部人，今聞回紇強，必爲內應。』贊普將遷烈考之牙於河外。時懿祖年已及冠，白烈考曰：『吾家世爲唐臣，不幸陷虜，爲他效命，反見猜嫌，不如乘其不意，復歸本朝。』烈考然之。貞元十七年，自烏德鞬山率其部三萬東奔。居三日，吐蕃追兵大至，自洮河轉戰至石門關，委曲三千里，凡數百戰，烈考戰沒，懿祖挾護靈輿，收合餘衆，至於靈州，猶有馬三千騎，勝兵一萬。時范希朝爲河西、靈鹽節度使，聞懿祖至，自帥師蕃界，應接而歸，以事奏聞。德宗遣中使賜詔慰勞，賞錫數十萬，因於鹽州置陰山府，以懿祖爲都督，授特進、驍衛將軍同正。憲宗卽位，詔懿祖入覲。元和元年七月，帝自振武至長安，授特進、金吾衛將軍，留宿衛。時范希朝亦徵爲金吾上將軍。二年，吐蕃誘我党項部，寇犯河西，天子復命希朝爲靈鹽節度，命懿祖將兵佐之。賊平，戍西受降城。」據德宗實錄，貞元十七年無沙陀歸國事。范希朝傳，德宗時爲振武節度使，元和二年乃爲朔方、靈鹽節度使，誘致沙陀。元和元年亦無沙陀朝見。紀年錄恐誤。今從實錄、舊傳、新書。靈鹽節度使范希朝聞之，自帥衆迎於塞上，置之鹽州，爲市牛羊，廣其畜牧，善撫之。爲，于僞翻。詔置陰山府，以執宜爲兵馬使。未幾，盡忠弟葛勒阿波又帥衆七百詣希朝降；幾，居豈翻。詔以爲陰山府都督。自是，靈鹽每有征討，用之所向皆捷，靈鹽軍益強。爲沙陀強盛得中夏張本。

13 秋，七月，辛巳朔，日有食之。

14 以右庶子盧坦爲宣歙觀察使。蘇彊之誅也，蘇彊，劉闢之壻也，元年，以逆黨誅。兄弘在晉州幕府，自免歸，人莫敢辟。坦奏：「弘有才行，不可以其弟故廢之，請辟爲判官。」上曰：「鄉使蘇彊不死，果有才行，猶可用也，行，下孟翻。況其兄乎！」坦到官，值旱饑，穀價日增，或請抑其價。坦曰：「宣、歙土狹穀少，所仰四方之來者；若價賤，則商船不復來，益困矣。」既而米斗二百，商旅輻湊。【章：十二行本「湊」下有「民賴以生」四字；乙十一行本同；孔本同；張校同。】後人用此策以救荒者，盧坦發之也。仰，牛向翻。復，扶又翻。

15 九月，庚寅，以于頔爲司空，同平章事如故；加右僕射裴均同平章事，爲山南東道節度使。

淮南節度使王鍔入朝。鍔家巨富，厚進奉及賂宦官，求平章事。翰林學士白居易以【章：十二行本「以」上有「上言」二字；乙十一行本同；孔本同；張校同；退齋校同。】爲：「宰相人臣極位，非清望大功不應授。昨除裴均，外議已紛然，裴均，亦要結宦官者也。今又除鍔，則如鍔之輩皆生冀望。若盡與之，則典章大壞，又不感恩；不與，則厚薄有殊，或生怨望。倖門一啓，無可柰何。且鍔在鎮五年，德宗貞元十九年，鍔爲淮南帥。百計誅求，貨財既足，自入進奉。若除宰相，四方藩鎮皆謂鍔以進奉得之，競爲刻剝，則百姓何以堪之！」事遂寢。考異：按舊李藩、權德輿傳、白居易集、李絳論事集，皆有諫加王鍔平章事事。觀其辭意，各是一時。居易所論者，云「淮南百姓，日夜無憀」，又云「鍔歸鎮與在朝，望並不除宰相」，則是自淮南入朝未除河中時也。權、李同在中書受密旨，云「可兼宰相」，則初除河中時也。李司空論事云「至太原一二年間，財力贍足」，則是除太原以後六年十一月李絳作相前也。今附居易疏於初除太原之時。又舊鍔傳云在淮南四年，元和二年入朝。按實錄，鍔以貞元十九年鎮淮南。居易狀云「五年誅求」，又云「昨日裴均除平章事」，故置此。

16 壬辰，加宣武節度使韓弘同平章事。

17 丙申，以戶部侍郎裴垍爲中書侍郎、同平章事。上雖以李吉甫故罷垍學士，是年四月，罷垍學士。然寵信彌厚，故未幾復擢爲相。

初，德宗不任宰相，天下細務皆自決之，由是裴延齡輩得用事。上在藩邸，心固非之；及卽位，選擢宰相，推心委之，嘗謂垍等曰：「以太宗、玄宗之明，猶藉輔佐以成其理，謂藉房、杜、姚、宋以成貞觀、開元之治也。理，治也。況如朕不及先聖萬倍者乎！」垍亦竭誠輔佐。上嘗問垍：「爲理之要何先？」對曰：「先正其心。」舊制，民輸稅有三：一曰上供，二曰送使，三曰留州。建中初定兩稅，貨重錢輕；是後貨輕錢重，民所出已倍其初；其留州、送使者，所在又降省估就實估，以重斂於民。省估者，都省所立價也。斂，力贍翻。及垍爲相，奏：「天下留州、送使物，請一切用省估；其觀察使，先税所理之州以自給，不足，然後許税於所屬之州。」由是江、淮之民稍蘇息。先是，執政多惡諫官言時政得失，先，悉薦翻。惡，烏路翻。垍獨賞之。垍器局峻整，人不敢干以私。嘗有故人自遠詣之，垍資給優厚，從容款狎。其人乘間求京兆判司，從，千容翻。間，古莧翻。凡州府諸曹參軍，皆謂之判司。垍曰：「公不稱此官，稱，尺證翻。不敢以故人之私傷朝廷至公。他日有盲宰相憐公者，不妨得之，垍則必不可。」

18 戊戌，以中書侍郎、同平章事李吉甫同平章事，充淮南節度使。考異曰：舊吉甫傳曰：「初，裴均爲僕射，判度支，交結權倖，欲求宰相。先是制試直言極諫科，其中有譏刺時政，忤犯權倖者，因此均黨揚言皆執政教指，冀以搖動吉甫，賴諫官李約、獨孤郁、李正辭、蕭俛密疏陳奏，帝意乃解。吉甫早歲知獎羊士諤，擢爲監察御史。又司封員外郎呂溫有詞藝，吉甫亦眷接之。竇羣初拜御史中丞，奏請士諤爲侍御史，溫爲郎中，知雜事。吉甫怒其不先關白，而所請又有超資者，持之數日不行，因而有隙。羣遂伺得日者陳克明出入吉甫家，密捕以聞。憲宗詰之，無姦狀。吉甫以裴垍久在翰林，憲宗親信，必當大用，遂密薦垍代己，因自圖出鎮。其年九月，拜淮南節度使，在揚州，每有朝廷得失，皆密疏論列。」按牛僧孺等指陳時政之失，吉甫泣訴，故貶考覆官。裴均等雖欲爲讒，若云執政自教指擧人詆時政之失，豈近人情邪！吉甫自以誣搆鄭絪，貶斥裴垍等，蓋憲宗察見其情而疏薄之，故出鎮淮南。及子德裕秉政，掩先人之惡，改定實錄，故有此說耳。

19 河中、晉絳節度使邠宣公杜黄裳薨。

20 冬，十二月，庚戌，置行原州於臨涇，唐原州本治平高縣，廣德元年沒於吐蕃，涇原節度使馬璘表置行以鎭將郝玼爲原州於靈臺之百里城，貞元十九年徙治平涼，至是，徙治臨涇。宋白曰：臨涇，本隋之湫谷縣。刺史。玼，音此，且禮翻。

21南詔王異牟尋卒，子尋閤勸立。

四年（己丑、八〇九）

1春，正月，戊子，簡王遘薨。遘，代宗子。

2渤海康王嵩璘卒，子元瑜立，改元永德。

3南方旱饑。庚寅，命左司郎中鄭敬等爲江、淮、二浙、荆、湖、襄、鄂等道宣慰使，賑恤之。將行，上戒之曰：「朕宮中用帛一匹，皆籍其數，惟賙救百姓，則不計費，卿輩宜識此意，勿效潘孟陽飲酒遊山而已。」事見元年。

4給事中李藩在門下，制敕有不可者，卽於黄紙後批之。批，匹迷翻。吏請更連素紙，藩曰：「如此，乃狀也，何名批敕！」裴垍薦藩有宰相器。上以門下侍郎、同平章事鄭絪循默取容，二月，丁卯，罷絪爲太子賓客，擢藩爲門下侍郎、同平章事。藩知無不言，上甚重之。

5河東節度使嚴綬，在鎭九年，貞元十七年，嚴綬鎭河東，見上卷。軍政補署一出監軍李輔光，綬拱手而已。裴垍具奏其狀，請以李鄘代之。三月，乙酉，以綬爲左僕射，以鳳翔節度使李鄘爲河東節度使。

6成德節度使王士眞薨，其子副大使承宗自爲留後。爲討王承宗張本。河北三鎮，相承各置副大使，以嫡長爲之，父沒則代領軍務。長，知兩翻。

7上以久旱，欲降德音，翰林學士李絳、白居易上言，考異曰：李司空論事及居易集皆有此奏，語雖小異，大指不殊，蓋同上奏耳。以爲「欲令實惠及人，無如減其租稅。」又言「宮人驅使之餘，其數猶廣，事宜省費，物貴徇情。」宂食宮中，歲費給賜，則非省費矣。內多怨女，則非徇情矣。又請「禁諸道橫斂以充進奉。」又言「嶺南、黔中、福建風俗，多掠良人賣爲奴婢，乞嚴禁止。」閏月，己酉，制降天下繫囚，蠲租稅，出宮人，絕進奉，禁掠賣，皆如二人之請。己未，雨。絳表賀曰：「乃知憂先於事，故能無憂；先，悉薦翻。事至而憂，無救於事。」

8初，王叔文之黨既貶，事始見上卷永貞元年。有詔，雖遇赦無得量移。量，音良。吏部尚書、鹽鐵轉運使李巽奏：「郴州司馬程异，吏才明辨，請以爲揚子留後。」揚州揚子縣，自大曆以來，鹽鐵轉運使置巡院於此，故置留後。上許之。巽精於督察，吏人居千里之外，戰栗如在巽前。异句檢簿籍，又精於巽，卒獲其用。句，音鉤。爲程异以理財進用張本。卒，子恤翻。

9魏徵玄孫稠貧甚，以故第質錢於人，平盧節度使李師道請以私財贖出之。上命白居易草詔，居易奏言：「事關激勸，宜出朝廷。師道何人，敢掠斯美！望敕有司以官錢贖還後嗣。」上從之，出內庫錢二千緡贖賜魏稠，仍禁質賣。程大昌曰：魏徵宅在丹鳳坊，直出南面永興坊內。會要曰：元和四年，上嘉魏徵諫諍，詔訪其故居，則質賣已更數姓，析爲九家矣。上出內庫錢二百萬贖之，以還其家，禁其質賣。

10 王承宗叔父士則以承宗擅自立，恐禍及宗，與幕客劉栖楚俱自歸京師；考異曰：舊傳：「栖楚爲吏鎭州，王承宗甚奇之。」今從實錄。詔以士則爲神策大將軍。

11 翰林學士李絳等奏曰：「陛下嗣膺大寶，四年于茲，而儲闈未立，典册不行，是開窺覦之端，乖重慎之義，非所以承宗廟、重社稷也。伏望抑撝謙之小節，行至公之大典。」丁卯，制立長子鄧王寧爲太子。寧，紀美人之子也。

12 辛未，靈鹽節度使范希朝奏以太原【章：十二行本「原」下有「防秋」二字；乙十一行本同。】兵六百人衣糧給沙陀；許之。

13 夏，四月，山南東道節度使裴均恃有中人之助，於德音後進銀器千五百餘兩。是年正月，赦天下，禁無得進奉。翰林學士李絳、白居易等上言：「均欲以此嘗陛下，願卻之。」上遽命出銀器付度支。度，徒洛翻。既而有旨諭進奏院：「自今諸道進奉，無得申御史臺；有訪問者，輒以名聞。」白居易復以爲言，考異曰：居易集奏狀曰：「伏見六七日來，向外傳說，皆云有進止，令宣與諸道進奏院：『自今已後，應有進奉，並不用申報御史臺；如有人勘問，便錄名奏來者。』內外相傳，不無驚怪。臣伏料此事多是虛傳，且有此聞，不敢不奏，」云云。又曰：「若此果虛，卽望宣示中外，令知聖旨，使息虛聲。」按禁止進奉，前後制敕非一，不止於昨閏三月德音也。去年三月，柳晟、閻濟美違敕進奉，已爲盧坦所彈。憲宗云「濟美離越州，乃逢赦令，釋其罪。」今裴均所進，假使在德音前，亦赦後矣，又云「赦書未到前已在道，捨其過。」是則憲宗深惑於左右之言，外示不受獻，內實欲其來獻也。然則居易所聞，不爲虛矣；若其虛，必辯明也。實錄及李司空論事皆以此爲憲宗之美。今故直之。復，扶又翻。上不聽。

14 上欲革河北諸鎮世襲之弊，乘王士眞死，欲自朝廷除人；不從則興師討之。裴垍曰：「李納跋扈不恭，李納之罪，以興元赦令，遂蒙含貸。王武俊有功於國，謂與李抱眞破朱滔也。陛下前許師道，言許李師道承襲。今奪承宗，沮勸違理，彼必不服。」由是議久不決。上以問諸學士，李絳等對曰：「河北不遵聲教，誰不憤歎，然今日取之，或恐未能。成德自武俊以來，父子相承四十餘年，自建中三年王武俊始有恆冀，至是二十八年。人情貫習，不以爲非。貫，讀曰慣。慣習，猶言慣熟。況承宗已總軍務，一旦易之，恐未必奉詔。又范陽、魏博、易定、淄靑以地相傳，與成德同體，彼聞成德除人，必內不自安，陰相黨助，雖茂昭有請，亦恐非誠。【章：十二行本「誠」下有「所以然者」四字；乙十一行本同；孔本同；張校同；退齋校同。】張茂昭宿與王武俊有隙，故請代承宗。今國家除人代承宗，彼鄰道勸成，進退有利。若所除之人得入，彼則自以爲功；若詔令有所不行，彼因潛相交結；在於國體，豈可遽休！須興師四面攻討，彼將帥則加官爵，士卒則給衣糧，按兵玩寇，坐觀勝負，而勞費之病盡歸國家矣。自大曆、貞元以來，用兵之弊正如此。今江、淮水，公私困竭，軍旅之事，殆未可輕議也。」

左軍中尉吐突承璀璀，七罪翻。欲希上意，奪裴垍權，自請將兵討之。【章：十二行本「之」下有「上疑未決」四字；乙十一行本同；孔本同；張校同；退齋校同。】宗正少卿李拭奏稱：「承宗不可不討。承璀親近信臣，宜委以禁兵，使統諸軍，誰敢不服！」上以拭狀示諸學士曰：「此姦臣也，知朕欲將承璀，故上此奏。卿曹記之，自今勿令得進用。」示諸學士者，蓋以此時凡入翰林者，卽日輔佐之選也。故使知其姓名，勿得擬用。然帝知李拭之迎逢，而卒將承璀，何邪！欲將，卽亮翻。上，時掌翻。

昭義節度使盧從史遭父喪，朝廷久未起復；從史懼，因承璀說上，說，式芮翻。請發本軍討承宗。壬辰，起復從史左金吾大將軍，餘如故。

15 初，平涼之盟，見二百三十二卷德宗貞元三年。副元帥判官路泌、會盟判官鄭叔矩皆沒於吐蕃。其後吐蕃請和，泌子隨三詣闕號泣上表，乞從其請；路隨表請和蕃，情切於其親也。號，戶刀翻。德宗以吐蕃多詐，不許。至是，吐蕃復請和，復，扶又翻。隨又五上表，詣執政泣請，裴垍、李藩亦言於上，請許其和；上從之。五月，命祠部郎中徐復使吐蕃。

16 六月，以靈鹽節度使范希朝爲河東節度使。朝議以沙陀在靈武，迫近吐蕃，朝，直遙翻。近，其靳翻。慮其反復，又部落衆多，恐長穀價，長，知兩翻。乃命悉從希朝詣河東。希朝選其驍騎千二百，號沙陀軍，置使以領之，而處其餘衆于定襄川。於是【章：十二行本「是」下有「朱邪」

二字；乙十一行本同；孔本同；退齋校同。】執宜始保神武川之黄花堆。神武川在漢代郡桑乾縣界，後魏置神武郡，後周廢郡爲神武縣，屬朔州。此時其地在馬邑善陽縣界。處，昌呂翻。

17 左軍中尉吐突承璀領功德使，唐初，置寺觀監，天下僧、尼、道士、女官皆屬鴻臚寺。武后以僧尼屬祠部。開元十四年，以道士、女官屬宗正寺。天寶二載，以道士屬司封，崇玄館置大學士，以宰相爲之，領兩京玄元宮及道院。貞元四年，崇玄館罷大學士，置左右街大功德使、東都功德使，脩功德，使總僧尼之籍及功役。元和二年，以道士、女官屬左、右街功德使。盛脩安國寺，唐會要：安國寺在長樂坊，景雲元年敕捨龍潛舊宅爲寺，便以本封安國爲名。程大昌曰：長樂坊，在朱雀街東第四街。奏立聖德碑，高大一準華嶽碑，玄宗立華嶽碑於華嶽祠前，高五十餘尺。華，戶化翻。先構碑樓，請敕學士撰文，且言「臣已具錢萬緡，欲酬之。」上命李絳爲之，絳上言：「堯、舜、禹、湯，未嘗立碑自言聖德，惟秦始皇於巡遊所過，刻石高自稱述，未審陛下欲何所法！且敍脩寺之美，不過壯麗觀遊，豈所以光益聖德！」上覽奏，承璀適在旁，上命曳倒碑樓。曳，讀作拽，音以列翻；史炤音以制切，非。承璀言：「碑樓甚大，不可曳，請徐毀撤。」冀得延引，乘間再論，間，古莧翻。上厲聲曰：「多用牛曳之！」承璀乃不敢言。凡用百牛曳之，乃倒。

容肇祖標點聶崇岐覆校

資治通鑑卷第二百三十八

端明殿學士兼翰林侍讀學士太中大夫提舉西京嵩山崇福宮上柱國河內郡開國公食邑二千二百戶食實封九百戶賜紫金魚袋臣司馬光　奉敕編集

後　學　天　台　胡三省　音　註

唐紀五十四　起屠維赤奮若（己丑）七月，盡玄黓執徐（壬辰）九月，凡三年有奇。

憲宗昭文章武大聖至神孝皇帝上之下

元和四年（己丑、八〇九）

1 秋，七月，壬戌，御史中丞李夷簡彈京兆尹楊憑，前爲江西觀察使貪汙僭侈；丁卯，貶憑臨賀尉。臨賀，漢縣，屬蒼梧郡，以臨賀水，故名。唐帶賀州。夷簡，元懿之玄孫也。鄭王元懿，高祖之子。上命盡籍憑資產，財物田園，人資以生，謂之資產。李絳諫曰：「舊制，非反逆不籍其家。」上乃止。憑之親友無敢送者，櫟陽尉徐晦獨至藍田與別。櫟，音藥。太常卿權德輿素與晦善，謂之曰：「君送楊臨賀，誠爲厚矣，無乃爲累乎！」累，良瑞翻。對曰：「晦自布衣蒙楊公知獎，今日遠謫，豈得不與之別！借如明公他日爲讒人所逐，晦敢自同路人乎！」德輿嗟嘆，稱之於朝。朝，直遥翻。後數日，李夷簡奏爲監察御史。晦謝曰：「晦平生未嘗得望公顔色，公何從而取之！」夷簡曰：「君不負楊臨賀，肯負國乎！」

2 上密問諸學士曰：「今欲用王承宗爲成德留後，割德、棣二州更爲一鎮以離其勢，并使承宗輸二稅，請官吏，一如師道，何如？」李師道事，見上卷元年。李絳等對曰：「德、棣之隸成德，爲日已久，貞元初，王武俊破朱滔，取德、棣。今一旦割之，恐承宗及其將士憂疑怨望，得以爲辭。況其鄰道情狀一同，各慮他日分割，或潛相構扇；萬一旅拒，倍難處置，願更三思。旅，衆也。旅拒者，挾衆而拒上命也。處，昌呂翻。三，息暫翻，又如字。所是二稅、官吏，願因弔祭使至彼，自以其意諭承宗，令上表陳乞如師道例，勿令知出陛下意。如此，則幸而聽命，於理固順，若其不聽，體亦無損。」

上又問：「今劉濟、田季安皆有疾，若其物故，物故註已見漢紀。史炤曰：顔師古曰：物故，死也，言其同於鬼物而故也。一曰，不欲斥言，但云其所服用之物皆已故也。豈可盡如成德付授其子，天下何時當平！議者皆言『宜乘此際代之，不受則發兵討之，時不可失。』如何？」對曰：「羣臣見陛下西取蜀，東取吴，蜀，謂劉闢。吴，謂李錡。易於反掌，易，以豉翻；下同。故諂諛躁競之人躁，輕也。競，爭也。爭獻策畫，勸開河北，不爲國家深謀遠慮，爲，于僞翻。陛下亦以前日成功之易而信其言。臣等夙夜思之，河北之勢與二方異。何則？西川、浙西皆非反側之地，其四鄰皆國家臂指之臣。臂指，用賈誼語意，言其順使也。劉闢、李錡獨生狂謀，其下皆莫之與，闢、錡徒以貨財啗之，大軍一臨，則渙然離耳。故臣等當時亦勸陛下誅之，以其萬全故也。成德則不然，內則膠固歲深，外則蔓連勢廣，膠固，如膠之附著堅固也。蔓連，如蔓草之曼衍連屬也。其將士百姓懷其累代煦嫗之恩，煦，吁句翻。嫗，衣遇翻。鄭玄曰：氣曰煦，體曰嫗。不知君臣逆順之理，諭之不從，威之不服，將爲朝廷羞。又，鄰道平居或相猜恨，及聞代易，必合爲一心，蓋各爲子孫之謀，亦慮他日及此故也。萬一餘道或相表裏，兵連禍結，財盡力竭，西戎、北狄乘間窺窬，西戎，謂吐蕃；北狄，謂回鶻。間，古莧翻；下同。其爲憂患可勝道哉！勝，音升。濟、季安與承宗事體不殊，若物故之際，有間可乘，當臨事圖之；於今用兵，則恐未可。太平之業，非朝夕可致，願陛下審處之。」處，昌呂翻。

時吳少誠病甚，絳等復上言：「少誠病必不起。復，扶又翻。上，時掌翻。淮西事體與河北不同，四旁皆國家州縣，不與賊鄰，無黨援相助；朝廷命帥，帥，所類翻。今正其時，萬一不從，可議征討。臣願捨恆冀難致之策，就申蔡易成之謀。脫或恆冀連兵，事未如意，蔡州有釁，勢可興師，南北之役俱興，財力之用不足。儻事不得已，須赦承宗，絳等之言，後無不驗。則恩德虛施，威令頓廢。不如早賜處分，處，昌呂翻。分，扶問翻。以收鎮冀之心，此時未改恆州爲鎮州，史以後來所改州名書之耳。坐待機宜，必獲申蔡之利。」既而承宗久未得朝命，頗懼，累表自訴。八月，壬午，上乃遣京兆少尹裴武詣眞定宣慰，恆州，古眞定。承宗受詔甚恭，曰：「三軍見迫，不暇俟朝旨，請獻德、棣二州以明懇款。」

3 丙申，安南都護張舟奏破環王三萬衆。林邑國，至德後改號環王。

4 九月，甲辰朔，裴武復命。庚戌，以承宗爲成德節度使、恆・冀・深・趙州觀察使，德州刺史薛昌朝爲保信軍節度、德・棣二州觀察使。考異曰：李司空論事：「初，武銜命使鎭州，令諭王承宗割德、棣兩州歸朝廷。武飛表上言，一如朝廷意旨，遂除昌朝德、棣節度。及旌節至德州，而昌朝尋已追到鎭州，朝命遂不行。比及武回，事宜與先上表參差。」按實錄：「甲辰，武至自鎭州。庚戌，除昌朝。」非武未還，據所上表除之也。論事集誤，今從實錄。昌朝，嵩之子，薛嵩亦安、史舊將，代宗初來降。王氏之壻也，故就用之。田季安得飛報，先知之，使謂承宗曰：「昌朝陰與朝廷通，故受節鉞。」承宗遽遣數百騎馳入德州，執昌朝，至眞定，囚之。中使送昌朝節過魏州，季安陽爲宴勞，留使者累日，比至德州，已不及矣。勞，力到翻。比，必利翻，及也。

上以裴武爲欺罔，又有譖之者曰：「武使還，使，疏吏翻。還，音旋。先宿裴垍家，明旦乃入見。」上怒甚，以語李絳，見，賢遍翻。語，牛倨翻。欲貶武於嶺南，絳曰：「武昔陷李懷光軍中，守節不屈，蓋貞元初李懷光據河中時也。豈容今日遽爲姦回！蓋賊多變詐，人未易盡其情。承宗始懼朝廷誅討，故請獻二州；既蒙恩貸，而鄰道皆不欲成德開分割之端，計必有【章：甲十一行本「有」下有「陰行」二字；乙十一行本同；孔本同；張校同；退齋校同。】間說誘而脅之，使不得守其初心者，李絳可謂洞見田季安、王承宗之情。間，古莧翻。說，式芮翻。誘，音酉。非武之罪也。今陛下選武使入逆亂之地，使還，一語不相應，遽竄之遐荒，臣恐自今奉使賊庭者以武爲戒，苟求便身，率爲依阿兩可之言，史炤曰：依阿，謂不特立其說，常附順人言。兩可，謂無所可否。莫肯盡誠具陳利害，如此，非國家之利也。且垍、武久處朝廷，處，昌呂翻。諳練事體，諳，烏含翻。豈有使還未見天子而先宿宰相家乎！臣敢爲陛下必保其不然，爲，于僞翻。此殆有讒人欲傷武及垍者，願陛下察之。」上良久曰：「理或有此。」遂不問。

5 丙辰，振武奏吐蕃五萬餘騎至拂梯泉。史炤曰：拂，薄勿切。梯，天黎切。本又作「鸊鵜泉」，在豐州西受降城北三百里。辛未，豐州奏吐蕃萬餘騎至大石谷，掠回鶻入貢還國者。

6 左神策軍吏李昱貸長安富人錢八千緡，滿三歲不償，貸，吐得翻，假貸也。京兆尹許孟容收捕械繫，立期使償，曰：「期滿不足，當死。」一軍大驚。中尉訴於上，上遣中使宣旨，付本軍，孟容不之遣。中使再至，孟容曰：「臣不奉詔，當死。然臣爲陛下尹京畿，京兆以長安、萬年爲京縣，餘屬縣爲畿縣。非抑制豪強，何以肅清輦下！錢未畢償，昱不可得。」上嘉其剛直而許之，京城震栗。

7 上遣中使諭王承宗，使遣薛昌朝還鎮；使之遣還德州。承宗不奉詔。冬，十月，癸未，制削奪承宗官爵，以左神策中尉吐突承璀爲左・右神策、河中、河陽、浙西、宣歙等道行營兵馬使、招討處置等使。歙，書涉翻。開元二十年，置諸道採訪處置使，專以觀省風俗、黜陟幽明；其後伐叛討有罪，則置招討處置使。處，昌呂翻。

翰林學士白居易上奏，以爲：「國家征伐，當責成將帥，近歲始以中使爲監軍。自古及今，未有徵天下之兵，專令中使統領者也。今神策軍既不置行營節度使，則承璀乃制將也；制將，言諸軍進退皆受制於承璀。將，即亮翻。又充諸軍招討處置使，則承璀乃都統也。都統，謂都統諸軍，唐中世以後，專征之任。臣恐四方聞之，必窺【章：甲十一行本「窺」作「輕」；乙十一行本同；孔本同；張校同。】朝廷；四夷聞之，必笑中國。白居易之言自春秋書「多魚漏師」，左傳「夙沙衛殿齊師」來。況吐突承璀以寺人專征乎！崇、觀間，金人有所侮而動正如此。陛下忍令後代相傳云以中官爲制將、都統自陛下始乎！臣又恐劉濟、茂昭及希朝、從史乃至諸道將校皆恥受承璀指麾，心既不齊，功何由立！此是資承宗之計而挫諸將之勢也。陛下念承璀勤勞，貴之可也；憐其忠赤，富之可也。至於軍國權柄，動關理亂，朝廷制度，出自祖宗，陛下寧忍徇下之情而自隳法制，從人之欲而自損聖明，何不思於一時之間而取笑於萬代之後乎！」時諫官、御史論承璀職名太重者相屬，屬，之欲翻。上皆不聽。戊子，上御延英殿，度支使李元素、鹽鐵使李鄘、京兆尹許孟容、御史中丞李夷簡、【章：甲十一行本「簡」下有「諫議大夫孟簡」六字；乙十一行本同；孔本同；張校同；退齋校同。】給事中呂元膺、穆質、右補闕獨孤郁等極言其不可；考異曰：舊承璀傳曰：「諫官、御史上疏相屬，皆言自古無中貴人爲兵馬統帥者。補闕獨孤郁、段平仲尤激切。」呂元膺傳：「元膺與給事中穆質、孟簡、兵部侍郎許孟容等八人抗論不可。」若據承璀傳，則是九人，又平仲時爲諫議大夫，非補闕，恐誤。今從實錄。上不得已，明日，削承璀四道兵馬使，改處置爲宣慰而已。

李絳嘗極言宦官驕橫，橫，戶孟翻。侵害政事，讒毀忠貞，上曰：「此屬安敢爲讒！就使爲之，朕亦不聽。」絳曰：「此屬大抵不知仁義，不分枉直，惟利是嗜，得賂則譽跖、蹻爲廉良，怫意則毀龔、黃爲貪暴，李奇曰：跖，秦大盜也。楚之大盜爲莊蹻。師古曰：莊周云：跖，柳下惠之弟。蓋寓言也。龔、黃，龔遂、黃霸也。譽，音余。蹻，居略翻。怫，符弗翻。能用傾巧之智，構成疑似之端，朝夕左右浸潤以入之，陛下必有時而信之矣。自古宦官敗國者，敗，蒲邁翻。備載方册，陛下豈得不防其漸乎！」

己亥，吐突承璀將神策兵發長安，命恆州四面藩鎮各進兵招討。

8 初，吳少誠寵其大將吳少陽，名以從弟，從，才用翻。署爲軍職，出入少誠家如至親，累遷申州刺史。少誠病，不知人，家僮鮮于熊兒詐以少誠命召少陽攝副使、知軍州事。少誠有子元慶，少陽殺之。十一月，己巳，少誠薨，少陽自爲留後。

9 是歲，雲南王尋閣勸卒，子勸龍晟立。

田季安聞吐突承璀將兵討王承宗，聚其徒曰：「師不跨河二十五年矣，自德宗討田悅不克，王師不復跨河。今一旦越魏伐趙；趙虜，魏亦虜矣，計爲之柰何？」其將有超伍而言者，超伍，出位而言也。蓋超出儔伍之中而言。曰：「願借騎五千以除君憂。」季安大呼曰：「壯哉！兵決出，格沮者斬！」呼，火故翻。格，音閣。

幽州牙將絳人譚忠爲劉濟使魏，爲，于僞翻。使，疏吏翻。知其謀，入謂季安曰：「如某之謀，是引天下之兵也。何者？今王師越魏伐趙，不使耆臣宿將而專付中臣，耆，老也。宿，舊也。不輸天下之甲而多出秦甲，關中之地，古秦地也。故謂關中之兵爲秦甲。君知誰爲之謀？此乃天子自爲之謀，欲將夸服於臣下也。夸服，謂欲自衒於算略，以服臣下之心。若師未叩趙而先碎於魏，是上之謀反不如下，且【張：「且」作「其」。】能不恥於天下乎！既恥且怒，必任智士畫長策，仗猛將練精兵，畢力再舉涉河，鑑前之敗，必不越魏而伐趙，校罪輕重，必不先趙而後魏，先，悉薦翻。後，戶遘翻。是上不上，下不下，當魏而來也。」季安曰：「然則若之何？」忠曰：「王師入魏，君厚犒之。於是悉甲壓境，號曰伐趙；而可陰遺趙人書曰：犒，苦到翻。遺，唯季翻；下遺魏同。『魏若伐趙，則河北義士謂魏賣友；魏若與趙，則河南忠臣謂魏反君。賣友反君之名，魏不忍受。執事若能陰解陴障，遺魏一城，魏得持之奏捷天子以爲符信，此乃使魏北得以奉趙，西得以爲臣，長安在魏西。爲臣，言能承上命，不悖臣道。於趙有角尖之耗，角尖，言所耗者小。於魏獲不世之利，執事豈能無意於魏乎！』趙人脫不拒君，是魏霸基安矣。」季安曰：「善！先生之來，是天眷魏也。」遂用忠之謀，與趙陰計，得其堂陽。堂陽，漢縣，屬鉅鹿郡，唐屬冀州，在州西南。

忠歸幽州，謀欲激劉濟討王承宗；會濟合諸將言曰：「天子知我怨趙，今命我伐之，今，當作必。趙亦必大備我。伐與不伐孰利？」忠疾對曰：「天子終不使我伐趙，趙亦不備燕。」濟怒曰：「爾何不直言濟與承宗反乎！」命繫忠獄。使人視成德之境，果不爲備；後一日，詔果來，令濟「專護北疆，勿使朕復掛胡憂，而得專心於承宗。」復，扶又翻。濟乃解獄召忠曰：「信如子斷矣；解獄，謂釋其囚也。斷，丁亂翻。何以知之？」忠曰：「盧從史外親燕，內實忌之；外絕趙，內實與之。此爲趙畫曰：爲，于僞翻。『燕以趙爲障，雖怨趙，必不殘趙，不必爲備。』一且示趙不敢抗燕，二且使燕獲疑天子。趙人既不備燕，潞人則走告于天子曰：盧從史鎮潞州，故謂之潞人。『燕厚怨趙，趙見伐而不備燕，是燕反與趙也。』此所以知天子終不使君伐趙，趙亦不備燕也。」濟曰：「今則柰何？」忠曰：「燕、趙爲怨，天下無不知。自朱滔以來，燕、趙交惡。今天子伐趙，君坐全燕之甲，一人未濟易水，此正使潞人以燕賣恩於趙，敗忠於上，言燕本忠於上而盧從史以計敗之。敗，補邁翻。兩皆售也。賣物去手曰售。是燕貯忠義之心，卒染私趙之口，不見德於趙人，惡聲徒嘈嘈於天下耳。貯，丁呂翻。卒，子恤翻。嘈，昨勞翻。惟君熟思之！」濟曰：「吾知之矣。」乃下令軍中曰：「五日畢出，後者醢以徇！」譚忠頗有戰國說士之風，而心爲唐。

五年（庚寅、八一〇）

1 春，正月，劉濟自將兵七萬人擊王承宗，時諸軍皆未進，濟獨前奮擊，拔饒陽、束鹿。河東、河中、振武、義武四軍爲恆州北面招討，會于定州。會望夜，軍吏以有外軍，請罷張燈。張茂昭曰：「三鎮，官軍也，三鎮，謂河中、河東、振武。何謂外軍！」命張燈，不禁行人，不閉里門，三夜如平日，亦無敢喧嘩者。唐制：兩京及諸州、縣街巷率置邏卒，曉暝傳呼，以禁夜行，惟元夕張燈，弛禁前後各一日。

丁卯，河東將王榮拔王承宗洄湟鎮。吐突承璀至行營，威令不振，與承宗戰，屢敗；左神策大將軍酈定進戰死。定進，驍將也，酈定進，擒劉闢，有驍名。軍中奪氣。

2 河南尹房式有不法事，東臺監察御史元稹奏攝之，唐制：御史分司東都，謂之東臺。攝，收也。擅令停務；朝廷以爲不可，罰一季俸，召還西京。至敷水驛，華州華陰縣西二十四里有敷水渠。九域志：華陰縣有敷水鎮。有內侍後至，破驛門呼罵而入，以馬鞭擊稹傷面；考異曰：實錄云「中使仇士良與稹爭廳」。按稹及白居易傳皆云「劉士元」，而實錄云「仇士良」，恐誤。今止云內侍。上復引稹前過，貶江陵士曹。復，扶又翻。前過，謂擅令河南尹停務。上知曲在中官，故引前過以貶稹。翰林學士李絳、崔羣言積無罪。白居易上言：「中使陵辱朝士，中使不問而積先貶，恐自今中使出外益暴橫，橫，户孟翻。人無敢言者。又，積爲御史，多所舉奏，不避權勢，切齒者衆，恐自今無人肯爲陛下當官執法，疾惡繩愆，爲，于僞翻。有大姦猾，陛下無從得知。」上不聽。

3 上以河朔方用兵，不能討吳少陽。三月，己未，以少陽爲淮西留後。果如李絳之言。

4 諸軍討王承宗者久無功，白居易上言，以爲：「河北本不當用兵，今既出師，承璀未嘗苦戰，已失大將，謂酈定進戰死也。與從史兩軍入賊境，遷延進退，不惟意在逗留，亦是力難支敵。希朝、茂昭至新市鎮，竟不能過；新市，漢縣名，屬中山郡。唐初，新市縣屬觀州，武德五年廢州，并廢新市爲鎮，屬九門縣。劉濟引全軍攻圍樂壽，久不能下。按劉濟時軍瀛州而攻樂壽。樂壽時屬深州，在瀛州南六十里。師道、季安元不可保，察其情狀，似相計會，各收一縣，遂不進軍。譚忠之爲田季安計者，白居易已窺見之矣。陛下觀此事勢，成功有何所望！以臣愚見，須速罷兵，若又遲疑，其害有四：可爲痛惜者二，可爲深憂者二。何則？

若保有成，卽不論用度多少；既的知不可，卽不合虛費貲糧。貲，財也；或曰：當作資。悟而後行，事亦非晚。今遲校一日則有一日之費，更延旬月，所費滋多，終須罷兵，何如早罷！以府庫錢帛、百姓脂膏資助河北諸侯，轉令強大。此臣爲陛下痛惜者一也。爲，于僞翻；下同。

臣又恐河北諸將見吳少陽已受制命，言制以吳少陽爲淮西留後。必引事例輕重，同詞請雪承宗。若章表繼來，卽義無不許。請而後捨，體勢可知，轉令承宗膠固同類。如此，則與奪皆由鄰道，恩信不出朝廷，實恐威權盡歸河北。此爲陛下痛惜者二也。

今天時已熱，兵氣相蒸，至於飢渴疲勞，疾疫暴露，驅以就戰，人何以堪！縱不惜身，亦難忍苦。況神策烏雜城市之人，例皆不慣如此，忽思生路，【章：甲十一行本「路」下有「或有奔逃」四字；乙十一行本同；孔本同；張校同；退齋校同。】連兵不解，不死於戰，亦死於久屯，必思逃奔潰散爲求生之路。一人若逃，百人相扇，一軍若散，諸軍必搖，事忽至此，悔將何及！此爲陛下深憂者一也。

臣聞回鶻、吐蕃皆有細作，細作，古之諜者。中國之事，小大盡知。今聚天下之兵，唯討承宗一賊，自冬及夏，都未立功，則兵力之強弱，資費之多少，豈宜使西戎、北虜一一知之！忽見利生心，乘虛入寇，以今日之勢力，可能救其首尾哉！兵連禍生，何事不有！萬一及此，實關安危。此其爲陛下深憂者二也。」「其」字衍。考異曰：白氏集云「五月十日進」，據此疏云：「從史雖經接戰，與賊勝負略均。」則是未就縛也。此月戊戌，從史已流驩州，疑「五月」當爲「四月」。故移於此。

5 盧從史首建伐王承宗之謀，事見上卷上年五月。及朝廷興師，從史逗留不進，陰與承宗通謀，令軍士潛懷承宗號；凡行軍各有號，以相識別。又高芻粟之價以敗度支，時吐突承璀總行營兵屯邢、趙界。邢州，昭義巡屬也。度支芻粟，不能遠致以給行營，就昭義市糴，故盧從史得高其價以牟利。度，徒洛翻。

諷朝廷求平章事，誣奏諸道與賊通，不可進兵。上甚患之。

會從史遣牙將王翊元入奏事，裴垍引與語，爲言爲臣之義，爲言，于僞翻。微動其心，翊元遂輸誠，言從史陰謀及可取之狀。垍令翊元還本軍經營，復來京師，復，扶又翻。遂得其都知兵馬使烏重胤等款要。款，誠也。垍言於上曰：「從史狡猾驕很，必將爲亂。今聞其與承璀對營，視承璀如嬰兒，往來都不設備；失今不取，後雖興大兵，未可以歲月平也。」上初愕然，熟思良久，乃許之。

從史性貪，承璀盛陳奇玩，視其所欲，稍以遺之；遺，唯季翻。從史喜，益相昵狎。昵，尼質翻。甲申，承璀與行營兵馬使李聽謀，召從史入營博，伏壯士於幕下，突出，擒詣帳後縛之，內車中，馳詣京師。考異曰：承璀傳曰：「承璀出師經年無功，乃遣密人告王承宗，令上疏待罪，許以罷兵爲解；仍奏昭義節度使盧從史素與賊通，許爲承宗求節鉞。乃誘潞州牙將烏重胤謀，執從史送京師。」今從裴垍等傳。左右驚亂，從史之左右也。承璀斬十餘人，諭以詔旨。從史營中士【章：甲十一行本「士」下有「卒」字；乙十一行本同。】聞之，皆甲以出，操兵趨譁。操，七刀翻。趨譁，言趨走而喧譁也。烏重胤當軍門叱之曰：「天子有詔，從者賞，敢違者斬！」士卒皆斂兵還部伍。會夜，車疾驅，未明，已出境。重胤，承洽之子；新書作「承玭之子」；韓愈烏氏先廟碑亦作「承玭」。一本云，「玭」或作「洽」。聽，晟之子也。

6丁亥，范希朝、張茂昭大破承宗之衆於木刀溝。新唐書地理志：定州新樂縣東南二十里有木刀溝，有民木刀居溝旁，因名之。

7上嘉烏重胤之功，欲卽授以昭義節度使；李絳以爲不可，請授重胤河陽，以河陽節度使孟元陽鎭昭義。會吐突承璀奏，已牒重胤句當昭義留後，句，古候翻。當，丁浪翻。絳上言：「昭義五州據山東要害，五州，澤、潞、邢、洺、磁。要害者，於我爲要，於敵爲害。魏博、恆、幽諸鎭蟠結，魏博一鎭，恆一鎭，幽一鎭；謂之河朔三鎭。朝廷惟恃此以制之。邢、磁、洺入其腹內，邢州臨趙境，磁、洺臨魏境，其界犬牙相入。誠國之寶地，安危所繫也。曏爲從史所據，使朝廷旰食，今幸而得之，承璀復以與重胤，復，扶又翻。臣聞之驚歎，實所痛心！昨國家誘執從史，雖爲長策，已失大體。不能明底從史之罪而行天討，乃誘執之，是爲失體。今承璀又以文牒差人爲重鎭留後，爲之求旌節，爲，于僞翻。無君之心，孰甚於此！陛下昨日得昭義，人神同慶，威令再立；今日忽以授本軍牙將，物情頓沮，紀綱大紊。校計利害，校，數也，考也。計，算也，度也。更不若從史爲之。何則？從史雖蓄姦謀，已是朝廷牧伯。重胤出於列校，校，戶教翻。以承璀一牒代之，竊恐河南、北諸侯聞之，無不憤怒，恥與爲伍；且謂承璀誘重胤逐從史而代其位，彼人人麾下各有將校，能無自危乎！儻劉濟、茂昭、季安、執恭、韓弘、師道繼有章表陳其情狀，張茂昭、田季安、程執恭、李師道。幷指承璀專命之罪，不知陛下何以處之？處，昌呂翻。若皆不報，則衆怒益甚；若爲之改除，爲，于僞翻。則朝廷之威重去矣。」上復使樞密使梁守謙密謀於絳曰：復，扶又翻。「今重胤已總軍務，事不得已，須應與節。」對曰：「從史爲帥不由朝廷，事見二百三十六卷德宗貞元二十年。帥，所類翻；下同。故啓其邪心，終成逆節。今以重胤典兵，卽授之節，威福之柄不在朝廷，何以異於從史乎！重胤之得河陽，已爲望外之福，豈敢更爲旅拒！況重胤所以能執從史，本以杖順成功；一旦自逆詔命，安知同列不襲其跡而動乎！重胤軍中等夷甚多，必不願重胤獨爲主帥。移之他鎭，乃愜衆心，愜，苦叶翻。何憂其致亂乎！」上悅，皆如其請。壬辰，以重胤爲河陽節度使，元陽爲昭義節度使。

戊戌，貶盧從史驩州司馬。

8 五月，乙巳，昭義軍三千餘人夜潰，奔魏州。潰奔者，盧從史之黨也。劉濟奏拔安平。

9 庚申，吐蕃遣其臣論思邪熱入見，見，賢遍翻。且歸路泌、鄭叔矩之柩。平涼劫盟，泌、叔矩沒于吐蕃。柩，巨救翻。鄭註曰：在牀曰尸，在棺曰柩。

10 甲子，奚寇靈州。

11 六月，甲申，白居易復上奏，以爲：「臣比請罷兵，易，以豉翻；下同。復，扶又翻；下同。上，時掌翻；下上言同。比，毗至翻。今之事勢，又不如前，不知陛下復何所待！」是時，上每有軍國大事，必與諸學士謀之；嘗踰月不見學士，李絳等上言：「臣等飽食不言，其自爲計則得矣，如陛下何！陛下詢訪理道，理道，治道也。開納直言，實天下之幸，豈臣等之幸！」上遽令「明日三殿對來」。三殿，麟德殿也；殿有三面，故曰三殿。三殿之西卽翰林學士院。對來者，言明日當召對，可前來也。時召對廷臣，詔旨率有對來之語。

白居易嘗因論事，言「陛下錯」，上色莊而罷，密召承旨李絳，唐置翰林學士之始，無承旨。永貞元年，上始命鄭絪爲承旨，大誥令、大廢置、丞相之密畫、內外之密奏、上之所甚注意者，莫不專受專對。翰林學士凡十廳，南廳五間，北廳五間，中隔花甎道，承旨居北廳東第一間。謂「白居易小臣不遜，「白」當作「曰」。【章：甲十一行本正作「曰」；張校同。】須令出院。」欲出居易，不令復入翰林。絳曰：「陛下容納直言，故羣臣敢竭誠無隱。居易言雖少思，少思，猶今人言欠入思慮也。少，詩紹翻。志在納忠。陛下今日罪之，臣恐天下各思箝口，箝，其廉翻。非所以廣聰明，昭聖德也。」上悅，待居易如初。考異曰：舊居易傳曰：「吐突承璀爲招討使，諫官上章者十七八。居易面論，辭情切至；既而又請罷河北用兵，凡數千百言，皆人之所難言者，上多聽納。唯諫承璀事切，上頗不悅，謂李絳曰：『白居易小子是朕拔擢，而無禮於朕，朕實難柰。』絳對曰：『居易所以不避死亡之誅，事無巨細必言者，蓋欲酬陛下特力拔擢耳。陛下欲開諫諍之路，不宜阻居易言。』上曰：『卿言是也。』由是多見聽納。」今從李司空論事。

上嘗欲近獵苑中，至蓬萊池西，蓬萊池在蓬萊殿之北，一曰太液池，池中有蓬萊山。自蓬萊池西出玄武門，入重元門，卽苑中。重元門苑之南門，南對宮城玄武門。謂左右曰：「李絳必諫，不如且止。」

12 秋，七月，庚子，王承宗遣使自陳爲盧從史所離間，間，古莧翻。乞輸貢賦，請官吏，許其自新。李師道等數上表請雪承宗，數，所角翻。考異曰：實錄：「淄青、幽州累有章表，請赦承宗。」按劉濟素與成德有怨，攻之最力。白居易請罷兵狀云：「劉濟近日情似近忠，今忽罷兵，慮傷其意。又豈緣劉濟一人惆悵而不顧天下遠圖！」然則濟豈肯請赦承宗！今不取。朝廷亦以師久無功，丁未，制洗雪承宗，以爲成德軍節度使，復以德、棣二州與之；復，扶又翻。悉罷諸道行營將士，共賜布帛二十八萬端匹；唐制：布帛六丈爲端，四丈爲匹。加劉濟中書令。

13 劉濟之討王承宗也，以長子緄爲副大使，長，知兩翻。緄，古本翻。掌幽州留務。濟軍瀛州，次子總爲瀛州刺史，濟署行營都知兵馬使，使屯饒陽。濟有疾，總與判官張玘、玘，墟里翻。孔目官成國寶謀，詐使人從長安來，曰：「朝廷以相公逗留無功，已除副大使爲節度使矣。」明日，又使人來告曰：「副大使旌節已至太原。」又使人走而呼曰：呼，火故翻。「旌節已過代州。」舉軍驚駭。濟憤怒，不知所爲，殺大將素與緄厚者數十人，追緄詣行營，以張玘兄皋代知留務。濟自朝至日昃不食，渴索飲，索，山客翻。總因置毒而進之。乙卯，濟薨。緄行至涿州，涿州，南至莫州一百六十里。莫州，南至瀛州八十里。總矯以父命杖殺之，遂領軍務。

14 嶺南監軍許遂振以飛語毀節度使楊於陵於上，上命召於陵還，除冗官。楊於，音烏；召於同。冗官，散官也。冗，而隴翻。裴垍曰：「於陵性廉直，陛下以遂振故黜藩臣，不可。」丁巳，以於陵爲吏部侍郎。遂振尋自抵罪。

15八月，乙亥，上與宰相語及神仙，問：「果有之乎？」憲宗信方士之心已露於此。李藩對曰：「秦始皇、漢武帝學仙之效，具載前史，事各見本紀。太宗服天竺僧長年藥致疾，事見二百一卷高宗總章二年。此古今之明戒也。陛下春秋鼎盛，方勵志太平，宜拒絕方士之說。苟道盛德充，人安國理，何憂無堯、舜之壽乎！」

16九月，己亥，吐突承璀自行營還，自討王承宗還也。還，從宣翻，又如字。辛亥，復爲左衞上將軍，充左軍中尉。裴垍曰：「承璀首唱用兵，事見上卷上年四月。疲弊天下，卒無成功，卒，子恤翻。陛下縱以舊恩不加顯戮，吐突承璀事帝於東宮，故言舊恩。豈得全不貶黜以謝天下乎！」給事中段平仲、呂元膺言承璀可斬。李絳奏稱：「陛下不責承璀，他日復有敗軍之將，何以處之？復，扶又翻。處，昌呂翻。若或誅之，則同罪異罰，彼必不服；若或釋之，則誰不保身而玩寇乎！願陛下割不忍之恩，行不易之典，有功必賞，敗軍必誅，此古今不易之典。使將帥有所懲勸。」間二日，間，如字。上罷承璀中尉，降爲軍器使；唐中世以後，置內諸司使，以宦官爲之，軍器庫使其一也。宋白曰：軍器本屬軍器監，中世置軍器使，貞元四年廢武庫，其器械隸於軍器使。中外相賀。

17裴垍得風疾，上甚惜之，中使候問旁午於道。一縱一橫爲旁午。

18丙寅，以太常卿權德輿爲禮部尚書、同平章事。

19義武節度使張茂昭請除代人，欲舉族入朝。河北諸鎮互遣人說止之，說，輸芮翻。茂昭不從，凡四上表；上乃許之。以左庶子任迪簡爲義武行軍司馬。茂昭悉以易、定二州簿書管鑰授迪簡，遣其妻子先行，曰：「吾不欲子孫染於汙俗。」

茂昭既去，冬，十月，戊寅，虞候楊伯玉作亂，囚迪簡。辛巳，義武將士共殺伯玉。兵馬使張佐元又作亂，囚迪簡，迪簡乞歸朝。既而將士復殺佐元，奉迪簡主軍務。復，扶又翻。時易定府庫罄竭，閭閻亦空，周禮：五家爲比，五比爲閭。閻，里中門也。迪簡無以犒士，乃設糲飯與士卒共食之，糲，盧達翻，脫粟飯也。身居戟門下經月；藩鎭府門列戟，因謂之戟門。將士感之，共請迪簡還寢，然後得安其位。上命以綾絹十萬匹賜易定將士；壬辰，以迪簡爲義武節度使。憲宗用任迪簡而得易定，穆宗用張弘靖而失幽燕，節鎭命代，可不謹哉！甲午，以張茂昭爲河中、慈、隰、晉、絳節度使，從行將校皆拜官。

20 右金吾大將軍伊愼以錢三萬緡賂右軍中尉第五從直，求河中節度使；從直恐事泄，奏之。十一月，庚子，貶愼爲右衞將軍，坐死者三人。

初，愼自安州入朝，入朝，見上卷元和元年。留其子宥主留事，朝廷因以爲安州刺史，未能去也。去，羌呂翻。會宥母卒於長安，宥利於兵權，不時發喪。鄂岳觀察使郗士美遣僚屬以事過其境，宥出迎，因告以凶問，凶問，母卒之問也。先備籃輿，卽日遣之。籃輿，卽今之轎也。

21 甲辰，會王纁薨。纁，上弟也。薨，呼肱翻。

22 庚戌，以前河中節度使王鍔爲河東節度使。上左右受鍔厚賂，多稱譽之，譽，音余。上命鍔兼平章事，李藩固執以爲不可。權德輿曰：「宰相非序進之官。唐興以來，方鎮非大忠大勳，則跋扈者，朝廷或不得已而加之。今鍔既無忠勳，朝廷又非不得已，何爲遽以此名假之！」上乃止。考異曰：舊李藩傳曰：「鍔以錢數千萬賂遺權倖，求兼宰相。藩與權德輿在中書，有密旨曰：『王鍔可兼宰相，宜即擬來。』藩遂以筆塗『兼宰相』字，卻奏上云：『不可。』德輿失色曰：『縱不可，宜別作奏，豈可以筆塗詔邪！』曰：『勢迫矣，出今日，便不可止，日又暮，何暇別作奏。』事果寢。」會要：崔鉉曰：「此乃不諳故事者之妄傳，史官之謬記耳。既稱奉密旨，宜擬狀中陳論，固不假以筆塗詔矣。凡欲降白麻，若商量於中書、門下，皆前一日進文書，然後付翰林草麻。」又稱藩曰：「勢迫矣，出今日，便不可止。」尤爲疏闊。蓋由史氏以藩有直亮之名，欲委曲成其美，豈所謂直筆哉！舊德輿傳曰：「初，鍔來朝，貴倖多譽鍔者，上將加平章事，李藩堅執以爲不可，德輿繼奏云云，乃止。」今從之。

鍔有吏才，工於完聚。范希朝以河東全軍出屯河北，謂討王承宗也。耗散甚衆；鍔到鎮之初，兵不滿三萬人，馬不過六百匹，歲餘，兵至五萬人，馬有五千匹，器械精利，倉庫充實。又進家財三十萬緡，上復欲加鍔平章事，李絳諫曰：「鍔在太原，雖頗著績效，今因獻家財而命之，若後世何！」上乃止。復，扶又翻。

23 中書侍郎【章：甲十一行本「郎」下有「同平章事」四字；乙十一行本同；張校同，云無註本亦無。】裴垍數以疾辭位；數，所角翻。庚申，罷爲兵部尚書。

24 十二月，戊寅，張茂昭入朝，請遷祖考之骨于京兆。張茂昭祖謐、父孝忠，皆葬河北。

25 壬午，以御史中丞呂元膺爲鄂岳觀察使。元膺嘗欲夜登城，門已鎖，守者不爲開。鏁，蘇果翻。不爲，于僞翻。左右曰：「中丞也。」對曰：「夜中難辯眞僞，雖中丞亦不可。」元膺乃還。還，音旋，又如字。明日，擢爲重職。

26 翰林學士、司勳郎中李絳面陳吐突承璀專橫，語極懇切。橫，戶孟翻。懇，誠至也。上作色曰：「卿言太過！」絳泣曰：「陛下置臣於腹心耳目之地，若臣畏避左右，愛身不言，是臣負陛下；言之而陛下惡聞，惡，烏路翻。乃陛下負臣也。」上怒解，曰：「卿所言皆人所不能言，使朕聞所不聞，眞忠臣也。他日盡言，皆應如是。」己丑，以絳爲中書舍人，學士如故。絳嘗從容諫上聚財，從，千容翻。上曰：「今兩河數十州，皆國家政令所不及，河、湟數千里，淪於左衽，朕日夜思雪祖宗之恥，而財力不贍，故不得不蓄聚耳。不然，朕宮中用度極儉薄，多藏何用邪！」淮西既平，帝之所聚，適爲驕侈之資耳。

六年（辛卯、八一一）

1 春，正月，甲辰，以彰義留後吳少陽爲節度使。

2 庚申，以前淮南節度使李吉甫爲中書侍郎、同平章事。二月，壬申，李藩罷爲太子詹事。

3 己丑，忻王造薨。造，代宗之子，皇叔祖也。

4 宦官惡李絳在翰林，惡，烏路翻。以爲戶部侍郎，判本司。判本司者，判戶部職事。唐自中世以後，戶部侍郎或判度支，故以判戶部爲判本司，此二十四司之司也。上問：【章：甲十一行本「問」下有「絳」字；乙十一行本同；退齋校同。】「故事，戶部侍郎皆進羨餘，羨，弋線翻。卿獨無進，何也？」對曰：「守土之官，厚斂於人以市私恩，天下猶共非之；況戶部所掌，皆陛下府庫之物，給納有籍，安得羨餘！若自左藏輸之內藏，斂，力贍翻。藏，徂浪翻。以爲進奉，是猶東庫移之西庫，臣不敢踵此弊也。」自玄宗時，王鉷歲進錢以供天子燕私，至裴延齡而其弊極矣。上嘉其直，益重之。

5 乙巳，上問宰相：「爲政寬猛何先？」權德輿對曰：「秦以慘刻而亡，漢以寬大而興。太宗觀明堂圖，禁抶人背；事見一百九十三卷貞觀四年。抶，丑栗翻。是故安、史以來，屢有悖逆之臣，皆旋踵自亡，悖，蒲內翻，又蒲沒翻。由祖宗仁政結於人心，人不能忘故也。然則寬猛之先後可見矣。」上善其言。

6 夏，四月，戊辰，以兵部尚書裴垍爲太子賓客，李吉甫惡之也。惡，烏路翻。

7 庚午，以刑部侍郎、鹽鐵轉運使盧坦爲戶部侍郎、判度支。或告泗州刺史薛謇爲代北水運使，有異馬不以獻；事下度支，謇，知輦翻。下，戶嫁翻。使巡官往驗，未返，上遲之，使品官劉泰昕按其事。唐內侍省有品官，白身，二千九百三十二人。昕，許斤翻。盧坦曰：「陛下既使有司驗之，又使品官繼往，豈大臣不足信於品官乎！臣請先就黜免。」上召泰昕還。還，音旋，又如字。

8 五月，前行營糧料使于臯謨、董溪行營，謂前討恆州行營。坐贓數千緡，敕貸其死；臯謨流春州，溪流封州，行至潭州，並追遣中使賜死。春州，漢合浦郡高涼縣地，隋爲高涼郡之陽春縣，唐置春州，京師東南六千四百四十八里。封州，至京師水陸四千五百一十里。潭州，古長沙郡，晉置湘州，隋改潭州，京師南二千四百四十五里。權德輿上言，以爲：「臯謨等罪當死，陛下肆諸市朝，何晏曰：已刑而陳其尸曰肆。朝，直遙翻。誰不懼法！不當已赦而殺之。」溪，晉之子也。董晉相德宗，後鎮宣武，薨于鎮。

9 庚子，以金吾大將軍李惟簡爲鳳翔節度使。李惟簡，惟岳之弟也。隴州地與吐蕃接，舊常朝夕相伺，伺，相吏翻。更入攻抄，更，工衡翻。抄，楚交翻。人不得息。惟簡以爲邊將當謹守備，蓄財穀以待寇，不當覘小利，起事盜恩，生事邀功，竊取官賞，是爲盜恩。禁不得妄入其地；禁妄入吐蕃界。益市耕牛，鑄農器，以給農之不能自具者，增墾田數十萬畝。屬歲屢稔，屬，之欲翻。屢，良遇翻，又如字。公私有餘，販者流及他方。

10 賜振武節度使阿跌光進姓李氏。

11 六月，丁卯，李吉甫奏：「自秦至隋十有三代，吉甫所謂十三代，以秦、漢、魏、晉、宋、齊、梁、陳、北魏、北齊、周、隋爲數也。設官之多，無如國家者。天寶以後，中原宿兵，見在可計者八十餘萬，見，賢遍翻。其餘爲商賈、僧、道不服田畝者什有五六，賈，音古。是常以三分勞筋苦骨之人奉七分待衣坐食之輩也。今内外官以稅錢給俸者不下萬員，天下〔千〕三百餘縣，或以一縣之地而爲州，一鄉之民而爲縣者甚衆，請敕有司詳定廢置，吏員可省者省之，州縣可併者併之，入仕之塗可減者減之。又，國家舊章，依品制俸，官一品月俸錢三十緡；永徽之制，一品月俸八千。開元二十四年，令百官防閤庶僕俸食雜用，以月給之，總稱月俸，一品爲錢三萬一千。職田祿米不過千斛。唐初給一品職田六十頃、祿七百石。艱難以來，增置使額，厚給俸錢，自兵興後，權臣增領諸使，月給厚俸，比開元制祿數倍。大曆中，權臣月俸至九千緡，州無大小，刺史皆千緡。新志云：權臣月俸有至九十萬者，刺史亦至十萬，卽此數也。常袞爲相，始立限約，事見二百二十五卷代宗大曆十二年。李泌又量其閒劇，隨事增加，事見二百三十三卷德宗貞元四年。量，音良；下同。時謂通濟，理難減削。然猶有名存職廢，或額去俸存，閒劇之間，厚薄頓異。請敕有司詳考俸料、雜給，量定以聞。」按常袞爲相，增京官正員及諸道觀察使、都團練使、副使以下料錢。李泌爲相，又增百官及畿內官月俸，復置手力資課歲給錢。左、右衞上將軍以下又有六雜給：一曰糧米，二曰鹽，三曰私馬，四曰手力，五曰隨身，六曰春、冬服。私馬則有芻豆，手力則有資錢，隨身則有糧、米、鹽，春、冬服則有布、絹、絁、紬、綿。射生、神策大將軍增以鞋。州縣官有手力、雜給錢。李吉甫請就加詳校而量定之也。於是命給事中段平仲、中書舍人韋貫之、兵部侍郎許孟容、戶部侍郎李絳同詳定。

12 秋，九月，富平人梁悅報父仇，殺秦杲，自詣縣請罪。敕：「復讎，據禮經則義不同天，禮記曰：父之讎不與共戴天。徵法令則殺人者死。禮、法二事，皆王教之大端，有此異同，固資論辯，宜令都省集議聞奏。」都省，尚書都省。職方員外郎韓愈議，以爲：「律無其條，非闕文也。蓋以不許復讎，則傷孝子之心而乖先王之訓；許復讎，則人將倚法專殺，無以禁止其端矣。故聖人丁寧其義於經，而深沒其文於律，其意將使法吏一斷於法，斷，丁亂翻。而經術之士得引經而議也。宜定其制曰：『凡復父讎者，事發，具申尚書省集議奏聞，酌其宜而處之。』處，昌呂翻。則經律無失其指矣。」敕：「梁悅杖一百，流循州。」循州，古龍川縣地。舊志：至東都四千八百里。加東都至京師道里，從可知也。

13 甲寅，吏部奏準敕併省內外官計八百八員，諸司流外一千七百六十九人。

14 黔州大水壞城郭，黔，音禽，又其廉翻。壞，音怪。觀察使竇羣發溪洞蠻以治之；黔中觀察使領辰、錦、施、敍、獎、夷、播、思、費、南、溪、溱等州，又有羈縻州五十，大率皆溪洞蠻也。治，直之翻。督役太急，於是辰、漵二州蠻反，敍州，本巫州，天授二年改沅州，開元十三年以沅、原聲相近，復爲巫州，大曆五年更名敍州。考異曰：舊傳作「辰、錦二州」，今從實錄。羣討之，不能定。戊午，貶羣開州刺史。開州，治開江縣，因縣名州，京師南一千四百六十里。

15 冬，十一月，弓箭庫使劉希光唐內諸司使，弓箭庫使在軍器庫使之下。受羽林大將軍孫璹錢二萬緡，爲求方鎮，璹，神六翻。爲，于僞翻。事覺，賜死。事連左衞上將軍、知內侍省事吐突承璀，丙申，以承璀爲淮南監軍。上問李絳：「朕出承璀何如？」對曰：「外人不意陛下遽能如是。」上曰：「此家奴耳，曏以其驅使之久，承璀事帝於東宮。故假以恩私；若有違犯，朕去之輕如一毛耳！」去，羌呂翻。

16 十六宅諸王既不出閤，考異曰：新李吉甫傳作「十宅」。按舊紀，自此至唐末，皆云「十六宅」。新傳誤也。余按開元以來，皇子多居禁中，詔附苑城爲大宮，分院而處，號十王宅，中人押之；就夾城參天子起居。其後增爲十六宅。舊史曰：開元於安國寺東附苑城爲大宅，分院而居，號十王宅。十王，謂慶、忠、棣、鄂、儀、潁、永、榮、延、濟。其後盛、儀、壽、豐、恆、梁六王又就封入內宅，此十六宅得名之始也。其女嫁不以時，選尚者皆由宦官，率以厚賂自達。李吉甫上言：「自古尚主必擇其人，獨近世不然。」十二月，壬申，詔封恩王等六女爲縣主，委中書、門下、宗正、吏部選門地人才稱可者嫁之。稱，尺證翻。

17 己丑，以戶部侍郎李絳爲中書侍郎、同平章事。考異曰：舊傳曰：「吐突承璀恩寵莫二，是歲，將用絳爲宰相，前一日出璀爲淮南監軍；翌日降制，以絳同平章事。」新傳曰：「絳所言無不聽，帝欲遂以爲相。而承璀寵方盛，忌其進，陰有毀短，帝乃出承璀淮南監軍；翌日，拜絳同平章事。」今據實錄，出承璀至絳入相五十四日。舊傳云：「翌日」，誤也。李吉甫爲相，多脩舊怨，上頗知之，故擢絳爲相。吉甫善逢迎上意，而絳鯁直，數爭論於上前；數，所角翻。上多直絳而從其言，由是二人有隙。

18 閏月，辛卯朔，黔州奏：辰、漵賊帥張伯靖寇播州、費州。漵，音敘。

19 試太子通事舍人李涉唐太子通事舍人屬右春坊，員八人，正七品下，掌導宮臣辭見、承令勞問。此職事官也。若李涉則試官。知上於吐突承璀恩顧未衰，乃投匭上疏，稱「承璀有功，希光無罪。承璀久委心腹，不宜遽棄。」知匭使、諫議大夫孔戣見其副章，詰責不受；涉乃行賂，詣光順門通之。戣，渠龜翻。武后垂拱四年，置匭四枚，共爲一室，列於朝堂：東方木位，主春，配仁，色青，仁者以亭育爲本，以青匭置於東，有能告養人及勸農之事者投之，銘曰延恩匭；南方火位，主夏，色赤，配信，信者風化之本，以丹匭置於南，有能正諫、論時政得失者投之，銘曰招諫匭；西方金位，主秋，色白，配義，義者以斷決爲本，以素匭置於西，有欲自陳抑屈者投之，銘曰申冤匭；北方水位，主冬，色玄，配智，智者謀慮之本，以玄匭置於此，能告以謀智者投之，銘曰通玄匭。以諫議、補、拾充使於朝堂，知匭事。每日所有投書，至暮並卽進入；其詣光順門進狀者，閤門使收而進之。宋朝改知匭使爲理檢使。宋白曰：光順門外卽昭慶門。匭，居洧翻。戣聞之，上疏極言「涉姦險欺天，請加顯戮。」戊申，貶涉峽州司倉。峽州，古夷陵地，蜀置宜都郡，梁置宜州，後魏改拓州；取開拓之義；周武帝以州扼三峽之口，改曰峽州。舊志：峽州，京師東南一千八百八十八里。涉，渤之兄；李渤時隱於少室山。戣，巢父之子也。孔巢父死於李懷光之難。

20 辛亥，惠昭太子寧薨。寧立爲太子，見上卷四年三月。

七年（壬辰、八一二）

21 是歲，天下大稔，米斗有直二錢者。

1春，正月，辛未，以京兆尹元義方爲鄜坊觀察使。初，義方媚事吐突承璀，李吉甫欲自託於承璀，擢義方爲京兆尹。李絳惡義方爲人，故出之。惡，烏路翻。義方入謝，因言「李絳私其同年許季同，除京兆少尹，出臣鄜坊，專作威福，欺罔聰明。」上曰：「朕諳李絳不如是。諳，烏含翻。明日，將問之。」義方惶愧而出。明日，上以詰絳曰：「人於同年固有情乎！」對曰：「同年，乃九州四海之人偶同科第，或登科然後相識，情於何有！唐人謂同榜進士爲同年，至今猶然。且陛下不以臣愚，備位宰相，宰相職在量才授任，若其人果才，雖在兄弟子姪之中猶將用之，況同年乎！避嫌而棄才，是乃便身，非徇公也。」上曰：「善，朕知卿必不爾。」遂趣義方之官。趣，讀曰促。

2振武河溢，毁東受降城。東受降城瀕河，河溢，故毁城。

3三月，丙戌，上御延英殿，李吉甫言：「天下已太平，陛下宜爲樂。」樂，音洛；下同。李絳曰：「漢文帝時兵木無刃，家給人足，賈誼猶以爲厝火積薪之下，不可謂安。見十四卷漢文帝六年。今法令所不能制者，河南、北五十餘州；犬戎腥羶，近接涇、隴，烽火屢驚；唐六典：烽候所置，大率三十里。若有山岡隔絕，須逐便安置，得相望見，不必要限三十里。其逼邊境者，築城而置之，每烽置帥副各一人。其放烽有一炬、兩炬、三炬、四炬，隨賊多少爲差。加之水旱時作，倉廩空虛，此正陛下宵衣旰食之時，豈得謂之太平，遽爲樂哉！」旰，古按翻。上欣然曰：「卿言正合朕意。」退，謂左右曰：「吉甫專爲悅媚；如李絳，眞宰相也！」

上嘗問宰相：「貞元中政事不理，何乃至此？」李吉甫對曰：「德宗自任聖智，不信宰相而信他人，是使姦臣得乘間弄威福。間，古莧翻。政事不理，職此故也。」上曰：「然此亦未必皆德宗之過。朕幼在德宗左右，見事有得失，當時宰相亦未有再三執奏者，皆懷祿偷安，今日豈得專歸咎於德宗邪！卿輩宜用此爲戒，事有非是，當力陳不已，勿畏朕譴怒而遽止也。」

李吉甫嘗言：「人臣不當強諫，左傳：宮之奇之爲人也，懦而不能強諫。陸德明音義曰：強，其良翻，又其兩翻。使君悅臣安，不亦美乎！」李絳曰：「人臣當犯顏苦口，指陳得失，若陷君於惡，豈得爲忠！」上曰：「絳言是也。」吉甫至中書，臥不視事，長吁而已。李絳或久不諫，上輒詰之曰：「豈朕不能容受邪，將無事可諫也？」

李吉甫又嘗言於上曰：「賞罰，人主之二柄，不可偏廢。陛下踐阼以來，惠澤深矣；而威刑未振，中外懈惰，懈，古隘翻，怠也。願加嚴以振之。」上顧李絳曰：「何如？」對曰：「王者之政，尚德不尚刑，豈可捨成、康、文、景而效秦始皇父子乎！」上曰：「然。」後旬餘，于頔入對，亦勸上峻刑。又數日，上謂宰相曰：「于頔大是姦臣，勸朕峻刑，卿知其意乎？」皆對曰：「不知也。」上曰：「此欲使朕失人心耳。」吉甫失色，退而抑首不言笑竟日。上以于頔峻刑之言爲姦，故吉甫愧前之失言。

4夏，四月，丙辰，以庫部郎中、翰林學士崔羣爲中書舍人，學士如故。庫部郎，掌戎器、鹵簿、儀仗，屬兵部。上嘉羣讜直，讜，音黨。命學士「自今奏事，必取崔羣連署，然後進之。」羣曰：「翰林舉動皆爲故事。必如是，後來萬一有阿媚之人爲之長，長，知丈翻。則下位直言無從而進矣。」固不奉詔。章三上，上，時掌翻。上乃從之。

5五月，庚申，上謂宰相曰：「卿輩屢言淮、浙去歲水旱，近有御史自彼還，言不至爲災，事竟如何？」李絳對曰：「臣按淮南、浙西、浙東奏狀，皆云水旱，人多流亡，求設法招撫，設爲法制以招撫流亡之民。其意似恐朝廷罪之者，豈肯無災而妄言有災邪！此蓋御史欲爲姦諛以悅上意耳，願得其主名，按致其法。」上曰：「卿言是也。國以人爲本，聞有災當亟救之，豈可尚復疑之邪！復，扶又翻。朕適者不思，失言耳。」命速蠲其租賦。上嘗與宰相論治道於延英殿，治，直吏翻。日旰，暑甚，汗透御服，宰相恐上體倦，求退。上留之曰：「朕入禁中，所與處者獨宮人、宦官耳，故樂與卿等且共談爲理之要，殊不知倦也。」爲理，猶言爲治。唐避高宗諱，改治爲理。處，昌呂翻。樂，音洛。

6六月，癸巳，司徒、同平章事杜佑以太保致仕。

7秋，七月，乙亥，立遂王宥爲太子，更名恒。更，工衡翻。恒，戶登翻。考異曰：舊澧王惲傳曰：「時吐突承璀恩寵特異，惠昭太子薨，議立儲副，承璀獨排羣議屬澧王，欲以威權自樹。賴上明斷不惑。」承璀傳曰：

「八年，欲召承璀還，乃罷絳相位。承璀還，復爲神策中尉。惠昭太子薨，承璀建議請立澧王寬爲太子。憲宗不納，立遂王宥。」崔羣傳曰：「憲宗以澧王居長，又多內助。」新傳亦曰：「惠昭太子薨，承璀請立澧王，不從。」據實錄：「六年十一月，承璀監淮南軍。閏十二月，惠昭太子薨。明年，承璀乃召還。」而新、舊傳皆如此。穆宗卒以此殺承璀。蓋憲宗末年，承璀欲廢太子，立澧王耳，非惠昭初薨時也。恆，郭貴妃之子也。諸姬子澧王寬，長於恆；長，知兩翻。上將立恆，命崔羣爲寬草讓表，爲，于僞翻。羣曰：「凡推己之有以與人謂之讓。推，吐雷翻。遂王，嫡子也，寬何讓焉！」史言崔羣力爲憲宗言立子以嫡不以長之義。上乃止。

8 八月，戊戌，魏博節度使田季安薨。

初，季安娶洺州刺史元誼女，元誼奔魏見二百三十五卷德宗貞元十二年。生子懷諫，爲節度副使。新志：節度副使在行軍司馬之下，節度副大使則在行軍司馬之上，河北三鎮以爲儲帥。牙內兵馬使田興，庭玠之子也，田庭玠見二百二十六卷德宗建中二年。有勇力，頗讀書，性恭遜。季安淫虐，興數規諫，數，所角翻。軍中賴之。季安以爲收衆心，出爲臨清鎮將，將【章：甲十一行本不重「將」字；乙十一行本同。】欲殺之。將欲，如字。興陽爲風痹，痹，必至翻，冷濕病也。灸灼滿身，灸，居又翻，灼艾也。乃得免。季安病風，殺戮無度，軍政廢亂，夫人元氏召諸將立懷諫爲副大使，知軍務，時年十一；考異曰：論事集作「十二」，今從實錄及舊傳。遷季安於別寢，月餘而薨。召田興爲步射都知兵馬使。

辛亥，以左龍武大將軍薛平爲鄭滑節度使，欲以控制魏博。

上與宰相議魏博事，李吉甫請興兵討之，李絳以爲魏博不必用兵，當自歸朝廷。吉甫盛陳不可不用兵之狀，上曰：「朕意亦以爲然。」絳曰：「臣竊觀兩河藩鎮之跋扈者，皆分兵以隸諸將，不使專在一人，恐其權任太重，乘間而謀己故也。間，古莧翻。諸將勢均力敵，莫能相制，欲廣相連結，則衆心不同，其謀必泄；欲獨起爲變，則兵少力微，勢必不成。加以購賞既重，刑誅又峻，是以諸將互相顧忌，莫敢先發，跋扈者恃此以爲長策。然臣竊思之，若常得嚴明主帥能制諸將之死命者以臨之，則粗能自固矣。帥，所類翻。粗，坐五翻，今讀從去聲。今懷諫乳臭子，不能自聽斷，斷，丁亂翻。軍府大權必有所歸，諸將厚薄不均，怨怒必起，不相服從，則曏日分兵之策，適足爲今日禍亂之階也。田氏不爲屠肆，謂舉家見屠，骨肉分裂，若屠家之屠羊豕然，掛肉於枅以爲列肆。則悉爲俘囚矣，何煩天兵哉！天子之兵，謂之天兵。彼自列將起代主帥，鄰道所惡，莫甚於此。惡，烏路翻。彼不倚朝廷之援以自存，則立爲鄰道所韲粉矣。韲，與齏同，牋西翻，碎切薑蒜爲之。故臣以爲不必用兵，可坐待魏博之自歸也。但願陛下按兵養威，嚴敕諸道選練士馬以須後敕。須，待也。使賊中知之，不過數月，必有自效於軍中者矣。至時，惟在朝廷應之敏速，中其機會，中，竹仲翻。不愛爵祿以賞其人，使兩河藩鎮聞之，恐其麾下效之以取朝廷之賞，必皆恐懼，爭爲恭順矣。此所謂不戰而屈人兵者也。」上曰：「善！」

他日，吉甫復於延英盛陳用兵之利，復，扶又翻；下同。且言芻糧金帛皆已有備。上顧問絳，顧，迴視也。絳對曰：「兵不可輕動。前年討恆州，恆，戶登翻。四面發兵二十萬，又發兩神策兵自京師赴之，天下騷動，所費七百餘萬緡，訖無成功，爲天下笑。謂吐突承璀討王承宗也。今瘡痍未復，人皆憚戰；若又以敕命驅之，臣恐非直無功，或生他變。況魏博不必用兵，事勢明白，願陛下勿疑。」上奮身撫案曰：「朕不用兵決矣。」撫，拍也。考異曰：新吉甫傳：「魏博節度使田季安疾甚，吉甫請任薛平爲義成節度使，以重兵控邢、洺，因圖上河北險要所在，帝張於浴堂門壁，每議河北事，必指吉甫曰：『朕日按圖，信如卿料矣。』」按憲宗竟用李絳之策不用兵而魏博平，不如新傳所言。今不取。絳曰：「陛下雖有是言，恐退朝之後，復有熒惑聖聽者。」上正色厲聲曰：「朕志已決，誰能惑之！」絳乃拜賀曰：「此社稷之福也。」

既而田懷諫幼弱，軍政皆決於家僮蔣士則，數以愛憎移易諸將，數，所角翻。衆皆憤怒。朝命久不至，朝，直遙翻。軍中不安。田興晨入府，士卒數千人大譟，環興而拜，環，音宦。請爲留後。興驚仆於地，衆不散；久之，興度不免，度，徒洛翻。乃謂衆曰：「汝肯聽吾言乎！」皆曰：「惟命。」興曰：「勿犯副大使，守朝廷法令，申版籍，請官吏，然後可。」皆曰「諾。」興乃殺蔣士則等十餘人，遷懷諫於外。代宗廣德元年，田承嗣帥魏博，四世，四十九年而滅。

資治通鑑卷第二百三十九

端明殿學士兼翰林侍讀學士太中大夫提舉西京嵩山崇福宮上柱國河内郡開國公食邑二千二百户食實封九百户賜紫金魚袋臣　司馬光　奉敕編集

後　學　天　台　胡三省　音　註

唐紀五十五起玄黓執徐（壬辰）十月，盡柔兆涒灘（丙申），凡四年有奇。

憲宗昭文章武大聖至神孝皇帝中之上

元和七年（壬辰、八一二）

1 冬，十月，乙未，魏博監軍以狀聞，以魏兵廢懷諫立田興之狀聞。上亟召宰相，謂李絳曰：「卿揣魏博若符契。」揣，初委翻。李吉甫請遣中使宣慰以觀其變，李絳曰：「不可。今田興奉其土地兵衆，坐待詔命，不乘此際推心撫納，結以大恩，必待敕使至彼，持將士表來爲請節鉞，然後與之，此大曆、貞元之弊也。則是恩出於下，非出於上，將士爲重，朝廷爲輕，其感戴之心亦非今日之比也。爲，于僞翻；下亦爲、正爲、度爲、當爲同。機會一失，悔之無及！」吉甫素與樞密使梁守謙相結，守謙亦爲之言於上曰：「故事，皆遣中使宣勞，勞，力到翻。今此鎮獨無，恐更不諭。」言恐其更不諭上意也。上竟遣中使張忠順如魏博宣慰，欲俟其還而議之。癸卯，李絳復上言：復，扶又翻。「朝廷恩威得失，在此一舉，時機可惜，柰何棄之！利害甚明，願聖心勿疑。計忠順之行，甫應過陝，甫，始也。陝，失冉翻。乞明旦卽降白麻除興節度使，猶可及也。」上且欲除留後，絳曰：「興恭順如此，言興守朝廷法令，申版籍，請官吏，異乎河北諸鎮之爲也。自非恩出不次，則無以使之感激殊常。」上從之。甲辰，以興爲魏博節度使。忠順未還，制命已至魏州。興感恩流涕，士衆無不鼓舞。

2 庚戌，更名皇子寬曰惲，察曰悰，寰曰忻，寮曰悟，審曰恪。更，工衡翻。惲，於粉翻。

3 李絳又言：「魏博五十餘年不霑皇化，魏博自田承嗣以來倔強拒命，至是四十九年。一旦舉六州之地來歸，六州，魏、博、貝、衞、澶、相。刳河朔之腹心，傾叛亂之巢穴，不有重賞過其所望，則無以慰士卒之心，使四鄰勸慕。請發內庫錢百五十萬緡以賜之。」左右宦官以爲「所與太多，後有此比，將何以給之？」上以語絳，語，牛據翻。絳曰：「田興不貪專地之利，不顧四鄰之患，歸命聖朝，陛下柰何愛小費而遺大計，不以收一道人心！錢用盡更來，機事一失不可復追。復，扶又翻。借使國家發十五萬兵以取六州，期年而克之，期，讀曰朞。其費豈止百五十萬緡而已乎！」上悅，曰：「朕所以惡衣菲食，蓄聚貨財，正爲欲平定四方；爲，于僞翻；下同。不然，徒貯之府庫何爲！」貯，丁呂翻。十一月，辛酉，遣知制誥裴度至魏博宣慰，以錢百五十萬緡賞軍士，六州百姓給復一年。復，方目翻。復，除其賦役也。軍士受賜，歡聲如雷。成德、兗鄆使者數輩見之，相顧失色，歎曰：「倔強者果何益乎！」兗鄆，卽淄青、平盧軍也。鄆，音運。倔，其勿翻。強，其兩翻。

度爲興陳君臣上下之義，興聽之，終夕不倦，待度禮極厚，請度徧至所部州縣，宣布朝命。朝，直遥翻。奏乞除節度副使於朝廷，詔以戶部郎中河東胡証爲之。証，之盛翻。興又奏所部缺官九十員，請有司注擬，行朝廷法令，輸賦稅。田承嗣以來室屋僭侈者，皆避不居。

鄆、蔡、恆遣遊客間說百方，興終不聽。鄆，李師道；蔡，吳少陽；恆，王承宗也。恆，戶登翻。間，古莧翻。說，輸芮翻。李師道使人謂宣武節度使韓弘曰：「我世與田氏約相保援，今興非田氏族，又首變兩河事，言田興悉心奉朝廷，變兩河藩鎮故事。亦公之所惡也！惡，烏路翻。我將與成德合軍討之。」弘曰：「我不知利害，知奉詔行事耳。若兵北渡河，我則以兵東取曹州！」曹州，李師道巡屬也。師道懼，不敢動。

田興既葬田季安，送田懷諫于京師。辛巳，以懷諫爲右監門衞將軍。

[4]李絳奏振武、天德左右良田可萬頃，請擇能吏開置營田，可以省費足食，上從之。絳命度支使盧坦經度用度，度支、經度，皆徒洛翻。四年之間，開田四千八百頃，收穀四千餘萬斛，「千」，當作「十」。歲省度支錢二十餘萬緡，邊防賴之。

5 上嘗於延英謂宰相曰：「卿輩當爲朕惜官，爲，于僞翻。勿用之私親故。」李吉甫、權德輿皆謝不敢。李絳曰：「崔祐甫有言，『非親非故，不諳其才。』諳者尚不與官，不諳者何敢復與！但問其才器與官相稱否耳。諳，烏含翻。復，扶又翻。稱，尺證翻。若避親故之嫌，使聖朝虧多士之美，此乃偷安之臣，非至公之道也。苟所用非其人，則朝廷自有典刑，誰敢逃之！」上曰：「誠如卿言。」

6 是歲，吐蕃寇涇州，及西門之外，先寇涇州界，進及涇州西門之外。驅掠人畜而去。上患之，李絳上言：「京西、京北皆有神策鎭兵，京西，鳳翔、秦、隴、原、涇、渭也。京北，邠、寧、丹、延、鄜、坊、慶、靈、鹽、夏、綏、銀、宥也。鎭兵註已見前。始，置之欲以備禦吐蕃，使與節度使犄角相應也。今則鮮衣美食，坐耗縣官，每有寇至，節度使邀與俱進，則云申取中尉處分；唐神策鎭兵分屯于外，皆屬左、右神策中尉。處，昌呂翻。分，扶問翻。比其得報，虜去遠矣。比，必利翻，及也。縱有果銳之將，聞命奔赴，節度使無刑戮以制之，相視如平交，左右前卻，莫肯用命，何所益乎！請據所在之地士馬及衣糧、器械皆割隸當道節度使，使號令齊壹，如臂之使指，則軍威大振，虜不敢入寇矣。」上曰：「朕不知舊事如此，當亟行之。」既而神策軍驕恣日久，不樂隸節度使，樂，音洛。竟爲宦者所沮而止。

八年（癸巳、八一三）

1春，正月，癸亥，以博州刺史田融爲相州刺史。融，興之兄也。融、興幼孤；融長，養而教之。兄弟皆幼失父母，而兄年差長，故長養其弟而教之。長，知丈翻。興嘗於軍中角射，角，競也。角射者，以中爲勝。一軍莫及。融退而抶之抶，丑栗翻，打也。曰：「爾不自晦，禍將及矣！」故興能自全於猜暴之時。猜暴之時，謂田季安時也。

2勃海定王元瑜卒，弟言義權知國務。庚午，以言義爲勃海王。

3李吉甫、李絳數爭論於上前，禮部尚書、同平章事權德輿居中無所可否；上鄙之。數，所角翻。鄙，陋也。辛未，德輿罷守本官。

4辛卯，賜魏博節度使田興名弘正。

5司空、同平章事于頔久留長安，鬱鬱不得志。二年頔入朝，見二百三十二卷。有梁正言者，自言與樞密使梁守謙同宗，能爲人屬請，爲，于僞翻；下同。屬，之欲翻。頔使其子太常丞敏重賂正言，求出鎮。久之，正言詐漸露，敏索其賂不得，索，山客翻。誘其奴，支解之，棄溷中。誘，音酉。溷，戶困翻，廁也。事覺，頔帥其子殿中少監季友等素服詣建福門請罪，門者不內；帥，讀曰率。唐大明宮端門曰丹鳳門，其西曰建福門。內，卽納字也。退，負南牆而立，遣人上表，閤門以無印引不受；唐制：凡四方章表，皆閤門受而進之。頔方請罪，既無職印，又無內引，所以不受。日暮方歸，明日，復至。復，扶又翻。丁酉，頔左授恩王傅，仍絕朝謁；朝，直遙翻。敏流雷州，舊志：雷州，至京師六千五百一十二里。季友等皆貶官，僮奴死者數人；敏至秦嶺而死。自藍田關南出度秦嶺。事連僧鑒虚。鑒虚自貞元以來，以財交權倖，受方鎮賂遺，遺，唯季翻。厚自奉養，吏不敢詰。至是，權倖爭爲之言，上欲釋之，中丞薛存誠不可。上遣中使詣臺宣旨曰：「朕欲面詰此僧，非釋之也。」存誠對曰：「陛下必欲面釋此僧，請先殺臣，然後取之，不然，臣期不奉詔。」上嘉而從之。三月，丙辰，杖殺鑒虚，沒其所有之財。考異曰：實錄在二月。按長曆，二月乙酉朔，三月甲寅朔。丙辰，三月三日。甲子，十一日也。實錄脫不書月耳。

6 甲子，徵前西川節度使、同平章事武元衡入知政事。元和二年，武元衡出鎮西川，至是召還。

7 夏，六月，大水。上以爲陰盈之象，辛丑，出宮人二百車。

8 秋，七月，【章：甲十一行本「月」下有「辛酉」二字；乙十一行本同；孔本同；張校同；退齋校同。】振武節度使李光進請脩受降城，兼理河防。理，治也。時受降城爲河所毀，河毀受降城見上卷七年。李吉甫請徙其徒於天德故城，天德故城，在東受降城西二百里大同川。乾元後，徙天德軍於永濟柵。宋白續通典作「永清柵」。其城，則隋大同城之舊墟。李絳及戶部侍郎盧坦以爲：「受降城，張仁愿所築，事見二百九卷中宗景龍元年。當磧口，據虜要衝，美水草，守邊之利地。今避河患，退二三里可矣，柰何捨萬代永安之策，徇一時省費之便乎！況天德故城僻處确瘠，處，昌呂翻。确，克角翻，磽确也。瘠，土薄也。去河絕遠，烽候警急不相應接，虜忽唐突，勢無由知，是無故而蹙國二百里也。」

及城使周懷義奏利害，與絳、坦同。上卒用吉甫策，卒，子恤翻。以受降城騎士隸天德軍。

李絳言於上曰：「邊軍徒有其數而無其實，虛費衣糧，將帥但緣私役使，緣私者，並緣公役之名而私使之。聚貨財以結權倖而已，未嘗訓練以備不虞，此不可不於無事之時豫留聖意也。」時受降城兵籍舊四百人，及天德軍交兵，止有五十人，考異曰：實錄云：「李光進請脩東受降城兼理河防。」又云：「以中受降城及所管騎士一千一百四十人隸于天德軍。」舊傳：「盧坦與李絳叶議，以爲西城張仁愿所築，不可廢。」三者不同，莫知孰是。今但云受降城，所闕疑也。又李司空論事云：「中城舊屬振武，有鎮兵四百人，其時割屬天德，交割惟有五十人。」人數如此不同，或者一千一百四十人是三城都數耳。器械止有一弓，自餘稱是。稱，尺證翻。故絳言及之。上驚曰：「邊兵乃如是其虛邪！卿曹當加按閱。」會絳罷相而止。

9 乙巳，廢天威軍，元和初，并左、右神威爲一軍，號天威軍。神威軍，本殿前射生軍也。以其衆隸神策軍。

10 丁未，辰、漵賊帥張伯靖請降。辰、漵賊反，事始上卷六年。辛亥，【章：甲十一行本「辛」上有「九月」二字；乙十一行本同；孔本同；張校同。】以伯靖爲歸州司馬，委荆南軍前驅使。委，屬也，付也。

11 初，吐蕃欲作烏蘭橋，新志：會州烏蘭縣有烏蘭關，在縣西南。吐蕃於河上作橋。先貯材於河側，朔方常潛遣人投之於河，終不能成。虜知朔方、靈鹽節度使王佖貪，佖，支筆翻，又貯，丁呂翻。

頻筆翻。先厚賂之，然後併力成橋，仍築月城守之。自是朔方禦寇不暇。

12冬，十月，回鶻發兵度磧南，自柳谷西擊吐蕃。新志：西州交河縣北二百一十里，經柳谷渡。壬寅，振武、天德軍奏回鶻數千騎至鸊鵜泉，鸊鵜泉，在西受降城北三百里。鸊，扶歷翻。鵜，徒奚翻。邊軍戒嚴。

13振武節度使李進賢，不恤士卒；判官嚴澈，綬之子也，於時嚴綬尚在。綬，音受。以刻覈得幸於進賢。進賢使牙將楊遵憲將五百騎趣東受降城以備回鶻，所給資裝多虛估；資裝不給本色，虛估其價，給以他物。趣，七喻翻。至鳴沙，遵憲屋處；處，昌呂翻。而士卒暴露；衆發怒，夜，聚薪環其屋而焚之，環，音宦。卷甲而還。還，從宣翻，又如字。庚寅夜，焚門，攻進賢，進賢踰城走，軍士屠其家，并殺嚴澈。進賢奔靜邊軍。靜邊軍在雲州西一百八十里。

14羣臣累表請立德妃郭氏爲皇后。上以妃門宗強盛，妃，郭曖之女，子儀之孫女也。恐正位之後，後宮莫得進，託以歲時禁忌，竟不許。

15丁酉，振武監軍駱朝寬奏亂兵已定，請給將士衣。上怒，以夏綏節度使張煦爲振武節度使，煦，吁句翻。將夏州兵二千赴鎮，仍命河東節度使王鍔以兵二千納之，聽以便宜從事。駱朝寬歸罪於其將蘇若方而殺之。

16發鄭滑、魏博卒鑿黎陽古河十四里，以紓滑州水患。大河故瀆逕黎陽山之東，後南徙，爲滑州患，故復鑿古河。

17上問宰相：「人言外間朋黨大盛，何也？」李絳對曰：「自古人君所甚惡者，莫若人臣爲朋黨，故小人譖君子必曰朋黨。何則？朋黨言之則可惡，惡，烏路翻。尋之則無跡故也。東漢之末，凡天下賢人君子，宦官皆謂之黨人而禁錮之，遂以亡國。見漢桓、靈二帝紀。此皆羣小欲害善人之言，願陛下深察之！夫君子固與君子合，豈可必使之與小人合，然後謂之非黨邪！」

九年（甲午、八一四）

1春，正月，甲戌，王鍔遣兵五千會張煦於善羊柵。「善羊」，當作「善陽」。唐朔州治善陽縣，西北至單于府百二十里。柵蓋立於縣界。乙亥，煦入單于都護府，振武節度使，治單于都護府。誅亂者蘇國珍等二百五十三人。二月，丁丑，貶李進賢爲通州刺史。甲午，駱朝寬坐縱亂者，杖之八十，奪色，配役定陵。奪色者，奪其品色也。

2李絳屢以足疾辭位；癸卯，罷爲禮部尚書。

初，上欲相絳，先出吐突承璀爲淮南監軍，見上卷六年。相，息亮翻；下同。至是，上召還承璀，先罷絳相。甲辰，承璀至京師，復以爲弓箭庫使、觀李絳立朝本末，亦庶乎有大臣之節矣。左神策中尉。承璀以喪師罷中尉爲弓箭庫使，今遂兼爲之，此憲宗之巧，蓋持兩端以觀朝議也。李絳既罷，誰敢復以爲言乎！

3 李吉甫奏：「國家舊置六胡州於靈、鹽之境，調露元年，於靈、夏南境以降突厥置魯州、麗州、含州、塞州、依州、契州，以唐人爲刺史，謂之六胡州。鹽州與靈、夏接境。開元中廢之，更置宥州以領降戶；天寶中，宥州寄理於經略軍，長安四年，併六胡州爲匡、長二州。開元二十六年，以廢匡州，置懷恩縣，帶宥州，縣管內有榆多勒城。天寶中，王忠嗣奏置經略軍，在宥州故城東北三百里。宋白曰：宥州應接天德，南援夏州，治長澤縣，本漢三封縣地。寶應以來，因循遂廢。今請復之，以備回鶻，撫党項。」上從之。党，底朗翻。夏，五月，庚申，復置宥州，理經略軍，取鄜城神策屯兵九千以實之。大曆六年，置肅戎軍於鄜州之鄜城。

先是，回鶻屢請昏，先，悉薦翻。朝廷以公主出降，其費甚廣，故未之許。禮部尚書李絳上言，以爲：「回鶻凶強，不可無備；淮西窮蹙，事要經營。今江、淮大縣，歲所入賦有二十萬緡者，足以備降主之費，陛下何愛一縣之賦，不以羈縻勁虜！回鶻若得許昏，必喜而無猜，然後可以脩城塹，蓄甲兵，邊備既完，得專意淮西，功必萬全。今既未降公主而虛弱西城；西城，謂西受降城。磧路無備，更脩天德以疑虜心。謂徙受降城於天德也。萬一北邊有警，則淮西遺醜復延歲月之命矣！復，扶又翻。儻虜騎南牧，國家非步兵三萬，騎五千，則不足以抗禦！借使一歲而勝之，其費豈特降主之比哉！」上不聽。

4 乙丑，桂王綸薨。綸，上弟也。

5 六月，壬寅，以河中節度使張弘靖爲刑部尚書、同平章事。弘靖，延賞之子也。張延賞相德宗於貞元之間。

6 翰林學士獨孤郁，權德輿之壻也。上歎郁之才美曰：「德輿得壻郁，我反不及邪！」先是尚主皆取貴戚及勳臣之家，先，悉薦翻。上始命宰相選公卿、大夫子弟文雅可居清貫者；史炤曰：貫，事也。清貫，猶言清職也。諸家多不願，惟杜佑孫司議郎悰不辭。悰，藏宗翻。秋，七月，戊辰，以悰爲殿中少監、駙馬都尉，尚岐陽公主。公主，上長女，郭妃所生也。八月，癸巳，成昏。公主有賢行，行，下孟翻。杜氏大族，尊行不翅數十人，尊行之行，下浪翻。不翅，與不啻同。公主卑委怡順，一同家人禮度，二十年間，人未嘗以絲髮間指爲貴驕。始至，則與悰謀曰：「上所賜奴婢，卒不肯窮屈，卒，子恤翻，終也。奏請納之，悉自市寒賤可制指者。」制指，謂可制御而指使者也。自是閨門落然不聞人聲。

7 閏月，丙辰，彰義節度使吳少陽薨。考異曰：實錄，少陽卒在九月己丑下，壬辰上，而幷元濟焚舞陽言之。統紀、舊紀，少陽卒皆在九月。按舊傳曰：「少陽卒，凡四十日，不爲輟朝。」唐紀：「張弘靖請爲少陽廢朝贈官。」而實錄「辛丑贈少陽右僕射。」然則己丑至辛丑，才十二日耳。豈容四十日不輟朝乎！今從新紀。少陽在蔡州，陰聚亡命，牧養馬騾，時抄掠壽州茶山以實其軍。壽州有茶山。抄，楚交翻。其子攝蔡州刺史元濟，匿喪，以病聞，自領軍務。

上自平蜀，元和初平蜀。即欲取淮西。淮南節度使李吉甫上言：「少陽軍中上下攜離，請徙理壽州以經營之。」淮南節度使治揚州，欲徙治壽州以經略淮西。會朝廷方討王承宗，事見上卷四年、五年。未暇也。及吉甫入相，田弘正以魏博歸附。事見七年。吉甫以爲汝州扞蔽東都，河陽宿兵，本以制魏博，今弘正歸順，則河陽爲內鎮，不應屯重兵以示猜阻。辛酉，以河陽節度使烏重胤爲汝州刺史，充河陽、懷、汝節度使，徙理汝州。己巳，弘正檢校右僕射，賜其軍錢二十萬緡，弘正曰：「吾未若移河陽軍之爲喜也。」喜者，喜朝廷之不猜防魏博。

九月，庚辰，以洺州刺史李光顏爲陳州刺史，充忠武都知兵馬使；九域志：陳州，西南至蔡州一百九十里。以泗州刺史令狐通爲壽州防禦使。通，彰之子也。肅宗時，令狐彰背史思明歸順。丙戌，以山南東道節度使袁滋爲荆南節度使，以荆南節度使嚴綬爲山南東道節度使。

吳少陽判官蘇兆、楊元卿、大將侯惟清皆勸少陽入朝；元濟惡之，惡，烏路翻。殺兆，囚惟清。元卿先奏事在長安，具以淮西虛實及取元濟之策告李吉甫，請討之。時元濟猶匿喪，元卿勸吉甫，凡蔡使入奏者，所在止之。少陽死近四十日，不爲輟朝，但易環蔡諸鎮將帥，近，其靳翻。爲，于僞翻；下同。朝，直遙翻。環，音宦。益兵爲備。元濟殺元卿妻及四男以圬射堋。圬，哀乎翻，墁也。堋，補鄧翻，射埻也。淮西宿將董重質，吳少誠之壻也，元濟以爲謀主。

8 戊戌，加河東節度使王鍔同平章事。

9 李吉甫言於上曰：「淮西非如河北，四無黨援，國家常宿數十萬兵以備之，勞費不可支也。失今不取，後難圖矣。」上將討之，張弘靖請先爲少陽輟朝、贈官，遣使弔贈，待其有不順之迹，然後加兵，上從之，遣工部員外郎李君何弔祭。唐工部郎，掌城池土木之工役程式。元濟不迎敕使，發兵四出，屠舞陽，舞陽，漢縣，唐屬許州。九域志：在州西南一百八十里。焚葉，葉，式涉翻。掠魯山、襄城，關東震駭。君何不得入而還。還，從宣翻，又如字。

10 冬，十月，丙午，中書侍郎、同平章事趙公李吉甫薨。

11 壬戌，以忠武節度副使李光顏爲節度使。甲子，以嚴綬爲申、光、蔡招撫使，督諸道兵招討吴元濟；綬，音受。乙丑，命內常侍知省事崔潭峻監其軍。考異曰：實錄作「談峻」。今從舊傳。戊辰，以尚書左丞呂元膺爲東都留守。

12 党項寇振武。

13 十二月，戊辰，以尚書右丞韋貫之同平章事。

十年（乙未、八一五）

1 春，正月，乙酉，加韓弘守司徒。弘鎮宣武，十餘年不入朝，頗以兵力自負，朝廷亦不以忠純待之。王鍔加【章：甲十一行本，「加」下有「同」字；乙十一行本同；孔本同；張校同。】平章事，弘恥班在其下，與武元衡書，頗露不平之意。朝廷方倚其形勢以制吳元濟，故遷官使居鍔上以寵慰之。

2 吳元濟縱兵侵掠，及於東畿。東都畿也。己亥，制削元濟官爵，命宣武等十六道進軍討之。嚴綬擊淮西兵，小勝，不設備，淮西兵夜還襲之；二月，甲辰，綬敗于磁丘，「磁丘」，當作「慈丘」，縣屬唐州，隋分比陽縣置，取縣界慈丘山爲名，在州東北。卻五十餘里，馳入唐州而守之。九域志：唐州，東至蔡州三百五十里。壽州團練使令狐通爲淮西兵所敗，敗，補邁翻。走保州城，境上諸柵盡爲淮西所屠。癸丑，以左金吾大將軍李文通代之，貶通昭州司戶。

詔鄂岳觀察使柳公綽以兵五千授安州刺史李聽，使討吳元濟，公綽曰：「朝廷以吾書生不知兵邪！」卽奏請自行，許之。公綽至安州，李聽屬櫜鞬迎之。屬，之欲翻。櫜，姑勞翻。鞬，居言翻。公綽以鄂岳都知兵馬使、先鋒行營兵馬都虞候二牒授之，選卒六千以屬聽，戒其部校曰：校，戶教翻。「行營之事，一決都將。」總諸部之軍者，謂之都將。聽感恩畏威，如出麾下。公綽號令整肅，區處軍事，處，昌呂翻。諸將無不服。士卒在行營者，其家疾病死喪，厚給之，妻淫泆者，沈之於江，泆，弋質翻。沈，持林翻。士卒皆喜曰：「中丞爲我治家，爲，于僞翻。治，直之翻。我何得不前死！」故每戰皆捷。公綽所乘馬，踶殺圉人，踶，特計翻。圉人，掌養馬者。公綽命殺馬以祭之，或曰：「圉人自不備耳，此良馬，可惜！」公綽曰：「材良性駑，何足惜也！」

竟殺之。駑，音奴。

3 河東將劉輔殺豐州刺史燕重旰，王鍔誅之，及其黨。燕，於賢翻。旰，古案翻。

4 王叔文之黨坐謫官者，凡十年不量移，永貞元年，貶王叔文之黨，事見二百三十六卷。量，音良。執政有憐其才欲漸進之者，悉召至京師；諫官爭言其不可，上與武元衡亦惡之，惡，烏路翻。三月，乙【嚴：「乙」改「己」。】酉，皆以爲遠州刺史，官雖進而地益遠。永州司馬柳宗元爲柳州刺史，朗州司馬劉禹錫爲播州刺史。永州，古零陵郡，隋置永州，以永水爲名，京師南三千二百七十四里。柳州，漢潭中縣地，隋置馬平縣，唐初置昆州，貞觀改柳州，至京師水陸相乘五千四百七十里。朗州，古武陵郡，梁置武州，隋爲朗州，京師東南二千一百五十九里。播州，卽漢夜郎、且蘭二國西南隅之地，漢置牂柯郡，唐置播州，京師南四千四百五十里。宗元曰：「播非人所居，而夢得親在堂，劉禹錫，字夢得。萬無母子俱往理。」欲請於朝，願以柳易播。會中丞裴度亦爲禹錫言曰：爲，于僞翻。「禹錫誠有罪，然母老，與其子爲死別，良可傷！」上曰：「爲人子尤當自謹，勿貽親憂，此則禹錫重可責也。」重，直用翻。度曰：「陛下方侍太后，恐禹錫在所宜矜。」上良久，乃曰：「朕所言，以責爲人子者耳；然不欲傷其親心。」退，謂左右曰：「裴度愛我終切。」明日，禹錫改連州刺史。連州，漢桂陽陽山地，唐置連州，以郡南有黄連嶺爲名，京師南三千六百六十五里。考異曰：舊禹錫傳：「元和十年，自武陵召還，宰相復欲置之郎署。時禹錫作遊玄都觀詠、看花、君子詩，語涉譏刺，執政不悅，復出爲播州刺史。」禹錫集載其詩曰：「玄都觀裏桃千樹，盡是劉郎去後栽。」按當時叔文之黨，一切除遠州刺史，不止禹錫一人，豈緣此詩！蓋以此得播州惡處耳。實錄曰：「中丞裴度奏：『其母老，必與此子爲死別，臣恐傷陛下孝理之風。』憲宗曰：『爲子尤須謹愼，恐貽親之憂。禹錫更合重於他人，卿豈可以此論之！』度無以對，良久，帝改容而言曰：『朕所言，是責人子之事，然終不欲傷其所親之心。』明日，改授禹錫連州。」趙元拱唐諫諍集：「裴度曰：『陛下方侍太后，以孝理天下，至如禹錫，誠合哀矜。』憲宗乃從之。明日，制授禹錫連州。既而語左右：『裴度終愛我切。』」趙璘因話錄曰：「憲宗初徵柳宗元、劉禹錫至京城，俄而柳爲柳州刺史，劉爲播州刺史。柳以劉須侍親，播州最爲惡處，請以柳州換。上不許。宰相對曰：『禹錫有老親。』上曰：『但要與郡，豈繫母在！』裴晉公進曰：『陛下方侍太后，不合發此言。』上有愧色。劉遂改爲連州。」按柳宗元墓誌，將拜疏而未上耳，非已上而不許也。禹錫除播州時，裴度未爲相。今從實錄及諫諍集。

宗元善爲文，嘗作梓人傳，傳，直戀翻。以爲：「梓人不執斧斤刀鋸之技，專以尋引、規矩、繩墨度羣木之材，技，渠綺翻。引，羊晉翻。度，徒洛翻。視棟宇之制，相高深、圓方、短長之宜，指麾衆工，各趨其事，不勝任者退之。相，息亮翻。趨，七喻翻。勝，音升。大夏既成，夏，與廈同，胡雅翻。【章：甲十一行本正作「廈」；乙十一行本同；孔本同。】則獨名其功，受祿三倍。亦猶相天下者，立綱紀、整法度，擇天下之士使稱其職，稱，尺證翻。居天下之人使安其業，能者進之，不能者退之，萬國既理，而談者獨稱伊、傅、周、召，召，讀曰邵。其百執事之勤勞不得紀焉。或者不知體要，衒能矜名，衒，熒絹翻。親小勞，侵衆官，听听於府庭，听，魚隱翻，又魚巾翻。而遺其大者遠者，是不知相道者也。」

又作種樹郭橐駝傳曰：「『橐駝之所種，無不生且茂者。』或問之，對曰：『橐駝非能使木壽且孳也。孳，津之翻，生也。凡木之性，其根欲舒，其土欲故，既植之，勿動勿慮，去不復顧。其蒔也若子，蒔，音侍，更種也。其置也若棄，則其天全而性得矣。他植者則不然，根拳而土易，愛之太恩，憂之太勤，旦視而暮撫，已去而復顧，甚者爪其膚以驗其生枯，爪，側絞翻。搖其本以觀其疏密，而木之性日以離矣。雖曰愛之，其實害之；雖曰憂之，其實讎之。故不我若也！爲政亦然。吾居鄉見長人者，長，知兩翻。好煩其令，好，呼到翻。若甚憐焉而卒以禍之。卒，子恤翻。旦暮吏來，聚民而令之，促其耕穫，督其蠶織，吾小人輟饔飧以勞吏之不暇，饔，於容翻。飧，蘇昆翻。饔飧，熟食也。勞，力到翻。又何以蕃吾生而安吾性邪！蕃，音煩。凡病且怠，職此故也。』」杜預曰：職，主也。此其文之有理者也。梓人傳以諭相，種樹傳以諭守令，故溫公取之，以其有資於治道也。

5 庚子，李光顏奏破淮西兵於臨潁。

6 田弘正遣其子布將兵三千助嚴綬討吳元濟。

7 甲辰，李光顏又奏破淮西兵於南頓。南頓，漢縣，屬汝南郡，唐屬陳州。

8 吳元濟遣使求救於恆、鄆；王承宗、李師道數上表請赦元濟，上不從。恆，戶登翻。鄆，音運。數，所角翻。是時發諸道兵討元濟而不及淄青，師道使大將將二千人趣壽春，趣，七喻翻。聲言助官軍討元濟，實欲爲元濟之援也。

師道素養刺客奸人數十人，厚資給之，其人說師道曰：說，輸芮翻。「用兵所急，莫先糧儲。今河陰院積江、淮租賦，請潛往焚之。募東都惡少年數百，劫都市，焚宮闕，則朝廷未暇討蔡，先自救腹心。此亦救蔡一奇也。」師道從之。自是所在盜賊竊發。辛亥暮，盜數十人攻河陰轉運院，殺傷十餘人，燒錢帛三十餘萬緡匹，穀三萬餘斛，於是人情恇懼。恇，去王翻，怯也。羣臣多請罷兵，上不許。

9 諸軍討淮西久未有功，五月，上遣中丞裴度詣行營宣慰，察用兵形勢。度還，還，音旋，又如字。言淮西必可取之狀，且曰：「觀諸將，惟李光顔勇而知義，必能立功。」上悅。言有必克之勢，故悅。

考功郎中、知制誥韓愈上言，以爲：「淮西三小州，三小州，申、光、蔡。殘弊困劇之餘，而當天下之全力，其破敗可立而待。此以大小強弱之勢言也。然所未可知者，在陛下斷與不斷耳。」斷，丁亂翻。此以大曆、貞元以來積習言也。因條陳用兵利害，以爲：「今諸道發兵各二三千人，勢力單弱，羈旅異鄉，與賊不相諳委，望風懾懼。諳，烏含翻。懾，之涉翻。將帥以其客兵，待之既薄，使之又苦；或分割隊伍，兵將相失，心孤意怯，難以有功。將，卽亮翻；下同。又其本軍各須資遣，道路遼遠，勞費倍多。聞陳、許、安、唐、汝、壽等州與賊連接處，村落百姓悉有兵器，習於戰鬬，識賊深淺，比來未有處分，比，毗至翻，近也。處，昌呂翻。分，扶問翻。猶願自備衣糧，保護鄉里。若令召募，立可成軍。賊平之後，易使歸農。易，以豉翻。乞悉罷諸道軍，募土人以代之。」又言：「蔡州士卒皆國家百姓，若勢力窮不能爲惡者，不須過有殺戮。」

10 丙申，李光顔奏敗淮西兵於時曲。時曲，在陳州殷水縣西南。敗，補邁翻。淮西兵晨壓其壘而陳，陳，讀曰陣；下同。光顔不得出，乃自毁其柵之左右，出騎以擊之。光顔自將數騎衝其陳，出入數四，賊皆識之，矢集其身如蝟毛；其子攬轡止之，攬，以手擥取也。光顔舉刃叱去。於是人爭致死，淮西兵大潰，殺數千人。上以裴度爲知人。

11 上自李吉甫薨，悉以用兵事委武元衡。李師道所養客說李師道曰：「天子所以鋭意誅蔡者，元衡贊之也，請密往刺之。說，輸芮翻；下同。刺，七亦翻。元衡死，則他相不敢主其謀，爭勸天子罷兵矣。」師道以爲然，卽資給遣之。

王承宗遣牙將尹少卿奏事，爲吳元濟遊說。爲吳，于爲翻。少卿至中書，辭指不遜，元衡叱出之；承宗又上書詆毁元衡。

六月，癸卯，天未明，元衡入朝，出所居靖安坊東門；有賊自暗中突出射之，從者皆散走，射，而亦翻。從，才用翻。賊執元衡馬行十餘步而殺之，取其顱骨而去。顱，龍都翻，首骨也。又入通化坊擊裴度，傷其首，墜溝中，度氈帽厚，得不死；傔人王義自後抱賊大呼，賊斷義臂而去。傔，苦念翻。傔，從也。呼，火故翻。斷，音短。京城大駭，於是詔宰相出入，加金吾騎士張弦露刃以衞之，所過坊門呵索甚嚴。呵，叱也。索，搜也。索，山客翻；下大索同。朝士未曉不敢出門。上或御殿久之，班猶未齊。

賊遺紙於金吾及府、縣，遺，棄也。左、右金吾掌邏捕姦非。府，縣，京兆府及兩赤縣。曰：「毋急捕我，我先殺汝。」故捕賊者不敢甚急。兵部侍郎許孟容見上言：「自古未有宰相橫尸路隅而盜不獲者，此朝廷之辱也！」因涕泣。又詣中書揮涕言：「請奏起裴中丞爲相，大索賊黨，窮其姦源。」戊申，詔中外所在搜捕，獲賊者賞錢萬緡，官五品；敢庇匿者，舉族誅之。於是京城大索，公卿家有複壁、重橑者皆索之。複壁，夾壁也。重橑，大屋覆小屋，上下施椽，其間皆可容物。橑，魯皓翻，椽也，史炤憐蕭切。

成德軍進奏院有恆州卒張晏等數人，行止無狀，無狀者，無善狀也。恆，戶登翻。衆多疑之。庚戌，神策將軍王士則等告王承宗遣晏等殺元衡。吏捕得晏等八人，命京兆尹裴武、監察御史陳中師鞫之。癸亥，詔以王承宗前後三表出示百僚，議其罪。

裴度病瘡，臥二旬，詔以衞兵宿其第，中使問訊不絕。或請罷度官以安恆、鄆之心，上怒曰：「若罷度官，是奸謀得成，朝廷無復綱紀。吾用度一人，足破二賊。」史言憲宗明斷，故能成功。甲子，上召度入對。乙丑，以度爲中書侍郎、同平章事。度上言：「淮西，腹心之疾，不得不除；且朝廷業已討之，兩河藩鎮跋扈者，將視此爲高下，不可中止。」上以爲然，悉以用兵事委度，討賊甚急。初，德宗多猜忌，朝士有相過從者，過，古禾翻。金吾皆伺察以聞，伺，相吏翻。宰相不敢私第見客。度奏：「今寇盜未平，宰相宜招延四方賢才與參謀議，」始請於私第見客，許之。

陳中師按張晏等，具服殺武元衡；張弘靖疑其不實，屢言於上，上不聽。戊辰，斬晏等五人，殺其黨十四人，李師道客竟潛匿亡去。考異曰：舊張弘靖傳曰：「初，盜殺元衡，京師索賊未得。時王承宗邸中有鎮卒張晏輩數人，行止無狀，人多意之。詔錄付御史臺御史陳中師按之，皆附致其罪，如京中所說。弘靖疑其不直，驟於上前言之；憲宗不聽。及田弘正入鄆，按簿書，亦有殺元衡者，但事曖昧，互有所說，卒未得其實。」按舊呂元膺傳：「獲李師道將訾嘉珍、門察，皆稱害武元衡者。」然則元衡之死，必師道所爲也。但以元衡叱尹少卿，及承宗上表詆元衡，故時人皆指承宗耳。今從薛圖存河南記。

12 秋，七月，庚午朔，靈武節度使李光進薨。光進與弟光顏友善，光顏先娶，其母委以家事。母卒，光進後娶，光顏使其妻奉管籥，籍財物，歸于其姒。毛晃曰：杜預云：兄弟之妻相謂曰姒。蓋妯娌相呼，以身年長少爲名，年長曰姒，少曰娣，不以夫之長幼也。今俗呼兄之妻曰姒，弟之妻曰娣。姒，音詳里翻。光進反之曰：「新婦逮事先姑，先姑命主家事，不可易也。」因相持而泣。

13 甲戌，詔數王承宗罪惡，數，所具翻。絕其朝貢，曰：「冀其翻然改過，束身自歸。攻討之期，更俟後命。」

14 八月，己亥朔，日有食之。

15 李師道置留後院於東都，本道人雜沓往來，吏不敢詰。本道人，謂兗、鄆、淄、青人也。時淮西兵犯東畿，防禦兵悉屯伊闕；師道潛内兵於院中，至數十百人，謀焚宫闕，縱兵殺掠，已烹牛饗士，明日，將發。其小卒詣留守呂元膺告變，元膺亟追伊闕兵圍之；賊衆突出，防禦兵踵其後，不敢迫，呂元膺以東都防禦使爲留守，其所統兵曰防禦兵。賊出長夏門，望山而遁。唐六典：東都城南面三門，中曰定鼎，左曰長夏，右曰厚載。東面三門，中曰建春，南曰永通，北曰上東。北面二門，東曰安喜，西曰徽安。西連禁苑，苑西四門，南迎秋，次遊義，次籠煙，北靈溪。考異曰：河南記曰：「賊帥訾嘉珍果於東都留後院潛召募一百餘人，兼造置兵仗，部署已定。會門子健兒有小過，被笞責之，遂使兒弟一人告河南府。當時飭兩縣驅丁壯，悉持弓矢刀棒，圍興道坊院數重。賊黨迫蹙，遞相蹂，四面矢下如雨，俄然殄滅，因縱火焚其院宇，悉爲煨燼。」今從實録。是時都城震駭，留守兵寡弱；元膺坐皇城門，唐六典：東都皇城在都城西北隅，南面三門，中曰端門，左曰左掖門，右曰右掖門。東面一門，曰賓耀。西面二門，南曰麗景，北曰宣耀。元膺蓋坐於左掖門下。指使部分，分，扶問翻。意氣自若，都人賴以安。

東都西南接鄧、虢，九域志：河南府，西南抵虢州界三百二十五里。稍南，抵鄧州界六百里。皆高山深林，民不耕種，專以射獵爲生，人皆趫勇，趫，丘妖翻，捷也。謂之山棚。元膺設重購以捕賊。數日，有山棚鬻鹿，賊遇而奪之，山棚走召其儕類，儕，士皆翻。且引官軍共圍之谷中，盡獲之。按驗，得其魁，乃中岳寺僧圓淨；故嘗爲史思明將，勇悍過人，爲師道謀，多買田於伊闕、陸渾之間，以舍山棚而衣食之。爲師，于僞翻。舍，始夜翻。有訾嘉珍、門察者，訾，即移翻，姓也。門，亦姓也。潛部分以屬圓淨，圓淨以師道錢千萬，陽爲治佛光寺，分，扶問翻。治，直之翻；下同。結黨定謀，約令嘉珍等竊發城中，圓淨舉火於山中，集二縣山棚入城助之。二縣，陸渾、伊闕也。圓淨時年八十餘，捕者既得之，奮鎚擊其脛，不能折。鎚，直追翻。脛，戶定翻，腳脛。釋名曰：脛，莖也，直而長，似物莖。折，而設翻。圓淨罵曰：「鼠子，折人脛且不能，敢稱健兒！」乃自置其脛，教使折之。臨刑，歎曰：「誤我事，不得使洛城流血！」黨與死者凡數千人。留守、防禦將二人留守兵之將及防禦兵之將也。及驛卒八人皆受其職名，職名，李師道私所署衙前管軍職名，給帖者也。爲之耳目。

元膺鞫訾嘉珍、門察，始知殺武元衡者乃師道也，元膺密以聞，以檻車送二人詣京師。上業已討王承宗，不復窮治。復，扶又翻。元膺上言：「近日藩鎮跋扈不臣，有可容貸者。至於師道謀屠都城，燒宮闕，悖逆尤甚，不可不誅。」悖，蒲內翻，又蒲沒翻。上以爲然；而方討吳元濟，絕王承宗，故未暇治師道也。史說得憲宗心事出。

16 乙丑，李光顏敗於時曲。

17 初，上以嚴綬在河東，所遣裨將多立功，謂李光顏等也。故使鎮襄陽，襄陽，山南東道節度治所。且督諸軍討吳元濟。綬無他材能，到軍之日，傾府庫，賚士卒，累年之積，一朝而盡；

又厚賂宦官以結聲援，擁八州之衆萬餘人屯境上，八州，襄、鄧、唐、隨、均、房、郢、復。閉壁經年，無尺寸功。裴度屢言其軍無政。

九月，癸酉，以韓弘爲淮西諸軍都統。弘樂於自擅，樂，音洛。欲倚賊自重，不願淮西速平。考異曰：舊傳曰：「弘鎮汴州，當兩河賊之衝要，朝廷慮其異志，欲以兵柄授之，而令李光顏、烏重胤實當旗鼓，乃授弘淮西諸軍行營都統。弘雖居統帥，常不欲諸軍立功，陰爲逗撓之計，每聞獻捷，輒數日不怡，其危國邀功如是。」按弘承宣武積亂之後，鎮定一方，居強寇之間，威望甚著。若有異志，與諸鎮連衡跋扈，如反掌耳。然觀其始末，未嘗失臣節。朝廷若疑其有異志而更用爲都統，則光顏、重胤更受其節制，非所以防之也。且數日不怡，有何狀可尋，恐毀之過其實耳。今從其可信者。李光顏在諸將中戰最力，弘欲結其歡心，舉大梁城索得一美婦人，宣武節度治大梁。索，山客翻。教之歌舞絲竹，飾以珠玉金翠，直數百萬錢，遣使遺之。遺，唯季翻。使者先致書。光顏大【章：甲十一行本「大」上有「乃」字；乙十一行本同；孔本同；張校同。】饗將士，使者進妓，容色絕世，一座盡驚。光顏謂使者曰：「相公愍光顏羈旅，賜以美妓，荷德誠深。妓，渠綺翻。荷，下可翻。然戰士數萬，皆棄家遠來，冒犯白刃，光顏何忍獨以聲色自娛悅乎！」因流涕，座者皆泣；「座」，恐當作「坐」爲文從字順。即於席上厚以繒帛贈使者，幷妓返之，曰：「爲光顏多謝相公，繒，慈陵翻。爲，于僞翻。光顏以身許國，誓不與逆賊同戴日月，死無貳矣！」

18 冬，十月，庚子，始分山南東道爲兩節度，以戶部侍郎李遜爲襄、復、郢、均、房節度使；以右羽林大將軍高霞寓爲唐、隨、鄧節度使。朝議以唐與蔡接，故使霞寓專事攻戰，而遜調五州之賦以餉之。調，徒弔翻。

19 辛丑，刑部侍郎權德輿奏：「自開元二十五年脩格式律令事類後，唐六典敍文法之名，格二十四篇，式三十三篇，律十二篇，令二十七篇。會要曰：開元二十五年刪緝成律十二卷，律疏三十卷，式二十卷，開元新格十卷。又撰格式律令事類四十卷，以類相從，便於省覽。至今長行敕，近刪定爲三十卷，請施行。」從之。會要：開元十九年，裴光庭等奏令有司刪撰格後長行敕六卷，今又刪定二十五年以後長行敕爲三十卷。

20 上雖絕王承宗朝貢，未有詔討之。魏博節度使田弘正屯兵於其境，承宗屢敗之；敗，補邁翻；下同。弘正忿，表請擊之，上不許。表十上，上，時掌翻。乃聽至貝州。丙午，弘正軍于貝州。

21 庚戌，東都奏盜焚柏崖倉。宋白曰：河清縣有柏崖城。杜佑曰：柏崖城，侯景所築，在河清縣西。

22 十一月，壽州刺史李文通奏敗淮西兵。

壬申，韓弘請命衆軍合攻淮西；從之。

李光顏、烏重胤敗淮西兵於小㶏水，拔其城。

乙亥，以嚴綬爲太子少保。以討淮西無功也。

盜焚襄州佛寺軍儲。盡徙京城積草於四郊以備火。

丁丑，李文通敗淮西兵於固始。固始，前漢汝南郡之寢縣，春秋之寢丘，後漢更名固始，唐屬光州。九域志：在州東北一百四十五里。

戊寅，盜焚獻陵寢宮、永巷。

23 詔發振武兵二千，會義武軍以討王承宗。

24 己丑，吐蕃款隴州塞，請互市，許之。

25 初，吳少陽聞信州人吳武陵名，邀以爲賓友，武陵不答。及元濟反，武陵以書諭之曰：「足下勿謂部曲不我欺，人情與足下一也。足下反天子，人亦欲反足下。易地而論，則其情可知矣。」

26 丁酉，武寧節度使李愿奏敗李師道之衆。時師道數遣兵攻徐州，數，所角翻。敗蕭、沛數縣，敗，補邁翻。蕭、沛皆漢縣，唐屬徐州。九域志：蕭在州西五十里。沛在州西北一百四十里。愿悉以步騎委都押牙溫人王智興，擊破之。十二月，甲辰，智興又破師道之衆，斬首二千餘級，逐北至平陰而還。平陰，古肥子國，漢肥城縣之地。隋開皇十四年置榆山縣，大業初改曰平陰，取界內平陰古城爲名，時屬鄆州。九域志：在州東北一百二十里。還，從宣翻，又如字。愿，晟之子也。

27 東都防禦使呂元膺請募山棚以衛宮城，從之。

28 乙丑，河東節度使王鍔薨。

29 王承宗縱兵四掠，幽、滄、定三鎮皆苦之，爭上表請討承宗。上欲許之，中書侍郎、同平章事張弘靖以爲「兩役並興，兩役，謂既討淮西，又討恒冀也。恐國力所不支，請併力平淮西，乃征恒冀。」恒，戶登翻。上不爲之止，爲，于僞翻。弘靖乃求罷。

十一年（丙申、八一六）

1 春，正月，己巳，以弘靖同平章事，充河東節度使。【據章鈺資治通鑑校宋記補。】

2 幽州節度使劉總奏敗成德兵，拔武強，斬首千餘級。敗，補邁翻。

3 庚辰，翰林學士、中書舍人錢徽，駕部郎中、知制誥蕭俛，各解職，守本官。時羣臣請罷兵者衆，上患之，故黜徽、俛以警其餘。徽，吳人也。

4 癸未，制削王承宗官爵，命河東、幽州、義武、橫海、魏博、昭義六道進討。韋貫之屢請先取吳元濟，後討承宗，曰：「陛下不見建中之事乎？始於討魏及齊，而蔡、燕、趙皆應，卒致朱泚之亂，事見二百二十六卷，止二百二十八卷。卒，子恤翻。由德宗不能忍數年之憤邑，欲太平之功速成故也。」上不聽。佳兵者不祥之器。張弘靖、韋貫之之言蓋未可厚非。

5 甲申，盜斷建陵門戟四十七枝。斷，音短。

6 二月，西川奏吐蕃贊普卒，新贊普可黎可足立。

7 乙巳，以中書舍人李逢吉爲門下侍郎、同平章事。逢吉，玄道之曾孫也。李玄道事太宗，爲文學館學士。

8 乙卯，昭義節度使郗士美奏破成德兵，郗，丑之翻。斬首千餘級。

9 南詔勸龍晟淫虐不道，上下怨疾，弄棟節度王嵯巔弒之，立其弟勸利。勸利德嵯巔，賜姓蒙氏，謂之「大容」。容，蠻言兄也。南詔置弄棟節度於唐姚州之地。程大昌曰：南詔有六節度，曰弄棟、永昌、銀生、劍川、拓東、麗水。南詔王姓蒙氏。嵯，昨何翻。巔，音顛。

10 己未，劉總破成德兵，斬首千餘級。

11 荊南節度使袁滋父祖墓在朗山，袁茲，陳袁憲之後。陳亡，憲入中國，後居蔡州朗山縣。宋白曰：朗山，漢安昌縣，漢末改朗山，以界內朗山爲名。劉昫曰：朗山，漢安昌縣，隋改朗山。杜佑曰：朗山，漢朗陵縣，宋避聖祖諱，改朗山爲確山。請入朝，欲勸上罷兵。行至鄧州，聞蕭俛、錢徽貶官；及見上，更以必克勸之，更，工衡翻。僅得還鎮。

12 辛酉，魏博奏敗成德兵，拔其固城；乙丑，又奏拔其鴉城。固城、鵶城，當在冀州南宮縣界。

13 三月，庚午，太后崩。太后王氏，上之母也。辛未，敕以國哀，諸司公事權取中書門下處分，只令宰相參決百司公事。處，昌呂翻。分，扶問翻。不置攝冢宰。唐中世以來，天子崩，置攝冢宰，倣古者百官總己以聽于冢宰之制，然非能盡行古道也。

14 壽州團練使李文通奏敗淮西兵於固始，拔鏉山。鏉，五高翻，又五到翻。己卯，唐鄧節度使高霞寓奏敗淮西兵於朗山，斬首千餘級，焚二柵。

15 幽州節度使劉總圍樂壽。

16 夏，四月，庚子，李光顔、烏重胤奏敗淮西兵於陵雲柵，陵雲柵，在溵水西南，郾城東北，蔡人立柵於此，以陵雲爲名。斬首三千級。

17 辛亥，司農卿皇甫鎛以兼中丞權判度支。鎛始以聚斂得幸。鎛，補各翻。斂，力贍翻。

18 乙卯，劉總奏破成德兵於深州，斬首二千五百級。乙丑，義武節度使渾鎬奏破成德兵於九門，殺千餘人。鎬，瑊之子也。渾瑊事肅、代、德有大功。

19 宥州軍亂，逐刺史駱怡；夏州節度使田進討平之。

20 五月，壬申，李光顔、烏重胤奏敗淮西兵於陵雲柵，斬首二千餘級。

21 六月，甲辰，高霞寓大敗於鐵城，僅以身免。據舊書：霞寓自蕭陂進至文城柵，遇伏而敗。意鐵城卽文城柵，以其堅不可破，故謂之鐵城耳。宋白曰：鐵城，在新興柵東北。新興柵，在吳房縣西南，文城東北。時諸將討淮西者，勝則虛張殺獲，敗則匿之；至是，大敗不可掩，始上聞，上，時掌翻。中外駭愕。宰相入見，見，賢遍翻。將勸上罷兵，上曰：「勝負兵家之常，今但當論用兵方略，察將帥之不勝任者易之，不勝，音升。兵食不足者助之耳。豈得以一將失利，遽議罷兵邪！」於是獨用裴度之言，他人言罷兵者亦稍息矣。己酉，霞寓退保唐州。

上責高霞寓之敗，霞寓稱李遜應接不至。李遜主餉，霞寓軍因得以罪歸之。秋，七月，【章：甲十一行本「月」下有「丁丑」二字；乙十一行本同；孔本同；張校同。】貶霞寓爲歸州刺史，歸州，古之秭歸，吳立建平郡，唐置歸州，京師南二千二百六十八里。遜亦左遷恩王傅。恩王連，代宗之子。以河南尹鄭權爲山南東道節度使。以荊南節度使袁滋爲彰義節度、申·光·蔡·唐·隨·鄧觀察使，以唐州爲理所。

壬午，宣武軍奏破郾城之衆二萬，殺二千餘人，捕虜千餘人。

22 田弘正奏破成德兵於南宮，殺二千餘人。

23 中書侍郎、同平章事韋貫之，性高簡，好甄別流品，好，呼到翻。甄，稽延翻，察也。別，彼列翻。又數請罷用兵；數，所角翻。左補闕張宿毀之於上，云其朋黨，八月，壬寅，貫之罷爲吏部侍郎。

24 諸軍討王承宗者互相觀望，獨昭義節度使郗士美引精兵壓其境；己未，士美奏大破承宗之衆於柏鄉，殺千餘人，降者亦如之，爲三壘以環柏鄉。柏鄉，漢縣，屬鉅鹿郡，故城在今縣西南十七里，今治在彭水之陽，隋所置也，屬趙州。宋白曰：趙州柏鄉縣，春秋時晉鄗邑地。漢置鄗縣，光武改曰高邑；北齊天保六年移高邑縣於漢房子縣東界，今高邑縣是也。隋開皇十六年，於漢縣故城南十八里置柏鄉縣，遙取漢柏鄉之名。宋省柏鄉爲鎮，屬高邑。環，音宦。

25庚申，葬莊憲皇后于豐陵。從順宗也。

26九月，乙亥，右拾遺獨孤朗坐請罷兵，貶興元府倉曹。朗，及之子也。獨孤及事代宗，爲文長於論議。

27饒州大水，漂失四千七百戶。

28丙子，以韋貫之爲湖南觀察使，猶坐前事也。前事，謂請罷用兵也。辛巳，以吏部侍郎韋顗、考功員外郎韋處厚等皆爲遠州刺史，張宿讒之，以爲貫之之黨也。顗，見素之孫；韋見素，天寶末爲相。處厚，敻之九世孫也。韋敻，後周韋孝寬之兄。敻，詡正翻。

29乙酉，李光顔、烏重胤奏拔吳元濟陵雲柵。丁亥，光顔又奏拔石、越二柵；壽州奏敗殷城之衆，拔六柵。殷城，漢期思縣，屬汝南郡，宋置苞信縣，隋改曰殷城，唐屬光州。按九域志，固始縣有殷城鎮。

30冬，十一月，壬戌朔，容管奏黃洞蠻爲寇。乙丑，邕管奏擊黃洞蠻，卻之，復賓、蠻等州。「賓蠻」當作「賓巒」。武德四年，以故秦桂林郡地置淳州，永貞元年，更名巒州。

31丙寅，加幽州節度使劉總同平章事。

32李師道聞拔陵雲柵而懼，詐請輸款；上以力未能討，加師道檢校司空。

33王鍔家二奴告鍔子稷改父遺表，匿所獻家財，去年王鍔薨。上命鞫於內仗，新書儀衛志：凡朝會之仗，三衞番上，分爲五仗，號衙內五衞：一曰供奉仗，以左右衞爲之；二曰親仗，以親衞爲之；三曰勳仗，以勳衛爲之；四曰翊仗，以翊衛爲之；五曰散手仗，以親、勳、翊衛爲之。皆帶刀捉仗，列坐東西廊下。每月以四十六人立內廊閤外，號曰內仗，以左、右金吾將軍、當上中郎將一人押之。遣中使詣東都檢括鍔家財。裴度諫曰：「王鍔既沒，其所獻之財已爲不少。今又因奴告檢括其家，臣恐諸將帥聞之，各以身後爲憂。」上遽止使者。己巳，以二奴付京兆，杖殺之。

34 庚午，以給事中柳公綽爲京兆尹。公綽初赴府，赴京兆府，初治事也。有神策小將躍馬橫衝前導，公綽駐馬，杖殺之。明日，入對延英，上色甚怒，詰其專殺之狀，對曰：「陛下不以臣無似，無似，猶言不肖也。使待罪京兆。京兆爲輦轂師表，今視事之初，而小將敢爾唐突，此乃輕陛下詔命，非獨慢臣也。臣知杖無禮之人，不知其爲神策軍將也。」上曰：「何不奏？」對曰：「臣職當杖之，不當奏。」上曰：「誰當奏者？」對曰：「本軍當奏；若死於街衢，金吾街使當奏；金吾左右街使各一人，掌分察六街徼巡。凡城內坊角有武候鋪，衛士、彍騎分守，大城門百人，大鋪三十人，小城門二十人，小鋪五人。日暮，鼓八百聲而門閉。乙夜，街使以騎卒巡行叫呼，武官暗探。五更二點，鼓自內發，諸街鼓承振，坊市門皆啓，鼓三千撾而止。在坊內，左右巡使當奏。」程大昌雍錄曰：長安四郭之內，縱橫皆十坊，大率當爲百坊，亦有一面不啻十坊者，故六典曰一百一十坊也。坊皆有垣，有門，隨晝夜鼓聲以行啓閉。巡使掌左右街百坊之內謹啓閉徼巡者也。宋白曰：廣德二年九月，命御史中丞兼戶部侍郎王延昌充左巡使，御史中丞源休充右巡使。辛亥，源休充都左、右巡使。元和八年，薛存誠奏：得兩巡御史狀，以承平舊例，兩街本屬臺司，其所由，每月衙集，動靜申報。如所報差繆，舉勘悉在臺中。又按唐監察御史十員，裏行五員，掌內外糾察，分爲左右巡，糾察違失，以承天朱雀街爲界，每月一代，將晦，卽巡刑部、大理、東西徒坊、金吾及縣獄。上無以罪之，退，謂左右曰：「汝曹須作意此人，言須爲此人作意，務自謹敕。朕亦畏之。」考異曰：柳氏敍訓曰：「公穆宗朝爲大京兆，有禁軍校冒騶卒唱，駐馬斃之。明日，延英對上云云。朝退，上顧左右曰：『爾輩大須作意，如此神采，我亦怕他。』」因話錄曰：「憲宗正色詰公專殺之狀，公曰：『京兆尹在取則之地，臣初受陛下奬擢，軍中偏裨，躍馬衝過，此乃輕陛下法，不獨試臣。臣杖無禮之人，不打神策軍將。』」按公綽，憲宗、穆宗朝俱嘗爲京兆尹。此事恐非穆宗所能爲，敍訓之誤也。今從因話錄。

35 討淮西諸軍近九萬，近，其靳翻。上怒諸將久無功，辛巳，命知樞密梁守謙宣慰，因留監其軍，授以空名告身五百通及金帛，以勸死事。庚寅，先加李光顏等檢校官，而詔書切責，示以無功必罰。

36 辛卯，李文通奏敗淮西兵於固始，斬首千餘級。

37 十二月，壬寅，程執恭奏敗成德兵於長河，長河，漢信都廣川縣地。隋於廣川縣東八十里置長河縣，元和四年移就白橋，於永濟河西岸置縣；十年又置於河東小胡城，屬德州。斬首千餘級。

38 義武節度使渾鎬與王承宗戰屢勝，遂引全師壓其境，距恆州三十里而軍。恆，戶登翻。承宗懼，潛遣兵入鎬境，焚掠城邑，人心始內顧而搖。會中使督其戰，鎬引兵進薄恆州，薄，伯各翻。與承宗戰，大敗，奔還定州。九域志：恆州至定州一百三十五里。丙午，詔以易州刺史陳楚爲義武節度使，軍中聞之，掠鎬及家人衣，至於倮露。倮，郎果翻。陳楚馳入定州，易州，南至定州百四十里。鎭遏亂者，斂軍中衣以歸鎬，斂軍中所掠鎬家之衣也。以兵衞送還朝。朝，直遥翻。楚，定州人，張茂昭之甥也。史言河朔之人習於叛亂，知奉其帥之親黨而已。

39 丁未，以翰林學士王涯爲中書侍郎、同平章事。

40 袁滋至唐州，去斥候，去，羌呂翻。止其兵不使犯吳元濟境，袁滋所謂「開門揖盜」者也。元濟圍其新興柵，新興柵，當在唐州東北界，新立之以備蔡人。滋卑辭以請之，元濟由是不復以滋爲意。復，扶又翻。朝廷知之，甲寅，以太子詹事李愬爲唐、隨、鄧節度使。愬，聽之兄也。愬、聽皆李晟之子。

41 初置淮、潁水運使。楊子院米自淮陰泝淮入潁，至項城入溵，據舊史，時運米泝淮至壽州四百里，入潁口，又泝流至潁州沈丘界，五百里至于項城，又泝流五百里入溵河，又三百里輸于郾城，得米五十萬石，茭五百萬束，省汴運之費七萬六千緡。項城，漢項縣，屬汝南郡，唐屬陳州。九域志：在州東南七十里。據水經註，溵水，汝水之別流。潁水至古南頓縣，與溵水合。唐之溵水縣，漢汝陽縣地也。輸于郾城，以饋討淮西諸軍，省汴運之費七萬餘緡。郾，音偃。

42 己未，容管奏黄洞蠻屠巖州。容管統容、辨、白、牢、欽、巖、禺、湯、瀼、古等州。

資治通鑑卷第二百四十

端明殿學士兼翰林侍讀學士太中大夫提舉西京嵩山崇福宮上柱國河内郡開國公食邑二千二百戶食實封九百戶賜紫金魚袋臣司馬光　奉敕編集
後　學　天　台　胡三省　音　註

唐紀五十六起強圉作噩（丁酉），盡屠維大淵獻（己亥）正月，凡二年有奇。

憲宗昭文章武大聖至神孝皇帝中之下

元和十二年（丁酉、八一七）

1 春，正月，甲申，貶袁滋爲撫州刺史。

李愬至唐州，軍中承喪敗之餘，喪，息浪翻。嚴綬慈丘之敗，山南東道未分爲二帥也。既分爲二帥，而高霞寓敗於鐵城，袁滋代之又敗。士卒皆憚戰，愬知之，有出迓者，愬謂之曰：「天子知愬柔懦，能忍恥，故使來拊循爾曹。至於戰攻進取，非吾事也。」衆信而安之。愬親行視士卒，行，下孟翻。傷病者存恤之，不事威嚴。或以軍政不肅爲言，愬曰：「吾非不知也。袁尚書專以恩惠懷賊，賊易之，易，弋豉翻，輕易也。聞吾至，必增備，吾故示之以不肅。彼必以吾爲懦而懈惰，然後可圖也。」懈，古隘翻。淮西人自以嘗敗高、袁二帥，敗，補邁翻。帥，所類翻。輕愬名位素微，遂不爲備。爲愬乘虛取蔡張本。考異曰：舊傳曰：「愬沈勇長算，推誠待士，故能用其卑弱之勢，出賊不意。居半歲，知人可用，乃謀襲蔡，表請濟師；詔以河中、鄜坊騎兵二千人益之。」鄭澥平蔡錄曰：「正月二十四日甲申，公至所部。先是，士卒經萬勝、蕭陂、鐵城、新興之敗，人心皆惴恐，不敢言戰。公佯曰，『戰爭非吾所能。』既而陰召大將計其事。是時，公以表請徑襲元濟，人皆笑其說，乃使觀察判官王擬請師闕下，詔徵義成、河中、鄜坊馬步共二千以補其闕。」據此，則是始至便請益兵。又二月，即擒丁士良，降吴秀琳，是不待半歲然後知人可用，舊傳恐誤。然愬密謀襲蔡，豈可先洩之，而云「以表請襲元濟，人皆笑其說，」則是人人知之，恐非也！今不取。

2 遣鹽鐵副【章：甲十一行本「副」上有「轉運」二字；乙十一行本同。】使程异督財賦於江、淮。

3 回鶻屢請尚公主，有司計其費近五百萬緡，近，其靳翻。時中原方用兵，故上未之許。二月，辛卯朔，遣回鶻摩尼僧等歸國；摩尼來見二百三十七卷元年。史炤曰：元和初，回鶻再朝獻，始以摩尼至。摩尼至京師，歲往來西市，商賈頗與囊橐爲姦，至是遣歸國也。命宗正少卿李誠使回鶻諭意，以緩其期。

4 李愬謀襲蔡州，表請益兵；詔以昭義、河中、鄜坊步騎二千給之。丁酉，愬遣十將馬少良將十餘騎巡邏，十將，軍中小校也。邏，郎佐翻。遇吴元濟捉生虞候丁士良，與戰，擒之。士良，元濟驍將，常爲東邊患；言唐、鄧之東邊也。衆請刳其心，愬許之。既而召詰之，士良無懼色。

愬曰：「眞丈夫也！」命釋其縛。士良乃自言：「本非淮西士，貞元中隸安州，與吳氏戰，爲其所擒，自分死矣，分，扶問翻。吳氏釋我而用之，我因吳氏而再生，故爲吳氏父子竭力。爲，于僞翻。昨日力屈，復爲公所擒，復，扶又翻。亦分死矣，今公又生之，請盡死以報德。」愬乃給其衣服器械，署爲捉生將。

5 己亥，淮西行營奏克蔡州古葛伯城。漢書陳留寧陵縣，孟康註曰：古葛伯國，今葛鄉是。此必韓弘奏捷也。

6 丁士良言於李愬曰：「吳秀琳擁三千之衆，據文城柵，文城柵，在蔡州西南一百二十里。按續通典，柵在吳房縣界。爲賊左臂，官軍不敢近者，近，其靳翻。有陳光洽爲之謀主也。光洽勇而輕，輕，牽正翻。好自出戰，請爲公先擒光洽，好，呼到翻。爲，于僞翻；下同。則秀琳自降矣。」降，戶江翻。戊申，士良擒光洽以歸。

7 鄂岳觀察使李道古引兵出穆陵關；黃州麻城縣西北有穆陵關，在穆陵山上。甲寅，攻申州，克其外郭，進攻子城。城中守將夜出兵擊之，道古之衆驚亂，死者甚衆。道古，皐之子也。曹成王皐，歷江西、山南等鎮，著功名。

8 淮西被兵數年，被，皮義翻。竭倉廩以奉戰士，民多無食，采菱芡魚鼈鳥獸食之，亦盡，芡，巨險翻，今謂之雞頭。相帥歸官軍者前後五千餘戶；帥，讀曰率。賊亦患其耗糧食，不復禁。

復，扶又翻。庚申，敕置行縣以處之，未能得其縣，故權置行縣以處來歸之民。處，昌呂翻。爲擇縣令，使之撫養，并置兵以衛之。

9 三月，乙丑，李愬自唐州徙屯宜陽柵。

10 郗士美敗於柏鄉，拔營而歸，士卒死者千餘人。

11 戊辰，賜程執恭名權。

12 戊寅，王承宗遣兵二萬入東光，斷白橋路；東光縣，屬景州。宋白曰：東光，漢舊縣也。故城在縣東二十里，齊天保七年移於今縣東南三十里陶氏故城，隋開皇三年又移於後魏廢勃海舊城。縣西四里有永濟渠，渠上有橋，當自縣通弓高之路。白橋跨永濟渠，在德州長河縣。斷，音短。程權不能禦，以衆歸滄州。渾鎬既敗，郗士美又敗，程權又退歸，王承宗之才，非諸帥所能制也。

13 吳秀琳以文城柵降于李愬。戊子，愬引兵至文城西五里，遣唐州刺史李進誠將甲士八千至城下，召秀琳，城中矢石如雨，衆不得前。進誠還報：「賊僞降，未可信也。」愬曰：「此待我至耳。」即前至城下，秀琳束兵投身馬足下；愬撫其背慰勞之，勞，力到翻。降其衆三千人。秀琳將李憲有材勇，愬更其名曰忠義而用之，更，工衡翻。悉遷婦女於唐州。【章：甲十一行本「州」下有「入據其城」四字；乙十一行本同；退齋校同；張校同，云無註本亦無。】質其家於唐州，則文城之士心不敢懷反側。於是唐、鄧軍氣復振，人有欲戰之志。賊中降者相繼於道，隨其所便而置之；聞有父母者，給粟帛遣之，曰：「汝曹皆王人，勿棄親戚。」衆皆感泣。自此以上李愬事。

官軍與淮西兵夾溵水而軍，諸軍相顧望，無敢渡溵水者。陳許兵馬使王沛先引兵五千渡溵水，據要地爲城，於是河陽、宣武、河東、魏博等軍相繼皆渡，進逼郾城。丁亥，李光顏敗淮西兵三萬於郾城，按宋白續通典：郾城，在蔡州西平縣北五十里。敗，補邁翻。走其將張伯良，殺士卒什二三。自此以上攻郾城事。

己丑，李愬遣山河十將董少玢等分兵攻諸柵；其日，少玢下馬鞍山，拔路口柵。時都畿及唐、鄧皆募土人之材勇者爲兵以討蔡，號爲山河子弟，置十將以領之。玢，府巾翻。按唐、蔡交兵，凡境上要地，處處置守，所謂馬鞍山、路口柵，固不可盡詳其處而強爲之註也。夏，四月，辛卯，山河十將馬少良下嵖岈山，嵖，鋤加翻。岈，虛加翻。擒淮西將柳子野。此以上又李愬事。

吳元濟以蔡人董昌齡爲郾城令，質其母楊氏。質，音致。楊氏謂昌齡曰：「順死賢於逆生，順死，謂歸順而死。逆生，謂從逆而生。汝去逆而吾死，乃孝子也；從逆而吾生，是戮吾也。」會官軍圍青陵，絕郾城歸路，青陵，在郾城西南。郾城守將鄧懷金謀於昌齡，昌齡勸之歸國。懷金乃請降於李光顏曰：「城人之父母妻子皆在蔡州，請公來攻城，吾舉烽求救，救兵至，公逆擊之，蔡兵必敗，然後吾降，則父母妻子庶免矣。」光顏從之。乙未，昌齡、懷金舉城降，光顏引兵入據之。吳元濟聞郾城不守，甚懼。時董重質將騾軍守洄曲，據新書李光顏傳：洄曲，卽時曲，蓋溵水於此回曲，因以爲名。元濟悉發親近及守城卒詣重質以拒之。此以上又李光顏事。李愬山河十將嫣雅、田智榮下冶爐城。嫣，居爲翻，姓也。九域志曰：蔡州治爐城，韓國鑄劍之地，時當在西平界。按新書，冶爐城在嵖岈山東。丙申，十將閻士榮下白狗、汶港二柵。白狗、汶港二柵，皆在蔡州眞陽縣界。蕭梁置西淮州於眞楊白狗堆，後齊廢州爲齊興郡，尋廢郡爲白狗縣，隋開皇初改縣曰懷州，大業初省入眞陽。隋志：眞陽有汶水。癸卯，嫣雅、田智榮破西平。西平，春秋柏國，漢爲西平縣，屬汝南郡，唐屬蔡州。九域志：在州西一百五里。丙午，遊弈兵馬使王義破楚城。楚城，在汝陽縣西南，蕭梁置西楚州及汝陽郡於此。

五月，辛酉，李愬遣柳子野、李忠義襲朗山，擒其守將梁希果。

14 六鎮討王承宗者事見上卷十一年。兵十餘萬，回環數千里，既無統帥，又相去遠，期約難壹，由是歷二年無功，千里饋運，牛驢死者什四五。劉總既得武強，引兵出境纔五里，出境，謂出武強之境。留屯不進，月給度支錢十五萬緡。李逢吉及朝士多言「宜併力先取淮西，俟淮西平，乘其勝勢，回取恒冀，如拾芥耳！」上猶豫，久乃從之。李逢吉等之言，卽韋貫之等之言也。然憲宗有用不用者，前此兵勢未屈，今則兵勢已屈，不得不從也。丙子，罷河北行營，各使還鎮。

15 丁丑，李愬遣方城鎮遏使李榮宗擊靑喜城，拔之。方城縣，本漢堵陽縣地，後漢改爲順陽，隋改爲方城縣，唐屬唐州。九域志：在州北一百六十里。縣有靑臺鎮，此作「靑喜」，筆誤也。

愬每得降卒，必親引問委曲，由是賊中險易遠近虛實盡知之。易，弋豉翻，平易也。愬厚待吳秀琳，與之謀取蔡。秀琳曰：「公欲取蔡，非李祐不可，秀琳無能爲也。」祐者，淮西騎將，有勇略，守興橋柵，興橋柵，在張柴村東。常陵暴官軍。陵者，加之以氣。暴者，虐之以威。庚辰，祐率士卒刈麥於張柴村，張柴村，在文城柵東六十里。帥，讀曰率。愬召廂虞候史用誠，廂虞候，掌左右廂之兵。戒之曰：「爾以三百騎伏彼林中，又使人搖幟於前，幟，昌志翻。若將焚其麥積者。祐素易官軍，易，弋豉翻，輕之也。必輕騎來逐之。爾乃發騎掩之，必擒之。」用誠如言而往，生擒祐以歸。將士以祐曏日多殺官軍，爭請殺之；愬不許，釋縛，待以客禮。

時愬欲襲蔡，而更密其謀，獨召祐及李忠義屏人語，屏，必郢翻，又卑正翻。或至夜分，夜半，爲夜分。他人莫得預聞。諸將恐祐爲變，多諫愬；愬待祐益厚。士卒亦不悅，諸軍日有牒稱祐爲賊內應，且言得賊諜者具言其事。此行營諸軍移文之言。諜，徒協翻。愬恐謗先達於上，已不及救，乃持祐泣曰：「豈天不欲平此賊邪！何吾二人相知之深而不能勝衆口也。」因謂衆曰：「諸君既以祐爲疑，請令歸死於天子。」歸死，猶言致尸也。左傳魏絳曰：「請歸死於司寇。」杜預註云：致尸於司寇，使戮之。乃械祐送京師，先密表其狀，密表言與祐謀襲蔡之狀。且曰：「若殺祐，則無以成功。」詔釋之，以還愬。愬見之喜，執其手曰：「爾之得全，社稷之靈也！」李愬之期待祐者如此，祐安得不力！乃署散兵馬使，散員兵馬使，未得統兵。散，悉但翻。令佩刀巡警，出入帳中；或與之同宿，密語不寐達曙，有竊聽於帳外者，但聞祐感泣聲。時唐、隨牙隊三千人，牙隊者，節度使牙衞從之隊，猶今之簇帳部。號六院兵馬，皆山南東道之精銳也。時山南東道分爲兩鎮，八州精銳盡抽選赴唐州，使之攻戰。愬又以祐爲六院兵馬使。

舊軍令，舍賊諜者屠其家。舊軍令，先時之軍令也。舍者，停藏之於家也。愬除其令，使厚待之，諜反以情告愬，愬益知賊中虛實。乙酉，愬遣兵攻朗山，淮西兵救之，官軍不利；衆皆悵恨，愬獨歡然曰：「此吾計也！」賊恃勝而不備愬，則愬得以成入蔡之功，其計出此。乃募敢死士三千人，號曰突將，將，卽亮翻。朝夕自教習之，使常爲行備，欲以襲蔡。會久雨，所在積水，未果。

16 閏月，己亥，程异還自江、淮，得供軍錢百八十五萬緡。是年春，程异督財賦於江、淮。

17 諫議大夫韋綬兼太子侍讀，每以珍膳餉太子，又悅太子以諧謔；綬，音受。謔，香略翻。上聞之，丁未，罷綬侍讀，觀憲宗之罷韋綬，亦知所謂諭教者矣。然觀穆宗之臨政也，習與性成，得非所急者固在於選左右歟！尋出爲虔州刺史。舊志：虔州，京師東南四千一十七里。綬，京兆人。史著綬京兆人，以言其生長京邑，習見淫侈，非能以德義經術誘掖東宮。古言沃土之民不才，良有以也。

18 吳元濟見其下數叛，數，所角翻。兵勢日蹙，六月，壬戌，上表謝罪，願束身自歸。上遣中使賜詔，許以不死；而爲左右及大將董重質所制，不得出。史言董重質之情。

19 秋，七月，大水，或平地二丈。

20 初，國子祭酒孔戣爲華州刺史，戣，巨龜翻。華，戶化翻。明州歲貢蚶、蛤、淡菜，蚶，呼甘翻，魁陸也。橫從其理，五味自充，殼如瓦壟者，謂之瓦壟蚶。蛤，葛合翻。蛤小於蚶。蚶殼厚，其理如瓦壟。蛤殼薄，其文如貝。月令云：雀入大水化爲蛤。說文云：百歲燕所化。又云：老伏翼所化。皆非也。蚶、蛤皆生於海瀕潮汐往來舄鹵之地。淡菜，狀如蜌而小，黑殼，脣有鬚如茸，肉甘脆。蜌，蒲幸翻。水陸遞夫勞費，戣奏疏罷之。華州，京畿輔郡，自東南來者，水陸遞夫咸經焉。故得言其勞費而罷之。甲辰，嶺南節度使崔詠薨，宰相奏擬代詠者數人，上皆不用，曰：「頃有諫進蚶、蛤、淡菜者爲誰，可求其人與之。」庚戌，以戣爲嶺南節度使。

21 諸軍討淮、蔡，四年不克，九年冬始討淮西。餽運疲弊，民至有以驢耕者。牛斃於運轉，民至無以耕。上亦病之，以問宰相。李逢吉等競言師老財竭，意欲罷兵；裴度獨無言，上問之，對曰：「臣請自往督戰。」乙卯，上復謂度曰：復，扶又翻。「卿眞能爲朕行乎！」爲，于僞翻。對曰：「臣誓不與此賊俱生。臣比觀吳元濟表，比，毗至翻。勢實窘蹙，但諸將心不壹，不併力迫之，故未降耳。若臣自詣行營，諸將恐臣奪其功，必爭進破賊矣。」上悅，丙戌，以度爲門下侍郎、同平章事、兼彰義節度使，仍充淮西宣慰招討處置使。觀裴度不附羣議，請身督戰，則韓愈平淮西碑推功於度，有以也。處，昌呂翻。又以戶部侍郎崔羣爲中書侍郎、同平章事。制下，度以韓弘已爲都統，不欲更爲招討，請但稱宣慰處置使；仍奏刑部侍郎馬總爲宣慰副使，右庶子韓愈爲彰義行軍司馬，判官、書記，皆朝廷之選，上皆從之。度將行，言於上曰：「臣若賊滅，則朝天有期；賊在，則歸闕無日。」上爲之流涕。爲，于僞翻；下爲卿同。

八月，庚申，度赴淮西，上御通化門送之。通化門，長安城東面北來第一門。右神武將軍張茂和，茂昭弟也，嘗以膽略自衒於度；衒，熒絹翻。度表爲都押牙，茂和辭以疾，度奏請斬之。上曰：「此忠順之門，茂和父孝忠、兄茂昭鎮易定，比河朔諸鎮爲忠順。爲卿遠貶。」辛酉，貶茂和永州司馬。以嘉王傅高承簡爲都押牙。高承簡爲嘉王傅。蓋嘉王運之子嗣爲嘉王，故置府官。承簡，崇文之子也。

李逢吉不欲討蔡，翰林學士令狐楚與逢吉善，度恐其合中外之勢以沮軍事，翰林學士居禁中，宰相在外朝，恐其中外相應以上罷兵之議。沮，在呂翻。乃請改制書數字，且言其草制失辭；壬戌，罷楚爲中書舍人。

22 李光顏、烏重胤與淮西戰；癸亥，敗于賈店。

23 裴度過襄城南白草原，淮西人以驍騎七百邀之；鎮將楚丘曹華知而爲備，擊卻之。楚丘，古己氏縣，隋開皇六年改曰楚丘，唐屬宋州。九域志：在州東北七十里。度雖辭招討名，實行元帥事，以郾城爲治所。甲申，至郾城。先是，諸道皆有中使監陳，監，古銜翻。陳，讀曰陣。進退不由主將，勝則先使獻捷，不利則陵挫百端；度悉奏去之，諸將始得專軍事，戰多有功。去，羌呂翻。

24九月，庚子，淮西兵寇溵水鎮，殺三將，焚芻藁而去。

25初，上爲廣陵王，布衣張宿以辯口得幸；及卽位，累官至比部員外郎。唐比部郎屬刑部，掌句諸司百僚俸料、公廨贓贖、調斂徒役、課程逋懸數物，以周知內外之經費而總句之。比，音毗。宿招權受賂於外，門下侍郎、同平章事李逢吉惡之。惡，烏路翻。上欲以宿爲諫議大夫，逢吉曰：「諫議重任，必能可否朝政，始宜爲之。朝，直遙翻。宿小人，豈得竊賢者之位！必欲用宿，請去臣乃可。」上由是不悅。逢吉又與裴度異議，上方倚度以平蔡；丁未，罷逢吉爲東川節度使。

26甲寅，李愬將攻吳房，吳房，漢縣，屬汝南郡。孟康曰：本房子國，楚靈王遷房於楚；吳王闔廬弟夫概奔楚，楚封之于此，爲棠谿氏，故曰吳房。今吳房城棠谿亭是唐吳房縣，屬蔡州；平蔡後，改爲遂平縣。諸將曰：「今日往亡。」陰陽家之說，八月以白露後十八日爲往亡，九月以寒露後第二十七日爲往亡。愬曰：「吾兵少，不足戰，宜出其不意。彼以往亡不吾虞，正可擊也。」遂往，克其外城，斬首千餘級。餘衆保子城，不敢出，愬引兵還以誘之，還，音旋，又如字。淮西將孫獻忠果以驍騎五百追擊其背；衆驚，將走，愬下馬據胡牀，胡牀，今謂之交牀，其制本自虜來。隋以讖有胡，改曰交牀。唐猶謂之胡牀。令曰：「敢退者斬！」返旆力戰，獻忠死，考異曰：舊傳作「孫忠憲」，今從平蔡錄。淮西兵乃退。或勸愬乘勝攻其子城，可拔也。愬曰：「非吾計也。」定計入蔡，不在取吳房。引兵還營。

李祐言於李愬曰：「蔡之精兵皆在洄曲，考異曰：舊元濟傳：「李祐曰：『元濟勁軍多在時曲。』」

按李光顏傳曰：「董重質棄洄曲軍。」李愬傳云：「分五百人斷洄曲路。」又云：「洄曲子弟歸求寒衣。」然則元濟傳誤，當爲洄曲。余意洄曲蓋卽時曲也。及四境拒守，守，音狩。守州城者皆羸老之卒，可以乘虛直抵其城。比賊將聞之，比，必利翻；及也。元濟已成擒矣。」愬然之。冬，十月，甲子，遣掌書記鄭澥至郾城，密白裴度。度曰：「兵非出奇不勝，常侍良圖也。」澥，胡買翻。李愬檢校左散騎常侍，鎮唐、鄧、隨，故裴度稱之。

27 上竟用張宿爲諫議大夫，崔羣、王涯固諫，不聽；乃請以爲權知諫議大夫，許之。宿由是怨執政及端方之士，與皇甫鎛相表裏，譖去之。去，羌呂翻。

28 裴度帥僚佐觀築城於沱口，九域志：郾城縣有沱口鎮。沱，徒河翻。董重質帥騎出五溝，邀之，五溝，在洄曲之北。帥，讀曰率。大呼而進，呼，火故翻。注弩挺刃，挺，拔也。勢將及度。李光顏與田布力戰，拒之，度僅得入城。賊退，布扼其溝中歸路，賊下馬踰溝，墜壓死者千餘人。

29 辛未，李愬命馬步都虞候、隨州刺史史旻留鎮文城，命李祐、李忠義帥突將三千爲前驅，自與監軍將三千人爲中軍，命田進誠將三千人殿其後。殿，丁練翻。軍出，不知所之；愬曰：「但東行！」行六十里，夜，至張柴村，盡殺其戍卒及烽子。唐凡烽候之所，有烽帥、烽副；烽子，蓋守烽之卒，候望警急而舉烽者也。杜佑曰：一烽六人，五人爲烽子，遞知更刻、觀視動靜一人；烽率知文書、符辭、轉牒。據其柵，命士少休，少，詩沼翻。食乾糒，整羈靮，糒，音備，乾飯也。羈，馬絡頭。靮，紖也，音丁曆翻。留義成軍五百人鎮之，以斷【章：甲十一行本「斷」下有「朗山救兵命丁士良將五百人斷」十三字；乙十一行本同；退齋校同；張校同；「人」下多一「以」字，云無註本亦無。】洄曲及諸道橋梁，斷，音短。復夜引兵出門；復，扶又翻。諸將請所之，愬曰：「入蔡州取吳元濟！」諸將皆失色。監軍哭曰：「果落李祐姦計！」時大風雪，旌旗裂，人馬凍死者相望。天陰黑，自張柴村以東道路，皆官軍所未嘗行，人人自以爲必死；然畏愬，莫敢違。夜半，雪愈甚，行七十里，至州城；至蔡州城下也。近城有鵝鴨池，愬令擊之以混軍聲。

自吳少誠拒命，官軍不至蔡州城下三十餘年，德宗貞元二年，吳少誠據蔡州，至是三十二年。故蔡人不爲備。壬申，四鼓，愬至城下，無一人知者。李祐、李忠義钁其城，爲坎以先登，钁，居縛翻，鉏也。壯士從之；守門卒方熟寐，盡殺之，而留擊柝者，使擊柝如故。遂開門納衆，及裏城，亦然，城中皆不之覺。雞鳴，雪止，愬入居元濟外宅。節度使外宅也。或告元濟曰：「官軍至矣！」元濟尚寢，笑曰：「俘囚爲盜耳！曉當盡戮之。」又有告者曰：「城陷矣！」元濟曰：「此必洄曲子弟就吾求寒衣也。」起，聽於廷，聞愬軍號令曰：「常侍傳語。」應者近萬人。近，其靳翻。元濟始懼，曰：「何等常侍，能至於此！」乃帥左右登牙城拒戰。帥，讀曰率。

時董重質擁精兵萬餘人據洄曲。愬曰：「元濟所望者，重質之救耳！」乃訪重質家，厚撫之，遣其子傳道持書諭重質；重質遂單騎詣愬降。

愬遣李進誠攻牙城，毀其外門，得甲庫，取器械。癸酉，復攻之，燒其南門，民爭負薪芻助之，城上矢如蝟毛。愬軍聚射，矢集城上如蝟毛，言其多也。晡時，門壞，元濟於城上請罪，進誠梯而下之。甲戌，愬以檻車送元濟詣京師，德宗貞元二年，吳少誠得蔡州，三世，三十二年而滅。考異曰：舊愬傳曰：「其月七日，使判官鄭澥告期於裴度。」十日夜，以李祐率突將三千爲先鋒，愬自率中軍三千，田進誠以後軍三千殿而行。」元濟傳曰：「十一月，愬夜出軍，令李祐爲前鋒，其十日夜至蔡州城下。」實錄曰：「愬以十月將襲蔡州，先七日，使判官鄭澥告師期於裴度。」按先七日，卽是平蔡錄所云「八日甲子」也；而愬傳誤云「七日」。而又云「十日夜師軍行」，亦誤。元濟傳：「十一月，愬出軍，」尤誤。裴度傳：「十月十一日，李愬襲破懸瓠城，擒元濟，」亦誤。按十月戊午朔，韓愈平淮西碑云：「壬申，愬用所得賊將，自文城，因天大雪，疾馳百二十里。」卽十五日也。又曰：「用夜半到蔡，破其門，取元濟以獻。」卽十六日也。實錄「己卯執元濟」，乃奏到日也。今從平蔡錄。且告于裴度。是日，申、光二州及諸鎭兵二萬餘人相繼來降。

自元濟就擒，愬不戮一人，凡元濟官吏、帳下、廚廐之卒，皆復其職，使之不疑，推赤心置人腹中。然後屯於鞠場以待裴度。鞠場，毬場也。

30 以淮南節度使李鄘爲門下侍郎、同平章事。

31 己卯，淮西行營奏獲吳元濟，光祿少卿楊元卿言於上曰：「淮西大有珍寶，臣能【張：「能」作「素」。】知之，往取必得。」元和九年，楊元卿以淮西節度判官入奏，輸誠於朝廷，吳元濟屠其家。今請將命往取淮西珍寶，其情可知也。上曰：「朕討淮西，爲人除害，爲，于僞翻。珍寶非所求也。」

32 董重質之去洄曲軍也，李光顏馳入其壁，悉降其衆。庚辰，裴度遣馬總先入蔡州慰撫。辛巳，度建彰義軍節，將降卒萬餘人入城，李愬具櫜鞬出迎，拜於路左。櫜，姑勞翻。鞬，居言翻。櫜以藏弓，鞬以藏箭。鄭玄曰：道左，道東也。余按古者乘車尚左，故迎拜於車下者皆拜于道左。蓋自北而來者以道東爲左，自南而來者以道西爲左，自東西而來者亦隨車之所嚮而分左右也。鄭玄舉一隅耳。故孔穎達正義曰：凡言左右，據南鄉西鄉爲正。蓋南鄉，君道也。西鄉，主道也。度將避之，愬曰：「蔡人頑悖，不識上下之分，數十年矣，悖，蒲妹翻，又蒲沒翻。分，扶問翻。願公因而示之，使知朝廷之尊。」度乃受之。史言李愬識度非當時諸帥所及。

李愬還軍文城，裴度既入蔡，李愬還軍文城，此皆是識體統處，又非諸帥怙功欲專地爲私利者比也。諸將請曰：「始公敗於朗山而不憂，勝於吳房而不取，事並見上。冒大風甚雪而不止，孤軍深入而不懼，然卒以成功，卒，子恤翻。皆衆人所不諭也，敢問其故？」愬曰：「朗山不利，則賊輕我而不爲備矣。取吳房，則其衆奔蔡，併力固守，故存之以分其兵。風雪陰晦，則烽火不接，不知吾至。孤軍深入，則人皆致死，戰自倍矣。夫視遠者不顧近，慮大者不詳【章：甲十一行本「詳」作「計」；乙十一行本同；張校同，云無註本作「詳」。】細，若矜小勝，恤小敗，先自撓矣，何暇立功乎！」衆皆服。余按李愬入蔡，誠爲奇功。史家稱述其與諸將揚榷用兵方略所以取勝之由，遣文命意，實祖史、漢韓信戰井陘事所書者。然愬平蔡之事，猶可以發揚，若唐末王式平裘甫事，則又祖李家述平蔡之功者也。

若其所敵之堅脆，所規之廣狹，固不可以欺衒識者，文之過實者多，學者其於是察之。橈，奴教翻。愬儉於奉己而豐於待士，知賢不疑，見可能斷，斷，丁亂翻。此其所以成功也。

裴度以蔡卒爲牙兵，或諫曰：「蔡人反仄者尚多，不可不備。」度笑曰：「吾爲彰義節度使，元惡既擒，蔡人則吾人也，又何疑焉！」蔡人聞之感泣。裴度平蔡，蔡人不復叛矣，識者知其所以然乎！先是吳氏父子阻兵，吳氏父子，謂少陽、元濟也。先，悉薦翻。禁人偶語於塗，夜不然燭，有以酒食相過從者罪死。盜亦有道，此其以法束下，所以自防也。過，工禾翻。度既視事，下令惟禁盜賊，【章：甲十一行本「賊」下有「鬬殺」二字；乙十一行本同；退齋校同；張校同，云無註本亦無。】餘皆不問，往來者不限晝夜，蔡人始知有生民之樂。解人之束縛，使得舒展四體，長欠大伸，豈不快哉！

甲申，詔韓弘、裴度條列平蔡將士功狀及蔡之將士降者，皆差第以聞。史炤曰：謂將士有功者等差而次第之。余謂當時詔旨既令弘、度差第平蔡將士之功狀，而蔡之將士歸降者，有降於元濟未就擒之前者，有降於元濟既就擒之後者，有先嘗拒殺官軍勢窮力屈而降者，有先通誠款欲降而未能自致者，亦令弘、度差第其狀以聞。史炤之說，舉其一而遺其一者也。淮西州縣百姓，給復二年；復，方目翻。除其賦役二年，以優新附之民。近賊四州，免來年夏稅。近賊四州，陳、許、潁、唐也；頻遭蔡人攻剽，又供億官軍，故免來年夏稅亦以優之。官軍戰亡者，皆爲收葬，爲，于僞翻。給其家衣糧五年；其因戰傷殘廢者，勿停衣糧。死者葬其尸，又贍其家，殘廢者養之終身。殘廢，謂因戰傷折腰膂手足，不復爲完人、堪世用者。

十一月，【章：甲十一行本「月」下有「丙戌朔」三字；乙十一行本同；退齋校同；張校同，云無註本亦無。】上御興安門受俘，大明宮南面五門，興安門最在其西。遂以吳元濟獻廟社，斬于獨柳之下。

初，淮西之人劫於李希烈、吳少誠之威虐，不能自拔，久而老者衰，幼者壯，安於悖逆，不復知有朝廷矣。悖，蒲內翻，又蒲沒翻。自少誠以來，遣諸將出兵，皆不束以法制，聽各以便宜自戰，故人人得盡其才。韓全義之敗于溵水也，事見二百三十五卷德宗貞元十六年。於其帳中得朝貴所與問訊書，少誠束以示衆曰：「此皆公卿屬全義書，屬，之欲翻，託也。云破蔡州日，乞一將士妻女爲婢妾。」由是衆皆憤怒，以死爲賊用；雖居中土，其風俗獷戾考之漢志，汝南戶口爲百郡之最，古人謂汝、潁多奇士，至唐而獷戾乃爾，習俗之移人也。過於夷貊。嗚呼！吾恐後之視今，亦猶今之視昔。獷，古猛翻，悍也。貊，莫百翻。故以三州之衆，舉天下之兵環而攻之，環，音宦。四年然後克之。

官軍之克元濟也，李師道募人通使於蔡，察其形勢，牙前虞候劉晏平應募，出汴、宋間，潛行至蔡。元濟大喜，厚禮而遣之。晏平還至鄆，師道屏人而問之，還，音旋。屏，必郢翻，又卑正翻。晏平曰：「元濟暴兵數萬於外，阽危如此，阽，余廉翻，臨危也。而日與僕妾遊戲博奕於內，奕，當作「弈」。弈，棋也。晏然曾無憂色。以愚觀之，殆必亡，不久矣！」師道素倚淮西爲援，聞之驚怒，尋誣以他過，杖殺之。以劉晏平之善覘，其智識必有過人者。李師道不能委心歸計以求自安之術，乃怒而殺之，終亦必亡而已矣！

戊子，以李愬爲山南東道節度使，賜爵涼國公；加韓弘兼侍中；李光顔、烏重胤等各遷官有差。

33 舊制，御史二人知驛；開元中，令監察御史兼巡傳驛，至二十五年，以監察御史檢校兩京館驛。大曆十四年，兩京以御史一人知館驛，號館驛使。壬辰，詔以宦者爲館驛使。左補闕裴潾諫曰：潾，力珍翻。「內臣外事，職分各殊，分，扶問翻。切在塞侵官之源，塞，悉則翻。絕出位之漸。事有不便，必戒於初；令或有妨，不必在大。」上不聽。

34 甲午，恩王連薨。連，代宗子。

35 辛丑，以唐、隨兵馬使李祐爲神武將軍，知軍事。會要：乾元四年十月四日，敕左·右羽林、左·右龍武、左·右神武軍文武官，並昇同金吾四衞。唐制：諸衞將軍、大將軍、上將軍，類加以名號而不掌兵；知軍事則掌兵矣。唐、隨，謂當作唐、鄧、隨。

36 裴度以馬總爲彰義留後；癸丑，發蔡州。上封二劍以授梁守謙，使誅吳元濟舊將；度至郾城，遇之，復與俱入蔡州，量罪施刑，量，音良。不盡如詔旨，仍上疏言之。

37 十二月，壬戌，賜裴度爵晉國公，復入知政事。以馬總爲淮西節度使。

38 初，吐突承璀方貴寵用事，爲淮南監軍；李鄘爲節度使，性剛嚴，與承璀互相敬憚，故未嘗相失。承璀歸，吐突承璀六年出爲淮南監軍，九年召還。引鄘爲相；是年十月相李鄘。鄘恥由宦官進，及將佐出祖，出城祖道，謂餞之也。樂作，鄘泣下曰：「吾老安外鎮，宰相非吾任也！」戊寅，鄘至京師，辭疾，不入見，見，賢遍翻。不視事，百官到門，皆辭不見。史言李鄘知恥。

39 庚辰，貶淮西降將董重質爲春州司戶。重質爲元濟謀主，屢破官軍；上欲殺之，李愬奏先許重質以不死。

十三年（戊戌、八一八）

1 春，正月，乙酉朔，赦天下。

2 初，李師道謀逆命，判官高沐與同僚郭昈、李公度屢諫之。昈，侯古翻。考異曰：新傳又有郭航名。按航，乃牙將，昈所使詣李愿者，非幕僚同諫者也。今從河南記。判官李文會、孔目官林英素爲師道所親信，涕泣言於師道曰：「文會等盡心爲尚書憂家事，心爲，于僞翻。反爲高沐等所疾，尚書柰何不愛十二州之土地，十二州，鄆、兗、曹、濮、淄、青、齊、海、登、萊、沂、密也。以成沐等之功名乎！」師道由是疏沐等，出沐知萊州。萊州，古萊子之國，後魏置光州，隋改萊州。會林英入奏事，令進奏吏密申師道云：「沐潛輸款於朝廷。」文會從而構之，師道殺沐，幷囚郭昈，凡軍中勸師道效順者，文會皆指爲高沐之黨而囚之。及淮西平，師道憂懼，不知所爲。李公度及牙將李英曇曇，徒含翻。因其懼而說之，使納質獻地以自贖。說，式芮翻。質，音致。師道從之，遣使奉表，請使長子入侍，并獻沂、密、海三州。上許之。乙巳，遣左常侍李遜詣鄆州宣慰。

3 上命六軍脩麟德殿；右龍武統軍張奉國、大將軍李文悅大將軍，卽右龍武大將軍。以外寇初平，謂淮西初平。營繕太多，白宰相，冀有論諫；裴度因奏事言之。上怒，二月，丁卯，以奉國爲鴻臚卿，壬申，以文悅爲右武衞大將軍，既出奉國於外朝，文悅又自北門諸衞還南牙諸衞。臚，陵如翻。充威遠營使。威遠營，亦非北軍也。於是浚龍首池，起承暉殿，土木浸興矣。大明宮東面有東內苑，苑中有龍首殿。龍首池，龍首渠水自城南而注入于此池。宋白曰：龍首殿在右軍。

4 李愬奏請判官、大將以下官凡百五十員；上不悅，謂裴度曰：「李愬誠有奇功，然奏請過多。使如李晟、渾瑊，又何如哉！」遂留中不下。下，戶嫁翻。

5 李鄘固辭相位，戊戌，以鄘爲戶部尚書。以御史大夫李夷簡爲門下侍郎、同平章事。

6 初，渤海僖王言義卒，弟簡王明忠立，改元太始；一歲卒，從父仁秀立，改元建興。乙巳，遣使來告喪。

7 橫海節度使程權自以世襲滄景，德宗始命程日華爲橫海帥，傳子懷直，爲從兄懷信所逐。懷信死，子權嗣爲帥。與河朔三鎭無殊，內不自安；己酉，遣使上表，請舉族入朝，許之。橫海將士樂自擅，樂，音洛。不聽權去，掌書記林蘊諭以禍福，權乃得出。詔以蘊爲禮部員外郎。

8裴度之在淮西也，布衣柏耆以策干韓愈曰：「吳元濟既就擒，王承宗破膽矣，願得奉丞相書往說之，說，式芮翻。可不煩兵而服。」愈白度，爲書遣之。承宗懼，求哀於田弘正，請以二子爲質，質，音致。及獻德、棣二州，輸租稅，請官吏。弘正爲之奏請，爲，于僞翻。上初不許；弘正上表相繼，上表，時掌翻。上重違弘正意，乃許之。夏，四月，甲寅朔，魏博遣使送承宗子知感、知信及德、棣二州圖印至京師。

幽州大將譚忠說劉總曰：說，式芮翻。「自元和以來，劉闢、李錡、田季安、盧從史、吳元濟，阻兵馮險，馮，讀曰憑。自以爲深根固蔕，蔕，丁計翻。天下莫能危也。然顧盼之間，身死家覆，皆不自知，此非人力所能及，殆天誅也。況今天子神聖威武，苦身焦思，思，相吏翻。縮衣節食，縮，斂也，短也。以養戰士，此志豈須臾忘天下哉！今國兵駸駸北來，國兵，謂王師也。駸駸，馬行疾貌。趙人已獻城十二，德州領安德、長河、平原、平昌、將陵、安陵六縣。棣州領厭次、滴河、陽信、蒲臺、渤海五縣。程權之退，承宗又取景州之東光，今皆以歸朝廷，故曰獻城十二。忠深爲公憂之。」爲，于僞翻。總泣且拜曰：「聞先生言，吾心定矣。」遂專意歸朝廷。

9戊辰，內出廢印二紐，賜左、右三軍辟仗使。龍武、神武、羽林三軍各分左、右。辟，讀如闢。舊制，以宦官爲六軍辟仗使，如方鎮之監軍，無印。監軍有印，見二百三十五卷德宗貞元十一年。宋白曰：舊制，內官爲三軍辟仗使，監視刑賞，奏察違謬，猶方鎮之監軍使。及張奉國得罪，至是始賜印，得糾繩軍政，事任專達矣。

10庚戌，【章：甲十一行本「戌」作「辰」；乙十一行本同；張校同，云無註本作「戌」，按是月甲寅朔，無庚戌。】詔洗雪王承宗及成德將士，復其官爵。削王承宗官爵見上卷十一年。

11李師道暗弱，軍府大事，獨與妻魏氏、奴胡惟堪、楊自溫、婢蒲氏、袁氏及孔目官王再升謀之，大將及幕僚莫得預焉。魏氏不欲其子入質，質，音致。與蒲氏、袁氏言於師道曰：「自先司徒以來，有此十二州，李正己初據有十五州。及李納拒命，徐州入于朝廷，德、棣入于朱滔，有十二州而已。先司徒，謂李納也。柰何無故割而獻之！今計境內之兵不下數十萬，不獻三州，不過以兵相加。三州，謂請獻沂、密、海。若力戰不勝，獻之未晚。」師道乃大悔，欲殺李公度，幕僚賈直言謂其用事奴曰：「今大禍將至，豈非高沐冤氣所爲！若又殺公度，軍府其危哉！」乃囚之。遷李英曇於萊州，未至，縊殺之。

李遜至鄆州，師道大陳兵迎之，遜盛氣正色，爲陳禍福，爲，于僞翻。責其決語，決語，決爲一定之說，不依違持兩端。欲白天子。師道退，與其黨謀之，皆曰：「弟許之，弟，與第同。他日正煩一表解紛耳。」師道乃謝曰：「鄉以父子之私，且迫於將士之情，故遷延未遣。今重煩朝使，豈敢復有二三！」重，直用翻。朝，直遙翻。使，疏吏翻。復，扶又翻。朝使，謂朝廷所遣使者。遜察師道非實誠，歸，言於上曰：「師道頑愚反覆，恐必須用兵。」既而師道表言軍情，不聽納質割地。上怒，決意討之。

賈直言冒刃諫師道者二，輿櫬諫者一，又畫縛載檻車妻子係纍者以獻；師道怒，囚之。史炤曰：孟子曰：係纍其子弟。趙氏註云：係纍，縛結也。

五月，丙申，以忠武節度使李光顔爲義成節度使，李光顔自許州徙鎮滑州。謀討師道也。以淮西節度使馬總爲忠武節度使、陳·許·溵·蔡州觀察使。以申州隸鄂岳，光州隸淮南。不復以蔡州爲節鎮。

12 辛丑，以知勃海國務大仁秀爲勃海王。

13 以河陽都知兵馬使曹華爲棣州刺史，詔以河陽兵【章：甲十一行本「兵」下有「二千」二字；乙十一行本同；退齋校同。】送至滴河。滴河，漢千乘濕沃縣地，隋開皇十六年置滴河縣，廢濕沃入焉，唐屬棣州。九域志：在州西南八十里。漢都尉許商鑿此通海，故以商河爲名，後人加水焉。宋白曰：縣南有滴河，因以爲名。會縣爲平盧兵所陷，平盧兵，李師道之兵也。華擊卻之，殺二千餘人，復其縣以聞；詔加橫海節度副使。

14 六月，癸丑朔，日有食之。

15 丁丑，復以烏重胤領懷州刺史，鎮河陽。淮西已平，故烏重胤自汝州復還鎮河陽。

16 秋，七月，癸未朔，徙李愬爲武寧節度使。

乙酉，下制罪狀李師道，令宣武、魏博、義成、武寧、橫海兵共討之，以宣歙觀察使王遂爲供軍使。遂，方慶之孫也。王方慶，武后聖曆中爲相。歙，書涉翻。

上方委裴度以用兵，門下侍郎、同平章事李夷簡自謂才不及度，求出鎮。辛丑，以夷簡同平章事，充淮南節度使。

17 八月，壬子朔，中書侍郎、同平章事王涯罷爲兵部侍郎。

18 吳元濟既平，韓弘懼，九月，自將兵擊李師道，圍曹州。

19 淮西既平，上浸驕侈。戶部侍郎判度支皇甫鎛、衛尉卿・鹽鐵轉運【章：甲十一行本「運」下有「使」字；乙十一行本同。】程异曉其意，數進羨餘以供其費，史言鎛、异逢君之惡。數，所角翻。羨，弋線翻。由是有寵。鎛又以厚賂結吐突承璀。甲辰，鎛以本官、异以工部侍郎並同平章事，判使如故。皇甫鎛以戶部侍郎相，判度支如故。程异進貳起部以相，鹽鐵轉運使如故。制下，朝野駭愕，至於市井負販者亦嗤之。下，戶稼翻。嗤，丑之翻，笑也。

裴度、崔羣極陳其不可，上不聽。度恥與小人同列，表求自退；不許。度復上疏，復，扶又翻。上，時掌翻。以爲：「鎛、异皆錢穀吏，佞巧小人，陛下一旦置之相位，中外無不駭笑。況鎛在度支，專以豐取刻與爲務，凡中外仰給度支之人無不思食其肉；仰，牛向翻。比者裁損淮西糧料，比，毗至翻，近也。謂討吳元濟時裁損淮西行營諸軍糧料。軍士怨怒；會臣至行營曉諭慰勉，僅無潰亂。今舊將舊兵悉向淄青，謂舊所遣討蔡之將，討蔡之兵，悉遣之討李師道。聞鏄入相，必盡驚憂，知無可訴之地矣。言鏄在度支，減刻糧賜，軍士猶可訴之於廟堂，今既爲相，無可訴之地矣。程异雖人品庸下，然心事和平，可處煩劇，不宜爲相。處，昌呂翻；下同。至如鏄，資性狡詐，天下共知，唯能上惑聖聰，足見姦邪之極。言憲宗英明且爲所惑，可以見其極姦邪。臣若不退，天下謂臣不知廉恥；臣若不言，天下謂臣有負恩寵。今退既不許，言又不聽，臣如烈火燒心，衆鏑叢體。所可惜者，淮西盪定，河北底寧，承宗斂手削地，謂獻德、棣二州。韓弘輿疾討賊，謂自將討李師道。豈朝廷之力能制其命哉？直以處置得宜，能服其心耳。陛下建升平之業，十已八九，何忍還自墮壞，墮，讀曰隳。壞，音怪。使四方解體乎！」上以度爲朋黨，不之省。省，悉景翻。

鏄自知不爲衆所與，益爲巧諂以自固，奏減內外官俸以助國用；給事中崔植封還敕書，極論之，乃止。植，祐甫之弟子也。崔祐甫相德宗，有可稱者。

時內出積年繒帛付度支令賣，鏄悉以高價買之，以給邊軍。其繒帛朽敗，隨手破裂，邊軍聚而焚之。繒，慈陵翻。度因奏事言之，鏄於上前引其足曰：「此靴亦內庫所出，臣以錢二千買之，堅完可久服。度言不可信。」上以爲然。引足於君前，不敬大矣。憲宗溺於利，不惟不察其慢，又且然其言。由是鏄益無所憚。爲鏄得罪張本。程异亦自知不合衆心，能廉謹謙遜，爲相月餘，不敢知印秉筆，時宰相更日知印秉筆。故終免於禍。

20五坊使楊朝汶汶，音問。妄捕繫人，迫以考捶，責其息錢，遂轉相誣引，所繫近千人。捶，止蘂翻。近，其靳翻。中丞蕭俛劾奏其狀，俛，音免。劾，漢書音義戶槪翻，今音戶得翻。裴度、崔羣亦以爲言。上曰：「姑與卿論用兵事，姑，且也。此小事朕自處之。」處，昌呂翻。度曰：「用兵事小，所憂不過山東耳；五坊使暴橫，恐亂輦轂。」橫，戶孟翻。史炤曰：轂者，輻所湊也。京都四方所輻湊，以輦轂取喻。余按漢書，京兆尹率自言待罪輦轂下，謂京兆在天子輦轂之下耳。上不悅，退，召朝汶責之曰：「以汝故，令吾羞見宰相！」冬，十月，賜朝汶死，盡釋繫者。

21上晚節好神仙，好，呼到翻。詔天下求方士。宗正卿李道古先爲鄂岳觀察使，以貪暴聞，恐終獲罪，思所以自媚於上，乃因皇甫鎛薦山人柳泌，云能合長生藥。甲戌，詔泌居興唐觀煉藥。合，音閤。唐會要：興唐觀，本司農園地，在長樂坊，開元十八年造。李道古薦柳泌以求媚免罪，不知適足以重罪也，泌既誅而道古亦貶矣。爲上服泌藥致疾張本。泌，薄必翻，又兵媚翻。

22十一月，辛巳朔，鹽州奏吐蕃寇河曲、夏州。靈武奏破吐蕃長樂州，克其外城。吐蕃長樂州當在靈州黃河外，定遠城之西。夏，戶雅翻。樂，音洛。

23柳泌言於上曰：「天台山神仙所聚，新志：台州唐興縣有天台山，宋朝改唐興縣爲天台縣。天台山在縣西一百一十里。臨海記：天台山超然秀出，山有八重，視之如一，高一萬八千丈，周回八百里。多靈草，臣雖知之，力不能致，誠得爲彼長吏，庶幾可求。」上信之。長，知丈翻。幾，居希翻。丁亥，以泌權知台州刺史，台州，漢回浦縣地，會稽東部都尉理所，光武改回浦爲章安縣，吳分章安置臨海縣，唐武德四年置海州，五年改台州，因天台山爲名。仍賜服金紫。諫官爭論奏，以爲：「人主喜方士，喜，許記翻。未有使之臨民賦政者。」賦，布也。上曰：「煩一州之力而能爲人主致長生，爲，于僞翻。臣子亦何愛焉！」由是羣臣莫敢言。

24 甲午，鹽州奏吐蕃遁去。

25 壬寅，以河陽節度使烏重胤爲橫海節度使。丁未，以華州刺史令狐楚爲河陽節度使。重胤以河陽精兵三千赴鎮，河陽兵不樂去鄉里，樂，音洛。中道潰歸，又不敢入城，屯于城北，將大掠。令狐楚適至，單騎出，慰撫之，與俱歸。

先是，田弘正請自黎陽渡河，會義成節度使李光顏討李師道，先，悉薦翻。裴度曰：「魏博軍既渡河，不可復退，復，扶又翻。立須進擊，方有成功。既至滑州，卽仰給度支，義成節度使治滑州。魏博與滑州以河爲界，兵至滑州爲已出界。唐中世以來，命藩鎮兵征討，已出境，芻糧皆仰給於度支。惟裴度用兵於東平，李德裕用兵於上黨，知其弊，有以制之。徒有供餉之勞，更生觀望之勢。又或與李光顏互相疑阻，益致遷延。一栖不兩雄，又有賓主之形，疑阻或生，何事不有，其患豈止於遷延之役！與其渡河而不進，不若養威於河北。宜且使之秣馬厲兵，俟霜降水落，自楊劉渡河，楊劉鎭，在鄆州東北東阿縣，臨河津。直指鄆州，得至陽穀置營，隋置陽穀縣，以陽穀臺爲名，唐屬鄆州。九域志：在州西一百三十里。宋白曰：陽穀縣，本漢須昌縣地，今縣界有須昌故城。則兵勢自盛，賊衆搖心矣。」上文言得至，恐兵有利鈍也。此言賊衆搖心，指其成效也。上從之。是月，弘正將全師自楊劉渡河，距鄆州四十里築壘；此自楊劉直進，不復迂其路至陽穀也。舊史李師道傳曰：距鄆州九十里。田弘正傳曰：四十里。考異曰：河南記云：「營於陽穀西北。」今從實錄。賊中大震。

26 功德使上言：「鳳翔法門寺塔有佛指骨，法門寺，在鳳翔府岐山縣。時功德使言法門寺有護國眞身塔，塔內有釋迦牟尼佛指骨一節。相傳三十年一開，開則歲豐人安。來年應開，請迎之。」十二月，庚戌朔，上遣中使帥僧衆迎之。帥，讀曰率。

27 戊辰，以春州司戶董重質爲試太子詹事，委武寧軍驅使，李愬請之也。時從李愬鎭武寧以討李師道。

28 戊寅，魏博、義成軍送所獲李師道都知兵馬使夏侯澄等四十七人，上皆釋弗誅，各付所獲行營驅使，曰：「若有父母欲歸者，優給遣之。朕所誅者，師道而已。」於是賊中聞之，降者相繼。降，戶江翻。

初，李文會與兄元規皆在李師古幕下。師古薨，師道立，薨、立，見二百三十七卷元年。元規辭去，文會屬師道親黨請留。屬，之欲翻。元規將行，謂文會曰：「我去，身退而安全；汝留，必驟貴而受禍。」及官軍四臨，平盧兵勢日蹙，將士喧然，皆曰：「高沐、郭昈、李存爲司空忠謀，爲，于僞翻；下不爲同。師道檢校司空，故稱之。李文會姦佞，殺沐，囚昈、存，以致此禍。」師道不得已，出文會攝登州刺史，召昈、存還幕府。

29 上常語宰相，語，牛倨翻。人臣當力爲善，何乃好立朋黨！朕甚惡之。好，呼到翻。惡，烏路翻。裴度對曰：「方以類聚，物以羣分，易大傳之言。君子、小人志趣同者，勢必相合。君子爲徒，謂之同德；小人爲徒，謂之朋黨；外雖相似，內實懸殊，在聖主辨其所爲邪正耳。」

30 武寧節度使李愬與平盧兵十一戰，皆捷。乙【章：甲十一行本「乙」作「己」；乙十一行本同；張校同，云無註本亦誤「乙」。】卯晦，進攻金鄉，克之。金鄉縣，唐屬兗州。宋白曰：金鄉縣本漢東緡縣，今縣理卽古緡國城。陳留風俗傳云：東緡者，故陽武戶牖鄉，後漢於任城縣西南七十五里置金鄉縣，因穿山得金，故曰金鄉。李師道性懦怯，自官軍致討，聞小敗及失城邑，輒憂悸成疾，悸，其季翻。由是左右皆蔽匿，不以實告。金鄉，兗州之要地也，既失之，其刺史驛騎告急，左右不爲通，爲，于僞翻。師道至死竟不知也。

十四年（己亥、八一九）

1 春，正月，辛巳，韓弘拔考城，殺二千餘人。考城，漢古縣，唐屬曹州。九域志：在汴州東一百八十里。

丙戌，師道所署沭陽令梁洞以縣降于楚州刺史李聽。沭陽，漢厹丘縣，後魏曰沭陽，以其地在沭水之陽也，唐屬海州。九域志：在州西南一百八十里。沭，食聿翻。

2吐蕃遣使者論短立藏等來脩好，未返，好，呼到翻。入寇河曲。上曰：「其國失信，其使何罪！」庚寅，遣歸國。

3壬辰，武寧節度使李愬拔魚臺。魚臺，漢方與縣地。唐屬兗州，寶應元年改爲魚臺，小城北有魯公觀魚臺而名之。觀魚臺，卽春秋魯隱公如棠觀魚之地。元和四年，李師道請移縣於黃臺市。

4中使迎佛骨至京師，上留禁中三日，乃歷送諸寺，王公士民瞻奉捨施，惟恐弗及，有竭產充施者，施，式智翻。有然香臂頂供養者。供，居用翻。養，余亮翻。

刑部侍郎韓愈上表切諫，以爲：「佛者，夷狄之一法耳。自黃帝以至禹、湯、文、武，皆享壽考，百姓安樂，樂，音洛。當是時，未有佛也。漢明帝時，始有佛法。見四十五卷永平八年。其後亂亡相繼，運祚不長。宋、齊、梁、陳、元魏已下，事佛漸謹，年代尤促。惟梁武帝在位四十八年，前後三捨身爲寺家奴，竟爲侯景所逼，餓死臺城，國亦尋滅。事佛求福，乃更得禍。事並見前紀。由此觀之，佛不足信亦可知矣！百姓愚冥，易惑難曉，苟見陛下如此，皆云『天子猶【章：甲十一行本「猶」上有「大聖」二字；乙十一行本同；退齋校同。】一心敬信，百姓微賤，於佛豈可更惜身命。』佛本夷狄之人，口不言先王之法言，身不服先王之法服，不知君臣之義、父子之恩。假如其身尚在，奉國命來朝京師，陛下容而接之，不過宣政一見，唐時四夷入朝貢者，皆引見於宣政殿。見，賢遍翻。禮賓一設，唐有禮賓院，凡胡客入朝，設宴于此。元和九年，置禮賓院於長興里之北。宋白曰：屬鴻臚寺。賜衣一襲，衛而出之於境，不令惑衆也。況其身死已久，枯朽之骨，豈宜以入宮禁！古之諸侯行弔於國，尚【章：甲十一行本「尚」下有「令巫祝」三字；乙十一行本同；退齋校同。】先以桃茢祓除不祥，記曰：君臨臣喪，以巫祝桃茢執戈，惡之也。註云：爲有凶邪之氣在側。桃，鬼所惡也。茢，萑苕，可掃除不祥。左傳：魯襄公如楚，楚康王卒，楚人使公親襚，公患之。叔孫穆子曰：「祓殯而襚，則布幣也。」乃使巫以桃茢先祓殯。韓愈正引此事。茢，音列，又音例。祓，敷勿翻，又音廢。今無故取朽穢之物親視之，巫祝不先，先，悉薦翻。桃茢不用，羣臣不言其非，御史不舉其罪，臣實恥之！乞以此骨付有司，投諸水火，永絕根本，斷天下之疑，斷，丁亂翻，一音短。絕後代之惑，使天下之人知大聖人之所作爲，出於尋常萬萬也，豈不盛哉！佛如有靈，能作禍福，凡有殃咎，宜加臣身。」

上得表，大怒，出示宰相，將加愈極刑。殊死謂之極刑。裴度、崔羣爲言：「愈雖狂，發於忠懇，爲，于僞翻。懇，誠也。宜寬容以開言路。」癸巳，貶愈爲潮州刺史。

自戰國之世，老、莊與儒者爭衡，更相是非。更，工衡翻。至漢末，益之以佛，然好者尚寡。好，呼到翻。晉、宋以來，日益繁熾，自帝王至于士民，莫不尊信。下者畏慕罪福，高者論難空有。難，乃旦翻。釋氏之說，談空以難有。獨愈惡其蠹財惑衆，力排之，惡，烏路翻。其言多矯激太過。惟送文暢師序最得其要，曰：「夫鳥俛而啄，仰而四顧，獸深居而簡出，懼物之爲己害也，猶且不免焉。弱之肉，強之食。今吾與文暢安居而暇食，優游以生死，與禽獸異者，寧可不知其所自邪！」原其所自，則聖人之所以垂世立教者也。

5丙申，田弘正奏敗淄青兵於東阿，敗，蒲邁翻。東阿，漢古縣，唐屬鄆州。九域志：在州西北六十里。殺萬餘人。

6滄州刺史李宗奭與橫海節度使鄭權不叶，程權既入朝，以鄭權代鎮橫海。不受其節制；權奏之。上遣中使追之，宗奭使其軍中留己，此謂滄州本州之軍也。表稱懼亂未敢離州。離，力智翻。詔以烏重胤代權，將吏懼，逐宗奭，懼重胤討其黨惡。宗奭奔京師，辛丑，斬于獨柳之下。

7丙午，田弘正奏敗平盧兵於陽穀。